Andreas Hillert
Michael Marwitz
Die Burnout-Epidemie

Andreas Hillert
Michael Marwitz

Die
BURNOUT
EPIDEMIE
oder Brennt die
Leistungsgesellschaft aus?

Verlag C. H. Beck

Mit 6 Abbildungen und 8 Tabellen im Text

© Verlag C. H. Beck oHG, München 2006
Satz: Fotosatz Otto Gutfreund GmbH, Darmstadt
Druck und Bindung: Druckerei C. H. Beck, Nördlingen
Umschlagabbildung: © zefa/masterfile/Mark Tomalty
Umschlaggestaltung: Uwe Göbel, München
Gedruckt auf säurefreiem, alterungsbeständigem Papier
(hergestellt aus chlorfrei gebleichtem Zellstoff)
Printed in Germany
ISBN-10: 3 406 53589 5
ISBN-13: 978 3 406 53589 5

www.beck.de

Vorwort   7

Präambel
Stichwort Burnout:
Inhalte und Karriere eines populären Konstruktes   13

1. Betroffene haben das Wort   17
2. Burnout – ein bodenloser Begriff?   31
3. Burnout wird entdeckt   39
4. Burnout macht Karriere   55
5. Burnout wird gemessen   82
6. Noch im Stress oder schon Burnout?   129
7. Burnout: Krankheit, Störung, Diagnose, Prädiktor oder was?   156
8. Arbeit und Gesundheit: Die Zeit vor Burnout   177
9. Burnout: psychosomatische Nebenwirkung der postmodernen Arbeitswelt?   202
10. Burnout, das Chronische Müdigkeitssyndrom und einige andere zeitgemäße Krankheiten   219
11. Burnout wird behandelt   232
12. Burnout: Behandlung und Prävention am Arbeitsplatz   262
13. Zusammenfassung und Ausblick   280

Anmerkungen   300
Literatur   334

Vorwort

Es dürfte kaum eine erwachsene Person in unserem Kulturkreis geben, die das Wort Burnout noch nicht gehört hat. Die meisten werden sich selbst – zumindest gelegentlich – als «ausgebrannt» empfunden haben. Zudem gibt es mehr als genug Bücher über (vor allem zur Abwendung von) Burnout; Google fand am 14.10.2005 in 0,08 Sekunden ungefähr 11 500 000 Burnout-Belegstellen. Wozu ein neues Werk zu diesem leidigen Thema? Ist nicht schon alles gesagt?

Das Anliegen der beiden Autoren, die als Facharzt für Psychiatrie, Psychotherapie und Psychotherapeutische Medizin respektive als psychologischer Psychotherapeut langjährig in der Medizinisch-Psychosomatischen Klinik Roseneck tätig sind, ist es, dieses Thema so ernst zu nehmen, wie es ernst genommen werden sollte und zumeist eben nicht genommen wird. Nicht auf der Suche nach schnellen und möglichst kostengünstigen Lösungen, wie es Politiker tun müssen; nicht auf der Pirsch nach spektakulären Schicksalen und Schlagzeilen von unüberbietbarer Eindeutigkeit, wie es diverse Medien nötig haben; und auch nicht als – im engeren Sinne – therapeutischer Ratgeber, der Burnout-Betroffenen Trost und schnelle Hilfe in Form von gut gemeinten Ratschlägen, Kochrezepten oder ultimativen Strategien spenden will. Vielmehr geht es darum, die Komplexität des Phänomens nachvollziehbar zu machen und die Selbstverständlichkeit, mit der heute über Burnout gesprochen wird, auf ihre Stimmigkeit und Tragfähigkeit abzuklopfen. Dieses Vorgehen ist gleichermaßen anstrengend und ehrgeizig, auch angesichts der zwischenzeitlich ins schier Unendliche gewachsenen, zudem sehr heterogenen wissenschaftlichen Literatur zum Thema (die wir – um lesbar zu bleiben – nur exemplarisch zitieren werden). Wir können nur hoffen, dass Sie als Leser zu einer solchen Reise bereit sind, die durch historische, naturwissenschaftliche, medizinische, psychotherapeutische und politische Gegenden führen wird, teils auf geraden Chausseen gesicherten Wissens, teils über Trampelpfade auf schwankendem Boden und nicht zuletzt durch das Dickicht unterschiedlichster Interessen, Ziele und Empfindlichkeiten. Herausforderung und Reiz dieses Vorhabens liegen gerade darin, einen anderen, weniger ausgetretenen und damit mutmaßlich schwereren Weg zu gehen und sich der Komplexität, Abgründigkeit und auch der existenziellen Unerbittlichkeit des Themas zu stellen. Wenn wir Ihnen von alldem etwas vermitteln können, wären wir vollauf zufrieden.

Unser Vorgehen ist analog der Erkundung eines Elefanten, den man zufällig in finsterster Nacht vor sich hat. Von vorne (aber woher sollte man überhaupt wissen, wo da vorne ist?) hat man es mit einer Art dickem, beweglichem Schlauch zu tun; etwas seitlich davon wird es eher spitz und auf jeden Fall hart, und ein Stück weiter ist eine große weiche Wand, die auf dicken Säulen steht, und dann bewegt sich das Ganze auch noch, insbesondere das peitschenförmige Gebilde, das auf der anderen Seite angebracht ist. Dieses Bild, so exotisch und sprichwörtlich es ist, macht elementare psychologische Aspekte anschaulich. Jede menschliche Wahrnehmung ist vom Standort des Betrachters abhängig und wird ausgehend von dessen Vorerfahrungen mit ähnlichen Konstellationen konstruiert. Wenn wir den Elefanten *vor* uns haben, ist die Sache noch vergleichsweise einfach. Burnout und überhaupt alle Phänomene aus dem Bereich seelischer Probleme und Erkrankungen liegen jedoch *in* uns. Um sie erleben und beschreiben zu können, verwenden wir zwangsläufig Begriffe und Modelle, die historisch gewachsen und in unserem jeweiligen sozialen Kontext verankert sind. Modelle, Begriffe und Erleben stehen damit in einem annähernd zirkulären Verhältnis. Antworten auf die Frage, was – in Analogie zu unserem Elefanten – Burnout tatsächlich sein könnte bzw. was hinter dem grauen, großen Begriff steckt, lassen sich somit noch am ehesten durch Gegenüberstellung verschiedener Perspektiven gewinnen. Wir werden dabei auf Ihnen mehr und weniger vertraute, mitunter gegebenenfalls sogar als provokant oder völlig abwegig erscheinende Betrachtungsweisen stoßen. Dass nicht in jedem Fall eine nahtlose Synthese der divergierenden Ansichten möglich sein wird, liegt in der Natur der Sache.

Wozu der ganze Aufwand? Wissen nicht die Betroffenen selbst am besten, wie und worunter sie leiden? Diese – vermeintlich – rhetorische Frage, das Manifest des demokratisch-mündigen Patienten, steht gewissermaßen als Leitmotiv über diesem Buch. Teilantworten darauf werden teils implizit, teils explizit in jedem Kapitel gegeben. Wir würden uns freuen, wenn Sie uns auf der spannenden Expedition durch eine Präambel und 13 Kapitel (bzw. Betrachtungsweisen) bis hin zur Zusammenfassung und zum Ausblick begleiten:

Burnout wird von Individuen erlebt, die sich in schwierigen bis ausweglosen Lebenslagen befinden. Im ersten Kapitel werden wir eine Reihe von Menschen in einer psychosomatischen Klinik besuchen, Menschen, die sich selbst als ausgebrannt erleben. Ergänzend sollen dann die Ergebnisse von Befragungen, sowohl von Patienten als auch von im Arbeitsleben stehenden Personen, zum Erleben von beruflichen Belastungen und Burnout dargestellt werden. Von literarischen Weihen bis hin zu einem eleganten, auf einem Burnout-Kongress vorgetragenen Gedicht, vom wissenschaftlich-diagnostischen Verständnis zur allgemeinen Äußerung des Unbehagens stellt sich in Kapitel 2 die Frage nach den vielfältigen Inhalten und Implikationen des Burnout-Begriffs. Kapitel 3 ist der spannenden Entdeckungsgeschichte von Burnout gewidmet. Es handelt gleichermaßen von der individuellen Situation der Entdecker und den historischen Umständen, in denen die Entdeckung erfolgte. Das vierte Kapitel zeichnet die Stationen nach, auf denen sich Burnout von einer Insider-Angelegenheit zum schlagzeilen- und publikationsträchtigen Thema entwickelte.

Im fünften Kapitel betrachten wir das Thema durch die Brille und mit den Methoden von Psychologen, die versuchen, Burnout mit Hilfe von Fragebogen messbar zu machen. Wie gut und trennscharf funktioniert das, und was wird überhaupt gemessen? Burnout betrifft nicht zuletzt auch die Biologie des Menschen. Stress bezeichnet sowohl die subjektive Wahrnehmung – Sie oder wir erleben uns als gestresst oder gar ausgebrannt – als auch die Ebene der Interaktionen und Funktionen des Nervensystems, der Hormone und anderer Körperfunktionen. Ungeachtet aller historischen Bedingtheiten und der Schwierigkeiten bei der Messung – wie sieht die zumindest potentiell naturwissenschaftlich messbare, biologische Ebene von Burnout aus? Hiervon handelt Kapitel 6.

Kann bzw. sollte man Burnout als Krankheit, als medizinische Diagnose, als seelische Störung oder als Befindlichkeitsstörung bezeichnen? Ist das nur ein Streit um Worte, oder geht es um mehr? Inwieweit stehen hinter medizinischen Diagnosen und psychologischen Konstrukten Naturkonstanten, oder ist alles nur historisch-relativ? Kapitel 7 widmet sich diesen Aspekten.

Burnout gab es nicht immer, oder doch? Die Zeiten, in denen es Burnout noch nicht gab, müssen paradiesische gewesen sein … oder eher nicht? Gab es früher vergleichbare Zustände, gegebenenfalls unter anderen Namen? Mehr dazu in Kapitel 8. Die gesundheitlichen Folgen der aktuellen Situation auf dem Arbeitsmarkt für die im Beruf stehenden Menschen werden in Kapitel 9 skizziert. Viele andere, Burnout mehr oder weniger ähnliche, als Folgen unserer Zeit mit all ihren psychischen, physischen und chemischen Belastungen zu verstehende Krankheiten suchen uns Zeitgenossen heim. Kapitel 10 handelt von chronischer Müdigkeit bis zu multiplen Sensitivitäten auf Umweltschadstoffe.

Nach alldem stellt sich in Kapitel 11 umso nachdrücklicher die Frage, wie Burnout behandelt werden sollte bzw. behandelbar ist. Schwerpunktmäßig geht es dabei um psychotherapeutische Strategien, aber auch traditionelle chinesische Medizin und Naturheilkunde haben ein Wörtchen mitzureden. Wenn Burnout letztlich eine Folge der Umstände, insbesondere der aktuellen Arbeitssituation ist, dann sollte doch besser nicht am Betroffenen herumgedoktert, sondern gleich die Situation an den jeweiligen Arbeitsplätzen behandelt werden. Arbeitsabläufe und Kommunikationsstrukturen in einzelnen Unternehmen oder Unternehmensgruppen könnten mit dem Ziel der Burnout-Prophylaxe optimiert werden. Diesbezügliche Möglichkeiten lotet Kapitel 12 aus.

Zusammenfassend versuchen wir dann, in zwei Versionen die Essenz des Themas bzw. des Buches auf den Punkt zu bringen. Die erste davon bezieht sich auf die Natur und Zukunft von Burnout, die zweite beinhaltet mögliche zitierfähige Aussagen. In einer Nachlese, unter Haftungsausschluss unsererseits, werden schließlich Zutaten für ultimative Anti-Burnout-Rezepte vorgestellt.

Wie bereits angedeutet, eine auch nur annähernd erschöpfende Darlegung aller zum Thema gehörenden Facetten lag außerhalb unseres Anliegens und unserer Möglichkeiten. Insbesondere haben wir uns bemüht, die u. a. von Matthias Burisch (1994)* und vor allem auch von Ina Rösing (2003) unlängst souverän dargelegten Aspekte nur insofern zu wiederholen, als dies für den Kontext unabdingbar war. Die Federführung von Vorwort, Präambel und der Kapitel 1–4, 7–10, 12–13 lag bei Andreas Hillert, die der Kapitel 5, 6 und 11 bei Michael Marwitz. Die Übersetzungen der Zitate, soweit sie nicht bereits in den zitierten Quellen in deutscher Sprache vorlagen, stammen von den Autoren.

Auch wenn man (meistens) alleine vor der Tastatur sitzt, so entstünde kein Buch ohne entsprechenden Kontext. Die Autoren, die natürlich für ihre Fehler und Unterlassungen, selbst wenn diese unvermeidlich waren, die volle Verantwortung tragen (einschließlich dessen, dass wir einzig aus

---

* Die für 2005 angekündigte dritte Auflage lag uns leider noch nicht vor.

Gründen der Lesbarkeit zumeist nur die männliche Form verwendet haben), sind vielen besonderen Menschen zu nachdrücklichem Dank verpflichtet. Zum einen unseren Kollegen in der Klinik Roseneck, sowohl dem Team der Station C4 als auch den Mitarbeitern der berufsbezogenen Forschungsprojekte: Stefan Koch, Nadja Sosnowsky und Dirk Lehr, sowie den Kollegen und Freunden Matthias Burisch, Susanne Hedlund, Bernhard Heitmann, Gabriele Hiller, Andreas und Sabine Kretschmer, Andrea und Jürgen Sandmann, Uwe Schaarschmidt, Edgar Schmitz, Andreas Weber und Karen Wise. Unseren Frauen Christina und Tanja danken wir für verständnisvolle Unterstützung und vielfältige Anregungen sowie unseren Töchtern Sophia bzw. Larissa und Leonie für die Geduld und Nachsicht, die sie ihren mit Burnout beschäftigten Vätern entgegenbrachten. Und schließlich gilt unser besonderer Dank dem Beck-Verlag, der in Person von Herrn Stephan Meyer dem Projekt gegenüber offen war und in Person des sich mit Elan, prägnanten Ideen und stets kritisch-konstruktiv für die nicht gerade leichte Thematik engagierenden Stefan Bollmann das Werk zum vorliegenden Abschluss brachte. Die Autoren wünschen Ihnen – soweit angesichts der Thematik möglich – viel Spaß beim Lesen und uns mit Ihnen einen spannenden Weg, der jenseits von ausgetretenen Pfaden und Schlagwörtern neue Aussichten auf den großen, grauen Elefanten, das Burnout-Phänomen, eröffnet.

Präambel

Stichwort Burnout:
Inhalte und Karriere eines populären Konstruktes

Burn out, aus dem Englischen übersetzt, heißt so viel wie «ausgebrannt» und wurde im Laufe der Zeit auf ganz unterschiedliche Phänomene bezogen. In der Reaktortechnik bezeichnet Burnout das Durchbrennen von Brennstäben infolge zu geringer Kühlung bzw. zu hoher Wärme (Brockhaus 1978). Im medizinischen Bereich bezeichnete Burnout u. a. eine, was die Ansteckungsgefahr anbelangt, ausgeheilte Lepra-Erkrankung. Die Erreger sind abgetötet; die durch sie beim Patienten hervorgerufenen Entstellungen bleiben bestehen.

1974 beschrieb der in New York lebende Psychoanalytiker Herbert Freudenberger, der in seiner Praxis und anschließend in sozialen Einrichtungen zeitweise bis zu 18 Stunden am Tag um das Wohl seiner Mitmenschen bemüht war, ausgehend von subtiler Selbstbeobachtung, psychische und psychosomatische Folgen dieser Überlastung als «Burnout». Auf diesen Begriff dürfte er nicht zuletzt durch den Titel des 1961 erschienenen Romans von Graham Greene, *A Burn-Out Case*, aufmerksam geworden sein. Im Jahre 1976 publizierte die amerikanische Psychologin Corinna Maslach konzeptuelle Überlegungen zu dem von Freudenberger in die wissenschaftliche Diskussion eingeführten Begriff. Das Zusammentreffen folgender Symptome, zu deren Feststellung sie einen speziellen Fragebogen – das Maslach-Burnout-Inventar – entwickelte, wurden als für Burnout charakteristisch definiert:

1. *Emotionale Erschöpfung* – also das Gefühl von Überforderung, Erschöpfung, Frustration sowie Angst vor dem nächsten Arbeitstag,
2. *Depersonalisierung* – gemeint ist eine distanzierte, negative, unpersönlich-herzlose oder auch zynische Einstellung gegenüber Klienten, Patienten oder Schülern.
3. *Reduzierte persönliche Leistungsfähigkeit* – die Betroffen erleben sich in ihrer beruflichen Leistungsfähigkeit, hinsichtlich Aufmerksamkeit, Konzentrations- und Durchhaltefähigkeit, deutlich gemindert. Viele neigen dazu, sich selbst die Schuld am eigenen Versagen zu geben.

Ursprünglich wurde angenommen, dass Burnout nur bei Menschen, die in Sozialberufen tätig sind, also u. a. bei Krankenpflegepersonal, Ärzten, Psychotherapeuten, Sozialarbeitern und Lehrern, auftreten könne. Dabei betreffe es vorrangig die besonders engagierten, überdurchschnittlich um ihre Klienten oder Patienten bemühten Kollegen: «Nur wer entflammt war, kann ausbrennen.»

Unter «Burnout» wurde und wird, ohne dass sich je eine Begriffsdefinition als verbindlich durchsetzen konnte, der zu Erschöpfung und Auszehrung führende Prozess bzw. der Endzustand eines solchen verstanden. Allgemein wird angenommen, dass Burnout für Betroffene mit einer deutlich herabgesetzten Lebensqualität, Leistungsfähigkeit und auch mit einer potentiellen Gefährdung der körperlichen Gesundheit einhergeht. Das Immunsystem werde geschwächt, was Infektionen begünstige. Betroffene leiden zudem vermehrt unter Kopf-, Glieder- und/oder Rückenschmerzen sowie unter Schwindel und anderen körperlichen Symptomen, die zumeist mit Funktionen des vegetativen Nervensystems in Zusammenhang gebracht werden können. Bei welchen Symptomen bzw. ursächlichen Konstellationen allerdings überhaupt von Burnout gesprochen werden kann, ob Burnout in Stadien verläuft und, wenn ja, in welchen, ob Burnout potentiell voll reversibel ist oder aber gradlinig auf einen Endzustand hinausläuft, diese und andere für das Konstrukt zentrale Fragen blieben bislang ohne verbindliche Antworten.

1982 fand Burnout als psychosomatisches Phänomen erstmals Eingang in ein Lexikon. Parallel hierzu kam es zu einem exponentiellen Anstieg des wissenschaftlichen wie psychotherapeutischen Interesses an der Thematik. Wenige Jahre später lagen bereits mehr als 10 000 mehr oder weniger wissenschaftliche Publikationen zum Thema vor. Von Ärzten und Psychotherapeuten wird Burnout zunehmend im Sinne einer medizinischen Diagnose verstanden und gestellt. Offiziell, in den von der Weltgesundheitsorganisation herausgegebenen Klassifikationen, taucht Burnout jedoch bis heute nicht als eigene Diagnose auf.

Über den Sozialbereich hinaus erlebten sich immer mehr Menschen in unterschiedlichsten Berufen als ausgebrannt oder beobachteten an sich Symptome, die mit diesem Phänomen in Verbindung gebracht wurden. Umfangreiche, teils repräsentative Befragungen ergaben, dass sich aktuell ein erheblicher Teil aller im Erwerbsleben stehenden Personen im Sinne von Burnout belastet erlebt. So erfüllt etwa ein Drittel aller im Beruf stehenden Lehrerinnen und Lehrer Kriterien im Sinne von Burnout; mehr als die Hälfte aller vorzeitigen Pensionierungen deutscher Lehrer wurde mit Burnout und/oder in diesem Sinne interpretierbaren psychischen und psychosomatischen Symptomen begründet.

Burnout wurde zum integralen Bestandteil auch der deutschen Umgangssprache. Dass zu viel Stress zu Burnout und damit zu einem krankheitswertigen, potentiell Arbeitsunfähigkeit begründenden Zustand führen kann, ist im Bewusstsein weiter Teile der Bevölkerung – im Sinne eines gemeinhin als plausibel erachteten Krankheitsmodells – verankert.

Entsprechend fällt die Begründung von Präventions- und Behandlungsmaßnahmen nicht schwer. Es gilt vor allem der dauerhaften Überlastung entgegenzuwirken, etwa durch regelmäßig angewandte Entspannungstechniken und diverse psychologische Strategien zur Stressreduktion.

(Anti-)Burnout-Bücher und Medienbeiträge aller Art, namentlich solche, die Wege und Erfolgsprogramme zur Prävention und/oder Behandlung aufzuzeigen vorgeben, haben Konjunktur. Neben psychologischen Strategien wird alles, was eine gesunde und natürliche Lebensweise verspricht und das Gleichgewicht von Geist und Körper fördert, gegen Burnout ins Rennen geschickt, von Psychotherapie und Coaching bis zu diversen Diäten und Akupunktur. Von einigen psychotherapeutischen und psychologischen Ansätzen abgesehen, gibt es methodisch tragfähige Wirksamkeitsnachweise hierzu bislang nicht.

Die drastische, epidemieähnliche Zunahme des Phänomens in den vergangenen 20 Jahren und die Ausbreitung über die Sozialberufe hinaus in praktisch alle qualifizierteren beruflichen Tätigkeiten ließen sich durch Maßnahmen, die auf individueller Ebene ansetzen, bislang offenkundig nicht verhindern. Entsprechend liegt es nahe, Burnout weniger als Ausdruck des individuellen Scheiterns, sondern als Folge der problematischen Entwicklungen auf dem Arbeitsmarkt und in der Gesellschaft zu verstehen. In unserer postindustriellen Informationsgesellschaft, geprägt von Globalisierung, Wertewandel und Verlust individueller Sicherheiten, wurde Burnout zuletzt zunehmend auch als fast zwangsläufige Reaktion des Individuums interpretiert, das der Dynamik dieser Entwicklung weitgehend hilflos ausgeliefert ist.

Hinsichtlich dessen, was Burnout ist und wie es dazu kommt («Ich hatte zu viel Stress»), ist der allgemeine Konsens hoch. Offene Fragen oder gar Geheimnisse gibt es offenbar nur hinsichtlich der Frage, ob überhaupt und, wenn ja, *wie* dem von Burnout betroffenen Individuum und letztlich der davon bedrohten Gesellschaft geholfen werden kann. Über Behandlungsansätze auf individueller Ebene hinaus wurden und werden nachdrücklich eine grundlegende Umorientierung der Wirtschaft und ein gesamtgesellschaftlich getragener Wertewandel gefordert. Nur so würde sich die Burnout-Epidemie und damit letztlich der Zerfall unserer (Leistungs-)Gesellschaft aufhalten lassen.

Kapitel 1

Betroffene haben das Wort

«Ich bin ausgebrannt ...»

... oder «Ich habe (ein) Burnout(-Syndrom)» sind Feststellungen, die so oder ähnlich derzeit vielen Mitmenschen über die Lippen kommen. Offen und umgangssprachlich, ohne Hintergedanken an wissenschaftliche Definitionen oder ärztliche Diagnosen, wird hier über die eigene Befindlichkeit kommuniziert. Eben deshalb liegt es nahe, sich dem Thema ausgehend von sechs Personen zu nähern, die sich aufgrund einer schweren, von ihnen als Burnout erlebten Symptomatik in stationärer psychotherapeutischer Behandlung befanden.*

Realschullehrerin Marion A., 49 Jahre

«Seit zwei Jahren quäle ich mich nur noch in die Schule. Häufig ging es mir so schlecht, dass mein Hausarzt darauf bestand, mich krankzuschreiben. Es fehlt mir einfach an Kraft, ich kann mich zu nichts mehr aufraffen, mich auf nichts mehr konzentrieren. Privatleben habe ich schon lange keins mehr, alles ging für die Schule drauf. Vorbereitungen, Korrekturen, und nach dem Unterricht habe ich dann apathisch auf dem Sofa gelegen, bis in den Abend hinein. Selbst in den Ferien kann ich mich nicht mehr erholen, ständig muss ich an die Schule denken. Und nach wenigen Tagen ist die ganze Erholung weg. Ich liebe meine Schüler, sie mögen mich, aber es geht einfach nicht mehr. Wenn ich nur an die Schule denke, an das, was dort von mir erwartet wird, dann zieht es mir förmlich die Beine weg. In diesem Zustand kann ich einfach nicht mehr unterrichten, so gerne ich es auch wollte.»

Marion A., ist seit knapp 20 Jahren Lehrerin an einer Realschule. Ihre Mutter war Lehrerin, ihr Vater, der sich schon früh von der Familie trennte und bei der Erziehung von A. nur durch seine faktische Abwesenheit und gelegentliche üppige Geschenke eine Rolle spielte, Schullei-

---

* Selbstverständlich sind diese Fälle unserer therapeutischen Phantasie entsprungen. Jede Ähnlichkeit mit tatsächlich lebenden Personen wäre rein zufällig.

ter. Sie selbst habe sich nie etwas anderes vorstellen können, als Lehrerin zu werden. In ihrer eigenen Schulzeit angepasst und strebsam, wählte sie den Beruf, «um junge Menschen zu mündigen, starken Persönlichkeiten heranwachsen zu lassen». Stets penibel-gut vorbereitet, hatte sie im Studium und während ihrer Referendariatszeit keinerlei Probleme. Auch aufgrund ihrer guten Noten erhielt sie unmittelbar nach dem Studium eine feste Stelle. Wenige Jahre später wechselte sie an die Realschule der Stadt, in der auch ihre Mutter lebte. A. charakterisiert sich selbst als sehr gewissenhaft und anspruchsvoll, was auch ihre soziale Situation prägt. Sie hatte während des Studiums und dann während der Zeit ihrer ersten Stelle intensivere Verhältnisse mit jeweils wesentlich älteren, gestandenen Männern, von denen sie schließlich bitter enttäuscht wurde. Zwei langjährige Freundinnen, vor allem aber ihre Mutter standen ihr im weiteren Leben am nächsten.

Im Kollegium blieb sie auf Distanz. Sie hatte die Erfahrung gemacht, dass Kollegen gerne von ihren Vorbereitungen profitierten, es sich damit leicht machten, um sich dann auch noch mit fremden, nämlich ihren Federn zu schmücken. Zu einem angemessenen, gegenseitigen Austausch kam es nie. Sie hatte den erklärterweise uneigennützigen Ehrgeiz, eine vorbildliche Lehrerin zu sein, weshalb sie auch Kollegen kritisch gegenüberstand, die es in die Schulleiterlaufbahn drängte und die ihrem Verständnis nach so Verrat an der ureigensten Aufgabe des Lehrers übten. Schließlich ging es doch um die Kinder, um «ihre» Kinder, denen sie sich auf allen Ebenen, fachlich wie menschlich, verbunden sah. Sie war streng und dennoch die beliebteste Lehrerin an der Schule. Eltern bemühten sich, dass die Kinder zu ihr in die Klasse kamen. Die Kinder schätzten sie als berechenbar und gerecht, ihren Unterricht als abwechslungsreich. Aus den Ferien schrieben sie ihr Ansichtskarten. Noch heute hat A. zu einigen Schülern ihrer ersten Schülergenerationen herzlichen Kontakt, wird zu Ehemaligentreffen eingeladen und ist Patentante der Tochter einer ihrer ersten Schülerinnen.

Dieses auf Fördern und Fordern, Geben und Nehmen beruhende Verhältnis veränderte sich zunächst unmerklich, dann aber umso heftiger: *«Die Schüler, die früher auf die Realschule gegangen sind, sind heute fast alle auf dem Gymnasium. Und wir in der Realschule bekommen die, die früher Hauptschüler waren, oder, noch schlimmer, den Abschaum.»* Sie erlebte ihre Klassen nun als durch die Bank weg unmotiviert, die Mädchen vor allem an Mode, die Jungen an Autos, Mode und Mädchen, keinen aber am Unterricht interessiert. Autoritäten, auch die ihre, zählten nichts mehr. Unkonzentriertheit ist nun die übliche coole Grundhaltung. Anfangs hatte sie dies einzelnen Schülern vorgehalten. Statt damit Betroffenheit auszulösen, erntete sie nur den genervten Hinweis, man sei eben so im Stress. Um den Notenschnitt in etwa halten zu können, hätte sie die Leistungsanforderungen reduzieren müssen, was ihren Prinzipien zuwiderlief. Konflikte wurden häufiger. Ihre Beliebtheit bei den Schülern relativierte sich, die Distanz zu den Kollegen blieb, im Lehrerzimmer traf sie keinen, der Probleme zu haben schien.

Gleichzeitig änderten sich auch die Eltern, von denen sie sich zunehmend isoliert und ausgenutzt vorkam: «Wenn mein Kind nicht lernt, dann ist das doch Ihre Schuld als Lehrerin. Sie müssen sich eben was einfallen lassen. Zu Hause ist meine Tochter fleißig und brav ...» Sie glaubte diesen Eltern kein Wort, aber an einem Dialog war niemand interessiert, nur an den guten Noten, um weiterführende Schulen zum Fachabitur besuchen zu können. Immer wieder versuchte sie durch besonders gut vorbereiteten, interessanten Unterricht das Ruder herumzureißen. Hiermit lieferte sie sich dem stereotypen «Null Bock auf Schule» einiger Schüler umso hilfloser aus. Die Schule verfolgte sie nun bis in ihre Träume hinein, und die unzweideutigen Aversionen, die sie dabei einigen Schülern entgegenbrachte, erschreckten sie. Mit ihren Freundinnen war sie sich einig, dass früher alles anders und das meiste besser war. Ihre Bildungsreisen, von der Idee getragen, dadurch als Lehrerin noch kompetenter zu werden, waren längst keine Erholung mehr. Andere Formen der Erholung kannte sie kaum. Und dann wurde auch noch ihre Mutter krank und pflegebedürftig. Schließlich stellte sich bei A. ein Ohrpfeifen, Tinnitus, ein. Ihr Schulleiter, dem sie einmal ansatzweise ihre Situation darlegte, meinte nur, sie solle nicht alles so ernst nehmen und sich ansonsten zusammenreißen. Aktuell ist sie seit mehreren Monaten krankgeschrieben, ein Termin beim Amtsarzt steht an, der Hausarzt hat ihr ein «ausgeprägtes Burnout-Syndrom» bescheinigt und würde eine Frühpensionierung befürworten.

Manfred B., leitender Angestellter, 43 Jahre

«Da reißt man sich jahrelang für die Firma den Arsch auf, hängt jede freie Minute dran ... Ich war wirklich gut. Immer wenn es ein Problem mit der Maschine, meinem Baby, gab, haben sie mich gerufen, aus ganz Europa. Ein neuer Chef, für viel Geld von der Konkurrenz eingekauft, die er auch schon in die roten Zahlen getrieben hat, und ein übereifriger Controller, frisch von der Uni, und schon bist du weg vom Fenster. Alles, was du getan hast, ist keinen Pfifferling mehr wert – das sage ich nur so locker, die Wirklichkeit sieht ganz an-

ders aus. Seitdem die mir gekündigt haben, da geht bei mir nichts mehr. Ich kann keine Computer mehr sehen, wenn ich nur an die Firma denke, an welche auch immer, die sind doch alle gleich, es geht einfach nicht mehr, mir wird einfach schlecht, schwirrt der Kopf ... Zu Hause lebe ich so vor mich hin, aber wie es weitergehen soll, weiß ich nicht.»

Manfred B. ist der älteste von drei Brüdern und der einzige Akademiker der Familie. Das brachte ihm allerdings nie Anerkennung ein, im Gegenteil. Er hatte Ehrgeiz, ging auf ein Internat und machte ein 1,0-Abitur. Während seines Informatikstudiums, abends und am Wochenende, half er dem Vater beim Hausbau. Die Brüder waren derweil mit ihren Freundinnen unterwegs. Ungeachtet dessen galt und gilt er in der Familie als «feiner Pinkel», der sich für alles Normale zu schade sei.

Er kniete sich ins Studium. Der internationale Konzern, in dem er sein letztes Praktikum machte, bot ihm unmittelbar nach dem vorzüglich bestandenen Examen eine derart hoch dotierte Stelle an, dass er sie nicht ablehnen konnte. Dazu, sein Geld auszugeben und es sich gut gehen zu lassen, kam er jedoch gar nicht, bei Arbeitswochen mit deutlich mehr als 60 Stunden. Er liebte den Job, der ihm Hobby, Familie, Existenzberechtigung, schlicht alles war. Dezent und zurückhaltend im Auftreten, wirkte er ein wenig linkisch, wie ein großer Schüler, allerdings nur, solange es nicht um die Sache ging. Dann kamen seine Kompentenz und Effizienz zur Geltung, wofür er bei Kollegen wie Kunden gleichermaßen beliebt war. Ehrgeiz zur weiteren Karriere zeigte er nur in Ansätzen; es waren jeweils seine Vorgesetzten, die ihn mit neuen Aufgaben betrauten, immer auch zum Nutzen ihrer eigenen Karriereplanungen. Eine Hand wäscht die andere ...

Zwischendurch ergab es sich, dass er, der eigentlich keine ausgeprägten Neigungen sexueller Art verspürte, von einer jungen Kollegin, die ihn aufrichtig bewunderte, geheiratet wurde. Sie bekamen einen Sohn, der jetzt vier Jahre alt ist. Seit der Geburt musste der Vater mit dem Vorwurf leben, er kümmere sich nicht genug um die Familie.

Von Rezession hatte er eigentlich nie etwas bemerkt, seine Abteilung florierte. Als er einen neuen, sechs Jahre jüngeren Chef bekam, wurde er erstmals mit dem Wort «Benchmarking» konfrontiert. Die Abteilung erwirtschafte zwar gutes Geld, es gebe aber vergleichbare Abteilungen in anderen Firmen, die, unabhängig davon, wie viel sie erwirtschafteten, mit weniger Personal auskommen würden. Dabei habe man einzig die Interessen der Firma zu berücksichtigen. Es ergaben sich noch Verwicklungen, die B. als solche seinerzeit gar nicht auffielen, etwa als er seinen Chef auf einige sachliche Fehler hinwies. Später meinte er sich daran erinnern zu können, dass bei dieser kurzen Szene eines der Vorstandsmitglieder anwesend war. Eines Montags im Februar jedenfalls wurde er zu seinem Chef zitiert und erhielt ein Schreiben ausgehändigt – einen Auflösungsvertrag. Das Vertrauensverhältnis sei gestört, juristisch habe er keine Chancen, man biete ihm aber eine stattliche Abfindung, alternativ werde man ihm ..., mit dem Vorstand zu sprechen sei sinnlos, man habe diesen Schritt in der letzten Geschäftsführerversammlung abgestimmt, es sei für alle am besten so. B. rieb sich die Augen, ihm wurde heiß, er telefonierte mit seiner Frau und meldete sich krank.

Seit einem Jahr ist er krankgeschrieben, arbeitsunfähig wegen eines «schweren Burnout-Syndroms», zumindest nennt er es so. Wenig später hatte er den Auflösungsvertrag unterschrieben. In die Firma könne er nicht zurück, so viel sei sicher. Die besagte Szene am Montagmorgen verfolgt ihn bis in den Schlaf. Von ehemaligen Kollegen höre er, dass es niemand verstehe und es regelmäßig zu Komplikationen komme, weil er fehle. Seine Brüder hingegen grinsen schadenfroh. Natürlich weiß er, dass er sich zusammenreißen und sich bei anderen Firmen bewerben müsste; die allermeisten in Frage kommenden Arbeitgeber kennt er, und sie kennen auch seine Geschichte. Doch wenn er den Computer anschaltet und ein Bewerbungsschreiben aufsetzen will, ist er weiterhin sprachlos, bei elementaren Programmierarbeiten verschwimmen ihm die Zahlen auf dem Bildschirm, Kopfdruck stellt sich ein, und er macht den Computer wieder aus. Das Einzige, was seine Frau beruhigt, ist der Gedanke an die noch rechtzeitig abgeschlossene Berufsunfähigkeitsversicherung.

Brigitte C., Hausfrau, 55 Jahre

«Seit Jutta aus dem Haus ist, geht nichts mehr. Ich hatte gedacht, in dem Moment das Schlimmste überstanden zu haben, könnte mir dann ein schönes Leben machen und das nachholen, wozu ich wegen der Kinder nicht gekommen bin. Ich habe fast dreißig Jahre für die Familie und vor allem die Kinder geschuftet, Tag und Nacht. Das war wohl zu viel, ich fühle mich ausgebrannt, bis auf die Grundmauern ... Meinem Mann zuliebe raffe ich mich ab und zu auf, mache Spaziergänge mit ihm, ich weiß nicht, wie es weitergehen soll.»

Brigitte C., einziges Kind fürsorglicher Eltern, absolvierte nach dem Realschulabschluss eine Lehre als Einzelhandelskauffrau und heiratete mit 22 Jahren ihren acht Jahre älteren Filialleiter. Drei Jahre später kam die erste, weitere drei Jahre später die zweite Tochter zur Welt. C. war nun mit Leib und Seele Mutter. Sie tat alles für die Familie, die glücklich und harmonisch gedieh. Als die Kinder die Pubertät erreichten, begann die Harmonie jedoch zu bröckeln. C. konnte damit nur schwer umgehen, zumal der Ehemann sich aus allem herauszuhalten schien. «Reg dich doch nicht über jeden Kleinkram auf», war sein Standardvorwurf, bevor er in seinen Verein ging. Von den Töchtern bekam sie anfangs zu hören, sie sei übervorsichtig, überbesorgt, eine richtige Glucke, spießig, neurotisch ... und zuletzt, sie möge sich doch bitte einen eigenen Lebensinhalt suchen und sie, die erwachsenen Kinder, ihre eigenen Wege gehen lassen. Das hinderte die erwachsenen Töchter allerdings nicht daran, der Mutter ihre Wäsche zum Waschen zu geben und die Drohung, das Elternhaus zu verlassen, recht lange nicht wahr zu machen. Die ältere Tochter ging schließlich zum Studieren in eine hundert Kilometer entfernte Stadt und kam nur anfangs noch jedes Wochenende zu Besuch nach Hause. Dann eröffnete die jüngere Tochter, dass sie – gemeinsam mit ihrem Freund – von ihrer Firma in die USA geschickt werde. Die Mutter blieb zurück, fühlte sich als Schatten ihrer selbst, ausgebrannt eben, putzte lustlos das Haus und wartete auf ihren Mann, der aus betrieblichen Gründen immer länger fortblieb. Der Hausarzt riet zu einer ambulanten und später, weil die Erfolge ausblieben, zu einer stationären Psychotherapie.

Dr. Peter D., Allgemeinmediziner, 61 Jahre
«Die Praxis war mein Leben, aber so, wie das jetzt läuft, macht es einfach keinen Sinn mehr. Ich liebe meine Patienten, ich habe meine Arbeit geliebt. Aber der Verwaltungskram wird immer mehr. Es geht bei allem nur noch ums Geld, und wenn man mehr arbeitet, wird man durch Punktverfall bestraft. Dieser unsägliche Unsinn mit den Punktwerten, wo man erst im Nachhinein erfährt, wie viel man verdient hat! Kräftemäßig gehe ich seit Jahren auf dem Zahnfleisch, man muss ranklotzen, so schön eine ständig volle Praxis auch ist, für die Familie und für meine Frau bleibt immer weniger Zeit. Es geht einfach nicht mehr, so kann ich meinen Patienten nicht mehr gerecht werden. Ich habe Alpträume, dass ich mal einen schweren Fehler machen könnte. Wie will man neben all dem noch fachlich auf dem neuesten Stand bleiben? Ich habe in den fast 25 Jahren, in denen ich die Praxis habe, genug gearbeitet, warum soll ich mir das hier weiter antun?»

D. wusste schon früh, dass er als ältester Sohn später in die Praxis seines Vaters eintreten würde. Schule und Studium bewältigte er ohne größere Mühen. Nach der Medizinalassistentenzeit arbeitete er in der Praxis mit, die er wenig später übernahm. Er heiratete eine Krankenschwester, die er während des letzten Nachtdienstes im Krankenhaus kennen gelernt hatte. Sie bekamen zwei Kinder, die älteste Tochter studierte ebenfalls Medizin; allerdings zog es sie dann in die Pharmaindustrie, wo sie Karriere machte. Der Vater würde sich anderweitig einen Nachfolger suchen müssen, bei der gut gehenden Allgemeinarztpraxis am Rande einer Großstadt theoretisch kein Problem.

Trotz der vielen Arbeit und des zusätzlichen Wochenenddienstes empfand er seine Tätigkeit durchaus als Berufung, und es hätte auf diese Weise noch einige Jahre weitergehen können, wenn nicht eines Tages die Polizei vor der Tür gestanden hätte. Man beschlagnahmte seine Kartei, warf ihm Abrechnungsbetrug vor. Von den erhobenen Vorwürfen blieb einzig übrig, dass er in zwei Fällen Abrechnungsnummern, die laut Gebührenordnung nicht gemeinsam abrechnungsfähig sind, zusammen abgerechnet hatte. Die Abrechnungen machte seine Praxishilfe, er hatte nur unterschrieben, aber immerhin. Für den Kleinkram hatte er sich nie, für sein Einkommen nur im Großen und Ganzen interessiert, er verstand sich als Arzt und war kein Verwaltungsmensch. Außer diesen beiden Einzelfällen war nichts nachweisbar und auch nichts vorgekommen. Aber die Kasse hatte gute Juristen und drohte mit einem längeren Verfahren. Bei solchen Prozessen weiß man nie. Welcher Arzt steht schon gerne in der Zeitung? Und so stimmte er einem kostspieligen Vergleich zu.

Damit aber war bei ihm, so erlebte er es, «die Luft raus». Wegen nicht einmal hundert Euro schlampiger Abrechnung wird man zum Verbrecher. Die da oben hingegen, obwohl oder gerade weil sie von der Praxis keine Ahnung hatten, konnten sich ungestraft alles Mögliche herausnehmen, etwa den Punktwert um einige Prozente senken oder ihm untersagen, gegen Quartalsende bestimmte Medikamente nicht mehr zu verschreiben, ungeachtet der Bedürfnisse seiner Patienten … Solche Gedanken kosteten ihn Kraft und Nerven. Er wurde reizbarer, überlegte, schwierige Patienten nicht mehr zu behandeln und einfach weiter zu überweisen – das aber war mit seinem Berufsethos nicht vereinbar. Es kam zu einigen kleineren Disputen mit Patienten und zu weiteren schlaflosen Nächten. Seine Stimmung war gedrückt, alles, was sonst locker von der Hand ging, wurde lästige Pflicht, zu der er sich nur noch aus Gewohnheit aufraffen konnte. Schließlich ließ er sich selbst krankschreiben. Derzeit liegt der Ärzteversorgung sein Antrag auf Berufsunfähigkeitsrente vor. Er selbst erlebt sich als «komplett ausgebrannt». Der Psychiater schrieb: «Major Depression, mittelgradig».

Stefan E., Gymnasiast in der 11. Klasse, 18 Jahre

«Ich kann einfach nicht mehr, alles zu viel, der ganze Stress. Scheiß Schule, die Lehrer ziehen doch nur ihren Stiefel durch, ob das irgendwen interessiert, ist denen vollkommen egal. Nur weil man mal bei Klausuren fehlt, mal einen Durchhänger hat, der ganze Aufstand. Ich bin doch krank, mir ist andauernd schwindelig, irgendwas ist sicher nicht in Ordnung, auch wenn die Ärzte nie was finden konnten. Aber wie es mir geht, interessiert ja kein Schwein. Also bin ich nicht mehr hingegangen, zu Hause ging es mir besser, schon vom Kreislauf her, habe mich mit Fernsehen abgelenkt, konnte nachts nicht schlafen und habe so ein bisschen den Anschluss verpasst. Ich bin jetzt völlig fertig, habe keine Kraft mehr, kann nichts mehr lesen, mich nicht konzentrieren. Wegen des blöden Schwindels bin ich schon seit einem halben Jahr auch nicht mehr auf Partys gegangen. Totaler Burnout eben…»

Stefan E. ist einziger Sohn geschiedener Eltern. Solange sein Vater, Inhaber einer prosperierenden Anwaltskanzlei, und seine Mutter, dessen ehemalige Anwaltsgehilfin, noch zusammenlebten, ging es leidlich. Stefan galt als intelligent, aber faul. Mit knapp mittelprächtigen Noten kam er eben so durch das Gymnasium. Das Abitur wurde von ihm erwartet, ohne dass darüber groß Worte verloren wurden. Später würde er die Kanzlei des Vaters übernehmen. Ansonsten hatte er fast alle Freiheiten der Welt und reichlich finanzielle Mittel für einen Lebensstil, den auch die Mutter zu schätzen wusste. Nach der Scheidung der Eltern, die vom Vater ausging, der seiner Frau überdrüssig war (ganz offen bezeichnete er sie als «oberflächlich und dumm, nur im Bett hat sie Qualitäten»), lebte Stefan bei der Mutter und genoss weiter uneingeschränkt die (finanziellen) Zuwendungen des Vaters, während sich die Mutter einschränken musste. Gelegentlich lieh er ihr Geld. In der Oberstufe hätte er jetzt mehr tun müssen, hatte aber auf Schule «keinen Bock». Er interessierte sich nur für Computer und für Treffen mit Freunden, bei denen gelegentlich ein Joint herumging. Oft ging es ihm am darauf folgenden Tag nicht gut – kann man das wirklich Schuleschwänzen nennen? Als derlei sich häufte, wurde die Schule aktiv, schickte einen Brief. Sein Vater tröstete ihn, er habe es auch nicht mit der Schule gehabt, und sollten die Lehrer frech werden, würde er ein Schreiben mit Kanzleibriefkopf verfassen. Aber auch das half wenig. Zudem fühlte sich Stefan auch unter seinen Freunden immer mehr alleine. Brauchten die ihn nur, weil er zahlte? Er wurde vom Hausarzt krankgeschrieben. Es war klar, dass er das Schuljahr würde wiederholen müssen. Zumindest oberflächlich betrachtet berührte ihn das nur wenig.

Er zog sich immer mehr zurück, nachts surfte er im Internet, bewegte sich in Chatrooms oder schaute Fernsehen. Tagsüber schlief er. Sein Zimmer sah mittlerweile wie ein «Saustall» aus, wie seine besorgte Mutter meinte. «Lass mich in Ruhe, ich bin völlig ausgebrannt», hielt er ihr entgegen.

Marianne E., Beamtin, bei einer Nachfolgegesellschaft der ehemaligen Bundespost tätig, 48 Jahre
«Ob ich da hingehe und arbeite oder nicht, das ist doch völlig egal. Eine sinnvolle Aufgabe habe ich schon seit Jahren nicht mehr. Die wären froh, wenn ich nicht mehr kommen würde; hinter vorgehaltener Hand sagt das jeder, auch der Amtsarzt hat schon gefragt, ob ich nicht besser in Pension gehen sollte. Natürlich habe ich keinen Spaß mehr an der Arbeit. An welcher auch? Ich fühle mich kaputt, trinke zu viel, und mit meinem Mann ist irgendwie auch die Luft raus. Aber ich kann doch nicht den ganzen Tag in der Wohnung herumsitzen ... Als ich Beamtin wurde, war ich froh, meine Eltern stolz, der Staat sorgt für dich. Na gut, das Geld stimmt, aber ansonsten ist es ein Scheiß.»

Marianne E., die jüngere von zwei Schwestern, kommt aus kleinen Verhältnissen, konkret von einem kleinen Bauernhof, der später nur durch das Zubrot des Vaters in einer Fabrik aufrechtzuerhalten war. Sie lernte früh, fleißig und angepasst zu sein, absolvierte die Realschule, um anschließend zur Post zu gehen und Beamtin zu werden: Das bedeutete Karriere und vor allem Sicherheit. Eine erste Ehe mit einem dominanten Mann, der sich später als Alkoholiker herausstellte, scheiterte nach jahrelangen Streitereien. Mit Hilfe der Eltern reichte E. schließlich die Scheidung ein. Kinder hatten sich nicht eingestellt, und E. kamen die Tränen, wenn ihr dieser Umstand bewusst wurde. Zwei Jahre später, mit 42 Jahren, heiratete sie ihren zweiten Mann, einen zehn Jahre älteren, stillen und zurückhaltenden Kollegen. Katastrophen wie beim ersten Mal waren wenigstens nicht zu erwarten. Zu derselben Zeit wurde ihr Arbeitsplatz umstrukturiert, sie kam in eine Auffanggesellschaft und fand sich wenig später an einem praktisch leeren Schreibtisch wieder. Die Stimmung war denkbar schlecht, ein junger Chef machte Druck, wenn es denn einmal konkret etwas zu erledigen gab. «Noch nicht einmal dazu sind Sie in der Lage», wurde zum dienstlichen Kommunikationsstandard. Wenn immer es irgendwie ging, ließ sich E. krankschreiben; auf Dauer ist das aber auch keine Perspektive. Zu Hause lebte sie neben ihrem zwischenzeitlich frühpensionierten Ehemann her, der meistens vor dem Fernseher saß. Sie machte den Haushalt und putzte. Wenn sie an die Arbeit dachte, wurde ihr regelmäßig schlecht, die Knie zitterten. Ihre Stimmung rutschte zusehends Richtung Nullpunkt, Selbstwertgefühl und Leistungsfähigkeit ebenfalls. Während der Chef des Ganzen seine hohe Quote an «sozialverträglichem Personalabbau» mit millionenschwerer Abfindung honoriert bekam, wurde E. vom Hausarzt erneut krankgeschrieben: «schweres Burnout-Syndrom».

Burnout: Wie Betroffene es erleben

Die Unterschiede zwischen den hier vorgestellten, mehr oder weniger zufällig ausgewählten, jedoch typischen Burnout-Patienten sind groß: Einige sind jung, andere alt, die einen sind erfolgreiche Spezialisten, einer ist ein erfolgloser Schüler. Einige wurden von schweren und unerwarteten Schicksalsschlägen getroffen, bei anderen war der Ausgang vorhersehbar.

Unter «Burnout» verstehen die Betroffenen offenbar jeweils ihren aktuellen Zustand, der psychische, insbesondere depressive (Kraftlosigkeit, Konzentrationsstörungen, Schlafstörungen, Aversionen gegen die Arbeitssituation etc.) und teils auch körperliche Symptome (Tinnitus – Ohrpfeifen, Schwindel u. a.) beinhaltet. Diesen Zustand wiederum führen sie auf Konstellationen zurück, in denen das Verhältnis zwischen Anforderungen bzw. Möglichkeiten – also dem, was sie leisten konnten und/oder wollten – und der Anerkennung nicht stimmte. Eine zentrale Rolle spielten in der Regel Kränkungen, die sich wie bei Marion A. über Jahre hinweg aufsummierten oder sich wie bei Manfred B. in Form eines die Existenz erschütternden Ereignisses entluden. Zumindest für die hier vorgestellten Menschen ist Burnout ein Zustand, der ihre Lebensqualität und ihre Zukunftsperspektiven erheblich belastet. Möglichkeiten, sich daraus aus eigener Kraft zu befreien, sehen sie nicht. Neben dem Umstand, dass sie sich als ausgebrannt erleben, verbindet die hier vorgestellten Patienten nicht zuletzt auch, dass sie die Frage, worunter sie leiden, spontan mit «Burnout» beantworten.

Eine kleine Burnout-Umfrage bei Lehrerinnen und Lehrern

Inwieweit ist das hier mit einigen wenigen Beispielen skizzierte Bild repräsentativ? Was verstehen Betroffene und die Bevölkerung insgesamt unter Burnout? Welche Ursachen und welche Symptome werden damit in Verbindung gebracht? Im epidemiologischen Sinne repräsentative Untersuchungen, anhand deren diese Fragen klar zu beantworten wären, gibt es bislang nicht. Um zumindest einen ungefähren Eindruck vermitteln zu können, haben wir psychosomatisch erkrankte und gesunde Lehrerinnen und Lehrer, also Angehörige eines gewissermaßen anerkannt burnoutgefährdeten Berufsstandes, hierzu befragt.

Im Rahmen der kleinen Untersuchung füllten 63 in der Klinik Roseneck im Frühjahr und Sommer 2003 stationär behandelte Lehrerinnen und Lehrer sowie, als Kontrollgruppe, 104 hinsichtlich der wesentlichen soziodemographischen und beruflichen Aspekte vergleichbare gesunde Lehrpersonen einen in der Kurzversion (für die Kontrollgruppe) vier Seiten langen Fragebogen aus.[1] Beide Gruppen, die Patienten und die Nicht-Patienten, waren im Durchschnitt 52 Jahre alt, 76,2% bzw. 66,4% davon waren Lehrerinnen, die meisten waren verheiratet oder lebten in fester Partnerschaft (58,1% bzw. 76,9% – bereits der Umstand, in fester Beziehung zu leben, verringert das Risiko, psychosomatisch erkrankt in stationäre Behandlung zu kommen bzw. unter Burnout zu leiden, erheblich!). Alle Kollegen waren bereits langjährig im Schuldienst tätig (25,4 bzw. 24,9 Jahre).

Von den Lehrer-Patienten gaben 79,0% an, sich ausgebrannt zu fühlen, bzw. stimmten Aussagen wie «Ich fühle mich ausgebrannt» oder «Ich sehe mich selbst als jemanden, der unter Burnout leidet» entweder «eher» oder «voll und ganz» zu. Die meisten dieser Personen berichteten davon, in den vergangenen drei Jahren mehrere Phasen (im Mittel 2,8) und insgesamt durchschnittlich 15 Monate Burnout durchlitten zu haben. Alle Lehrer-Patienten wurden wegen manifester psychischer bzw. psychosomatischer Erkrankungen stationär behandelt, davon die meisten (> 60%) mit der Erstdiagnose einer Depression. Was die von den Betroffenen erlebten bzw. angenommenen Burnout-Ursachen anbelangt (Tab. 1.1), so stehen Stress, Sorgen und Überarbeitung an erster Stelle (jeweils auf einer Skala zwischen 1 = trifft nicht zu und 5 = trifft genau zu; es wurden nur die Daten der sich als ausgebrannt bekennenden Lehrerinnen und Lehrer einbezogen). Darüber hinaus waren für viele Schwierigkeiten in der Schule, die von Disziplinproblemen der Schüler bis zu Konflikten im Kollegium reichen, Probleme im privaten Umfeld und auch als solche reflektierte problematische Eigenanteile (insbesondere Perfektionismus) relevant. Die sich als ausgebrannt erlebenden Lehrer-Patienten geben insgesamt ein breites Spektrum verschiedener Beschwerden an; von Erschöpfung und Kraftlosigkeit abgesehen leidet jedoch jeweils nur ein Teil unter den einzelnen Aspekten. Zudem werden diese Beschwerden, soweit vorhan-

Tabelle 1.1 Gründe für Burnout im Urteil psychosomatisch erkrankter Lehrer –
N=56 (nach IPQ-R und Eigenkonstruktionen)

Gründe für Burnout	Wert (min 1–max 5)
Stress und Sorgen	4,58
Überarbeitung	4,24
Meine Gewissenhaftigkeit/mein Perfektionismus	4,18
Belastung durch mangelnde Motivation, Konzentration oder Disziplinprobleme der Schüler	4,16
Schwierigkeiten, Nein sagen bzw. sich abgrenzen zu können	4,16
Mein emotionales Befinden, z.B. sich bedrückt oder einsam, ängstlich, leer fühlen	4,02
Unzureichende eigene Fähigkeiten, mit Belastungen umzugehen	3,88
Belastung durch Konflikte (Kollegen, Eltern, Schulleitung)	3,82
Mein eigenes Verhalten	3,74
Familienprobleme oder Sorgen	3,44
Alterungsprozess	3,44
Unzureichende Anerkennung der beruflichen Leistungen durch die Schulleitung	3,36
Meine Einstellung, z.B. negatives Denken über das Leben	3,18
Meine Persönlichkeit	3,04
Unzureichende Anerkennung der beruflichen Leistung durch Kollegen	2,90
Unzureichende Unterstützung durch Partner/Familie	2,68
Mobbing durch Kollegen/Vorgesetzte	2,66
Verändertes Immunsystem	2,42
Vererbung – kommt in meiner Familie vor	2,06
Ernährungs- oder Essgewohnheiten	1,84
Alkohol	1,76
Schlechte medizinische Versorgung in der Vergangenheit	1,74
Umweltverschmutzung bzw. Umweltgifte	1,72
Bakterien oder Viren	1,50
Rauchen	1,32

den, in unterschiedlichem Maße auf Burnout zurückgeführt. In der Abbildung 1.1 zeigt der jeweils erste Balken das Vorhandensein der betreffenden Beschwerden an, der zweite Balken davon ausgehend den Anteil der Patienten, die diese Beschwerden auf Burnout zurückführen. Es wird deutlich, dass sich alle befragten Lehrer erschöpft fühlen und fast alle (97,7%) dies auf Burnout zurückführen. 58% der Patienten berichten über Schwindel, knapp 80% davon erleben Schwindel als Teil der Burn-

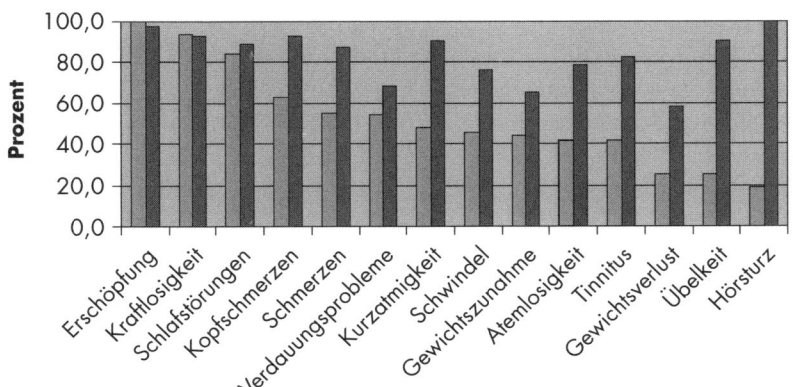

Abbildung 1.1 Psychische und somatische Beschwerden von 56 psychosomatisch erkrankten, stationär behandelten Lehrern, Selbstdiagnose: Burnout. Der jeweils erste Balken zeigt an, bei wie vielen dieser Patienten die betreffenden Symptome bestehen; der zweite Balken, wie viele wiederum davon diese Symptome als Teil der Burnout-Symptomatik erleben.

out-Symptomatik. Knapp 55% leiden unter Verdauungsproblemen, weniger als 70% davon sehen dies als Burnout-Bestandteil an. Es gibt somit Symptome, bei denen hoher Konsens besteht, dass hier Aspekte von Burnout vorliegen, und solche, bei denen es von Patient zu Patient unterschiedliche Einschätzungen gibt. Im Einzelfall mag dies medizinisch begründbar sein; da aber beispielsweise nur verschwindend wenige der Lehrer-Patienten unter Verdauungsstörungen aufgrund nachgewiesener organischer Ursachen litten, weist diese Verteilung vor allem auf das jeweils in hohem Maße subjektive Verständnis von Burnout hin.

Unter den im Beruf tätigen, zumindest insofern gesunden Lehrern der Kontrollgruppe definierten sich demgegenüber nur 6% als ausgebrannt, 9,7% konnten sich diesbezüglich nicht klar entscheiden. Immerhin 26,9% befürchteten übrigens, in Zukunft auf Grund der beruflichen Belastungen ausbrennen zu können, und 18,6% sind sich dessen sicher: «Wenn es für mich im Beruf so weitergeht wie bisher, werde ich bestimmt Burnout bekommen.» Die positive Nachricht ist, dass die überwiegende Mehrheit der im Beruf stehenden Lehrer davon ausgeht, vor Burnout sicher zu sein.

Wie zu erwarten war, schilderten sich die Lehrer-Patienten im Vergleich zu den im Beruf stehenden als deutlich emotional erschöpfter, frustrierter, ausgelaugter. Sie zeigen eine deutlich höhere Resignationstendenz, neigen zu sozialem Rückzug, berichten über signifikant weniger positive Erlebnisse bzw. Ausgleich und deutlich weniger aktive Strategien, um mit Belastungen umzugehen. Umgekehrt versuchen die Patienten angesichts von Stress eher «Haltung zu bewahren». Generell sind sie im Beruf wie im Privatleben unzufriedener. Deutlich mehr gehen schließlich auch davon aus, nicht bis zum Erreichen des Pensionierungsalters im Beruf tätig sein zu können. Übrigens berichten beide Gruppen über ein vergleichbares Maß an freiwilligem, über das geforderte Maß hinausgehendem Engagement.

Die weit überwiegende Zahl von Lehrern beider Gruppen stimmte Aussagen wie: «Burnout ist eine Form von Erschöpfung, die jeder haben kann» oder «Bei den Schülern heutzutage kann jeder Lehrer ausbrennen» uneingeschränkt zu. Gleichwohl taten sich die Lehrer-Patienten mit dem Begriff Burnout, sobald er in Bezug zur eigenen Person gesetzt wurde, ein Stück weit schwerer. Aussagen wie «Mit dem Label ‹Burnout› würde ich mich stigmatisiert fühlen» stimmten sie etwas häufiger zu. Allerdings lagen die Antworten insgesamt im mittleren Bereich von «weder/noch», was darauf schließen lässt, dass der Begriff – von beiden Gruppen – als relativ akzeptabel empfunden wird. «Wenn ich nach Burnout gefragt würde, würde ich gerne darüber reden …», auch hier zeigten sich beide Gruppen – relativ zur allgemeinen Tabuisierung seelischer Probleme – verhältnismäßig offen, mit Mittelwerten im ambivalenten Mittelfeld; jeweils etwa 40% würde eher reden bzw. nicht reden. Die potentielle Bereitwilligkeit zu einem offenen Umgang mit der Thematik war hier – verständlicherweise – bei den erkrankten Kollegen geringer.

Zusammenfassend stellt sich Burnout aus Sicht der Betroffenen, hier aus Sicht von psychosomatisch erkrankten und sich selbst als ausgebrannt diagnostizierenden Lehrpersonen, als ein fast selbstverständliches Berufsrisiko dar. Bei aller Zurückhaltung, insbesondere bei persönlich davon Betroffenen, wird vergleichsweise offen darüber kommuniziert. Ein Tabuthema ist Burnout jedenfalls nicht. Je mehr man ins Detail geht, desto unschärfer werden, wenn man von den Einschätzungen der Betroffenen ausgeht, die Konturen des Phänomens. Jeder Betroffene hat demnach letztlich eine sehr persönliche Vorstellung davon, was Burnout ist.

Kapitel 2

Burnout – ein bodenloser Begriff?

Ein besonderes Anliegen namentlich der sprachgeschichtlichen Forschung ist es, den Ursprüngen von Begriffen auf den Grund zu gehen, in der Hoffnung, auf diese Weise einem wirklichen Verständnis der damit bezeichneten Phänomene näher zu kommen. Im Sinne einer möglichst spezifischen inhaltlichen Klärung des Begriffs verweist bereits Herbert Freudenberger, der eigentliche Entdecker des Burnout-Phänomens (vgl. Kap. 3), auf Wörterbücher, in denen das Verb «burn-out» als *«to fail, wear out, or become exhausted by making excessive demands on energy, strength, or resources»* definiert wird («versagen, ermüden oder sich durch exzessive Anforderung an seinen Energiehaushalt, seine Kräfte oder seine Ressourcen erschöpfen»).

Einen konkreten Hinweis, wonach sich Burnout bereits in den 1930er Jahren in *Merriams-Webster Dictionary* findet, wo der Begriff im Kontext des Profisports und der darstellenden Kunst gebraucht werde, gibt Whiton Stewart Paine.[1] Matthias Burisch und viele andere verweisen demgegenüber auf Graham Greenes 1961 erschienenen Roman *A Burnt-Out Case* (deutscher Titel: *Ein ausgebrannter Fall*) als früheste Verwendung des Begriffs im Sinne der späteren wissenschaftlichen Diskussion des Phänomens. Wir werden auf dieses Buch gleich zurückkommen. Wenig später, in der *Brockhaus Enzyklopädie* Bd. 3, 1967, S. 511, findet sich dann folgender Eintrag: «*Burn out* (engl.), bei Reaktoren das Durchbrennen von Wärmetauschern oder Brennstoffhülsen; es tritt auf, wenn die Wärmeproduktion des Brennstoffs zu hoch ist, so daß die Wärme nicht mehr vom Kühlmittel abgeführt werden kann.» Für Nicht-Atomphysiker: Burnout wäre in diesem Kontext offenbar ein dramatisches, alles andere als ungefährliches Geschehen. Helfen Betrachtungen dieser Art weiter, um Burnout im psychologisch-therapeutischen Kontext näher zu verstehen?

Burnout wird üblicherweise als «Ausbrennen» oder auch als «Durchbrennen» übersetzt, was im psychologischen Kontext per se nur metaphorisch gemeint sein kann. Aber wie? Schließen Sie die Augen, und lassen Sie den Begriff «Burnout» auf der Zunge zergehen. Sprechen Sie ihn mehrere Male aus, langsam und deutlich … und achten Sie darauf, welche Bilder spontan in Ihrem Kopf auftauchen.

Am häufigsten wird diesbezüglich – in der Literatur wie auch von Patienten – auf das eindrucksvoll-endgültige Bild eines nahezu ausgebrannten Hauses verwiesen. Nur ein paar Grundmauern sind vom einstmals stattlichen Anwesen übrig geblieben, ein paar Flammen züngeln noch, es qualmt. Gezähmter, aber vielleicht deswegen seltener spontan genannt ist das Bild eines im Kamin, in Ermangelung von frischem Brennmaterial, ausgebrannten Feuers. Welches Bild kam Ihnen in den Sinn, als Sie Burnout memorierten? Wie auch immer, die Vermutung liegt nahe, dass es auch bei Ihnen ein kraftvolles Bild gewesen ist, keine durch Dauerbetrieb entleerte Batterie oder eine flaue, unerklärte Kraftlosigkeit. Burnout ist dabei ein Begriff, der eine ganze Geschichte von ihrem Ende her erzählt – man hört es förmlich noch knistern und riecht den Qualm. So impliziert Burnout zumindest eine Ahnung davon, was mutmaßlich zuvor als dramatisches, schicksalhaftes Geschehen abgelaufen sein muss.

Was einmal aus- bzw. abgebrannt ist, das kann zwar wieder aufgebaut werden. Dasselbe, was es einmal war, wird es dennoch niemals mehr sein. Burnout ist offenkundig ein starker, emotionaler Begriff, kein beliebiges Wort, das einen geschmacksneutralen Sachverhalt bezeichnet. Dass diese prägnante Qualität des Begriffs für seine Erfolgsgeschichte und die des damit bezeichneten psychologischen Phänomens von erheblicher Bedeutung und Tragweite war und ist, liegt greifbar nahe und wurde entsprechend von vielen Autoren betont. Für die Außendarstellung ist er gut, das Interesse der Öffentlichkeit ist garantiert. Aus wissenschaftlicher und therapeutischer Sicht hingegen könnte man dem Begriff aber gerade deshalb ambivalent gegenüberstehen. Es wurden verschiedene Alternativvorschläge gemacht, etwa «flame out»[2] oder auch «die Kerze an beiden Enden anzünden».[3] Relativ zu Burnout bleiben diese Begriffe und Umschreibungen, gerade weil sie versuchen, spezieller und treffender zu sein, farblos. Hätte Freudenberger, der «Vater» der Burnout-Thematik, einen dieser Begriffe verwendet, eine Burnout annähernd vergleichbare Breitenwirkung wäre kaum zu erreichen gewesen.

Inhaltliche Grenzen der Burnout-Metapher

Burnout impliziert Bilder, die mit dem, was auf psychologischer Ebene damit gemeint ist, nur bedingt kompatibel sind. Insbesondere ist im Begriff ein eindimensional verlaufender Prozess – Verbrennen ist unter Normalbedingungen eben nicht reversibel oder umkehrbar – mit dezidiert fatalem Ausgang angelegt, der im menschlichen Gehirn unter physiologischen, mit dem Leben zu vereinbarenden Bedingungen so nicht vorkommt. Menschliches Denken, Erleben und Empfinden beruht auf der Funktion von Nervenzellen, die zur Aufrechterhaltung ihrer Funktion Energie benötigen und hierzu Energieträger, überwiegend Glukose, verbrennen. Diese Form der Verbrennung läuft offenkundig ohne Flammen ab, als hochgradig kontrollierter Prozess im Rahmen eines sich kontinuierlich regenerierenden Systems. Zumindest bei oberflächlicher Betrachtung scheint diesen Prozessen, die zeit unseres Lebens ablaufen, verglichen mit einem abbrennenden Haus, jede Dramatik zu fehlen. Auch wenn das Empfinden, ausgebrannt zu sein, nicht ohne Auswirkungen auf die funktionellen Abläufe und letztlich auch die Struktur des Gehirns bleiben kann, so wäre doch die Vorstellung, dass es bei «ausgebrannten» Patienten zu regelrecht zerstörten, nicht mehr funktionsfähigen Nervenzellen in irgendwelchen Gehirnarealen kommen könnte, nach allem, was bislang bekannt ist, weit überzogen. Erst bei dauerhaftem starken Stress, etwa in Form von Elektroschocks bei Ratten, kommt es im Gehirn dieser Tiere zu offensichtlichen morphologischen Veränderungen. Die Verästelungen der Zellausläufer werden geringer, auch die Größe des Zellkörpers kann abnehmen.[4] Andererseits kann intermittierender Stress die Entwicklung des Gehirns positiv stimulieren. Der Nachweis von subtilen Funktionsveränderungen im Gehirn von Menschen, die hohe Werte auf Burnout-Fragebogen erreichen, steht zwar aus. Es wäre aber durchaus zu erwarten, dass solche Projekte fündig würden, schließlich finden emotional geladene Prozesse jeglicher Art, Liebe wie Hass, auch hier ihren Niederschlag.[5]

Burnout: Literarisch-existentielle Dimensionen

Grundlage jeder Wissenschaft ist es, die verwendeten Begriffe klar zu definieren und zu konkretisieren. Diesem Anliegen gegenüber erwies und erweist sich der kraftvolle Burnout-Begriff bis heute als sperrig. Demgegenüber blüht er regelrecht auf, wenn er sein vielschichtiges Bedeutungsspektrum entfalten kann. Wenn sich Burnout weder auf einen dezidierten Bedeutungsgehalt und eine terminologische Wurzel zurückführen lässt noch so ohne weiteres durch scharfe Definitionen zum wissenschaftlichen Terminus kultivierbar ist, dann bietet sich als intellektueller Trost der bereits erwähnte Roman von Graham Greene an. Im wissenschaftlichen oder therapeutischen Kontext wird der Titel des Romans häufig zitiert, was nicht heißen muss, dass er auch gelesen wurde. Mitunter wird angedeutet, der Held des Romans sei eben ein typischer Burnout-Fall, wie er im psychotherapeutischen Bilderbuch steht.

Im Mittelpunkt der Handlung von Graham Greenes Roman *A Burn-Out Case*[6] steht Querry, ein wohlhabender Belgier um die 50, den der Leser auf einer Schiffsreise auf Nebenflüssen des Kongo durch das Innere Afrikas begleitet. Ziel und Zweck der Reise des zurückgezogen lebenden, Konversation nach Möglichkeit meidenden und in diesem Teil der Welt deplatziert wirkenden Protagonisten bleiben zunächst unklar. Der eigenen Aussage nach weiß er nicht mehr, was Leiden ist. «Auch da bin ich am Ende angekommen.» Endstation ist eine katholische Missions- und Leprastation, wo Querry dem dortigen Doktor Colin bei der Versorgung der Leprakranken über die Schulter sieht. Ambitionen und Ziele hat er keine: «Ich habe das Ende des Verlangens erreicht und das Ende der Berufung.» «Im Luxus ist Langeweile schlimmer. Ich habe geglaubt, hier gibt es vielleicht genug Schmerz und Schmutz, um mich abzulenken.»

Querry ist ein vom Erfolg verwöhnter, als Genie international gefeierter Kirchenarchitekt. Rund um den Globus hat er an prominenten Orten Kathedralen aus Stahl und Glas errichtet. Zumindest in den Augen der kunstsinnig-religiösen Welt hat er alles erreicht, was sich ein Mensch wünschen kann. Seine Kirchen wurden als Wunderwerke gepriesen. Querry hatte Geld und attraktive Frauen, die er nach Belieben benutzte und beherrschte, wie zuletzt seine junge Gattin Marie: «Einmal habe ich Tränen eingesetzt. Ein andres Mal eine Dosis Nembutal, aber natürlich keine gefährliche. Dann ging ich mit einer anderen Frau ins Bett ... Ich habe ihr sogar eingeredet, ohne sie könnte ich meine Arbeit nicht tun.» Als Marie sich schließlich umbrachte, ging sein Leben weiter wie zuvor. Wie viele solcher Ereignisse es bedurfte, um seine eitle, katholisch überschminkte Selbstverständlichkeit zu zersetzen, bleibt unausgesprochen. Irgendwann bricht sich die Einsicht Bahn: «Ich habe nie wirklich geliebt. Nur Liebe entgegengenommen.» Seine berühmten Kirchen sieht er durch kitschige Madonnenfiguren aus Gips und bunte Glasfenster entstellt. Als Künstler verstanden zu werden entpuppt sich als Illusion. Vom Katholizismus ist er nur noch gelangweilt, er denkt nicht einmal mehr über Religion nach.

Auf der Leprastation bietet er seine Mithilfe an, zunächst eher aus Langeweile und nachdrücklich ohne weitergehendes, seinen Fähigkeiten entsprechendes Engagement. Er bewirbt sich um Handlangerarbeiten und fährt dann über kaum passierbare Wege mit dem Lastwagen in die Kreisstadt, auf der Suche nach dringend benötigtem medizinischen Gerät. Hier begegnet er Rycker, der eine Ölpresse, eine kleine Fabrik, betreibt und sich in christlicher Selbstgefälligkeit eine junge, naiv-hilflose Frau, die ebenfalls Marie heißt, zur Befriedigung seiner Bedürfnisse genommen hat. Rycker identifiziert seine Zufallsbekanntschaft aufgrund einer alten Zeitung als *den* Querry und biedert sich ihm an. Er interpretiert Querrys Reise nach Afrika als bewundernswerten, gelebten Akt der Nächstenliebe und sorgt mit Indiskretionen dafür, dass die Presse und damit die Welt auf Querry aufmerksam und von ihm ein entsprechend verklärtes Bild verbreitet wird.

Querry bleibt auf Distanz, zu fast allem, und wird dennoch nach und nach Teil der Leprastation. Sein ehemals leprakranker Diener gerät in Lebensgefahr. Querry rettet ihn unter Einsatz seines Lebens – beinahe wider Willen, schließlich war es ihm wichtig, im Urwald ein ganz unauffälliges Leben zu führen. Rycker nutzt dieses Ereignis zur weiteren Verklärung von Querrys vermeintlicher Mission. Querry übernimmt schließlich die Planung für den Neubau des Krankenhauses. Aus diesem gerade erst aufgenommenen, mit neuem Sinn erfüllten Leben reißt ihn wenig später ein seinetwegen in den Urwald gereister Sensationsjournalist namens Parkinson. Diesem wie auch Rycker gegenüber um Distanz bemüht, öffnet Querry sich in dem ihm aufgezwungenen Gespräch schließlich rückhaltlos: «Ich bin kein Genie. Ich bin ein Mann, der ein gewisses Talent hatte, kein sehr großes Talent, und ich bin am Ende angekommen. Es gab nichts Neues, was ich hätte tun können. Ich konnte mich nur noch wiederholen. Deshalb habe ich es aufgegeben. So simpel und gewöhnlich ist das.»

Doch auch mit diesen Offenbarungen kann Querry seiner Verklärung nicht entkommen. In Zeitungen erscheinen romantisierende Artikel über ihn, deren Bugwellen seine neue Lebenssituation bedrohen. Querry fährt zu Rycker, um ihn wegen der Indiskretionen und Verdrehungen zur Rede zu stellen, trifft diesen krank an und redet praktisch gegen eine Wand. Nebenbei nimmt er sich der verstörten Frau Ryckers an. Diese fürchtet, schwanger zu sein, entgegen den erklärten Willen ihres Mannes. Querry fährt sie zur Untersuchung in die Kreisstadt. Dort muss sie über Nacht auf den Befund warten, eine Nacht, in der Querry ihr seine ins märchenhafte übersetzte Geschichte nahe zu bringen versucht. Ihrem Tagebuch vertraut sie zweideutig an, die Nacht mit Querry verbracht zu haben. Ihr so frömmelnder wie indiskreter Mann, der den beiden zwischenzeitlich hinterhergereist ist, liest dies. Marie, tatsächlich schwanger, flieht vor ihm in die Leprastation, zu Querry, den sie aufrichtig zu lieben glaubt. Rycker, vermeintlich betrogen, ist außer sich. Schließlich stellt er Querry. Im Rahmen eines Streitgesprächs, in dem er diesen als schamlosen Ehebrecher bezichtigt, erschießt er ihn.

«Sie haben eben gesprochen, als ob er (Querry) geheilt gewesen wäre», bemerkt später der Superior der Missionsstation im Gespräch mit Dr. Colin. «Ich glaube wirklich, dass er das war. Verstehen Sie, er hatte gelernt, anderen Menschen zu dienen und zu lachen. Ein seltsames Lachen, aber trotzdem ein Lachen», antwortet der Doktor.

Der Titel des Romans bezieht sich auf den Zustand Querrys, das «Ich habe das Ende erreicht». Die Frage, wie viele Punkte Querry auf einem Burnout-Fragebogen erreicht hätte (s. S. 82 ff.), wird unbeantwortet bleiben. Vermutlich hätte er kein Interesse gehabt, überhaupt einen solchen auszufüllen. Die frühe Burnout-Diskussion wird insbesondere Sozialberufler als ausgebrannte Fälle kennen. In Greenes Roman brennt ein Architekt und Künstler aus, noch dazu ein erfolgreicher – und Heilung findet er im sozialen Engagement. Doch der vor dem Hintergrund einer Kränkung, vor allem durch das Erleben der eigenen Grenzen erklärbare Zustand des Helden ist nur die halbe Botschaft des facettenreichen Romantitels. Burnout meint auch den Zustand ehemaliger Leprakranker, die von der leprös, mit Geschwürbildung und Entstellungen verlaufenden Infektion körperlich gezeichnet sind, nun aber dank der Pflege und durch die Behandlung mit DDT ausgeheilt und nicht mehr infektiös, also «ausgebrannt» sind. Ausgebrannt sein meint in dieser Hinsicht also Gesundung. Die betreffenden Patienten könnten die Leprastation verlassen und in die normale Gesellschaft zurückkehren, wenn sie denn dazu in der Lage wären. An das Leben in der Station gewöhnt, durch die Entstellungen stigmatisiert, zudem in ihrem Selbstbild zum Krüppel geworden, gelingt dies meist nicht. Auch Querrys Diener, dem er das Leben rettete, blieb deshalb in der Station. Querry hingegen ist nicht entstellt, hatte nie Lepra, ist somit nicht ausgebrannt und könnte überall auf der Welt leben, was ihm nicht gelingt, da er auf andere, äußerlich unscheinbare Weise ausgebrannt ist. Zusammengenommen ergibt sich eine dialektische, komplexe Spiegelung von Burnout in den wechselnden Bedeutungen von krank und gesund sowie im Verhältnis zu verschiedenen medizinischen und sozialen Kontexten, einschließlich der Frage nach dem Sinn menschlicher Existenz. Diese Vielschichtigkeit überragt die der wissenschaftlichen Literatur zum Thema um Längen.

Das Buch von Graham Greene ist, retrospektiv betrachtet, ein überaus würdiger Beginn der Burnout-Diskussion. Dafür, dass die wissenschaftlichen und therapeutischen Autoren aus der Lektüre relevante Anregungen für ihre Arbeiten abgeleitet hätten, gibt es keine greifbaren Belege. Wäre es nach Graham Greene gegangen, hätte sich Burnout als ein Paradigma für menschliche Existenz etabliert, welches besagt, dass sich niemand der Verantwortung entziehen kann, die Frage nach dem Sinn seines Lebens zu stellen und stets neu zu beantworten.[7] Natürlich wäre Burnout damit ein bodenlos tiefer Begriff geworden. Ist er heute so weit davon entfernt? *Ein ausgebrannter Fall* war die literarische Geburtsstunde des Burnout-Begriffs. Was hätte aus diesem Kind nicht alles werden können!

Burnout: ein Gedicht

Was aus Burnout hätte werden können? Ein zentraler Aspekt liegt in der Frage, ob Querry Täter oder Opfer ist. Er ist beides, und zwar beides so intensiv, dass offen bleibt, ob eine und, wenn ja, welche Qualität überwiegt. Seitdem das Burnout-Thema von Psychotherapeuten und Psychologen diskutiert wird, hat sich diese tragödienträchtige Komplexität nachhaltig reduziert. Lassen sich aktuell Burnout-Betroffene vorstellen, die am eigenen Schicksal selbstverantwortlich schuldig sind? Betrachtet man Burnout psychodynamisch, so liegen der zugrunde liegenden Selbstüberforderung zwar nicht zuletzt unbewältigte, im Rahmen der individuellen Biographie erworbene Muster zugrunde. Seit Beginn der Burnout-Forschung sind es jedoch hauptverantwortlich das System, die Firma, die gesellschaftlichen Rahmenbedingungen, die dem zuvor gesunden Individuum alles abfordern, es überfordern und dafür nur unzureichende Gratifikationen ausschütten. Welche der letztgenannten Aspekte auch im Einzelfall überwiegen, in jedem Fall werden Burnout-Betroffene als Opfer gesehen. Angesichts dieser vor allem Mitleid erregenden, literarisch nur bedingt spannenden und herausfordernden Perspektiven hat es der *Burnout Blues* verdient, dieses Kapitel zu beschließen. Er dient als «Prolog» des 1982 von Whiton Stewart Paine herausgegebenen Buches *Job Stress and Burnout*.[8] Es wäre unfair, die literarische Qualität von Graham Greene mit der des Gelegenheitsdichters Whiton Stewart Paine zu vergleichen, der als Psychologe und Director of Human Services at Mercy Catholic Medical Center in Philadelphia, Pennsylvania, maßgeblich an der 1981 tagenden «First National Conference on Burnout» beteiligt war. Der *Burnout Blues* fasst Symptomatik und situativen Kontext einer exemplarischen Burnout-Konstellation in einzigartiger Weise in Versform zusammen, gewürzt mit einer Prise Humor im Blues-Rhythmus. Ob es eine musikalische Fassung davon gegeben hat, die vielleicht sogar auf der Abschlussveranstaltung des «First National Conference on Burnout» von all den namhaften Referenten gemeinsam gesungen wurde, ist leider nicht überliefert. Der potentiell unendlich tiefe Burnout-Begriff wurde spätestens im *Burnout Blues* nicht nur psychologisch-sozialwissenschaftlich, sondern auch poetisch domestiziert ... *And no one seems to care.*

I've got the burnout blues
Everything is tense,
Feel too many stressors
Beating on my sense.

Watch my mind, it's racing
Back and forth is goes,
Damn it's hard to tapdance
Minus half your toes.

This endless flow of clients
Drowns me in their needs,
Hope, compassion, love are gone
As ire wounds my deeds.

Nights are just not restful
Days are nightmare bent,
Everything is dragging here
As energy is pent.

Success has been relentless
Pushing me past kin,
All those expectations
Have just done me in.

Policies, procedures
Weight my desk and life,
As bosses sit there screeching
Through me like a knife.

The people I do work with
Friends once in the past,
Now ambush me in corners
How long can this last?

Heart is keeps on pounding
Empty gut's aflame,
Cigarettes, coffee, booze and pills
Must keep me in the game.

Once I knew my passage
Running with the light,
Today I creep in darkness
Pausing, trapped in fright.

Most of life's a shambles
Work is but a joke,
Constantly I'm pushing
Time goes up in smoke.

At home, a spouse is waiting
Amazing they're still here,
One more crisis with this job
And they'll be gone, I fear.

Influenza stalks me
Despair I seek and find,
Sick days spare my body
Mental health days heal my mind.

Everything's a jumble
Values are askew,
No one's got my answer
This empty soul is new.

Got the burnout blues
So I just sit and stare,
Feel too many stressors
And no one seems to care.

Kapitel 3

Burnout wird entdeckt

Viele Erfindungen und Entdeckungen, die die Menschheit vorangebracht oder zumindest eine Epoche bewegt und neue Perspektiven eröffnet haben, sind nicht das Resultat konsequenter Forschungsarbeit, sondern ereigneten sich mehr oder weniger beiläufig und dennoch, zumindest rückblickend betrachtet, nicht zufällig. Umgekehrt entgingen Revolutionen, die vorsätzlich mit dem Ziel, revolutionär zu sein, begonnen wurden, meist nicht ihrem Schicksal, als Umkehrvariante der Ausgangssituation auf ebendiese hinauszulaufen.

Diese mit einer Vielzahl von historischen Beispielen zu belegenden Eingangsbetrachtungen haben nicht zuletzt psychologische Hintergründe. Durch konsequentes Addieren von Wissen können die Felder bestehenden Wissens bestellt, ausgebaut und erweitert werden. Neue Hypothesen und Fragestellungen leiten sich dabei zwangsläufig aus etablierten Begriffen und Modellen ab. Ein Gehirn kann eben nur ausgehend von vorhandenen Verknüpfungen und funktionellen Konstellationen arbeiten.[1] Auch wenn forschende Subjekte noch so eifrig bemüht sind, über ihre Ausgangsbegriffe bzw. hirneigenen Muster hinauszugehen, bleiben sie ihnen dennoch fundamental verhaftet. In unserem Kontext ist wichtig, dass viele später als epochal gefeierte Erkenntnisse aus unscheinbaren Situationen und Momenten resultieren, aus Konstellationen, die im Windschatten der hartnäckigen Bemühungen um Fortschritt liegen, Situationen also, in denen die Freiheit, tatsächlich neue Verknüpfungen herzustellen, relativ größer ist. Im Gegensatz zu einem verbissenen und ausufernden, vermeintlich rationalen Forschungsdrang faustischer – und frustrierter – Prägung soll etwa der Benzolring erstmals im Traum erschienen sein, und auch die Vision der DNA-Doppelspirale war die Eingebung eines relativ – zu langen Forschungsbemühungen – kurzen, fruchtbaren Momentes. Paradigmenwechsel, die diesen Namen verdienen, verändern Bewusstsein. Nach ihnen kann nichts mehr so sein, wie es früher war.

Die unheile Welt, in der Burnout geboren wurde

Ganz ähnlich beiläufig, ungezielt und doch nicht überraschend verlief, zumindest soweit es in den schriftlichen Quellen seinen Niederschlag gefunden hat, die Geburt von Burnout (woraus sich leider noch kein Urteil hinsichtlich der Qualität des damit bezeichneten Konzeptes ableiten lässt). Gleichwohl finden sich viele Indizien, aus denen sich ein fast idealtypisches Bild einer geradezu weihnachtlichen Offenbarung des Phänomens zeichnen lässt.

Es war die Zeit des Kalten Krieges und der Watergate-Affäre, die zum Rücktritt von Präsident Nixon führte. Der Vietnamkrieg und seine Schrecken neigten sich einem für die Weltmacht USA unrühmlichen Ende zu. Worauf die Vereinigten Staaten sich erneut darauf besannen, Frieden durch Stärke zu sichern. Der Warschauer Pakt wiederum erachtete eine Verstärkung seiner Kampfkraft zur Abwehr der imperialistischen Gefahr für nötig. Im November 1974 trafen sich Parteichef Breschnew und Präsident Ford auf russischem Boden. In den USA und in Europa machte man sich Sorgen wegen der steigenden Inflation. Die erste erfolgreiche Mondlandung war erst wenige Jahre her, das Mondprogramm der NASA konnte mit Apollo 17 erfolgreich beendet werden. Die Computertechnologie begann auch außerhalb von Raumfahrt und Waffentechnik ihren Siegeszug. Unter den psychotherapeutisch Tätigen und darüber hinaus in weiten Teilen der intellektuellen Gesellschaft war das von Sigmund Freud im ausgehenden 19. und frühen 20. Jahrhundert geprägte psychoanalytische bzw. tiefenpsychologische Menschenbild selbstverständlich. Von der psychologischen Grundlagenforschung ausgehende Modelle, etwa die der Konditionierung von Ratten durch den amerikanischen Psychologen Burrhus Frederic Skinner, wurden versuchsweise auf menschliches Verhalten übertragen, was weithin mit Kopfschütteln quittiert wurde. In der Psychiatrie begannen Psychopharmaka, Medikamente zur Behandlung von Depressionen und Psychosen, ihren Siegeszug.[2]

Selbsterkenntnis, nicht Forschungsergebnis: Burnout

Vor dem skizzierten Hintergrund einer ideologisch entzweiten, sich aufrüstenden, auf Kalten Krieg und Fortschrittsdynamik ausgerichteten Weltpolitik gab es viele, die nach alternativen und individuellen Lösungen suchten. Die einen eher in Form eines Ausbruches aus den Konventionen (z. B. Woodstock), andere durch erhöhtes soziales Engagement.

Einer, der Letzteres in hohem Maße praktizierte, war der in New York als
niedergelassener Psychoanalytiker tätige Herbert J. Freudenberger. 1927
in Deutschland geboren und als jüdischer Junge den nationalsozialisti-
schen Hetzkampagnen und Verfolgungen ausgesetzt, floh er als Zwölf-
jähriger über die Schweiz nach Amerika und kam dort allein an. Eine
Tante, die in der Bronx lebte, nahm ihn nur widerwillig auf. So wuchs er
weitgehend auf den Straßen New Yorks auf. Aus diesem Nichts arbeitete
er sich bis in die New York University hinauf, wo er in Psychologie promovierte. Seit 1954 praktizierte er als Psychotherapeut, seit 1956 in
eigener Praxis. Zwischendurch lebte er, um die Situation von Obdach-
losen näher kennen zu lernen, drei Monate auf den Straßen von San Fran-
cisco. Nach einem regulären Arbeitstag in seiner Praxis, der von 8 Uhr
morgens bis etwa 18 Uhr dauerte, war er ehrenamtlich in einer *free clinic*
in Spanish Harlem tätig, die sich um jugendliche, oftmals der Prostitution
anheim gefallene, drogenabhängige Aussteiger kümmerte. Diese schloss
«um 11 Uhr abends ihre Türen». Dann ging es weiter mit gemeinsamen
Besprechungen und Übungen. «Je müder ich wurde, desto mehr trieb ich
mich an.» Für seine Frau Arlene und seine drei Kinder, Lisa, Mark und
Lori, blieb wenig Zeit:

«Diejenigen von uns, die in kostenlosen Einrichtungen, therapeutischen
Gemeinschaften, bei der Telefonseelsorge, in Kriseninterventionszentren,
Frauenhäusern, Einrichtungen für Homosexuelle und für Ausreißer ar-
beiten, sind Menschen, die sich um die offensichtlichen Bedürfnisse der
Menschen kümmern. Wir würden eher aufbauen als aufgeben. Und was
wir aufbauen, sind unsere Talente und unsere Fähigkeiten, was wir ein-
bringen, sind Überstunden für ein Minimum an finanziellem Ausgleich.
Aber genau wegen dieses Engagements tappen wir in die Burnout-Falle.
Wir arbeiten zu viel, zu lange und zu intensiv. Wir fühlen einen inneren
Druck, zu arbeiten und zu helfen, und wir fühlen einen Druck von außen
zu geben. Wenn das Teammitglied dann noch zusätzlichen Druck von der
Verwaltung spürt, noch mehr zu geben, dann befindet es sich unter drei-
fachem Druck ...»[3]

In dieser Situation fühlte sich Herbert Freudenberger zunehmend erschöpft, ausgelaugt, abgeschlagen, müde, resigniert, dabei gleichzeitig
häufig unausgeglichen und gereizt. Er geriet in einen Zustand *totaler* psychischer und physischer Erschöpfung. Seinen Kollegen ging es ähnlich,
man unterhielt sich über die jeweiligen Befindlichkeiten, wobei dann irgendwann das Wort *Burn-out* fiel. Der konkrete, fruchtbare Moment als
solcher ist leider nicht überliefert, das Datum unbekannt. Aber vielleicht

mussten sich auch mehrere dieser Momente ereignen, bis es zur eigentlichen Zündung kam. Um dieses Wort, Burnout, herum verdichtete sich dann offenbar recht schnell das entsprechende Konzept. Die erste Publikation unter dem schlichten wie direkten Titel «Staff Burn-Out» erschien 1974 im ersten Heft des 30. Bandes des *Journal of Social Issues* (S. 159–165). Burnout kommt demnach in vielfältigen Erscheinungsformen vor. Die psychischen und körperlichen Symptome variieren von Betroffenem zu Betroffenem. Subjektiv, auf Seiten der körperlichen wie psychischen Befindlichkeit, stünden meist ein Gefühl der Verausgabung und Müdigkeit im Vordergrund, begleitet von Infektanfälligkeit, häufigen Kopfschmerzen, Magen-Darm-Problemen, Schlaflosigkeit und Kurzatmigkeit. «Kurz gesagt, man beschäftigt sich zu sehr mit seinen eigenen Körperfunktionen.» Im Kontakt mit ihren Kollegen fallen die Betreffenden durch emotionale Ausbrüche und leichte Reizbarkeit auf. «Für den Burnout-Betroffenen ist es schlicht zu schwierig, seine Gefühle zurückzuhalten. Es kommen ihm nur zu leicht die Tränen in die Augen», was durchaus auch einen Beigeschmack paranoid-wahnhafter Anteile haben kann. Etwa, wenn sich der Betreffende einerseits von allen Seiten angegriffen fühlt und andererseits ein unangemessenes Allmachts- und Unfehlbarkeitsgefühl aufkommt. Er weiß alles besser, ist dabei im Denken rigide, unflexibel, kaum in der Lage, alternative und damit konstruktive Lösungen zu finden. Freudenberger erklärt diese Unflexibilität wie folgt: «Warum? Weil Veränderung wieder eine Anpassungsleistung verlangt und der Betroffene schlicht zu erschöpft dafür ist.» Burnout-Kandidaten laufen zudem Gefahr, zum *house cynic* zu werden, mit durchgehend negativen Einstellungen und Verbissenheit. Ihre Arbeit wird dabei immer uneffektiver, gleichzeitig rückt sie aber immer mehr ins Zentrum der individuellen Existenz. Der Kontakt zu Freunden geht mehr und mehr verloren. Aus gewisser Distanz heraus betrachtet, mag das Ganze wie eine Depression aussehen. Ebendies sei es aber dezidiert nicht.

Burnout: Wenn soziales Engagement zur Falle wird

Freudenbergers Antwort auf die Frage, welchen Menschen Burnout droht, ist klar und eindeutig: «The dedicated and the committed», den Hingebungsvollen und den ihrer Aufgabe Verpflichteten. Neben den Rahmenbedingungen, die, wie oben skizziert, auf grenzenlose Überforderung hinauslaufen, sind es in den Personen selbst angelegte Motive: «… eben das Individuum, dem es ein Bedürfnis ist, zu geben. Ein Bedürfnis, das exzessiv ist und, zumal in der zur Verfügung stehenden Zeit, nicht befriedigt werden kann», und daneben natürlich die Routine. Entsprechend rechnet Freudenberger damit, dass sich Burnout oft nach etwa einjähriger Tätigkeit in einer Institution manifestiere. Die als besondere Herausforderungen empfundenen Anfangsschwierigkeiten sind dann gemeistert, das Schlimmste scheint überstanden; was danach kommt, wird nicht als wohlverdiente Ruhe erlebt, sondern als – Monotonie. Parallel dazu kann es im Miteinander der Kollegen zu Gewöhnungserscheinungen kommen. Anfängliche Begeisterung für einen charismatischen Chef («super-people») reduziert sich auf Normalmaß. Und im Zusammenwirken dieser Aspekte kommt es dann zum Burnout.

Aus dieser Analyse ergeben sich umgekehrt Strategien, die sich präventiv und/oder therapeutisch anbieten. Burnout könne damit zwar nicht verhindert, aber zumindest verringert und behandelt werden: «Es gibt einige Strategien, mit denen man Burnout vorbeugen kann. Ich würde gerne einige mit Ihnen teilen …» So direkt, kollegial-fürsorglich und unprätentiös sprechen die Autoren späterer, sich wissenschaftlich gebärdender Burnout-Schriften nicht mehr mit uns Lesern! Freudenberger empfiehlt – in ebendieser Reihenfolge:

1. Ein Trainings- und Eingewöhnungsprogramm für neue Mitarbeiter.
2. Unterscheidung der eigenen Ansprüche in unrealistische und realistische, also eine Abklärung der individuellen Motivation. Warum will jemand eine soziale Aufgabe – wie die Betreuung einer *free clinic* – überhaupt übernehmen? Bringt er die gesundheitlichen Voraussetzungen dafür mit?
3. Ein gelegentlicher Wechsel des Tätigkeitsbereiches, um monotonen Abläufen und Routine vorzubeugen.
4. Eine Begrenzung der Arbeitsstunden. Wenn zu viel Arbeit anfällt, dann stecken mutmaßlich organisatorische Fehler dahinter! Oder ist der Betreffende schon drauf und dran, seinen Arbeitsplatz, die Institution, zu seinem zweiten Zuhause zu machen? Freudenberger rät zur Konsequenz: «Auszeit heißt Auszeit!»
5. Klare Urlaubsregelungen sind wichtig, etwa «vier Wochen zu arbeiten und die fünfte freizunehmen». Dabei aber Flexibilität bewahren, wer eine Auszeit braucht, der soll sie bekommen!
6. Die Pflege von Kollegialität und eines positiven Interaktionsklimas innerhalb der Gruppe.
7. Den Austausch mit den Kollegen, auch über den Umgang mit der eigenen Belastung, um diese in Grenzen zu halten.

8. Workshops und andere konstruktive, weiterbildende Unterbrechun-
gen der Routine, sei es extern oder intern. «Dies ist eine gute Möglichkeit, den Mitarbeitern eine Pause zu ermöglichen und ihre erschöpften Batterien aufzuladen.»
9. Erhöhung der Zahl der Mitarbeiter, Umverteilung der Arbeit…
10. Körperliche Fitness durch Training, in welcher Form auch immer.

Ergänzend dazu findet sich die vielsagende Anmerkung: «Introspection is
not what the burnt out person requires», d. h., Introspektion und Selbstreflexion seien nicht das, was ausgebrannte Menschen brauchen. Wichtig
scheinen vielmehr längere Auszeiten – Urlaub, im Sinne eines körperlichen wie psychischen Fernbleibens von der Institution – sowie eine
Gruppe, die den Einzelnen bei der individuellen Standortbestimmung
und Lösungssuche unterstützt. Freudenberger sieht Burnout als den
durchaus tragischen Verlust eines für die Identität des Individuums wich-
tigen Ideals. Diesen Verlust gilt es zu bearbeiten, zu betrauern, zu überwinden und auszugleichen: Worauf es ankommt, sind «neue Aktivitäten,
die Ihnen das Gefühl von Anerkennung und Zufriedenheit ermöglichen».
«Zusammenfassend: Man kann Burnout nicht verhindern, aber man kann
sicher einiges tun, um das Ausbrennen so weit wie möglich zu vermeiden.
Wenn es einem dennoch passiert, gilt es dies als solches wahrzunehmen,
Hilfe zu suchen und sich eine angemessene Auszeit zu nehmen.»

Burnout: Ein früh vollendetes, eigen(willig)es Konzept

«Staff Burn-Out» ist eine Inkunabel. Es ist die erste Publikation, in der
Burnout in dem Sinne, wie er Gegenstand dieses Buches ist, behandelt
wird. Vergleicht man den relativ zu den Standards wissenschaftlicher
Zeitschriften auffallend persönlich geschriebenen Text mit dem aktuellen
Stand der Burnout-Forschung, so fällt vielleicht am meisten auf: Bereits
bei seiner Geburt als psychologisch-psychopathologischer Begriff war
Burnout so gut wie vollendet. Burnout kam nicht nach tastenden Ge-
burtswehen zur Welt, sondern als ausgereifte Idee und auch weitgehend
als das, was heute darunter verstanden wird. Das Anliegen, Burnout als
Phänomen klar zu definieren und messbar zu machen (s. S. 82 ff.), hatte
zwar noch nicht den Stellenwert, der ihm später zukommen sollte, und
es wurden auch keine Hypothesen zu möglichen Stadien der Burnout-
Entstehung aufgestellt. Ansonsten sind praktisch alle Aspekte, die in
nachfolgenden Publikationen aufgegriffen wurden, hier bereits angelegt.

Namentlich im Sozialbereich tätige Personen, die Adressaten des Artikels, begleiteten die Geburt des neuen Paradigmas mit Interesse und hoher innerer Beteiligung. Viele waren fasziniert und erkannten die Tragweite des Konzeptes sofort: «Nach und nach sprach ich diesen Menschen gegenüber, aber auch zum Personal in den Kliniken und Ämtern, in denen ich als Berater fungierte, von ‹Burnout›, dem Ausbrennen. Und immer zeigte sich die gleiche Reaktion: sofortige Identifikation. ‹Weiß Gott, genau so fühle ich mich. Ausgebrannt.›»[4]

Woraus resultiert die Faszination des neuen Begriffs bzw. des damit verbundenen Konzepts? Wenn man «Staff Burn-Out» liest, dann spricht zunächst die direkte, zupackende, mit dem Leser auf gleicher Augenhöhe kommunizierende, sich theoretisierender Langatmigkeit enthaltende Denk- und Schreibweise an. Aus der Praxis für die Praxis, von einem Betroffenen für Betroffene, wird ein bis dahin in der wissenschaftlichen Literatur unbekanntes Phänomen dargestellt. Dabei handelt es sich um ein Phänomen, das die Leser unmittelbar betrifft, das bis dato keinen Namen und keine greifbare Erklärung hatte. Freudenbergers Antworten hierzu sind klar, so als sei alles selbstverständlich, als bedürfe das Konzept keiner weitergehenden Begründung. Es wird hier noch nicht einmal der Versuch gemacht, Burnout systematisch, etwa anhand von Symptomkonstellationen, zu definieren. Burnout war (und ist) spätestens seit «Staff Burn-Out» offenbar derart evident, dass sich jede weitere Erklärung erübrigt.

Eine Selbstanalyse mittels Tonband, von der zunächst nicht die Rede war

Herbert Freudenberger praktizierte als Psychoanalytiker. Natürlich waren ihm die wissenschaftlichen Gepflogenheiten, psychoanalytische Modelle und Argumentationen bekannt. Dass er eine systematisch-wissenschaftliche Annäherung an sein Thema anfangs zumindest versucht hatte, berichtet er in dem knapp zehn Jahre später erschienenen Buch *Burn-Out. The High Cost of High Achievement.*[5] «Ich beschloss, meine Erfahrungen auf Tonband festzuhalten, um zu sehen, was ich daraus lernen könnte.» (S. 18) Freudenberger hatte sich somit regelrecht selbst auf die Couch gelegt und versucht, sich, ausgehend von den besprochenen Tonbändern, gleichsam als fremde Person zu analysieren. Neben situativen Belastungsfaktoren, etwa der Vielzahl der Klienten, den unzureichenden räumlichen und personellen Möglichkeiten sowie fehlender Unterstützung von Seiten der Öffentlichkeit, gab die Tonband-Selbstanalyse Hinweise darauf,

dass seine eigene Vergangenheit, Freudenbergers Situation als heimatlo-
ser, auf Hilfe angewiesener Jugendlicher in Nazi-Deutschland, als Motiv
hinter seinem selbst überfordernden Verhalten stehen könnte: «Vielleicht
war ich besonders deshalb so bemüht und besorgt um sie [seine jugend-
lichen Patienten in der *free clinic*, von seinen ‹normalen› Patienten, die er
von 8 bis 18 Uhr in der Praxis betreute, ist dabei nicht die Rede], weil ich
meine Kindheit in Nazi-Deutschland verbracht habe und nur durch ein
Wunder und eine ganze Kette von Helfern – darunter auch viele Fremde
– überleben konnte.»

Wenn es also – zumindest ansatzweise – eine psychoanalytisch-wissen-
schaftlichen Standards angemessene Herleitung des Burnout-Phänomens
gab, warum wird dies in den frühen Publikationen, namentlich auch in
«Staff Burn-out», nicht erwähnt? Dass das *Journal of Social Issues* sozial-
wissenschaftlich und nicht psychoanalytisch ausgerichtet war, beantwortet die Frage nur teilweise. Warum hätte sich eine psychoanalytische
Zeitschrift für die brandneue Thematik nicht interessieren sollen? Freudenberger berichtet ja selbst, dass er viele Menschen und vermutlich ja
auch Patienten traf, die sich mit Burnout identifizierten. Eine Sammlung
von Fallberichten, eine Darlegung der vergleichbaren Symptomatik und
des ähnlichen Hintergrundes als Ausgangspunkt einer argumentativ-
schlüssigen Hypothesengenerierung hätte sicher eine veritable psychoanalytische Arbeit ergeben. Beispielsweise ließe sich Burnout als Resultat der Sublimierung spezifischer Defizite der kindlichen Entwicklung
auffassen. Angenommen, Freudenberger hätte sich für diesen Weg entschieden und die ersten Publikationen zu Burnout wären in psychoanalytischen Fachblättern erschienen … Überlegungen, wie die Welt sich
entwickelt hätte, wenn bestimmte Entscheidungen anders gefallen wären,
sind müßig und reizvoll zugleich. In unserem Fall weisen sie auf Qualitäten des Burnout-Phänomens hin, die sowohl auf inhaltlicher als auch auf
persönlicher Ebene liegen, bislang aber kaum deutlich wurden.

Ein Psychoanalytiker auf Abwegen?

Wie wir gesehen haben, resultiert die Entdeckung des Burnout-Phänomens aus einem Zusammentreffen von Praxiserfahrung und undogma-
tischer Selbstreflexion eines aufgeschlossenen Individuums. In der real
existierenden Welt der wissenschaftlichen Disziplinen kann dies durchaus als Geburtsfehler empfunden werden, als Verstoß gegen ungeschrie-
bene – und auch geschriebene – Gesetze akademischen Weltverständnis-

ses. Das klingt zwar recht abstrakt und ketzerisch, hat aber handfeste reale Hintergründe und – zumal für die Burnout-Diskussion bis heute erhebliche – Konsequenzen. Üblicherweise stellen sich wissenschaftliche Publikationen in den Kontext der aktuellen Forschungslage und damit in etablierte Traditionen. Ziel ist, bestehendes Wissen ein Stück weit auszubauen. Vorarbeiten der Kollegen werden als Grundlage der eigenen Überlegungen und Untersuchungen zitiert und damit als bedeutend anerkannt. Den jeweiligen Forschern seine Achtung zu erweisen ist mehr als nur höflich, sie ist im sozialen Kontext der Wissenschaft überlebenswichtig.[6] Nicht selten sind es genau diese Kapazitäten – oder deren Schüler –, die über die Annahme und Veröffentlichung des eingereichten Manuskriptes entscheiden. Eleven sind darauf angewiesen, formell und informell in die Gemeinschaft der Wissenschaftler auf dem betreffenden Gebiet aufgenommen zu werden, und auch bezahlte Stellungen fallen nicht vom Himmel. Zumindest haben die Autoritäten ein Wörtchen mitzureden. Selbst der genialste Einzelforscher braucht Rückhalt. Niemand lebt von der Wahrheit seiner Erkenntnisse allein. Offenbar legte Freudenberger mit seinen Burnout-Publikationen keinen gesteigerten Wert darauf, von psychoanalytischen oder psychiatrischen Fachkreisen anerkannt zu werden. Finanziell war er als in freier Praxis tätiger Analytiker nicht darauf angewiesen. Indem Freudenberger «Staff Burn-Out» in einer sozialwissenschaftlichen Zeitschrift publiziert, zäumt er das Pferd von den Rahmenbedingungen und praktischen Aspekten der Tätigkeit auf. Er versucht erst gar nicht, sein Konzept mit psychoanalytischen, psychiatrischen oder medizinischen Vorstellungen abzugleichen. Er handelt etwa so, als gäbe es diese Disziplinen, ihren Anspruch und ihre Modelle, seelische Leiden und Krankheiten von Individuen zu erklären, gar nicht. Sein bahnbrechender Aufsatz kommt mit drei Literaturhinweisen aus, wobei Freudenberger hier ausschließlich Freudenberger zitiert! Selbst auf die bereits 1974 überaus populäre Stress-Thematik und deren offensichtliche Beziehungen zu Burnout findet sich in seinem Aufsatz nicht der geringste Hinweis. Es entsteht der Eindruck, Burnout wäre gewissermaßen eine Urzeugung aus sich selbst heraus, autonom gegenüber allen historisch gewachsenen, wieder und wieder abgesicherten Modellen und Konventionen psychoanalytischen, psychologischen und psychiatrischen Denkens. Dass ebendies mit den Standards psychoanalytischer und psychiatrischer Fachzeitschriften unvereinbar gewesen wäre, versteht sich von selbst. Freudenbergers Aufsatz hätte – seinerzeit – von den entsprechenden Journalen nur abgelehnt werden können. Dies muss ihm, als er sei-

nen Weg in eine ganz andere Richtung einschlug, durchaus bewusst gewesen sein.

Das Burnout-Autonomie-Postulat

Und wenn Freudenberger nun doch Wert auf die Anerkennung der psychoanalytischen bis psychiatrischen Fachwelt gelegt hätte? Inhaltlich
wäre es dann – wie angedeutet – nahe liegend wie unvermeidbar gewesen, Burnout als spezielle Form einer Neurose, etwa als Konsequenz einer
Reaktualisierung und Reaktionsbildung auf umschriebene (früh-)kind-
liche Defizite, darzustellen. Als Neurose wollte Freudenberger Burnout
nun jedoch dezidiert nicht verstanden wissen: «Viele von denen, die mich
in meiner Praxis aufsuchten, schilderten ähnliche Empfindungen, und
dennoch sind sie, im historischen Sinn des Wortes, weder neurotisch noch
psychotisch. Dass sie leiden, lässt sich nicht leugnen. Ihr Leben scheint
einen Sinn verloren zu haben ... sie sind desillusioniert von Ehe und Karriere, müde, frustriert ... Und während ich mir weiter anhörte, was sie sagten, wurde mir klar, dass sich hier ein Phänomen zeigte, das weniger mit
traumatischen Erlebnissen aus der Kindheit als mit einem Unbehagen zu
tun hat, das neuen Ursprungs sein musste ...»[7] Seine zentrale Botschaft
lautet also: Burnout ist weder eine Neurose noch eine seelische Erkrankung, sondern eine Kategorie eigener Art, die letztlich ausschließlich
durch Überlastung in einer sozialen Tätigkeit resultiert.

Ist der postulierte kategorische Unterschied zwischen Burnout und
Neurosen einerseits und psychiatrischen Störungen andererseits wirklich
so kategorisch-zwingend, wie Freudenberger es behauptet? Ausgehend
von seiner eigenen biographischen Selbstbeschreibung – und auch angesichts der relativen Unschärfe des Neurosen-Begriffes –, lässt sich das
Burnout-Autonomie-Postulat unschwer aus den Angeln heben. Dabei ist
es unerheblich, ob Burnout nun als Neurose im «historischen Sinne» angesehen wird, womit Freudenberger wohl meint, dass Sigmund Freud
keine typischen Burnout-Konstellationen schildert. Die inhaltlichen Be-
rührungspunkte und Überschneidungen von Burnout und Neurosen sind
jedenfalls unübersehbar. So belegen Freudenbergers Tonband-Selbstanalysen ebenso wie zahlreiche Fallbeispiele späterer Autoren, dass Burnout
wesentlich durch Prägungen in der Kindheit determiniert sein kann und
zwanglos im Sinne der Neurosenlehre interpretierbar wäre.[8] Ähnliches
gilt hinsichtlich der Abgrenzung von Burnout und psychiatrischen Diagnosen. Natürlich hat die als Ausdruck von Burnout geschilderte, mit

körperlichen Missempfindungen, Niedergeschlagenheit, Kraftlosigkeit, Frustration und vielem mehr einhergehende Symptomatik nichts mit schizophrenen Psychosen, mit Wahn, Halluzinationen und formalen Denkstörungen zu tun. Aber es gab und gibt das breite Spektrum depressiver Erkrankungs- bzw. Störungsbilder. Unter der seinerzeit geläufigen Kategorie der «neurotischen Depression» wären auch die von Freudenberger skizzierten Burnout-Konstellationen leicht subsumierbar. Das später in der Burnout-Diskussion tradierte Argument, wonach die Symptomatik ausschließlich den Beruf betreffe, widerlegt bereits der Fall Herbert Freudenbergers, der kräftemäßig derart erschöpft war, dass sogar ein gebuchter Urlaub ausfallen musste.

Ein Autonomie-Postulat mit weitreichenden Folgen

Zunächst machte Freudenberger es sich mit dem Postulat relativ bequem. Er vermied damit elegant das Problem, Burnout auf symptomatischer Ebene gegenüber Neurosen und psychischen Erkrankungen, namentlich Depression, abgrenzen zu müssen (s. S. 156 ff.). Bei einer, wie Freudenberger einräumt, überaus vielgestaltigen und interindividuell höchst unterschiedlichen Symptomatik hatte und hat man kaum Chancen, aus dem weiten Spektrum psychischer und körperlicher Reaktionen auf Überlastung unzweideutige diagnostische Burnout-Kategorien herauszufiltern. Wie viele und welche Symptome muss ein Betroffener wie lange haben, damit von Burnout gesprochen werden kann? Freudenberger ist dank seines Postulats in der glücklichen Lage, auf jede Antwort in diese Richtung verzichten zu können. Burnout ist eben etwas kategorisch anderes als Neurosen und Psychosen, Burnout ist eine Klasse für sich – wer wollte da Erbsen zählen?

Und was für die Symptomatik gilt, das gilt auch für die dahinter stehenden biographisch-höchstpersönlichen Hintergründe. Zu lange zu viel gegeben, ausgebrannt. «Nie habe ich einen Ausgebrannten getroffen, der nicht einem Ideal nachgejagt hätte.»[9] Auch wenn man noch so vorbelastet wäre mit Helfersyndrom, Abgrenzungsschwierigkeiten, Neurosen etc. – die eigentliche Burnout-Ursache liegt Freudenberger zufolge eben nicht in schwierigen Biographien oder der familiären Veranlagung, etwa im Sinne einer geringen psychischen Belastbarkeit. Entscheidend ist die jeweilige berufliche und/oder ehrenamtliche, heillos überfordernde Tätigkeit. Den Betroffenen trifft hieran keine Schuld, im Gegenteil, er hat alles gegeben, was er konnte, noch dazu – wie Freudenberger – über einen «normalen» sozialen Beruf weit hinausgehend, ehrenamtlich, 16 Stunden am Tag, über Jahre. Was ließe sich von einem Menschen, auch im Sinne christlicher Ideale, mehr erwarten? In einer solchen Situation an die Grenzen seiner Leistungsfähigkeit zu geraten, wem würde es nicht so gehen? Aber ab welcher Situation, welchen Arbeitszeiten und welcher Dauer ist mit Burnout zu rechnen? Wo hören alltäglicher Arbeitsfrust und Lustlosigkeit auf, wo fängt Burnout an? Angesichts der persönlichen Situation von Herbert Freudenberger war für ihn selbst – und ist für uns Menschen des späten 20. und frühen 21. Jahrhunderts vermutlich noch ebenso – evident, dass es schlicht zu viel war. Nur herausragende Individuen wie Mutter Teresa konnten – dank Gottes Hilfe – ein größeres Pensum stemmen. Die Belastungsgrenzen, bei deren Überschreitung mit Burnout zu rechnen ist, entziehen sich somit jeder Verallgemeinerung und bleiben in hohem Maße personenabhängig. Ist Freudenberger die Messlatte, die es zu erreichen und gar zu überspringen gilt? Er selbst senkt diese Messlatte im Laufe der Jahre sukzessive. Anfangs legte er Wert darauf, dass es – nur – die zusätzliche ehrenamtliche Tätigkeit war, die ihn ausbrennen ließ. Nach «Staff Burn-Out» schrieb Herbert Freudenberger mehrere Aufsätze und zwei Bücher. Aus einem davon wurde bereit ausgiebig zitiert, das andere, *Women's Burnout* (gemeinsam mit Gail North, 1985), fokussiert auf die vielfältigen Belastungen von Frauen in der modernen Gesellschaft, die als Burnout-Risiken herausgearbeitet werden. Das Spektrum der potentiell Betroffenen weitet sich nun zunehmend auch auf weniger extensiv eingebundene Personen aus, die durch die von innen oder außen, aus «Familie, Freunde, Liebhaber, Wertesystem oder Gesellschaft» resultierenden Überforderungen übermäßigem Stress anheim fallen und im Burnout enden können.[10] Dass letztgenannte Konstellationen Frustrationspotential besitzen, ist unbestreitbar. Aber handelt es sich um eine der ursprünglichen Burnout-Konstellation qualitativ und quantitativ zumindest einigermaßen vergleichbare Ebene? Wie dem auch sei, Belastungsgrenzen als Burnout-Schwellen zieht Freudenberger nicht. Daraus ergibt sich ein zirkuläres Argumentationsparadoxon: Für Burnout ist nicht die vom Betroffenen erlittene Symptomatik charakteristisch, sondern die Situation, in der das Phänomen auftritt. Und diese Situation wiederum wird ausgehend von der Symptomatik der Betroffenen definiert.

Dass diese Konstellation einige schwierige Implikationen – insbesondere für die Wissenschaft – hat, liegt auf der Hand. So sind epidemiologische Fragen – etwa ob Burnout ein seltenes Phänomen extrem Belasteter oder aber eine häufige psychosomatische Problemkonstellation ist – konzeptimmanent nicht zu beantworten. Respektive: Jede Antwort setzt eine von Freudenberger dezidiert verweigerte Festlegung voraus, die dann wieder das Ergebnis determiniert. Fazit: Es ist weder möglich, Burnout sicher zu diagnostizieren, noch, einem Menschen, der sich ausgebrannt fühlt, zu beweisen, dass er kein Burnout(-Syndrom) hat.

Batteriemodell – einfach, überzeugend, aber wieder aufladbar?

Die symptomatische und ätiologische Unschärfe begründet für sich genommen noch nicht die hinter der Erfolgsgeschichte von Burnout stehende Sprengkraft. Hinzu kommt das im Konzept angelegte spezifische «Krankheitsmodell». Gemeint ist der zwischen beruflichen Belastungen und den vom Betroffenen erlebten psychischen wie körperlichen Symptomen vermittelnde Mechanismus. Wenn Burnout keine biographisch determinierte Neurose ist und sich auch nicht durch die erbliche Veranlagung erklären lässt, welcher Mechanismus steckt dann dahinter?

Viel sagt Freudenberger auch hierzu nicht. Er hat Burnout am eigenen Leib und der eigenen Psyche nachdrücklich erfahren, es ist eben so, wie es der Begriff beschreibt. Das von ihm verwendete Analogiemodell wurde jedoch von den Adressaten unmittelbar verstanden. Konkret schreibt er: Workshops für Burnout-Betroffene sollen dazu dienen, die «leeren Batterien wieder aufzuladen». Verglichen etwa mit den «klassischen» Neurosen, die aus grauen Zonen der individuellen Biographie herrühren und plötzlich ans Tageslicht kommen, ist der mutmaßliche Grund für Burnout damit überwältigend einfach. Es ist schlicht Energiemangel infolge von vorangegangener Überstrapazierung. Die Batterien der Betroffenen sind leer. Dass dieses Modell neuropsychologisch bzw. psychophysiologisch gesehen so nicht stimmen kann, schon deshalb, weil die neuropsychologischen Gegebenheiten im menschlichen Gehirn das Batteriemodell an Komplexität um Potenzen übersteigen, wird uns an anderer Stelle näher interessieren (s. S. 129 ff.). Ungeachtet dessen und zumal für all diejenigen, die sich mit Burnout identifizieren konnten und können, war und ist das Batteriemodell hochgradig evident. Umgekehrt formuliert: Indem sich das Burnout-Modell von Freudenberger von komplexen und latent pathologisierenden Konzepten sowohl der Psychoanalyse als auch der Psychiatrie fern hält, wird Burnout erst für viele potentiell Betroffene verständlich und akzeptabel. Die Burnout-Behandlung zielt dann konsequenterweise darauf ab, die Batterien wieder aufzuladen und einer schnellen, erneuten Entladung entgegenzuwirken. Aus Freudenbergers Sicht ist bei Tätigkeiten im Sozialbereich eine Überlastung der Batterien letztlich nicht zu vermeiden, aber doch zu minimieren.

Darüber hinaus entgehen Freudenberger selbst und alle diejenigen, die sich als ausgebrannt erleben, dank des Autonomie-Postulates der ansonsten fast unausweichlichen Konsequenz, mit der Feststellung eines Burnout-Zustandes eine Neurose und damit eine psychiatrische Diagnose stellen bzw. bei sich annehmen zu müssen. Selbst bei einer noch so liberalen und patientenfreundlichen Grundeinstellung bedeuteten 1974 Neurosen und Psycho-Diagnosen eine pathologische Qualität mit Stigmatisierungspotential.[11] Wer so etwas hatte, der konnte nicht normal sein – und im Prinzip gilt das bis heute. So gesehen hat Freudenbergers Postulat durchaus den Beigeschmack einer intellektualisierenden «Abwehr». Mir geht es zwar nicht gut, aber ich bin keinesfalls psychisch krank oder gestört, es ist etwas ganz anderes, das mit mir als Person eigentlich nichts zu tun hat, sondern von außen kommt. Burnout wird in dieser Konzeption nun tatsächlich zu einem neuen Weg, um reduzierte psychische Belastbarkeit, verminderte Leistungsfähigkeit, gedrückte Stimmung und mögliche körperlich erlebte Beschwerden (fast) stigmatisierungsfrei erleben und kommunizieren zu können.

Blickt man von diesem Ergebnis zurück, erschließt sich die Zwangsläufigkeit der anderen Aspekte, die bei aller Unschärfe mit hoher Präzision ineinander greifen. Burnout wurde nicht konstruiert, sondern entdeckt. Um Betroffene nicht in traditionelle Diagnose-Schubladen zu stoßen, war der Verzicht auf eine Verzahnung mit traditionellen psychoanalytischen, psychologischen und psychiatrischen Konzepten eine zentrale Voraussetzung. Welche Burnout-Selbsthilfegruppe würde sich freiwillig als «Neurotikervereinigung» oder gar als Gruppe «psychisch Kranker» definieren? Jeder Versuch, Burnout hinsichtlich Symptomatik und biographischem Hintergrund zu konkretisieren, wäre ein erster Schritt, die im Postulat verankerte Abgrenzung aufzuheben. Dies wiederum hätte fatale Folgen; das Konstrukt würde sich gewissermaßen von den Rändern her auflösen und – zu nichts? – zerfallen. Gerade weil aber die Grenzen hinsichtlich Symptomatik und situativen Belastungsfaktoren unscharf gelassen werden, konnte Burnout zu einem Bezugsrahmen werden, in dem sich viele wiederfinden können.

An den Experten für Neurosen und andere seelische Störungen vorbei ...

Die Entscheidung von Freudenberger, «Staff Burn-Out» im *Journal of Social Issues* und nicht – in angepasster Form – in einem psychoanalytischen oder psychiatrischen Fachjournal zu publizieren, war angesichts der dargestellten Konstellation in jeder Hinsicht konsequent und zwangsläufig. Selbst mit noch so großem intellektuellen Aufwand wäre es ihm nicht möglich gewesen, sein Konzept als gewichtigen Teil der psychoanalytischen oder psychiatrischen Diskussion zu positionieren. Burnout wäre dabei bestenfalls zu einer speziellen Neurosenform verwässert bzw. zu einem derart komplexen Bedingungsgefüge geraten, dass die Attraktivität des Konzeptes – zumal für Betroffene – gering gewesen wäre. Und falls ein psychoanalytischer oder psychiatrischer Auftakt der Burnout-Diskussion tatsächlich publiziert worden wäre, wäre er mutmaßlich zu einer Marginalie verkommen, als vergleichsweise abgehobenes Konstrukt eines intellektualisierenden Psychotherapeuten. Im *Journal of Social Issues* hingegen konnte Freudenbergers Text als direkte Botschaft eines Betroffenen erscheinen und wurde dort von Menschen gelesen, die sich persönlich angesprochen und in ihrer Situation von einem Autor verstanden fühlten, der aus gleicher Perspektive wie sie selbst mit sozialer Tätigkeit vertraut war. Freudenberger wandte sich an Menschen, die keine komplexen Theorien, psychiatrisch-diagnostische Schubladen und zusätzliche Kränkungen suchen, sondern Modelle, mit denen sich in der Praxis anfallende Probleme erklären und gegebenenfalls lösen lassen. In dieser fundamental anderen, nämlich individuell-persönlichen Perspektive und Vorgehensweise liegt der zentrale Unterschied zwischen Freudenbergers Burnout-Modell und anderen, traditionellen Konzepten und Vorgehensweisen in Psychotherapie und Psychiatrie. Hier waren und sind es jeweils Experten, die Diagnosen ihre Konturen, Inhalte und Namen verleihen.

Entgegen dem sich im 20. Jahrhundert durchsetzenden wissenschaftlichen Ideal, wonach «der Autor hinter den Inhalten zurückzutreten habe», spricht Freudenberger aus der Praxis und von sich selbst. Er braucht keine intellektuell erhöhte Plattform. Vermutlich deshalb findet sich in den ersten Berichten auch nichts über die Tonband-Selbstanalysen; methodische Klimmzüge dieser Art schaffen Distanz, was seinerzeit eher gestört hätte. Erst als der Begriff sich einige Jahre später etabliert hatte, war der Hinweis auf die methodisch-elaborierte Geburtsmethode als Seriositätsargument akzeptabel.

Ein Fachmann schaut von oben auf das Phänomen bzw. auf Fälle. Freudenbergers Ansatz ist (fast) ein revolutionärer Schritt zur Emanzipation psychischen Leidens gegenüber Stigmatisierung und Ausgrenzung, eben weil er gewissermaßen von unten gegangen wurde. Freudenberger marschiert hierzu im besten Sinne der Achtundsechziger-Generation am psychotherapeutischen und psychiatrischen Establishment vorbei. Er vertritt unbeirrt von tradierten Konzepten die Perspektive von Betroffenen. Inhaltlich gesehen hat diese Konstellation erhebliche Vor- und Nachteile, die uns noch beschäftigen werden. Freudenbergers Postulat blieb die zentrale Säule des Konzeptes. Er selbst wurde mit und durch das Konzept bekannt und erfolgreich, vermutlich prominenter, als er es jemals als mehr oder weniger dogmatischer Psychoanalytiker hätte werden können.

Karriere im akademischen Rahmen war, so berichten enge Freunde, nie ein Anliegen von Freudenberger. Seine Beschäftigung mit Burnout war anfangs eher ein Nebenprodukt seines mitunter grenzenlosen sozialen Engagements. Daneben habe seine Familie für ihn immer an erster Stelle gestanden. Er sei nie gemeinsam mit seiner Frau geflogen, um seinen Kindern zumindest ein Elternteil zu erhalten. So berichtet sein Kollege Stanley R. Graham, Freudenberger habe ihm einmal gestanden, dass er die Burnout-Bücher hauptsächlich deshalb geschrieben habe, um die Ausbildung und die Zukunft seiner Kinder abzusichern.[12] Die Basis dafür war, Burnout als ein möglichst breites und damit viele Leser unmittelbar betreffendes Phänomen anzulegen. Mutmaßlich trug nicht zuletzt die zunehmende Verbreitung des Burnout-Modells dazu bei, tiefenpsychologischen Denkmodellen den gesellschaftlichen Boden zu entziehen. Freudenberger selbst engagierte sich in verschiedenen psychologischen Vereinigungen, in der American Psychological Association und den National Academies of Practice. In späteren Jahren wurde er mit hochrangigen Preisen geehrt. 1999 erhielt er den *Gold Medal Award for Life Achievement in the Practice of Psychology* der *American Psychological Foundation*; im Dezember des gleichen Jahres verstarb er an einer Nierenerkrankung.

Bereits wenige Jahre nachdem «Staff Burn-Out» erschienen war, hatten sich Expertenebenen konstituiert, die weit über Freudenbergers intuitives Verständnis hinaus- und daran vorbeigingen. Wissenschaftler versuchen seitdem unbeirrt, den revolutionär-persönlichen Schritt, der Burnout einmal war, auf die statistisch abgesicherten Füße einer seriösen Wissenschaft zu stellen. Davon handelt das nächste Kapitel.

Kapitel 4

Burnout macht Karriere

In den einleitenden Sätzen unzähliger Artikel über Burnout wird die Geschichte des Konzeptes – sinngemäß – wie folgt zusammengefasst: Herbert Freudenberger entdeckte das Burnout-Phänomen und prägte den Begriff. Christina Maslach stellte ihn dann auf den soliden Boden der psychologischen Wissenschaft und schuf damit die Grundlage für dessen weltweite Akzeptanz und seinen Erfolg. In diesem Kapitel sollen die wissenschaftlich-inhaltlichen Grundlagen der Burnout-Erfolgsgeschichte skizziert werden. Was die Darstellung der Fakten anbelangt – wer wann welche Forschungsprojekte umsetzte und wer welche Aufsätze und Bücher publizierte –, wäre das Unterfangen nicht sonderlich anspruchsvoll. Angesichts der Überfülle und inhaltlichen Redundanz des Materials fiele das Resultat über weite Passagen hinweg überaus trocken bis ungenießbar aus. Damit bliebe aber unbeantwortet, warum ein 1974 in einer eher entlegenen Zeitschrift veröffentlichter Artikel eine derartige Lawine auslösen konnte. Der Erfolg oder Misserfolg eines wissenschaftlichen Paradigmas erklärt sich ja nicht, zumindest nicht ausschließlich, aus seiner inhaltlichen Qualität und dessen Bewertung durch einen überschaubaren Kreis von Experten. Entsprechend ist auch in unserem Fall davon auszugehen, dass es eine Kumulation unterschiedlicher Aspekte war, die in einem dafür günstig gestimmten gesellschaftlichen und historischen Rahmen zusammentrafen. Dieser Konstellation gilt es nachzuspüren. Angesichts der schier unendlichen und zudem heterogenen Quellenlage fällt das Ergebnis dieses Vorhabens zwangsläufig impressionistisch aus. Inhaltliche, persönliche und gesellschaftliche Ebenen verschwimmen ein Stück weit ineinander, so wie es in der Geschichte allgemein üblich ist.

... einerseits Dichtung und andererseits eine Prise Wahrheit

Unser Kapitel über die Geburt bzw. Entdeckung von Burnout war viel zu schön, um wahr zu sein? Wenn man sich Herbert Freudenberger in seinem unermüdlichen, seine Kräfte weit überschreitenden Einsatz für ge-

sellschaftlich Benachteiligte zu vergegenwärtigen versucht, dann ließe
sich daraus unschwer ein Erfolg versprechendes Drehbuch machen.
Denkbar wäre ein Film, der die Grenzerfahrungen menschlicher Existenz
am individuellen Beispiel eines Protagonisten thematisiert, der sich für
Bedürftige aufopfert, um sich darin selbst zu finden und zu verlieren, und
schließlich als weltbekannter Therapeut und Autor ein furioses Happyend erleben darf. Dieser Film hätte es verdient, gedreht zu werden! Handfest unwahr an der Geschichte wäre nur der Titel: «Burnout wird entdeckt», namentlich der damit postulierte Exklusivitätsanspruch. Herbert
Freudenberger gibt es selbst unumwunden zu: Der Begriff Burnout, von
ihm auf seine eigene Befindlichkeit bezogen, ist ihm nicht in einem in-
spirierten Moment ein-, sondern zugefallen. Kollegen verwendeten den
Begriff bereits für ähnliche Zustände. Freudenbergers Leistung lag somit
«nur» darin, den Begriff in seiner Potenz erkannt und in engagierten
Schriften verbreitet zu haben. Und das, ohne den Burnout-Begriff als solchen präzise zu definieren oder in dessen Definition überhaupt ein ernst-
haftes Problem zu sehen.

Freudenbergers Beitrag zur Erfolgsgeschichte von Burnout ist erheblich, liegt jedoch, abgesehen vom – problematischen – Burnout-Autonomie-Postulat, nicht auf der konzeptionellen Ebene, sondern in seiner Persönlichkeit. Auch in seinen späteren, populären Büchern bleibt Herbert
Freudenberger einem beobachtenden, miterlebenden, sehr persönlichen
Ansatz verpflichtet, der frei ist von theoretischem Ballast. Burnout wird
an lebenden Beispielen dargestellt, formale Definitionen kümmern ihn
nicht. Das spricht bis heute an und macht es Lesern leicht, sich in seine
Situation und in die der von ihm beschriebenen Personen zu versetzen.
Hinsichtlich der Festlegung dessen, was Burnout ist, bleibt Freudenberger
– wie gesagt – inkonkret, gleichzeitig aber auffallend flexibel. Zwischen
1972 und 1980 erweiterte sich der von ihm vertretene Burnout-Defini-
tionshorizont beträchtlich. Waren die Betroffenen zunächst Hardcore-
Sozialberufler mit mehr als 16 Stunden am Tag großteils ehrenamtlicher
Tätigkeit, so hieß es zuletzt: «*Ein Ausbrenner ist ein Mensch im Zustand der
Ermüdung, der Frustration; sie wird hervorgerufen, wenn sich der Betroffene
auf einen Fall, eine Lebensweise oder eine Beziehung einlässt, die den erwarteten Lohn nicht bringt.*»[1]

Welche Lebensweise und welche Beziehung lassen alle anfänglichen
Blütenträume zu süßen Früchten reifen? Ist Burnout letzlich nicht mehr
als eine Parabel vom uneingelösten Menschheitstraum über Erfüllung
und wahres Glück? Auszubrennen, zumindest ein bisschen, wäre dann

nicht mehr und nicht weniger als unser aller unausweichliches Schicksal. Diese Einsicht mit dem melancholischen Beigeschmack der Begrenztheit aller menschlichen Möglichkeiten ist nun einerseits nicht neu und war es natürlich auch nicht, als das oben wiedergegebene Zitat im Druck erschien. Die dahinter stehende Erkenntnis ist so alt wie die selbst reflektierende Menschheit. Realitäten wie «Entsagung» oder auch das Sprichwort, wonach dafür gesorgt ist, dass die Bäume nicht in den Himmel wachsen, weisen den Weg zu Betrachtungen, die weit über das Anliegen dieses Buches hinausgingen. Andererseits verliert Burnout, derart allgemein definiert, jegliche Konturen und Spezifität. Für die Karriere des Burnout-Begriffes wäre es mutmaßlich recht ungünstig gewesen, wenn er als vages Synonym für Lebensfrust ins Bewusstsein der Welt gestartet wäre. Herbert Freudenberger hat dem vieldeutigen Begriff durch sein gelebtes Beispiel Aura und einen kleinen Heiligenschein verliehen. Burnout ist demnach Folge eines hohen, eigene Grenzen nicht achtenden Engagements für seine Mitmenschen. Selbst als Freudenberger wenig später den Definitionshorizont ins Unbestimmte hinein erweiterte, blieb ein wenig vom ursprünglichen Glanz haften. Selbst in einigen unserer Fallbeispiele ist dies noch spürbar. Der einstmals von Freudenberger verdiente und dem Burnout-Begriff verliehene Heiligenschein strahlt, glänzt oder schimmert bis heute und ist in unserer auf Erfolg programmierten, darin so vermeintlich sachlichen Zeit alles andere als trivial.

Burnout wird entdeckt II: Eine zeitgleiche, sportlichere Variante aus dem gehobenen Management
Ebenfalls im Jahre 1974, in der August-Ausgabe des *Personal Journal* (53, 1974, S. 222–228), erschien ein kurzer, ganze drei Seiten langer Aufsatz: «The Problem of the Burned Out Executive». Autor war Sigmund Ginsburg. Er lebte zwar in enger geographischer Nachbarschaft, aber doch in einer gänzlich anderen Welt als Herbert Freudenberger. Er hatte an der Harvard University Management studiert und anschließend im Management Karriere gemacht. So war er fünf Jahre Assistant City Administrator im Büro des Bürgermeisters der Stadt New York und, als der Aufsatz erschien, Vizechef der Verwaltung der Adelphi University, Garden City, Long Island, New York, wo er auch einen Lehrauftrag für Management innehatte. Zwar können beim Schreiben des Artikels eigene Erfahrungen, vielleicht auch ein eigenes, zumindest ansatzweise erahntes Burnout-Erlebnis eine Rolle gespielt haben. Während Freudenberger jedoch dies-

bezüglich mit entwaffnend offenen Karten spielt, bleibt der erfolgreiche
Manager Ginsburg deutlich zurückhaltender.

Im Zentrum seines Beitrags stehen Männer, die angetreten sind, um im
Management Karriere zu machen. «Entweder wie ein Shootingstar oder
auf einem stetigen, geraden, sorgfältig geplanten Karriereweg, hat schließlich der junge oder auch nicht mehr so junge Karrierist oder auch solide
Mitarbeiter seinen Weg bis in die Vorstandsetagen hinein gemacht. Nun
sollte alles für ihn rosig sein, für ihn und für die Firma, da die meisten nicht
danach fragen, ob sich all die Anstrengungen gelohnt haben und für was sie
gut sein sollen.» Es ist ein langer, harter Weg, den man zu bewältigen hat,
wenn man an die Spitze einer Organisation gelangen will. Die Risiken dabei sind vielfältig. Den einen übermannt auf dem Weg nach oben der ständige Druck, sich immer neu beweisen und die Konkurrenz in Schach halten zu müssen. Ein anderer wird gerade in dem Moment, wo er sich am
Ziel seiner Mühen glaubt und auf einem Vorstandssessel Platz zu nehmen
gedenkt, vom Erlebnis des Ausgebranntseins überrascht. «Unglücklicher-
weise, und das besonders zu diesem Zeitpunkt, erhebt das Burnout-Pro-
blem – eine charakteristische Management-Erkrankung, die speziell die
Höhergestellten befällt – sein hässliches Haupt.» Offenbar ist keiner dafür
geschaffen, unendlich lange Stärke, Dynamik, Entscheidungsfreudigkeit,
Innovationskraft und die vielen anderen Tugenden des Karrieremanagers
an den Tag zu legen. Exakt aus diesem Zuviel an kombinierter Dauer- und
Hochleistungsanforderung («the heroic, charismatic styles …») resultiert
Ginsburg zufolge Burnout. Die Symptome sind dabei vielfältig und unspezifisch; oftmals merke ein «Ausgebrannter» über lange Zeit gar nicht,
dass er betroffen ist. Neben dem Verlust an Energie, Entscheidungs- und
Innovationspotential vernachlässigen Ausgebrannte nicht selten die Familie und vereinsamen in ihrem Glanz. Alkoholkonsum oder «philandering»,
sprich: sexuelle Abenteuer, bieten sich als vermeintliche Notausgänge an.
Der Betroffene arbeitet zunehmend ineffektiv, was er in Verkennung der
wahren Ursachen und mit dem Potential seiner hierarchischen Position
auf alles Mögliche, die Umstände, die Wirtschaftslage etc., schieben kann.
In ruhigen Zeiten mag das über Jahre nicht auffallen. Nichtsdestoweniger
schadet es dem Betreffenden und gleichermaßen der Organisation: «Im
heutigen, überaus komplexen beruflichen Umfeld können wir es uns nicht
leisten, dass die höchstmotivierten und ambitioniertesten Mitarbeiter
ihren Biss verlieren, der sie und ihre Organisationen auf Erfolgskurs hält.»
Um solche Konstellationen lösen zu können, fordert Ginsburg zunächst
ein grundlegendes Problembewusstsein in den Organisationen. Dafür sol-

len bei Bedarf auch Experten jeder Art, einschließlich Psychologen, einge-
schaltet werden. Ginsburg kann der Versuchung, selbst eine Reihe von
Präventions- und Lösungsstrategien vorzuschlagen, nicht widerstehen:

1. Mal richtig Urlaub machen.
2. Sich Hobbys und Interessen zulegen, die einen anders fordern als der
   Beruf.
3. Für Abwechslung im Berufsalltag sorgen.
4. Sich regelmäßig vom Arzt untersuchen lassen.
5. Wo immer es geht, sich seiner Familie widmen und sie einbeziehen.
6. Hinreichend Abstand von den Alltagsproblemen wahren, um deren
   Lösung zu erleichtern.
7. Sich realistische Ziele setzen.
8. Sich dafür interessieren, wer die Organisation, in der man arbeitet,
   leitet und auch dafür, wie sie geleitet wird.
9. Über die aus der Arbeit resultierenden Belastungen sprechen und ggf.
   die Unterstützung speziell geschulter Psychologen in Anspruch nehmen.
10. Ausgebrannte in leitenden Positionen sollten, soweit möglich, re-
    spektvoll behandelt werden. Zudem: «Organisationen sollten die
    schwierigen Entscheidungen nicht scheuen, wenn notwendig, Mitar-
    beiter zu versetzen, in Frührente zu schicken oder, wenn die Person
    zu jung ist, sie auch zu entlassen (selbstverständlich mit einer ange-
    messenen Abfindung).» Keine Organisation kann es sich leisten, aus-
    gebrannte Mitarbeiter über einen längeren Zeitraum mitzuschlep-
    pen. Die Trennung sollte mit Würde und Anstand, aber entschieden
    vollzogen werden.

So kurz Ginsburgs Beitrag auch ist, so umfassend ist seine Darstellung des
Burnout-Phänomens. Ähnlich wie der Aufsatz von Freudenberger beinhalten die drei Seiten vieles von dem, was die Burnout-Diskussion bis
heute beschäftigt und weiterhin als aktuell gelten kann. Vergleicht man
die Ansichten des Therapeuten Freudenberger und des Managers Ginsburg, treten überraschend viele Parallelen und einige bezeichnende Unterschiede hervor. Ginsburg sieht ähnlich wie Freudenberger keine Notwendigkeit darin, näher darzulegen, was Burnout überhaupt sei; beide
verzichten auf weiterführende Zitate. «Eine hochrelevante Manager-Er-
krankung, die insbesondere die leistungsstarken Mitarbeiter betrifft»,
diese Charakterisierung reichte mit Blick auf die Leserschaft des *Personal
Journal* offenbar aus. Nicht nur unter Sozialberuflern, auch unter Mana-

gern – und somit quer durch die New Yorker Gesellschaft – gehörte Burnout offenbar bereits 1974 zum Alltagswortschatz.

Ähnlich wie Freudenberger schildert Ginsburg Burnout als ein Phänomen, über dessen Vorliegen sich die Betroffenen selbst durchaus nicht im Klaren sein müssen. Die Leistung sinkt, Stagnation und Konflikte im System häufen sich, aber – soweit machtpolitisch möglich – der Betreffende kann seinen Frust anderweitig auslassen (an Kollegen und/oder Untergebenen), die Problematik anderen oder den Umständen zuschreiben und sich selbst dabei noch relativ wohl fühlen. Auch für Ginsburg beginnt Burnout auf der individuellen Ebene. Im Gegensatz zu Freudenberger ist für ihn dann jedoch das Unternehmen ein Faktor eigenen, zumindest gleich hoch angesiedelten Rechts. Wenn nicht anders möglich, so fällt dem System die Aufgabe zu, durch Entsorgung Ausgebrannter das übergeordnete Interesse der Firma durchzusetzen. Solche dezidiert nicht primär auf das Wohl des Individuums ausgerichteten Implikationen waren für Freudenberger undenkbar. Bis heute dürfte es schwer fallen, das in dieser Schärfe zu diskutieren, was freilich nicht heißt, dass es nicht so praktiziert würde.

Der Beitrag von Sigmund G. Ginsburg imponiert nicht zuletzt durch seinen souveränen, überaus plastischen und mitunter nachhaltig sarkastischen Sprachduktus. Freudenbergers mitmenschliche Nähe zu den Betroffenen klingt viel sanfter, mitfühlender. So virtuos Ginsburg auch mit Worten umgeht, seine Menschen bleiben Schablonen. Die Frage, warum jemand überhaupt derart karrieregeil agiert (bzw. agieren sollte), dass er in Burnout-Konstellationen gerät, stellt sich für Ginsburg offenbar nicht. Mit seiner Energie unangemessen zu haushalten – auf der Ebene des Batteriemodells sind Freudenberger und Ginsburg gut kompatibel –, ist Ginsburg zufolge schlicht ein Strategiefehler, den es zu vermeiden gilt. Wenn der Betroffene nicht selbst reagiert – etwa entsprechend Ginsburgs Vorschlägen –, dann muss er aus systemischen Gründen letztlich von oben herab abgestraft werden. Natürlich gebührt ihm, wie jedem Verlierer im fairen Sport, eine gewisse Achtung. Aber ein darüber hinausgehendes Verständnis oder Mitleid ist im Management offenbar nicht zu erwarten. Eine über Mitglieder des aufstrebenden bis gehobenen Managements hinausgehende Leserschaft hatte und hat Ginsburg nicht im Visier. Ihm zufolge haben Burnout-Betroffene das Spiel des Lebens mangels Energie und richtiger Strategien schlicht verloren.

Welcher Burnout-Patient würde sich heute widerspruchslos mit dieser Aussage identifizieren? Von Freudenbergers Heiligenschein ist Ginsburgs Burnout-Modell weit entfernt. Als Gründungsmythos fehlt ihm jegliches versöhnliche und persönliche Element. Menschen, die unter Ellenbogen-einsatz im eigenen Interesse Karriere machen, müssen konsequenterweise auch die Zeche dafür zahlen. Als Identifikationsfiguren für eine breite Le-serschaft bieten sich gescheiterte Karrieristen nicht an.

Wahrheiten innerhalb und außerhalb der Burnout-Diskussionsszene

Die Tatsache, dass in der späteren Burnout-Diskussion Ginsburgs Aufsatz nicht vorkommt und de facto vergessen war, gehört zu den Ungerechtig-keiten, die die Ideen- und Wissenschaftsgeschichte in reichem Maße be-reithält. Die Ungerechtigkeit im Falle Ginsburgs hatte mehrere Gründe und Konsequenzen. Zunächst zu den Gründen: Die wissenschaftlich ausgerichtete Burnout-Diskussion wurde seinerzeit und wird bis heute überwiegend von Therapeuten und/oder Psychologen geführt. Im Mit-telpunkt des akademischen Weltbilds stehen Störungen eines als Nor-malzustand postulierten gesunden Ablaufs. In diese primär defizitorien-tierte Perspektive ließ sich Burnout unschwer integrieren. Im Gegensatz dazu konzentrieren sich Vertreter des Management auf offensivere As-pekte der besonderen Art, sprich auf den möglichst großen und umfas-senden Erfolg.[2] Während Therapeuten und Psychologen hinsichtlich der Frage nach dem wahren Lebenssinn und den richtigen Zielen zumeist professionell Zurückhaltung üben, ist es das dezidierte Anliegen von Ginsburg, seinen Manager-Lesern den Schlüssel zu ebendiesen Dimen-sionen zu vermitteln. Es geht ihm darum, «Beruf und Leben sinnvoller – sprich: erfolgreicher – zu machen». Eigene Schwächen sind dabei un-wichtig, solange man Strategien hat, diese nicht zum Tragen kommen zu lassen: «Entscheidend ist es, Beziehungen und Konflikte, die ein unver-meidbarer Bestandteil des Berufes, aber auch des privaten Lebens sind, so effizient wie möglich zu handhaben.» Eine eingehendere Vertiefung des unerwünschten, zu vermeidenden Burnout-Phänomens konnte im Ma-nagement nicht von besonderem Interesse sein. Burnout ziert hier dem-entsprechend nur höchst selten die Titel von Publikationen. Erst in den letzten Jahren, parallel zum wirtschaftlichen Abschwung und einem Wandel des Manager-Selbstbildes hin zur systematischeren Reflexion eigener Schwächen und Verletzbarkeiten, nimmt das Thema hier etwas breiteren Raum ein. Die wissenschaftliche Burnout-Diskussion wurde somit über die Jahrzehnte hinweg maßgeblich von Psychologen und Psy-chotherapeuten geführt. An einem berufsgruppenübergreifenden Aus-tausch hatte offenbar niemand Interesse. Freudenberger und Ginsburg lebten beide in New York. Ihr gegenseitiges Verhältnis und seine Sicht auf die Burnout-Thematik schildert Ginsburg in einer Mail vom 24.2.2005 wie folgt:

«Ich habe Herbert Freudenberger nie getroffen, auch weiß ich nichts über seine Arbeit. Ich kann weder seine noch andere Untersuchungen zum Thema Burnout kommentieren, weil ich diesbezüglich nicht auf dem Laufenden bin. Alles, was ich – angesichts meines Artikels – dazu sagen kann, ist, dass ich auch nach 30 Jahren, in denen ich als leitender Manager in drei gemeinnützigen Firmen (‹nonprofit organizations›) tätig war, glaube, dass alles seinerzeit Gesagte auch weiterhin gültig ist.» Es kann davon ausgegangen werden, dass Herbert Freudenberger eine vergleichbare Auskunft gegeben hätte.

Burnout wird entdeckt III: Was determiniert menschliches Verhalten und Empfinden in außergewöhnlichen Belastungssituationen?
Wissenschaft im natur- und sozialwissenschaftlichen Verständnis setzte 1974 und setzt auch heute viel voraus: «harte Daten» und Methodik, also Hypothesen, Datenerhebungen bzw. Evaluationen, Statistiken, erneute Hypothesen etc. In den Jahren um 1974 beschäftigte sich Christina Maslach als Sozialpsychologin an der Universität von Kalifornien, Berkeley, mit der Frage, wie Menschen auf belastende Ereignisse reagieren. Wie können Menschen in hochgradig emotional belasteten Situationen überhaupt rational handlungsfähig bleiben? Wie schützen sie sich davor, von den Gefühlen überwältigt zu werden?[3] Im Gegensatz zu Freudenberger war Christina Maslach keine Therapeutin. Sie ging nicht von eigenem Burnout-Erleben aus, sondern, als Sozialpsychologin in einer berühmten wissenschaftlichen Institution, von Theorien und Vorarbeiten etablierter Kollegen. Grundsätzlicher Sinn und Zweck von (sozial-)psychologischen Theorien war und ist es dabei, die hinter menschlichem Verhalten und Erleben stehenden Gesetzmäßigkeiten zu erfassen. Verhalten soll vorhersagbar und erklärbar gemacht werden.

Eines der Modelle, die Christina Maslach besonders interessierten, ist die postulierte «distanzierte Anteilnahme» (*detached concern*) als ideale Grundhaltung in medizinischen Berufen.[4] Diesem Konzept zufolge haben Patienten und Klienten, die von wirklichen Profis behandelt werden, durchaus das spontane Gefühl, im Mittelpunkt der Fürsorge zu stehen. Der Profi selbst hält dabei mit traumwandlerischer Sicherheit die Balance zwischen Empathie und der eigenen seelischen Ausgeglichenheit.

Ein zweites für Christina Maslach zentrales Modell kreise um das Phänomen «Dehumanisierung».[5] Gemeint ist ein Zustand ausgeprägter emotionaler Distanz Mitmenschen gegenüber, der in erster Linie als Abwehrreaktion interpretiert wird. Stellen Sie sich vor, Sie würden als Notarzt an den Ort eines Zugunglücks geschickt. Unvermittelt sehen Sie sich zahlreichen Schwerverletzten gegenüber. Zunächst müssen Sie Menschen, denen geholfen werden kann, von solchen unterscheiden, denen nicht mehr zu helfen ist. Nur wer hier die sich ihm aufdrängenden Emotionen, im Spektrum von Betroffenheit, Grauen, Mitleid und Ekel, zumindest ein Stück weit ausblenden kann, hat die Chance, angemessen helfen zu können. Ein derartiges Ausblenden von Emotionen und ein Zustand, in dem man seiner mitmenschlichen Umwelt distanziert und wenig mitfühlend entgegentritt, schützt vor emotionaler Überwältigung und ist zumindest in Situationen wie der beschriebenen prinzipiell positiv.[6] Außerhalb solcher Notfälle hingegen kann die nämliche «dehumanisierte» Grundhaltung, aus der heraus Klienten als Nummern, als Lebewesen ohne menschliche Würde angesehen und behandelt werden, zum Problem eigener Art werden.

Experimente zu diesem Thema waren Christina Maslach aus unmittelbarer Anschauung vertraut. Der Kollege Stanley Milgram hatte freiwillige Versuchspersonen als «Lehrer» mit vermeintlichen Schülern konfrontiert. Die Versuchanordnung sah vor, dass die «Schüler» nicht die geforderten Leistungen erbrachten und dementsprechend von den «Lehrern» mit Elektroschocks bestraft werden sollten. Je abwertender die zu den «Schülern» gegebenen Hinweise, die bis zu einer Beschimpfung als «primitive verdorbene Bande» reichten, waren, desto stärker wurden schließlich die – in Wirklichkeit glücklicherweise nicht – verabreichten Elektroschocks. Je weniger die «Schüler» als Mitmenschen wahrgenommen wurden, desto mehr trat so etwas wie ein Gefühl persönlicher Verantwortung in den Hintergrund.

Noch engere persönliche Berührungen hatte Christina Maslach mit dem später sehr berühmt gewordenen (und verfilmten) «Stanford prison experiment». Philip Zimbardo ließ dabei in einer Art Abenteuerurlaub jeweils zwölf psychisch und körperlich normale, gesunde Studenten die Rolle von Gefangenen und deren Wärtern übernehmen. Was zunächst als spannendes Spiel begann, geriet innerhalb von nur fünf Tagen außer Kontrolle. Die «Gefängniswärter», zuvor anständige, wohlerzogene Kommilitonen, waren in dieser kurzen Zeit zu Bestien mutiert. Die «Gefangenen» wurden zunehmend misshandelt, entkleidet, aneinander gefesselt … Eine abgrundtiefe Distanz hatte sich aufgetan; es war zur «Depersonalisation» der Mitstudenten in der Rolle der Gefangenen gekommen.[7] Philip Zimbardo berichtete später, es sei Christina Maslach gewesen, die auf den Abbruch des Gefängnis-Experiments gedrängt habe. Dieses Eingreifen hat der persönlichen Beziehung der beiden Kollegen offenbar nicht geschadet. Wenig später heirateten sie. Die Relevanz der Zimbardo-Studie wurde seitdem in der Realität mehr als einmal auf traurige Weise bestätigt. Und leider war keine Christina Maslach zur Stelle, als z. B. amerikanische Soldaten sich in irakischen Gefängnissen ähnlich wie die Wächter-Studenten aufführten.

Eine Psychologin erfährt von ihrem Rechtsanwalt, dass sie seit längerem Burnout erforscht

Auf der Suche nach Manifestationsformen von Depersonalisierung interviewte Christina Maslach Krankenhauspersonal. Wie gehen diese Personen mit den emotionalen Belastungen um, die zu ihrem Beruf gehören? Dabei stieß sie keineswegs auf Idealformen «distanzierter Anteilnahme». Vielmehr schilderten sich nicht wenige als fachlich überfordert und den Patienten gegenüber emotional distanziert. Und während Christina Maslach nun versuchte, sich einen Reim auf diese unerfreuliche Konstellation zu machen, fiel während eines wohl privaten Zusammentreffens mit einem Rechtsanwalt das wegweisende Wort. Ein ihrem Forschungsthema ähnliches Phänomen sei unter Rechtsanwälten durchaus verbreitet. Man nenne es: Burnout.[8]

Ein ähnlich selbstverständlicher Gebrauch des Begriffs außerhalb der Sphäre hehrer Sozialberufe begegnete uns bereits im Management. Bezeichnenderweise war es kein fachinterner Gedankenaustausch, der Christina Maslach auf die Burnout-Fährte brachte. Burnout wurde eben nicht von Freudenberger oder anderen Wissenschaftlern als Chiffre für umschriebene Folgen psychischer und psychophysischer Überlastung erfunden, um dann «in den laienpsychologischen Mindestwortschatz einzusickern».[9] Burnout war Realität und Teil des Sprachgebrauches, vermutlich lange bevor der Begriff in die Fachwelt Einzug hielt. Gerade deshalb aber fielen die ersten Aufsätze zum Thema auf einen überaus aufnahmebereiten, fruchtbaren Boden, bestätigten und konkretisierten sie doch, was viele bereits dachten und fühlten. Seitdem rollt ein Prozess der Bewusstwerdung in Sachen Burnout über die westliche wohlhabende Welt hinweg.

Kanalisation der Informationsflut:
Erste Schritte zum wissenschaftlich-empirischen Profil

Als ausgewiesene Sozialpsychologin war Christina Maslach die richtige Frau, den Begriff, der sie nach der Begegnung mit dem Rechtsanwalt nicht mehr losgelassen hat, auf wissenschaftlichere Füße zu stellen. Zunächst führte sie Interviews mit 76 Menschen aus verschiedenen Berufen mit engem Kunden- oder Klientenkontakt, darunter Psychiater, Psychologen, Krankenschwestern und Sozialarbeiter.[10] Wen auch immer sie fragte, überall bestätigten sich ihre Vermutungen, wonach Burnout ein komplexes Zusammentreffen körperlicher und psychischer Erschöpfung, negativer Selbsteinschätzung hinsichtlich eigener Belastbarkeit und beruflicher Kompetenz, negativer Gefühle in Bezug auf die Arbeit sowie eines Verlustes der mitfühlenden Grundhaltung Klienten gegenüber sein musste. Parallel zu diesen Befragungen versuchte Christina Maslach, das Verhalten der Betroffenen im beruflichen Kontext (etwa ihre nonverbale Distanz zu Klienten) durch Beobachtungen Dritter zu erfassen.

Das nächste Ziel ergab sich für eine Wissenschaftlerin dann fast automatisch. Es galt, Burnout konzeptuell zu definieren und standardisiert, unter Verwendung eines Fragebogens, messbar zu machen. Aufwändige Befragungen führen zwar zu hochgradig nuancenreichen Ergebnissen. Das Problem dabei ist jedoch, dass die Menge an Informationen dem Forscher zwangsläufig über den Kopf wachsen muss. Grundsätzliche Aussagen zum Phänomen werden dann immer schwieriger bis unmöglich. Jeder Einzelfall hat seine Besonderheiten, die nicht unterschlagen werden dürfen. Um aus solchen subtilen Daten überhaupt verallgemeinerungsfähige Aussagen ableiten zu können, müssen methodisch anspruchsvolle und mühsame Strategien angewendet werden. So lassen sich Kategorien definieren, denen dann möglichst von unabhängigen Beobachtern die jeweiligen Symptome, Schweregrade und / oder Teilphänomene zugeordnet werden können. Jede Forschung ist letztlich mit der Notwendigkeit konfrontiert, Datenmengen und damit die Wirklichkeit drastisch auf ein kommunizierbares und verstehbares Maß zu reduzieren.[11] Erkenntnis setzt in hohem Maße Informationsreduktion voraus. Der Anspruch, allem und jedem möglichst individuell gerecht werden zu wollen, ist überaus sympathisch und aller Ehren wert, zugleich aber utopisch. Wäre in unseren Gehirnen nicht das Reduktionsprinzip bereits im anatomisch-funktionellen Ablauf angelegt und würden wir dies nicht ständig – intuitiv – durch erlernte Wahrnehmungsmuster («Schemata») einschließlich vorge-

fasster Meinungen optimieren, dann wären wir längst an Informations-
überflutung zugrunde gegangen. Die zentrale Frage dabei ist, auf welche
Art und Weise die Informationsreduktion erreicht wird bzw. auf welche
– gegebenenfalls für unser Handeln wichtige – Aspekte der Realität wir
dabei verzichten müssen. Informationsreduktion geschieht nicht zuletzt
durch unsere soziale und akademisch-disziplinäre Umwelt; gilt eine Forschungsrichtung erst einmal als etabliert, dann schafft dies eine eigene
Realität, die neben allem Erkenntnisgewinn dazu beiträgt, dass im Windschatten des Fortschritts liegende blinde Flecken als solche nicht mehr
sonderlich auffallen.

Fragebogen: statistisch, praktisch, aber gut?

Um Burnout in größeren Personengruppen untersuchen, um Fragen nach
der Häufigkeit des Phänomens in verschiedenen Gruppen und nach Korrelationen mit diversen Belastungsfaktoren beantworten zu können, sind
Fragebogen am praktischsten. Die Befragten brauchen nur anzukreuzen,
ob und in welchem Ausmaß diverse vorgegebene Aussagen auf sie zu-
treffen, zumeist anhand einer Skala, beispielsweise: zwischen 1 = «sehr
stark/sehr oft» und 5 = «sehr schwach/sehr selten». Dateneingabe und
Auswertung umfangreicher Fragebogen und großer Stichproben waren
bis 1980, als noch Lochkarten Standard waren, relativ mühsam. Seit der
PC-Einführung wurde daraus fast ein Spaziergang. Als Christina Maslach
und ihre Kollegen sich seinerzeit an die Konstruktion eines Burnout-
Fragebogens machten, gingen sie von den Ergebnissen ihrer Voruntersu-
chungen und natürlich ihrer Sicht der Dinge auf das Phänomen aus.
Fragebogen sind zu Itemlisten kondensierte Hypothesen, denen die Befragten zustimmen bzw. mit denen sie sich identifizieren können (oder
auch nicht). Entsprechend formulierte Maslach Aussagen, die um emotionale Erschöpfung und Dehumanisierung (im Sinne des Konzepts ihres
Ehemannes Phil Zimardo) kreisten, und legte diese in Form eines ersten
provisorischen Fragebogens potentiell belasteten Menschen vor. Deren
Antworten wurden dann statistisch verrechnet. Nach einigen Modifi-
kationen, wozu das Aussortieren redundanter Fragen gehörte, war das
25 Fragen beinhaltende Maslach-Burnout-Inventar (MBI) entstanden, das
seitdem weltweit Standard der Burnout-Forschung ist. Neben den der
Konzeption zugrunde liegenden inhaltlichen Aspekten zeichnete sich bei
der Auswertung «reduzierte persönliche Leistungsfähigkeit» als dritter
Faktor ab. Das Maslach-Burnout-Inventar und die Frage, was es wirklich

misst, wird uns in einem eigenen Kapitel beschäftigen (s. S. 82 ff.). Vor
allem auf diesen Fragebogen gründet sich der Anspruch der Burnout-
Forschung, eine empirische, methodisch stringente Wissenschaft zu sein.
Christina Maslach berichtet davon, dass Fachzeitschriften zunächst Aufsätze zum Thema Burnout mit dem Diktum «We do not publish pop psychology»[12] ablehnten. Hatte die Popularität des Konzepts Ressentiments
auf Seiten etablierter Kollegen wachgerufen? Steckte dahinter eine Kritik
am Konzept insgesamt oder lediglich an mehr oder weniger relevanten
methodischen Details? Die Dynamik der weiteren Entwicklung über-
spülte Sachfragen und Vorbehalte dieser Art nachdrücklich.

Nah am Individuum –
eine andere Facette der frühen Burnout-Forschung

Cary Cherniss promovierte 1972 als Psychologe an der Yale University
und war dann an verschiedenen amerikanischen Universitäten, in Ann Ar-
bor, Chicago und seit 1983 an der Rutgers University, im Bereich Organisationspsychologie tätig. Später wurde er, neben Daniel Goleman, als
einer der Protagonisten der «Emotionalen Intelligenz» berühmt.[13] Arbeiten zum Thema Burnout standen eher am Anfang seiner Karriere. Cherniss ging von einer arbeits- und organisationspsychologischen Perspektive
aus, räumte soziokulturellen Aspekten hohen Stellenwert ein und vertrat
wohl als Erster in der Burnout-Diskussion einen dezidiert «stresstheore-
tischen» Ansatz. Letztlich sei es aus der Arbeit resultierender Stress, der
Verhalten und Einstellungen ehemals engagierter Menschen negativ ver-
ändere. Dem Stress-Modell etwa von Lazarus vergleichbar (s. S. 129 ff.),
legte er einen dreistufigen Prozess zugrunde, der über Arbeitsstress und
Stressreaktionen (die auch die individuellen Stressbewältigungsversuche
beinhalten) schließlich zum Burnout führe. Letzteres sei – im Gegensatz
zu konstruktiver Stressbewältigung – von defensiven Strategien, emotionaler Distanz zur Arbeit, Vermeidung von Kontakten, Zynismus und Ri-
gidität geprägt.[14]

Cherniss führte die erste Burnout-Verlaufs- bzw. Längsschnittuntersu-
chung durch. Dabei beschäftigte ihn weniger die Frage, ob und ab wann
bei wem Burnout vorliegt. Vielmehr begleitete er 26 ehemalige Studenten aus vier verschiedenen Berufsgruppen, die in sozialen Dienstleis-
tungsunternehmen tätig wurden, zunächst ein Jahr lang bei ihrem beruflichen Einstieg. Welche Art von Stress ergab sich für die Kandidaten in
dieser Zeit, wie wurde er bewältigt? Wie verändern sich Einstellungen

und Verhaltensweisen der Berufsanfänger insbesondere auch ihren Klienten gegenüber? Welchen Einfluss haben die konkrete Arbeitssituation und Arbeitsumgebung (einschließlich der Einstellungen älterer Kollegen, von Macht- und Rollenstrukturen am Arbeitsplatz etc.) auf diesen Prozess?

Mit den Kandidaten führten Cherniss und seine Mitarbeiter ausführliche, weitgehend offene Interviews, die zwischen eineinhalb und drei Stunden dauerten. Zwar lag den Interviews ein Leitfaden zugrunde; um jedoch eine maximale Mitarbeit und Offenheit der Befragten zu erreichen, wurde der Ablauf möglichst flexibel gehandhabt. Die geringe Anzahl und die Heterogenität der Personen sowie das methodische Vorgehen schlossen mathematisch-präzise Antworten auf generelle Fragen nach dem Wesen von Burnout von vorneherein aus. Es ging Cherniss eher darum, sich seinem Thema auf breiter Ebene explorativ anzunähern. Aus den Ergebnissen leitete er dann eine Burnout-Konzeption ab, der zufolge die Wurzel des Problems in der formellen und informellen Organisation der Arbeit liegt. Glücklicherweise – für einen Arbeits- und Organisationspsychologen hätte jedes andere Ergebnis unbefriedigend sein müssen. Widersprüchliche und/oder unklare Zielvorgaben sowie fehlende Rückmeldungen haben demnach Auswirkungen auf das – negative – Befinden, die Arbeit, Arbeits(un)zufriedenheit und damit auch gegebenenfalls Burnout. Davor schützt hingegen Autonomie am Arbeitsplatz, verbunden mit der Möglichkeit, Erfolge in der Arbeit zu erringen, die der Betreffende sich selbst zuschreiben kann.

Seine 26 Kandidaten konnte Cherniss zwölf Jahre später nochmals befragen, die bislang längste Kathamneseuntersuchung in diesem Bereich.[15] Auch jetzt waren die Befunde wenig konsistent; die meisten der Befragten hatten sich inzwischen, teilweise trotz temporärer Krisen, mit ihrer Arbeit arrangiert. Ausgebrannte im allgemeinen Verständnis waren kaum darunter. Allerdings hatten nicht wenige ihre ursprüngliche Tätigkeit mit einem hohen Maß an direktem Klientenkontakt gegen eine stärker administrativ ausgerichtete, hierarchisch höhere Tätigkeit eingetauscht.

Zur Überprüfung seines ursprünglichen Konzeptes machte sich Cherniss dann auf die Suche nach Extremgruppen. So interviewte er Schwestern eines katholischen Ordens, die sich sieben Tage die Woche, jahraus, jahrein der Betreuung geistig Behinderter widmeten und nicht ausbrannten. Offenbar zogen die Schwestern ihre Stärke aus dem Glauben und der Gemeinschaft, aus einer vorbehaltlosen Identifikation mit einem übergeordneten Sinn- und Bedeutungsrahmen. Ihren Arbeitslohn erwarteten sie nicht in Form finanzieller Gratifikation und auch nicht durch dankbare

Anerkennung seitens der von ihnen Betreuten. Ihre religiöse – distanzierter betrachtet: «ideologische» – Überzeugung wirkte offenbar in hohem Maße stabilisierend und als vorsorglicher Schutz vor Burnout. Eine im Effekt ähnliche Konstellation fand Cherniss bei Lehrern einer Montessori-Schule. Aus alldem zieht er den Schluss,[16] dass eben nicht Entspannung, Einzelstrategien zur Belastungsreduktion und klare Abgrenzung gegenüber der Arbeit vor Burnout schützen. Wichtiger seien vielmehr eine positive Definition der eigenen Arbeit, was persönliche Ziele und ein – wie auch immer geartetes – ideologisch bzw. religiös getragenes Lebenskonzept im Kontext gemeinschaftlicher Werte voraussetzt. Darin steht Cherniss im Widerspruch zu Freudenberger und dem Mainstream aktueller Burnout-Ratgeber. Dies sollte jedoch nicht überbewertet werden, in späteren Publikationen – etwa in Cherniss' auch auf Deutsch erschienenem Buch *Jenseits von Burnout und Praxisschock* (1999) – läuft die Argumentation auf ein integratives, weitgehend dem *common sense* entsprechendes Burnout-Konzept heraus. In ihm steht letztlich die Optimierung der Arbeitssituation gleichrangig neben einer Veränderung der Einstellung des Einzelnen und einer Verbesserung der Interaktionen mit Kollegen und der jeweiligen Organisation.

Sie nannten es Burnout – meinten sie das Gleiche?

Herbert Freudenberger spürte keine Berufung wie Mutter Teresa, aber er hatte zumindest einen harten, um das Wohl anderer kreisenden 16-Stunden-Arbeitstag. Sigmund Ginsburg beobachtete überlastete Manager am oberen Ende der Karriereleiter. Cary Cherniss begleitete 26 Einsteiger in vier Sozialberufe. Christina Maslach und ihre Kollegen befragten mit ihrem Fragebogen zahlreiche, zu diesem Zeitpunkt meist schon längerfristig in Sozialberufen tätige Menschen, von denen sich viele als emotional erschöpft, weniger leistungsfähig und ihren Klienten gegenüber distanziert erlebten.

Haben die genannten Burnout-Pioniere und alle, die ihnen nachfolgten,[17] tatsächlich ein und dasselbe Phänomen untersucht – und wenn ja, welches? Ist es gleichermaßen als «ausgebrannt» zu bezeichnen, wenn Freudenberger, zum Leidwesen seiner Familie, vor Erschöpfung einen geplanten Urlaub verschläft und ein anderer den Ferien entgegenfiebert, um endlich gelöst, entspannt und energiegeladen seine ätzende Arbeit restlos vergessen zu können? Ist es das Gleiche, wenn Freudenberger mit übermaximalem Arbeitseinsatz und ein frustrierter Arbeitnehmer, der seit

Jahren nicht mehr als Dienst nach Vorschrift runterreißt, «ausbrennen»? Liegen diesen Phänomenen, die sich der aktuellen Literatur zufolge gleichermaßen unter Burnout subsumieren lassen, tatsächlich identische psychologische und neurophysiologische Mechanismen zugrunde? Und weiter: Sind leicht und schwer «ausgebrannte» Zustände lediglich quantitativ voneinander verschiedene Punkte im Rahmen eines Kontinuums oder aber qualitativ und damit kategorisch unterschiedliche Phänomene?

So wichtig konkrete, auf harten Daten beruhende und konsensfähige Antworten auf Fragen dieser Art für die Standortbestimmung der Burnout-Forschung auch wären, derzeit sind sie, trotz immenser Forschungsaktivität, nicht absehbar. Die akzentuierten Formulierungen provozieren natürlich Aussagen, wonach Burnout und Burnout offensichtlich nicht dasselbe sind. Aus klinischer Perspektive und mit gesundem Menschenverstand ließe sich viel dazu sagen. Es ließen sich auch Differenzierungen begründen, wie es etwa Harvey J. Fischer[18] mit dem Versuch unternommen hat, Burnout psychodynamisch zu erklären. Durchsetzen konnte sich auch dieses Vorgehen nicht, das von Freudenbergers Beispiel inspiriert ist und gleichzeitig sein Burnout-Autonomie-Postulat überschreitet. Wie auch immer, tragfähige Daten zu möglichen Unterformen und Unterkonstellationen von Burnout fehlen bislang.

Jede Annäherung an die oben gestellten zentralen Fragen setzt letztlich unabdingbar voraus, Burnout als Phänomen konkret definieren zu können. Dass die Antwort darauf Burnout-Forschern von irgendwoher in den Schoß fallen wird, ist nicht zu erwarten. So lässt es sich nicht umgehen, auf die vielfach als leidig empfundene Frage nach der für Burnout charakteristischen Symptomatik zurückzukommen. Woran sollte man eine psychisch-psychosomatische Problemkonstellation auch sonst erkennen können?

Wo fängt Burnout-Forschung an?

Selbstverständlich bei Menschen, die ausgebrannt sind! Und wer ist ausgebrannt? Diejenigen, bei denen – von wem auch immer – Burnout festgestellt wurde. Dieser Zirkularität entkommt man nur auf der Basis möglichst eindeutiger, objektivierbarer Kriterien. In Analogie zu medizinischen Diagnosen liegt es nahe, für Burnout charakteristische Symptome zu benennen und einen Diagnose-Logarithmus zu bestimmen: Wer diese und jene Symptome in dieser und jener Intensität erlebt, der hat Burnout. Freudenberger hat nun mit Hinweis auf die Heterogenität und Vielschichtigkeit möglicher Burnout-Konstellationen bereits in seiner ersten Publikation ein solches Vorgehen praktisch ausgeschlossen. Die meisten Burnout-Forscher halten sich bis heute an sein hehres, der Individualität des Menschen Rechnung tragende Gebot. Nichtsdestoweniger haben sich spätere Autoren mit einiger Mühe dieser Sache angenommen, teils um vielleicht doch noch charakteristische Konstellationen nachzuweisen, teils um zumindest eine systematische Auflistung aller bei Burnout vorkommenden Symptome vorlegen zu können. Wie sehr hier der Teufel im Detail liegt, wird bereits deutlich, wenn man die beiden bislang nachdrücklichsten Versuche dieser Art einander gegenüberstellt. Matthias Burisch[19] versucht die von ihm in der Literatur erfassten, mehr als 130 möglichen Symptome unmittelbar in den postulierten Ablauf der individuellen Burnout-Entwicklung zu stellen:

1. Warnsymptome der Anfangsphase: a) Vermehrtes Engagement für Ziele, b) Erschöpfung
2. Reduziertes Engagement: a) für Klienten und Patienten, b) für andere allgemein, c) für die Arbeit, erhöhte Ansprüche
3. Emotionale Reaktionen, Schuldzuweisungen: a) Depression, b) Aggression
4. Abbau: a) der kognitiven Leistungsfähigkeit, b) der Motivation, c) der Kreativität, d) Entdifferenzierung
5. Verflachung: a) des emotionalen Lebens, b) des sozialen Lebens
6. Psychosomatische Reaktionen (von Schwächung des Immunsystems, Unfähigkeit zur Entspannung in der Freizeit, Schlafstörungen, Alpträumen, sexuellen Problemen, gerötetem Gesicht, Herzklopfen, Engegefühl in der Brust, Atembeschwerden bis hin zu Magen-Darm-Problemen, Gewichtsveränderungen, veränderten Essgewohnheiten, mehr Alkohol/Kaffee/Tabak/andere Drogen)
7. Verzweiflung

Wilmar B. Schaufeli und Dirk Enzmann[20] hingegen gingen formaler vor. Ungeachtet des Entwicklungsaspektes stellen sie zunächst die Symptome auf individueller Ebene denen auf interpersoneller und institutioneller Ebene gegenüber, um sich dann innerhalb dieser Kategorien in psychiatrischer Tradition durch 1) affektive, 2) kognitive, 3) physische, 4) Verhaltens- und 5) Motivationssymptome durchzuarbeiten.

Das Vorgehen von Matthias Burisch hat den Vorteil, dass die Symptome in einen plausiblen Kontext eingebunden werden, in einen Ablauf, der naturgesetzliche Qualität zu haben scheint. Genau hier liegt leider das

fundamentale Problem dieses Ansatzes. Dafür, dass sich Burnout bei der
Mehrzahl der Betroffenen so entwickelt, wie es sein Ablaufschema voraussetzt, gibt es keine Belege, mehr als das, es ist hochgradig unwahrscheinlich. Wilmar B. Schaufeli und Dirk Enzmann andererseits über-
zeugen durch klaren Aufbau und eine subtile Differenzierung der
verschiedenen Perspektiven, aus denen heraus Burnout erlebt bzw. wahrgenommen wird. Letztlich räumen alle genannten Autoren ein, dass es
kaum Symptome gibt, die in ihren Listen nicht auftauchen, was diese als
Grundlage diagnostischer Entscheidungen hochgradig in Frage stellt. Die
Autoren wollen zwar nur ungefähre Anhaltspunkte liefern, und keinesfalls
müssten zur Diagnosestellung alle Symptome erfüllt werden, zumal sich
ja einige inhaltlich ausschließen. Sprachliche und sonstige Unschärfen
seien in Kauf zu nehmen, die Symptome lägen «auf unterschiedlichen
Abstraktionsebenen», der Syndrombegriff werde im «weichen» Sinne gebraucht. Die jeweilige Umwelt und die Persönlichkeit hätten maßgeb-
lichen Anteil an Art und Ausprägung der Symptome. Nur, wenn dies alles
berücksichtigt wird, was bleibt dann handfest übrig? Matthias Burisch formuliert an anderer Stelle: «Burnout hat eine gewisse ‹Gestaltqualität›, was
die Konfiguration der Symptome, den Lebensstil, die Art und Weise zu
denken, die Arbeitssituation und noch einiges andere einschließt.»[21] Doch
ist diese «gewisse» Qualität wiederum nicht so gewiss, dass sie deskriptiv in
Form von Symptomlisten aufgeschlüsselt werden könnte. Der Kreisel
dreht sich, und Herbert Freudenberger hätte sich über diese späte, vergleichsweise mühevoll erarbeitete Bestätigung seiner anfänglichen Einschätzung vermutlich gefreut. Vergleichbares gilt für die diversen seit
Freudenberger publizierten Burnout-Definitionen,[22] wobei sich aber de
facto keine dieser Definitionen als diagnostisch verbindliche Basis versteht
(und eignet). Die jeweiligen Autoren wollen damit vor allem das inhaltliche Verständnis des Phänomens fördern. Zirkularität, wo immer man
hinschaut. Wenn Burnout sich deskriptiv jedoch nicht konkretisieren lässt,
was ist es dann überhaupt?

Ab wann ist ein Burnout-Symptom ein Burnout-Symptom?

Und noch etwas: Was ist eigentlich ein Symptom, und vor allem, ab wann
ist es das? Wir haben es ja nicht mit entweder braunen oder blauen Augen zu tun, sondern mit Phänomenen, die in graduellen Abstufungen vorkommen und jeweils, für sich genommen, für nichts charakteristisch sind.
Einige Autoren sehen beispielsweise «Vermehrtes Engagement für Ziele»

und «Erschöpfung», von Burisch unter «1. Warnsymptome der Anfangs-phase» zusammengefasst, als Symptome von Burnout oder der Burnout-Entwicklung (so genau ist das nicht definiert) an. Ab wann ist Engage-ment «vermehrt» – wenn der Betreffende, dessen Chef oder dessen Ehefrau es so sieht? Ist Engagement ungesund, sollte man sich besser nicht mehr engagieren? Ist jede Form von Erschöpfung bereits ein wenig Ausgebranntsein? Hinzu kommt, dass einige der genannten Aspekte, etwa «vermehrtes Engagement» (im Sinne einer positiven Wert- und Zielori-entierung), auch als positive, gegen Burnout schützende Faktoren disku-tiert werden. Selbst Desillusionierung, nach Burisch Ausdruck reduzier-ten Engagements für die Arbeit, ist gleichzeitig eine potentiell positive Voraussetzung dafür, sich ein angemessenes Bild von seiner Arbeitssitua-tion machen und konstruktive Konsequenzen ziehen zu können. Eine nähere Diskussion der vielen bei Burnout möglichen psychosomatischen Symptome – ab wann etwa von über das übliche Maß hinausgehenden Schlafstörungen, Rückenschmerzen, Sexualproblemen etc. die Rede sein kann – ließe sich in Analogie zu den erwähnten Aspekten unschwer er-gänzen und ist hier verzichtbar. Über all diesen – leidigen? – Diskussio-nen schwebt die Frage nach den jeweils zugrunde gelegten Maßstäben. Welches Maß, welche Vorstellung von berechtigtermaßen vorauszuset-zender Gesundheit legt die Burnout-Forschung im Allgemeinen, legen die zitierten Autoren im Besonderen und legen letztlich die Betroffenen an? Eindeutige Stellungnahmen hierzu fehlen in der Regel; implizit verwei-sen die Maßstäbe häufig auf die sieben Grundbedingungen der Gesund-heit, wie sie von der Weltgesundheitsorganisation im Hochgefühl der Vor-ahnung einer idealen Gesellschaft formuliert wurden (s. S. 177).

Selbst wenn aber klar und eindeutig wäre, ab wann ein Zustand als Symptom zu zählen hat, bliebe immer noch offen, wie viele Symptome aus welchen Kategorien erfüllt sein müssten, um von Burnout – und eben nicht von einer Anpassungsstörung, einer Depression, einer akzentuier-ten Persönlichkeit etc. – sprechen zu können. Einerseits ist es für die Burnout-Forschung eine Katastrophe, diesbezüglich keine Antworten parat zu haben. Im Gegensatz dazu hat die Psychiatrie, vertreten durch Dachorganisationen und nicht zuletzt die Weltgesundheitsorganisation, aus einer vergleichbaren Not eine Tugend gemacht und im Sinne von Konsensentscheidungen (vermeintliche) Klarheit geschaffen, indem nun psychiatrische Diagnosen operationalisiert, das heißt anhand definierter Vorgaben gestellt werden (s. S. 156 ff.). Der Vorteil ist, dass zumindest nachprüfbar und nachvollziehbar ist, was gemeint ist, wenn von dieser

oder jener Diagnose gesprochen wird. Der Nachteil ist, dass dieses Vorgehen letztlich, auch wenn auf noch so viele statistische Argumente verwiesen wird, nur relativ sein kann, somit also eine Art Pseudo-Klarheit geschaffen wird. So könnte man es der Burnout-Forschung, die allerdings
auch keine der Psychiatrie vergleichbaren institutionalisierten Macht-
strukturen kennt,[23] geradezu als Verdienst anrechnen, sich nicht auf
zwangsläufig faule Kompromisse eingelassen zu haben. So plump und un-
sensibel wollte niemand sein, irgendwo eine Grenze festzulegen, wo
keine klare Trennlinie erkennbar war, schon gar nicht angesichts des immer gültigen mitmenschlichen Arguments, bei einem anderen könne
schließlich alles ganz anders sein. Diese Haltung signalisiert in hohem
Maße Offenheit und Liberalität; man kann sich nie zum Nachteil eines
sich betroffen fühlenden Menschen irren, dem man sonst gegebenenfalls
absprechen müsste, an Burnout erkrankt zu sein.

Dass eine solche Einstellung spätestens dann zur Falle wird, wenn man
auch nur ansatzweise wissenschaftliche oder wissenschaftlich-therapeu-
tische Anliegen verfolgt, muss Betroffene nicht interessieren. Jeder, der
angesichts eines Menschen eine medizinische Diagnose stellen oder auch
nur eine Eigenschaftszuschreibung vornehmen will, geht zwangsläufig
auf eine gewisse Abstraktionsebene und damit auf Distanz. Bereits die
Feststellung, jemand sei hübsch und/oder intelligent, mißt den oder die
derart Gelobten an übergeordneten Kategorien des Hübschen und Intelligenten, womit die Individualität in diesem Teilbereich auf Schablonen-
niveau reduziert wird. Mit dem Burnout-Begriff scheint gewissermaßen
die Quadratur dieses Kreises gelungen zu sein. Man nimmt eine men-
schen- und gruppenübergreifende, diagnoseähnliche Metaebene ein und
lässt gleichzeitig dem Individuum volle Gerechtigkeit zuteil werden. Bemerkenswert daran ist, dass Forscher, Therapeuten und Betroffene offenbar davon ausgehen, dass so etwas überhaupt möglich ist. Schon aus diesem Grund ist Burnout ein überaus spannendes Phänomen.

Wie Burnout entsteht:
Sind drei Phasen genug, oder darf es etwas mehr sein?
Für Burnout charakteristische Symptomkonstellationen, anhand deren
man eine entsprechende Diagnose stellen könnte, gibt es also nicht. Das
macht aber nichts, behauptet die Burnout-Diskussion seit Freudenberger:
Für Burnout sind nicht die Symptome, sondern der Prozess charakteristisch, innerhalb dessen sich diese Symptome entwickeln und manifestie-

ren. Um diesen Entwicklungsprozess als solchen erfassen zu können, liegt es nahe, ihn in Phasen zu unterteilen. Ausgehend von mehr oder weniger detailliert geschilderten Fallbeispielen, also im besten Sinne intuitiv, haben Forscher seit Freudenberger diverse Stufen- und Phasenmodelle zur Burnout-Entwicklung postuliert, deren Diskussion allein schon Bücher füllen könnte.[24]

Freudenberger zufolge beginnt Burnout mit einem «empfindenden Stadium», in dem Müdigkeit, Verdrängung negativer Gefühle und ein zunehmend höherer Energieeinsatz im Vordergrund stehen, verbunden mit dem Ziel, das alte Leistungsniveau zu halten (Phase I). Gelingt dies nicht mehr, ist Phase II, das «empfindungslose Stadium», erreicht, in dem nun Gleichgültigkeit, Langeweile, aber auch Zynismus, Ungeduld, Reizbarkeit, psychosomatische Beschwerden und Depressivität herrschen. Cary Cherniss kennt – wie erwähnt – drei Phasen. Berufsstress gilt ihm als einleitende Stufe, an die sich Stillstand (mit Angst, innerer Anspannung, Reizbarkeit, Ermüdung und Erschöpfung) anschließt, was dann schließlich in letztlich frustrane defensive Bewältigungsversuche umschlägt (emotionale Erschöpfung, Rückzug etc.). Auch Christina Maslach postuliert drei Phasen, wobei sie die erste in zwei Stufen unterteilt: Zuerst kommt die emotionale, dann die physische Erschöpfung. Phase zwei wäre dann durch Dehumanisierung und die dritte Phase, als terminales Stadium, durch Widerwillen gegen alles und jeden charakterisiert.

M. Laurendale[25] kennt drei Phasen: Verwirrung, Frustration und Verzweiflung, J. Edelwich und A. Brodsky[26] deren fünf: idealistische Begeisterung, Stillstand, Frustration, Apathie und schließlich Intervention. Damit noch nicht genug, bis zu zehn Phasen, wobei neun davon gewissermaßen Vorspielcharakter haben: 1) hoher Idealismus und Freundlichkeit, 2) arbeitsbedingte Überforderung, 3) abnehmende Freundlichkeit, 4) Schuldgefühle, 5) vermehrte Anstrengung, 6) Erfolglosigkeit, 7) Hilflosigkeit, 8) Hoffnungslosigkeit, 9) Erschöpfung, Apathie, Aufbäumen, Wut, werden beschrieben. Zum eigentlichen Ausbrennen kommt es hier erst in der zehnten und letzten Phase.[27]

Etwas weniger formal sind demgegenüber Modelle, die Burnout im Sinne eines Teufelskreises beschreiben, wie er auch in anderen Bereichen der Psychologie und Psychotherapie gerne verwendet wird.[28] Danach führt eine als unkontrollierbar und frustrierend erlebte Situation (etwa als hilfloser Lehrer vor einer außer Kontrolle geratenen Schulklasse) zu einer Beeinträchtigung des Selbstbildes der Person, die sich zumal im Wiederholungsfall immer weniger als kompetent und immer stärker hilflos erleben wird. Parallelen zu Konzepten wie dem der erlernten Hilflosigkeit[29] liegen auf der Hand. Diese und viele andere Modelle, in denen spezifische Aspekte von Sozialberufen, das Ungleichgewicht zwischen Geben und Nehmen mit zunehmendem Defizit auf Seiten des Gebenden, näher aufgeschlüsselt werden, beschreiben schlüssig Konstellationen, die mit hohen psychosozialen Belastungen einhergehen. Dass es sich um Burnout-Modelle handelt, muss dann wieder vom Ende her, also davon, dass sie in hohem Maße zu Burnout-Zuständen führen, begründet werden. Da nun aber Burnout erklärtermaßen nicht von der Symptomatik her klar definierbar ist, beißt sich die Katze auch hier wieder in ihren Schwanz.

Ausgehend von den Skalen des Maslach-Burnout-Inventars (Depersonalisation, Leistungsminderung und Emotionale Erschöpfung), haben R. T. Golembiewski und seine Mitarbeiter[30] das differenzierteste, geradezu mathematisch-logisch anmutende Konzept entworfen (s. S. 119). Es ist durch eine angeblich spezifische Abfolge unterschiedlich hoher Ausprägungen der drei Maslach-Skalen gekennzeichnet. In der ersten Phase sollen alle niedrig ausgeprägt sein, in der zweiten soll die Depersonalisation auf hoch ansteigen, um in der dritten Phase wieder abzufallen. Im Gegenzug steigt die Leistungsunfähigkeit bzw. die diesbezügliche Unzufriedenheit. In der vierten Phase sind dann Depersonalisation und Leistungsminderung hoch ausgeprägt; auf diese Weise geht es im differenzierten Auf und Ab weiter, bis dann in der achten Phase schließlich alle drei Skalen hoch sind. Anhand der Ergebnisse vieler tausend Fragebogen, wonach 21,8% angeblich unausgewählter Befragter in die achte Phase einzuordnen waren, versuchen die Autoren diese Systematik argumentativ zu untermauern, was – ohne auf Verlaufsdaten verweisen zu können – scheitern musste.

M. Burisch (1994) und andere haben sich seit den frühen 1990er Jahren in diversen Übersichtsartikeln bemüht, die Burnout-Stufenmodelle abzugleichen.[31] Auf argumentativer Ebene ist dies nicht sonderlich schwer. So lassen die diversen Autoren die Phasenfolge unterschiedlich beginnen. Beim einen geht es mit idealistischer Begeisterung los, also noch im gesunden Bereich (falls man nicht Idealismus im Beruf grundsätzlich als Störung betrachten will), bei anderen startet das Phänomen mit Verwirrung oder Erschöpfung, also bereits in nachhaltig beeinträchtigten Zuständen. Zudem werden von den Autoren unterschiedliche Perspektiven eingenommen und abweichende Begriffe bemüht. Rechnet man dies alles versuchsweise heraus, so ergeben sich zwischen den verschiedenen Stufenmodellen viele inhaltliche Übereinstimmungen. Allerdings hilft auch das nicht wirklich weiter. So bleibt die Beantwortung der Frage, wann und warum ein Übergang in eine neue, mutmaßlich mit schwereren Beeinträchtigungen einhergehende Phase beginnt, letztlich immer der intuitiven Weisheit anheim gestellt. Gleiches gilt für die Frage, ob die Entwicklung als eindimensional, als *way of no return*, oder als Weg mit jederzeitiger Umkehrmöglichkeit verstanden wird. Letzteres wird praktisch nie dezidiert ausgeschlossen, aber auch nie als Regelfall formuliert. Mögen die von den jeweiligen Autoren beschriebenen Phasenmodelle auch noch so schlüssig sein, beweisen ließen sie sich erst, wenn a) die einzelnen Phasen klar definiert bzw. operationalisiert und b) hiervon ausgehend breit angelegte Verlaufsuntersuchungen durchgeführt worden wären. Daten dieser Art fehlten seinerzeit und sind bis heute sehr spärlich. Das liegt zum einen daran, dass die Phasenmodelle offenbar spontan als derart logisch und überzeugend angesehen wurden, dass man eine Überprüfung als unnötige Arbeit empfand. Zum anderen aber hat der erhebliche Aufwand, den Verlaufsuntersuchungen bedeuten, abgeschreckt. Und als dann in den letzten Jahren einige wenige hoch engagierte Kollegen tatsächlich Studien in dieser Richtung durchgeführt haben, blieben die Ergebnisse schlicht enttäuschend. Offenbar unterscheiden sich die individuellen Burnout-Entwicklungen ganz erheblich voneinander, und zwar so erheblich, dass sich die postulierten Stadien praktisch in Luft auflösten. Ähnliches gilt, wie gesagt, auch für die Burnout-Symptomatik. Je schärfer man Burnout unter die Lupe nimmt, desto unschärfer wird das Bild.

Die Burnout-Publikationslawine rollt und rollt und rollt

Im Rückblick wurde auch die Geschichte der Burnout-Forschung in verschiedene Phasen unterteilt – ein Unterfangen, an dem sich insbesondere auch Christina Maslach beteiligte. Die erste Phase («Early Research»), auch als *anekdotische, feuilletonistische* oder *klinische Phase* bezeichnet, begann demnach mit individueller Nabelschau und vielen, vielen Einzelfallberichten über ausgebrannte Individuen aus dem Bereich der Sozial- und Gesundheitsberufe. Unter Einbeziehung des gesunden Menschenverstandes wurden daraus viele gute Ratschläge zur Prävention und Behandlung der Problematik abgeleitet, Workshops gehalten und Bücher geschrieben, die sich direkt an die deutlich im Ansteigen begriffene Zahl Betroffener wandten. Bis heute ist diese unmittelbar zupackende, an methodischer oder inhaltlicher Problematisierung dezidiert nicht interessierte Tradition bei den Lesern sehr erfolgreich. Insofern handelt es sich weniger um zeitlich umschriebene Phasen als um unterschiedliche Zugangsarten.

Die zweite, *empirische Phase* lässt Christina Maslach dann mit sich selbst beginnen und unterteilt sie wiederum in Unterphasen: 1) Case Study Interviews, 2) Questionnaire Survey und 3) Psychometric Research.[32] Zentraler Aspekt ist die Entwicklung und Verbreitung des MBI-Fragebogens, der die Burnout-Forschung ihrer Einschätzung nach revolutionierte und internationalisierte. Burnout-Forschung war in den 1980er Jahren primär ein Anliegen amerikanischer Psychologen. Seit den frühen 1990er Jahren kam die Woge über den Atlantik und erreichte auch die nichtenglischsprachigen Länder. Neben dem Begriff war es vor allem der Maslach-Fragebogen, der, in mehr als 30 Sprachen übersetzt, seitdem Standard und Rückgrat der weltweiten Burnout-Forschung ist. Die inhaltliche Breite der Burnout-Diskussion, angesiedelt zwischen dem Therapeuten und Gründungsheros Freudenberger, dem Manager Ginsburg und dem Arbeits- und Organisationspsychologen Cherniss, blieb dabei weitgehend auf der Strecke. Als zentrales Erklärungsparadigma von Burnout konnte sich, neben dem Batteriemodell, lang andauernde Stressbelastung durch ein Zuviel an äußeren Stressoren uneingeschränkt durchsetzen. In mehr als 30 Ländern, von Australien bis Zimbabwe, von China bis Saudi-Arabien, wurde und wird seitdem Burnout methodisch einheitlich erforscht. Die Zahl der als Burnout-Betroffene identifizierten Berufsgruppen, bislang über 60, steigt unaufhaltsam. Soweit ein wissenschaftlicher Anspruch erhoben und empirische Forschung betrieben wurde, beschränkt sich diese zumeist darauf, zu einem Zeitpunkt («one-shot») Mitglieder einer bestimmten Berufsgruppe («cross-sectional») das MBI ausfüllen zu lassen («self-report surveys») – weitergehende Daten, beispielsweise die tatsächliche Arbeitsleistung oder die Beurteilung des Betreffenden durch Vorgesetzte oder Kollegen werden nicht erhoben. Bei diesen Studien werden oft imponierende Fallzahlen von mehr als tausend untersuchten Personen erreicht. Der hieraus resultierende Erkenntnisgewinn reicht aber zumeist nicht über die lapidare Feststellung hinaus, dass nun auch Arbeiter auf Erdölförderplattformen in der Nordsee, Studenten verschiedener Fächer, Manager aller Art, Ehefrauen etc. mehr als erwartet unter Burnout leiden (respektive doch wiederum erwartungsgemäß, warum hätte man solche Untersuchungen sonst gemacht?). Solche Daten lassen sich dann auch mit denen anderer Berufsgruppen vergleichen oder, vom Forschungsvorgehen her noch einfacher, mit anderen erhobenen Aspekten, von soziodemographischen Variablen bis hin zu anderen psychologischen Konstrukten, korrelieren. Auf dieser Basis sind Ergebnisse, auch wenn deren Interpretation nicht selten heikel ist, praktisch garantiert: Je älter ein Arbeitnehmer ist und je mehr Berufserfahrung er hat, desto weniger leidet er unter Burnout (oder sind die stark Leidenden lediglich früher in Rente gegangen?). Hinsichtlich des Geschlechts sind die Ergebnisse jedoch bereits uneinheitlich, mal leiden mehr die Männer, mal mehr die Frauen; Frauen reagieren eher mit Erschöpfung und Männer mit «Depersonalisierung», also mit Distanz gegenüber ihren Klienten (liegt das am höheren Aggressionspotential bzw. an Rollenstereotypien von Männern, an der häufigen Doppelbelastung von Frauen etc.?). Doppelbelastung führt allerdings durchaus nicht immer zu höheren Burnout-Werten. Zudem scheinen die Klienten oder Patienten ausgebrannter Sozialberufler mit der Behandlung unzufriedener zu sein.[33] Und dann gibt es unendliche Korrelationsmöglichkeiten mit anderen psychologischen und psychopathologischen Variablen, etwa mit Persönlichkeitsstilen (z. B. positiv mit «Neurotizismus»), affektiven Störungen wie Depression (s. S. 156 ff.) und Aspekten wie allgemeiner Gereiztheit, Ärgerneigung, Ängstlichkeit, psychischer Stabilität, emotionaler Intelligenz, Selbstvertrauen, Stressbewältigungsstrategien und vielem mehr.[34]

Entsprechend dieser Entwicklung stieg die Zahl von Publikationen zum Thema über die Jahre hinweg kontinuierlich. In einer 1986 erschienenen, damit relativ frühen Übersichtsarbeit zu Burnout werden etwa 700 Titel aufgeführt.[35] In der ersten umfassend angelegten Bibliographie kommen Kleiber und Enzmann wenig später auf 2496 Titel. In einer die Publikationen bis 1996 berücksichtigenden Arbeit werden dann bereits 5500 Beiträge, 61% davon in wissenschaftlichen Zeitschriften, 10% in Buchform und 17% als Dissertationen genannt.[36] Inhaltlich kreisen diese Arbeiten weiterhin mehrheitlich um Berufe aus dem Sozial- und Gesundheitsbereich (Gesundheitsversorgung 33,8%, Schule und Erziehung 26,6%, Sozialarbeit 7%). Aktuelle Literaturrecherchen legen eine zumindest gleich bleibend hohe Zahl von neuen Beiträgen zur Burnout-Diskussion nahe, wobei die jeweils ermittelten Zahlen nachhaltig von den verwendeten Datenbanken und den zugrunde gelegten Suchkriterien abhängen, was Ina Rösing (2003) eindrucksvoll demonstriert.[37] In den Jahren zwischen 1998 und 2002 finden sich in der psychologischen Datenbank (PsycINFO) zwischen 180 und 500 Nachweise pro Jahr; bei dieser Zahl taucht der Begriff allerdings in vielen Fällen nur in den Literaturzitaten oder in der Zusammenfassung auf. Fokussiert man die Suche auf die bei wissenschaftlichen Aufsätzen üblicherweise gesondert verzeichneten

Schlüsselworte, dann werfen Medline, als medizinische, und PsycINFO jeweils zwischen 50 und 300 Titel aus, wobei erhebliche Überschneidungen die Regel sind. Über die Relevanz der Arbeiten ist damit wiederum noch nichts gesagt. Bei der Analyse eines Jahrgangs (2002) erwiesen sich von 73 Beiträgen 17 als kurze Editorials, in 16 diente Burnout nur als vager Indikator für die Thematik, bei 13 wird Burnout nur im Abstract erwähnt. Und von den verbleibenden 21 Titeln berichten 8 über schlichte Häufigkeiten von Burnout in umschriebenen Gruppen (Zahnmedizinstudenten, Radiologen etc.). Unter den verbleibenden finden sich dann einige originellere, im engeren Sinn wissenschaftliche Arbeiten.

Die methodischen Probleme konnten kritischen Forschern und Therapeuten natürlich nicht verborgen bleiben. Schon früh gab es Autoren, die auf dieses oder jenes Problem hinwiesen und häufig eigene Burnout-Definitionen vorschlugen. «Wenn Burnout weiter so beforscht wird wie bisher, … werden wir in 20 Jahren mehr Daten haben, aber nicht viel mehr Erkenntnisse», wurde bereits 1986 prophezeit.[38] Knapp 20 Jahre später kann diese Einschätzung letztlich nur bestätigt werden. Über stereotype Replikationen hinausgehende Ansätze sind in der Burnout-Forschung im engeren Sinne weiterhin selten. Innovativer geht es dort zu, wo Burnout gerade nicht als Zielparadigma im Mittelpunkt steht und Forscher wie Beforschte paralysiert (s. S. 129 ff.). Matthias Burisch hat vor diesem Hintergrund aktuell die filigrane Phase der Burnout-Forschung ausgerufen, die durch Längsschnittprojekte und den Einsatz komplexer statistischer Methoden, namentlich Strukturgleichungsmodelle, gekennzeichnet sei.[39]

Längsschnittstudien bedeuten einen beträchtlichen Aufwand. Viele Menschen sind durchaus bereit, einen anonymen Fragebogen auszufüllen, lehnen es aber ab, sich mit Geburtsdatum und anderen persönlichen Daten erfassen zu lassen, um dann ein oder drei Jahre später von einem Forscherteam erneut angeschrieben zu werden.[40] Geringe Rücklaufquoten aber bedeuten auch immer eine Selektion der Teilnehmer und weniger gute Ergebnisse. Liegt es daran, dass auch die methodisch besten der bislang vorliegenden Verlaufsuntersuchungen trotz des hohen Aufwandes vom Ergebnis her enttäuschten? Der Frust ist neuerdings ganz auf der Seite der Burnout-Forschung. Das gipfelte in der eleganten Titelformulierung von Ina Rösing (2003): «Ist die Burnout-Forschung ausgebrannt?» Währenddessen reißt der Strom von feuilletonistischen Publikationen nicht ab, in denen Burnout mit unvermindertem Nachdruck und hoher Überzeugungskraft als Problem des 21. Jahrhunderts schlechthin erscheint. Theorie mangelhaft, Praxis gut?

Was die kritische Diskussion über Burnout anbelangt, herrscht jenseits der Fachliteratur seit dem ersten Aufsatz von Herbert Freudenberger absolute Windstille. Nicht die kleinsten Zweifel trüben das graue Burnout-Bild. Auch die postulierten forschungsgeschichtlichen Phasen haben hier kaum ihre Spuren hinterlassen, selbst in *Psychologie heute*[41] scheint die Zeit seit 1980 und der Offenbarung des MBI stillzustehen. Die weitaus meisten Texte über Burnout finden sich heute in Gesundheits- und Apothekerzeitschriften, in Zeitungen von Krankenkassen und Rentenversicherungsträgern, und überhaupt in allen Zeitungen, Zeitschriften, Funk und Fernsehen sowie dem weiten Spektrum der Psycho-Ratgeberliteratur, die sich an die interessierte Öffentlichkeit und damit die große Gruppe möglicherweise Betroffener wenden.[42] Aktuell sind in Deutschland mehr als hundert (Anti-)Burnout-Ratgeber und Burnout-Therapiebücher lieferbar. Die Aufsätze folgen seit den 1980er Jahren bis heute zumeist folgendem Strickmuster: Einleitend wird mit dramaturgischen Akzenten, im Sinne von «Vorsicht, bei Burnout steckt oft eine Depression dahinter!», nicht gegeizt. Dieser Ouvertüre folgt eine kurze Skizze dessen, was Burnout ist, in der Regel orientiert an den Maslach-Kategorien. Dann wird am Beispiel einer bestimmten Personen- oder Berufsgruppe, meist der jeweiligen Leserschaft des Blattes, die Verbreitung und damit potentielle Burnout-Gefährdung aufgezeigt. Dies leitet dann, nach einiger Kritik an den Rahmenbedingungen und dem daraus resultierenden zu vielen Stress, zu mehr oder weniger originellen Behandlungs- und Präventionsvorschlägen über, im Sinn von «Entspannung tut gut» und «Tritt mal kürzer». Offenbar sind alle Beteiligten, Leser, Magazine und Autoren, damit zufrieden. Burnout hat sich gegenüber wissenschaftlicher Bevormundung demnach weitgehend emanzipiert. Dieser Erfolg auf breitester Ebene hat ihrerseits nicht wenige Wissenschaftler und Therapeuten ein gutes Stück weit mitgerissen, Kollegen, denen bezüglich Burnout alles klar zu sein scheint und die nicht müde werden, die alten neuen Wahrheiten darüber und Kochrezepte dagegen zu präsentieren. Heute als Burnout-Experte dieser Art aufzutreten garantiert Publikumsinteresse, kann lukrativ sein und nebenbei den eigenen Narzissmus befriedigen. Der Informations- und Unterhaltungswert der populären Burnout-Diskussion ist offenkundig hoch. Viel zu nützen scheint das Ganze aber letztlich nicht. Daran, dass sich, der Flut wohlgemeinter Anti-Burnout-Beiträge zum Trotz, die Burnout-Epidemie weiter ausbreitet, zweifelt derzeit niemand.

Kapitel 5

Burnout wird gemessen

Burnout: Vom Schlagwort zur messbaren Größe

Die Pionierphase der Burnout-Forschung begann 1974 und hielt bis in die Mitte der 1980er Jahre hinein an. In dieser Zeit der «Goldgräberstimmung» steckten Persönlichkeiten mit ganz unterschiedlichen Erfahrungshintergründen ihre Claims ab und beanspruchten, jeder für sich, die größte «Goldader» gefunden zu haben. Innerhalb weniger Jahre erschien eine große Zahl von Zeitschriften- und Buchpublikationen, die sich mit dem Phänomen Burnout beschäftigten. Hierdurch erlangte das Konzept zunächst in den USA, dann um ca. fünf bis acht Jahre zeitversetzt auch in Europa große Popularität. Als zunehmend problematisch erwies sich hierbei jedoch der Umstand, dass viele der «Pioniere» den Anspruch erhoben, das einzig richtige und treffende Verständnis von Burnout zu vertreten. Typischerweise beschrieben sie in ihren Publikationen einige spektakuläre Fälle von Burnout, die dann den Ausgangspunkt weitergehender spekulativer Reflexionen bildeten. Dabei wurde meist nur wenig Bezug auf die bereits vorliegenden Arbeiten genommen.

Diese Praxis blieb nicht unkritisiert. So kam der amerikanische Psychologe Barry Farber 1983 in seiner Überblicksarbeit zu dem Schluss, dass das Burnout-Konzept aufgrund seiner definitorischen Unklarheit und dem sich daraus ergebenden exzessiven Gebrauch selbst bald ausgebrannt sein wird. Was sich zum Thema Burnout sagen ließ, war gesagt, die Redundanzen häuften sich. Der Bedarf an Definitionen, Spekulationen und Fallberichten war hinreichend gedeckt. Die Burnout-Forschung hatte damit ein Stadium erreicht, in dem sie dringend neue Impulse benötigte. Diese erhielt sie vor allem durch die Einführung von zwei Messinstrumenten, die relativ schnell eine weite Verbreitung fanden und die Basis für die *empirische* Erforschung von Burnout bildeten.[1]

Die Messung eines theoretischen Konzepts innerhalb der Sozialwissenschaften stellt weder ein einfaches noch ein triviales Unterfangen dar. Sie setzt eine intensive theoretische Beschäftigung mit dem Konzept voraus, das gemessen werden soll. Anschließend bedarf es umfangreicher empirischer Untersuchungen und statistischer Analysen, bevor ein Messinstrument als so weit ausgereift gelten kann, dass es in der Forschung tatsächlich eingesetzt werden kann.

Dieser Entwicklungsprozess weist Entsprechungen zum Schreiben einer Geschichte oder besser einer Erzählung auf. Zunächst hat man einige Ideen oder Konzepte im Kopf, die einem durchaus interessant und plausibel erscheinen. Beginnt man dann jedoch mit dem Schreiben, dann fallen oft Widersprüche auf, oder man erkennt, dass einige Ideen viel zu vage waren oder dass einige Argumente doch nicht so stichhaltig sind, wie man zunächst gedacht hatte. Ähnliche Erfahrungen machen auch Wissenschaftler bei der Konstruktion eines Fragebogens. Steht für die Messung eines Konzepts ein geeigneter Fragebogen zur Verfügung, so kann man davon ausgehen, dass das ihm zugrunde liegende Konzept einen hinreichenden Reifungsgrad erreicht hat.

Man muss sich diesen Sachverhalt vor Augen führen, um abschätzen zu können, welche überaus stimulierende Wirkung die zeitgleiche Veröffentlichung des Tedium-Measure (TM; übersetzt: «Überdruss-Skala») durch Aronson, Pines und Kafry (1981)[2] und des Maslach Burnout Inventory (MBI)[3] durch Maslach und Jackson (1981) hatte. Als eine der ersten ernst zu nehmenden Instrumente zur Messung von Burnout markieren sie einen Wendepunkt innerhalb der Burnout-Forschung.

In den Jahren nach ihrer Veröffentlichung entwickelte sich insbesondere das MBI zu *dem* Fragebogen der Burnout-Messung schlechthin. Seine Popularität verdankt er u. a. dem Umstand, dass er das Burnout-Syndrom wissenschaftlich salonfähig machte. Im Laufe der Jahre entwickelte er sich zu einem wahren Exportschlager der Burnout-Forschung und wurde in zahlreiche Sprachen übersetzt (u. a. ins Deutsche, Französische, Niederländische, Griechische, Hebräische, Schwedische, Polnische). Seine Bedeutung wird u. a. auch dadurch eindrucksvoll dokumentiert, dass er in der 12. Auflage des *Psychologischen Wörterbuchs* von Dorsch (1994), einem Standardwerk, als einziger Fragebogen zur Messung von Burnout Erwähnung findet.[4]

Unsere Vorstellung und unser Wissen von Burnout wurden damit *entscheidend* durch das MBI beeinflusst und geprägt. Indem er eine Monopolfunktion bezüglich der empirischen Erforschung des Phänomens erlangte, wurde Burnout immer mehr zu dem, was als solches durch das MBI gemessen wird (nach dem Motto: Burnout ist, was das MBI misst!). Wer sich ernsthaft mit dem Thema Burnout beschäftigen will, kommt deshalb nicht umhin, sich gründlich mit dessen testpsychologischer Erfassung – sprich dem MBI und dem TM – vertraut zu machen.*

Wohl aus der Angst heraus, den Leser zu überfordern oder zu langweilen, behandeln die meisten einschlägigen Bücher die Messung von Burnout, wenn überhaupt, dann nur sehr «stiefmütterlich». Selbst auf die Gefahr, dem Leser einiges abzuverlangen, werden wir dieser gängigen Praxis nicht folgen! Denn die Beurteilung des wissenschaftlich-empirischen Gehalts des Burnout-Konzepts setzt eine gründliche Beschäftigung mit dessen Messung voraus.

---

* Neben dem erwähnten MBI und dem TM wurden noch weitere Instrumente zur Messung von Burnout konstruiert. Eine vollständige Aufzählung würde den Rahmen dieses Buches sprengen und wäre auch schon deshalb nicht sinnvoll, weil sie kaum Einfluss auf die Burnout-Forschung genommen haben.

Zu den noch vergleichsweise häufig genannten Tests gehören u. a. die «Staff Burnout Scale for Health Professionals» (SBS-HP, Jones, 1980), die «Emener-Luck Burnout Scale» (ELBOS, Emener, Luck & Gohs, 1982) und das von Meier (1984) entwickelte «Meier Burnout Assessment» (MBA). Darüber hinaus wurden ebenfalls Tests entwickelt, die Burnout bei bestimmten Berufsgruppen messen sollen. Z. B. der «Psychologist's Burnout Inventory» (PBI; Ackerley, Burnell, Holder & Kurdek, 1988) oder der «Teacher Stress Inventory» (TSI; Fimian, 1984).

Auch Freudenberger (in Zusammenarbeit mit Richelson) selbst hat 1980 eine «Skala des Ausbrennens» veröffentlicht, die mit Hilfe von 15 Items den Schweregrad von Burnout erfassen soll. Die psychometrische Qualität der Skala bleibt jedoch unklar. Auch fand die von ihm entwickelte Skala keine Verbreitung.

Im Gegensatz zum MBI und zum TM wurden diese Skalen entweder ausschließlich von den Konstrukteuren selbst bzw. deren Mitarbeitern verwendet (z. B. der MBA) oder aber fanden nur eine geringe Verbreitung (z. B. die SBS-HP). Dies gilt auch für Instrumente, die im deutschen Sprachraum konzipiert wurden. Zu erwähnen ist insbesondere der AVEM (Arbeitsbezogenes Erlebens- und Verhaltensmuster), der u. a. die Bildung eines Burnout-Profils ermöglicht.[5]

Um den Einfluss der genannten Testverfahren abschätzen zu können, haben wir eine Literaturrecherche durchgeführt. Hierbei haben wir uns auf die Datenbank Psyc-INFO bezogen, in der praktisch alle Artikel aufgeführt sind, die in psychologischen Fachzeitschriften seit 1899 erschienen sind. In PsycINFO waren im August 2003 insgesamt 3067 Artikel aufgeführt, die den Begriff «Burnout» entweder im Titel oder in der Kurzzusammenfassung enthielten. Bei 2200 dieser Arbeiten handelte es sich um empirische Arbeiten. Bei den verbleibenden handelte es sich um Fallberichte, Überblicksarbeiten usw.

Um einen Überblick darüber zu gewinnen, wie häufig die oben aufgeführten Burnout-Messinstrumente bei den empirischen Arbeiten zum Einsatz kamen, gaben wir als Suchbegriff «Burnout» und «MBI» bzw. «Burnout» und «TM (BM)» usw. ein. Die

Abkürzungen s. Text

Abbildung 5.1 Die Bedeutung verschiedener Fragebogen für die Burnout-Forschung

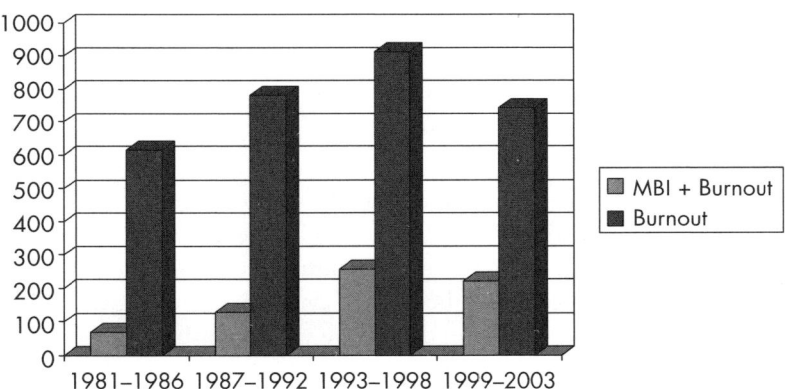

Abbildung 5.2 Die Verwendung des MBI in der Burnout-Forschung

Ergebnisse dieser Suche sind in Abbildung 5.1 wiedergegeben. Diese belegt eindrücklich die Dominanz des MBI. Neben dem MBI kommt lediglich noch dem TM eine gewisse Bedeutung zu.

Um zu überprüfen, wie sich der Einfluss des MBI auf die Burnout-Forschung entwickelte, gaben wir die Begriffskombination «Burnout» und «MBI» sowie Burnout allein jeweils für die Zeitintervalle 1981–1986, 1987–1992, 1993–1998 und 1999–2003 ein. Abbildung 5.2 zeigt, dass das MBI bis 1992 zunehmend häufiger verwendet wurde, um dann seit 1993 (prozentual gesehen) annähernd gleich häufig eingesetzt zu werden. Dies bedeutet nichts anderes, als dass seine Monopolfunktion für die Burnout-Forschung bis heute ungebrochen ist.

Exkurs: Eine kleine psychologische Methodenkunde
Die folgenden Ausführungen sind als Verständnishilfe für methodisch
weniger versierte Leser gedacht. Was ist unter theoretischen (bzw. hypothetischen) Konstrukten zu verstehen, und wie werden diese in der Psychologie gemessen.

Hypothetische Konstrukte:
Modelle zu Phänomenen, die man nicht sehen kann
In der Psychologie werden nicht direkt beobachtbare, gedanklich ge-
schaffene bzw. konstruierte Begriffe als hypothetische Konstrukte bezeichnet. Durch ihre Einführung sollen empirische Sachverhalte (Phänomene, die man beobachten kann) zusammenfassend beschrieben *und*
erklärt werden. Wenn wir z. B. eine Person beobachten und feststellen,
dass sie sich gewählt und flüssig ausdrückt, in der Lage ist, schnell und
fehlerlos zu rechnen, kreativ anstehende Probleme löst, über ein gutes
Gedächtnis verfügt usw., werden wir sie als «intelligent» charakterisieren.
Intelligenz stellt damit ein hypothetisches Konstrukt dar. Als Begriff fasst
es die unterschiedlichen Beobachtungen zusammen, gibt ihnen einen gemeinsamen Namen.

Allerdings «erschaffen» wir durch einen solchen Begriff mehr als eine
bloße Zusammenfassung. Wir gehen davon aus, dass Intelligenz eine der
Person inhärente Eigenschaft ist, die in ihrem Gehirn lokalisiert ist, die
wahrscheinlich auch genetisch bedingt ist und sich in vielen Lebenssitua-
tionen manifestiert, nicht nur in denen, die wir beobachtet haben. Damit
gehen unsere theoretischen Überlegungen weit über das Beobachtete
hinaus.

In der Psychologie weisen die meisten hypothetischen Konstrukte eine
solche Überschussbedeutung auf, womit zum Ausdruck gebracht werden
soll, dass sie nicht vollständig auf Beobachtbares zurückgeführt werden
können (was zugleich ihr kreatives Potential ausmacht). Hypothetische
Konstrukte sind demnach nicht anderes als gedankliche «Werkzeuge», deren Anwendungsmöglichkeiten nur teilweise bekannt sind. Forscher sind
deshalb immer auch darum bemüht, neue Anwendungsgebiete für ihre
Werkzeuge zu finden. Empirische Sachverhalte und theoretische Konstrukte – anders ausgedrückt: Beobachtungs- und Theoriesprache – sind
im naturwissenschaftlichen Forschungsprozess unauflöslich miteinander
verknüpft und aufeinander bezogen.

Die Aufgabe der Testtheorie: Das «Unsichtbare» messbar machen
Psychologische Methodenlehre beschäftigt sich u. a. mit der Frage, wie man bei der Übersetzung von der Theorie- in die Beobachtungssprache vorgehen soll. In formaler Weise macht sie Aussagen darüber, wie man bei der Konzeption eines Experiments oder bei der Konstruktion eines Tests/Fragebogens vorzugehen hat.

Welche Handlungen (Operationen) sind zielführend, um die Gültigkeit eines theoretischen Konstrukts empirisch zu überprüfen? Man spricht in diesem Zusammenhang deshalb auch von der Operationalisierung eines theoretischen Konstrukts. Wie muss ich bei der Testkonstruktion vorgehen (wie «baue» ich einen Test)? Welche Kriterien muss ein Test erfüllen, damit ich davon ausgehen kann, dass er das Konstrukt, das er messen soll (also sein *Zielkonstrukt*), auch tatsächlich erfasst (salopp ausgedrückt: damit er seine TÜV-Plakette erhält).

Da die Konstruktion eines (guten) psychologischen Tests keine einfache Sache ist, wurden verschiedene Qualitätskriterien formuliert, denen ein Test genügen soll. Diese «TÜV-Kriterien» werden als so genannte *Testgütekriterien* bezeichnet. Zu ihnen gehören die *Objektivität*, *Reliabilität* und *Validität* eines Messverfahrens. Des Weiteren werden häufig noch *Normierung, Fairness* und *Ökonomie* als (Neben-)Kriterien genannt.

Die Objektivität eines Tests
Objektiv ist ein Test dann, wenn seine Ergebnisse unabhängig von der Person des Untersuchungsleiters sind. Sofern nicht der Vorgesetzte ein Burnout-Instrument vorgibt und auswertet, dürfte es sich bei Burnout-Fragebogen wesentlich um Tests handeln, die das Kriterium der Objektivität erfüllen. Der Proband kann sie (auch) alleine bearbeiten, ihre Auswertung besteht in der einfachen Summation der einzelnen Messwerte, und ihre Interpretation wird, je nach Ausprägung der Messwerte, durch das Manual vorgegeben.

Die Reliabilität eines Tests:
Wie präzise misst ein Test das, was er messen soll?
Unter *Reliabilität* (oder Zuverlässigkeit) versteht man die Genauigkeit, mit der ein Test eine bestimmte Merkmalsdimension erfasst. Die Reliabilität eines Tests lässt sich in quantitativer Form ausdrücken. Hierbei kann der Reliabilitätskoeffizient zwischen 0 (= nicht reliabel) und 1 (= maximal reliabel) variieren. Berechnet wird dieser Koeffizient, indem

man für die einzelnen Fragen oder Aussagen (= Items) eines Tests ein mathematisches Zusammenhangsmaß (sog. Korrelationskoeffizienten) berechnet.

Die dahinter stehende Logik ist einfach. Stellen wir uns vor, ein Wissenschaftler entwickelt einen Test, mit dessen Hilfe er die Eigenschaft «Geselligkeit» messen kann. Er konstruiert hierzu zwei Tests mit jeweils (nur) drei Aussagen. Diese lauten für den ersten Test: «Ich gehe abends gerne aus», «Ich komme leicht mit anderen ins Gespräch», «Lesen macht mir weniger Spaß, als mit anderen etwas zu unternehmen». Diese Fragen weisen einen inhaltlichen Zusammenhang auf, und man kann sich leicht vorstellen, dass gesellige Personen sie alle mit «Ja» und weniger gesellige mit «Nein» beantworten. Dieser Zusammenhang lässt sich statistisch-mathematisch berechnen und ergäbe (wahrscheinlich) eine Korrelation von 0,70 bis 0,80. Der Test würde damit als reliabel gelten (in der Literatur werden Reliabilitätskoeffizienten von > 0,70 gefordert).

Der zweite Test enthält neben der ersten Frage die zwei folgenden Items: «Ich bemühe mich, bei Verabredungen pünktlich zu kommen» und «Ich treibe regelmäßig Sport». Ein direkter inhaltlicher Zusammenhang zwischen diesen Items ist nicht zu erkennen. Entsprechend würde sich eine Korrelation von höchstens 0,20 bis 0,30 ergeben. Der Test wäre damit wenig reliabel. Dass sich trotzdem eine gewisse Korrelation ergibt, könnte z. B. darauf zurückzuführen sein, dass Personen dazu neigen, Fragen eher mit «Ja» als mit «Nein» zu beantworten. Die als Aquieszenz (Jasage-Neigung) bezeichnete Antworttendenz könnte in diesem Fall einen inhaltlichen Zusammenhang zwischen den Items vortäuschen.

Eine weitere Methode der Reliabilitätsbestimmung besteht darin, einen Test mehrfach vorzugeben (so genannte Re-Test-Reliabilität), da man davon ausgeht, dass ein Test nur dann zuverlässig ist, wenn sich seine Ergebnisse zu mehreren Zeitpunkten reproduzieren lassen.

Die Validität eines Tests: Misst ein Test tatsächlich das, was er messen soll?
Die Reliabilität eines Tests erlaubt zwar Angaben darüber, wie zuverlässig (bzw. genau) ein Test ein untersuchtes Merkmal misst, sagt jedoch nichts darüber aus, ob er auch tatsächlich das Konstrukt misst, das er zu messen vorgibt. Hierüber gibt die *Validität* (= Gültigkeit) Auskunft.

So gab es beispielsweise in der Psychiatrie des 19. Jahrhunderts eine Lehre, die davon ausging, dass eine Vermessung des Schädelknochens Aussagen über den Charakter einer Person ermöglicht (Phrenologie). Das Messverfahren war hoch reliabel, erwies sich jedoch als nicht valide. Denn wie sich herausstellte, sagten die gemessenen Schädelmaße nichts über die Persönlichkeit aus.

Es werden verschiedene Arten von Validität unterschieden: *Augenscheinvalidität, Inhaltsvalidität, Kriteriumsvalidität* und *Konstruktvalidität*. Die *Augenscheinvalidität* gibt Auskunft darüber, inwieweit ein Test für den Probanden erkennbar misst, was er messen soll. Z. B. besitzt ein Item wie «Ich fühle mich niedergedrückt» innerhalb eines Depressionsinventars eine hohe Augenscheinvalidität. Sie wird immer dann gefordert, wenn davon auszugehen ist, dass die untersuchten Personen bereit sind, die Items offen und ehrlich zu beantworten.

Mit *Inhaltsvalidität* wird der Umstand bezeichnet, ob die Items eines Tests das Zielkonstrukt repräsentativ und möglichst in all seinen Facetten erfassen.

Die *Kriteriumsvalidität* gibt an, ob ein Test in der Lage ist, Unterschiede zwischen Personen in Hinblick auf ein relevantes Außenkriterium abzubilden. Unterschieden wird hierbei zwischen *konkurrenter* (gleichzeitiger) und *prädiktiver* Validität. Beispielsweise sollte ein Intelligenztest zwischen Schülern, welche die Sonderschule besuchen, und Gymnasiasten unterscheiden können (konkurrente Validität). Außerdem sollte er den Schulerfolg eines Schülers, zumindest partiell, vorhersagen können (prädiktive Validität).

Die *Konstruktvalidität* kann als eine Synthese aus inhaltlicher und kriteriumsbezogener Validität verstanden werden. Sie soll Aussagen darüber ermöglichen, ob ein Test in der Lage ist, das theoretische Konstrukt (z. B. Intelligenz, Extraversion, Burnout), für dessen empirische Erfassung er konzipiert wurde, auch wirklich zu messen. Um hierüber Aussagen machen zu können, wird ein Test üblicherweise mit anderen Tests in Zusammenhang gebracht. Auf diese Weise soll die *konvergente* und die *diskriminante* Validität ermittelt werden.

Die konvergente Validität ist dann gegeben, wenn ein Test mit anderen Tests, die ebenfalls zu Erfassung des (komplexen) Zielkonstrukts konstruiert wurden, in mäßiger Höhe korreliert. Entwickeln Forscher beispielsweise einen neuen Intelligenztest, so sollte dieser mit den bereits etablierten Verfahren in mäßiger Höhe korrelieren (z. B. bis 0,50). Mäßig deshalb, weil mit ihm ja nicht nur redundante Information erfasst werden soll.

Die diskriminante Validität liegt dann vor, wenn ein Test mit anderen Verfahren, die andere Konstrukte erfassen sollen, nicht oder nur geringfügig korreliert. Z. B. sollte ein Intelligenztest nicht mit Tests korrelieren, die andere Konstrukte wie Ängstlichkeit oder Extraversion messen.

Ebenso wie die konvergente Validität sollen bei der Konstruktvalidierung verschiedene Messmethoden zur Anwendung kommen. Soll beispielsweise die Konstruktvalidität von einem Fragebogen zur Erfassung von Depression ermittelt werden, so sollen hierbei auch Verhaltensbeobachtungen (etwa durch den behandelnden Arzt) und physiologische Maße (z. B. Bestimmung des Cortisolspiegels) herangezogen werden. Hierdurch soll die Erfassung des Konstrukts bzw. die Konstruktvalidierung eines Tests auf eine breitere empirische Basis gestellt werden.

Die beschriebenen Arten der Validität sind nicht unabhängig voneinander. Denn ist die Inhaltsvalidität nicht gegeben, dann ergibt sich daraus auch nur eine unzureichende Kriteriums- und Konstruktvalidität. Werden bestimmte Merkmale, die zu einem Konstrukt gehören, bei der Entwicklung eines Tests nicht berücksichtigt, so führt dies zur Konstruktion eines möglicherweise reliablen, jedoch invaliden Tests.[6]

Die Überdruss-Skala (Tedium-Measure)

Neben dem MBI gehört das Tedium-Measure (TM) zu den Burnout-Messverfahren, die sich in der internationalen Literatur etabliert haben. Beide Verfahren wurden 1981 veröffentlicht. Christina Maslach und Ayala Pines waren beide sozialpsychologisch ausgerichtet und hatten über längere Zeit hinweg derselben Arbeitsgruppe angehört. Aufgrund von Befragungen, Fallstudien, Fragebogenuntersuchungen und Diskussionen mit Angehörigen verschiedener Berufsgruppen haben beide – zunächst gemeinsam, später getrennt – ihre Vorstellungen von Burnout entwickelt. Hierzu gehörte auch die Konstruktion und systematische Anwendung des MBI (Maslach u. a.) bzw. des TM (Pines u. a.). Pointiert ausgedrückt, stellt das TM das Konkurrenzprodukt zum MBI dar, obgleich beide viele Gemeinsamkeiten haben (was angesichts der Zusammenarbeit und der gemeinsamen theoretischen Ausrichtung von Maslach und Pines auch nicht weiter verwundert).

Pines et al. haben die Ergebnisse ihrer Arbeiten in dem bereits erwähnten Buch mit dem Titel *Burnout – From Tedium to Personal Growth* (deutsche Ausgabe 1983 unter dem Titel: *Ausgebrannt – Vom Überdruss zur Selbstentfaltung*) zusammengefasst. Dort führen sie aus, was sie unter Burnout bzw. Überdruss (engl. *tedium*) verstehen, illustrieren das Erscheinungsbild anhand zahlreicher illustrativer Fallgeschichten, beleuchten die Ursachen und geben schließlich auch Empfehlungen, was man gegen Ausbrennen tun kann. Sie definieren Überdruss bzw. Ausbrennen wie folgt:

«Überdruss und Ausbrennen sind Zustände körperlicher, emotionaler und geistiger Erschöpfung. Die Betroffenen fühlen sich körperlich verausgabt, hilflos, hoffnungslos und emotional erschöpft. Sie entwickeln negative Einstellungen zum Selbst, zu ihrem Beruf, zu anderen Menschen und zum Leben ganz allgemein. Ausbrennen und Überdruss sind Empfindungen des Unglücks und der Unzufriedenheit, des vergeblichen Strebens nach Idealen. In extremen Formen berauben sie die Menschen der Fähigkeit, sich mit ihrer Umwelt auseinander zu setzen und sich an ihr zu freuen. (S. 25)

Die wesentlichen Komponenten von Burnout sind demnach körperliche, emotionale und geistige Erschöpfung. Körperliche Erschöpfung umfasst Energiemangel, Ermüdung, körperliche und psychosomatische Beschwerden sowie die Neigung zu vermehrtem Alkohol-, Tabletten- oder Drogenmissbrauch. Emotionale Erschöpfung ist durch Niedergeschlagenheit, Hilf- und Hoffnungslosigkeit bis hin zu Suizidtendenzen gekennzeichnet. Die Komponente der geistigen Erschöpfung bezieht sich vor allem auf eine negative Einstellung im Hinblick auf das Selbst, die Arbeit und das Leben im Allgemeinen. Darunter fällt auch die Tendenz zur Dehumanisierung.

Die Unterscheidung zwischen Überdruss (als mögliche Reaktion auf jede Belastung) und Burnout (als mögliche Reaktion auf emotionale Belastung, die typischerweise in Helfer- und Sozialberufen auftritt) wurde von Pines und Aronson 1988 jedoch aufgegeben. Burnout wird von den Autoren seitdem noch weiter gefasst. Konsequenterweise bezeichnen sie ihr Messinstrument auch nicht länger als Tedium-Measure, sondern als Burnout-Measure (BM).[7]

So, wie Pines und ihre Mitarbeiter Burnout definieren, handelt es sich um ein unspezifisches und überaus breit gefasstes Konstrukt. Etwas verwundert konstatiert der Leser dann jedoch, dass 21 Items eines Fragebogens ausreichen, um abschätzen zu können, wie ausgebrannt jemand ist. Dieses Selbstdiagnose-Instrument (das TM bzw. spätere BM) ist ein essentieller Bestandteil des von Pines und ihren Mitarbeitern 1981 veröffentlichten Buches. Der Fragebogen kann vom Leser selbst bearbeitet und ausgewertet werden. Anhand der von den Autoren mitgeteilten Normwerte kann er dann abschätzen, wie ausgebrannt er ist. Im Folgenden geben wir das TM in seiner deutschen Fassung wieder (Pines et al., 1983, S. 49–50):*

* Ayala M. Pines, Elliot Aronson, Ditsa Kafry. Ausgebrannt. Vom Überdruß zur Selbstentfaltung. Aus dem Amerik. von Agnes von Cranach. © 1981 Ayala M. Pines, Elliot Aronson with Ditsa Kafry. Klett-Cotta, Stuttgart 1983. Eine überarbeitete englische Fassung des Buches liegt vor unter dem Titel: *Career Burnout: Causes and Cures* by Ayala M. Pines and Elliot Aronson. New York: Free Press (1988).

Selbstdiagnose

«Sie können einen Wert für Ihren Überdruss errechnen, indem Sie den Fragebogen ausfüllen. Mit seiner Hilfe können Sie feststellen, wie Sie Ihre Arbeit oder Ihr Leben empfinden, wie Sie sich im Allgemeinen oder auch nur an diesem Tag fühlen.

Bei keinem der Tausenden von Fragebogen zur Selbstdiagnose, die im Lauf unserer Untersuchungen beantwortet wurden, ergaben sich die Werte 1 oder 7. Der Grund liegt auf der Hand: Niemand lebt im Zustand ewiger Euphorie, den der Wert 1 bezeichnen würde, und eine Person, deren Test den Wert 7 ergibt, dürfte kaum in der Lage sein, sich zur Teilnahme an einer Arbeitsgruppe oder an einem Forschungsprojekt zu entschließen.

Wenn Ihr errechneter Wert zwischen 2 oder 3 liegt, geht es Ihnen gut. Allerdings möchten wir Ihnen nahe legen, den Fragebogen noch einmal vorzunehmen und zu überprüfen, ob Sie wirklich aufrichtig geantwortet haben.

Wenn Sie einen Wert zwischen 3 und 4 errechnet haben, erleben Sie Ausbrennen oder Überdruss und müssen unbedingt etwas dagegen unternehmen. Wenn der errechnete Wert höher als 5 liegt, ist Ihre Krise akut, und Sie benötigen dringend Hilfe.

Bitte beantworten Sie nach der folgenden Skala, ob Sie

1	2	3	4	5	6	7
niemals	ein- oder zweimal	selten	manchmal	oft	meistens	immer

1. müde sind, _____
2. sich niedergeschlagen fühlen, _____
3. einen guten Tag haben, _____
4. körperlich erschöpft sind, _____
5. emotional erschöpft sind, _____
6. glücklich sind, _____
7. «erledigt» sind, _____
8. «ausgebrannt» sind, _____
9. unglücklich sind, _____
10. sich abgearbeitet fühlen, _____
11. sich gefangen fühlen, _____
12. sich wertlos fühlen, _____
13. überdrüssig sind, _____
14. bekümmert sind, _____
15. über andere verärgert oder enttäuscht sind, _____
16. sich schwach und hilflos fühlen, _____
17. sich hoffnungslos fühlen, _____
18. sich zurückgewiesen fühlen, _____
19. sich optimistisch fühlen, _____
20. sich tatkräftig fühlen, _____
21. Angst haben. _____

Berechnung des Wertes:
Addieren Sie die für die folgenden Fragen angegebenen Werte:
1, 2, 4, 5, 7, 8, 9, 10, 11, 12, 13, 14, 15, 16, 17, 18, 21   (A)   _____
Addieren Sie auch die für diese Fragen angegebenen Werte:
3, 6, 19, 20   (B)   _____
Subtrahieren Sie (B) von 32   (C)   _____
Addieren Sie A und C   (D)   _____
Dividieren Sie D durch 21, und Sie haben Ihren Überdrusswert.   _____

Tedium-Measure: «Test-TÜV» bestanden oder nicht?

Wie ist das TM zu bewerten? Ein Vorteil des Verfahrens ist sicher seine Ökonomie. Die durchschnittliche Bearbeitungszeit liegt zwischen drei und sieben Minuten. Die Auswertung braucht kaum mehr Zeit. Eine gute Motivationslage vorausgesetzt, dürfte es sich auch um einen objektiven Test im Sinne der erläuterten Testgütekriterien handeln. Die Testergebnisse dürften kaum von der Durchführung, Auswertung und Interpretation des Versuchsleiters abhängen (sollte ein solcher den Test durchführen).

Die Aussagekraft der Testergebnisse erscheint fragwürdig

Die von den Testautoren mitgeteilten Normwerte ermittelten diese durch die Aggregation von Untersuchungsergebnissen aus insgesamt 30 verschiedenen Studien, die zwischen 1976 und 1980 durchgeführt wurden.[8] In diese Studien wurden insgesamt 3916 Personen (meist Amerikaner) einbezogen. Es handelte sich hierbei um nichtrepräsentative Stichproben. Die Autoren geben einen mittleren Überdruss-Wert von 3,3 an. Die Schwankungsbreite liegt zwischen 2,8 und 4,2.

Was sagt ein TM-Wert von 3,5 aus, den ein Gymnasiallehrer aus Ingolstadt für sich errechnet hat? Dass er genauso ausgebrannt ist wie ein durchschnittlicher japanischer Student (M = 3,5)? Oder dass er eben doch ausgebrannter ist als ein durchschnittlicher israelischer Manager (M = 2,8)?

Welche Bedeutung kommt diesen Werten zu? Ohne die Angabe aussagekräftiger Normwerte sind die Ergebnisse eines Tests nicht zu interpretieren. Die von Pines et al. mitgeteilten «Normwerte» ergeben höchstens einen groben Anhaltspunkt dahingehend, wie unterschiedliche Personen den Fragebogen nutzen. Eine Normierung im Sinne der erläuterten Testgütekriterien ist damit nicht gegeben.

Hierzu wäre es notwendig gewesen, eine hinreichend große, repräsentative Stichprobe einer wohl definierten Population zu befragen und anhand dieser Ergebnisse entsprechende Normwerte zu berechnen. Neben verteilungsbezogenen Normwerten (z. B. 10% der Stichprobe erreichen Werte > 4) sollten parallel hierzu so genannte klinische Grenzwerte bestimmt werden.

Solche klinischen Grenzwerte wurden etwa für den Blutdruck ermittelt. Leidet jemand unter Bluthochdruck mit systolischen Werten von über 160 mmHg und diastolischen Werten von über 95 mmHg, so weist er, verglichen mit einer gesunden Person, ein fünffach erhöhtes Risiko auf, eine koronare Herzkrankheit, und ein achtfach erhöhtes Risiko, ein cerebrales Gefäßleiden zu entwickeln. Liegen für das TM analoge Risikoberechnungen z. B. bezüglich der Ausbildung einer psychischen oder psychosomatischen Störung vor? Die Antwort lautet: nein.

Die Instruktion lässt viel Raum für Interpretation
Betrachten wir als Nächstes die Instruktion und die Items des TM. Zunächst fällt auf, dass es dem Probanden selbst überlassen bleibt, den Zeitraum zu wählen, auf den er seine Einschätzung bezieht. Dabei ist davon auszugehen, dass sich hierbei erhebliche Unterschiede zwischen den Probanden ergeben dürften. Herr Meier, Lehrer an einer Gesamtschule, hat die letzten drei Wochen vor den großen Ferien im Sinn, Frau Müller, Krankenschwester in einer Psychiatrie, das letzte halbe Jahr, nachdem sie die Station gewechselt hatte. Herr Schmidt, bis vor seiner Verrentung vor drei Wochen Sachbearbeiter beim Sozialamt, denkt, wenn er den Fragebogen ausfüllt, an seine letzten 20 Berufsjahre zurück. In Abhängigkeit von der Länge des Zeitraums, den der Proband vor Augen hat, werden seine Einschätzungen ganz unterschiedlich ausfallen.

Als problematisch ist auch die siebenstufige Skalierung zu werten. Wo beispielsweise Herr Müller angibt, oft «erledigt zu sein», würde Herr Meier, der weniger zur Klagsamkeit neigt als Herr Müller, angeben, nur manchmal «erledigt zu sein». Hätte man beide die letzten drei Wochen regelmäßig befragt, so hätten u. U. beide sechsmal angegeben, sich gerade jetzt erledigt zu fühlen. Auch solche Unterschiede fließen in die Beantwortung des TM in kaum zu kalkulierender Weise ein.

Die Präzision des Tests ist gut
Was den Inhalt der einzelnen Items angeht, so überschneiden sich diese bzw. erscheinen als weitgehend synonym (z. B. «erledigt sein» und «sich abgearbeitet fühlen»). Ähnliche Items bedingen ähnliche Antworten. Der

bereits erwähnte Reliabilitätskoeffizient (der Werte zwischen 0 und 1 annehmen kann) stellt das entsprechende Maß hierfür dar. Für das TM wurden Werte zwischen 0,91 bis 0,93 mitgeteilt. Die Reliabilität des TM ist damit als gut zu bewerten.[8]

Die Frage der Validität: Es bleibt unklar, was das TM eigentlich misst

Die Augenscheinvalidität des TM ist offensichtlich. Wer den Fragebogen beantwortet, erkennt sofort, dass er einschätzen soll, wie (un-)zufrieden, belastet und «ausgebrannt» er sich fühlt bzw. erlebt. Problematischer ist hingegen die Frage nach der Inhaltsvalidität einzuschätzen. Mit Blick auf die von den Autoren selbst gegebenen Definitionen von Überdruss und Burnout repräsentieren die Items nur einen kleinen Ausschnitt dessen, was Überdruss eigentlich ausmachen soll.

Gefragt wird primär nach unspezifischen, emotional negativ getönten Erlebensweisen, die sich entweder mehr auf die Bewertung der eigenen Person (z. B. «sich wertlos fühlen») oder Situation (z. B. «sich gefangen fühlen») beziehen oder einen direkten Bezug auf bestimmte Emotionen aufweisen («Angst haben»). Gefragt wird beispielsweise nicht nach körperlichen Beschwerden, Unzufriedenheit mit der eigenen Arbeitsleistung oder der Tendenz, Klienten gegenüber eine negative oder zynische Haltung einzunehmen. Schaufeli et al. (1993, S. 206) gelangen angesichts dieser Problematik zu folgender Schlussfolgerung: «Trotz der multidimensionalen Definition des Burnout-Syndroms durch die Testautoren wurde das BM als eindimensionaler Fragebogen konzipiert. Man kann folglich argumentieren, dass das BM keine angemessene Operationalisierung gemäß ihrer Burnout-Definition darstellt.»[9]

Obgleich die Inhaltsvalidität des TM nicht gegeben ist, referieren die Autoren des TM zahlreiche Befunde, die für einen Zusammenhang zwischen dem TM und anderen Merkmalen, die als charakteristisch für Burnout erachtet werden, sprechen. Damit wird die Frage nach der Kriteriumsvalidität (s. Methodischer Exkurs, S. 86) des TM aufgeworfen. Die hierzu vorliegenden Ergebnisse machen deutlich, dass das TM am höchsten mit solchen Fragebogen korreliert, die unterschiedliche Facetten von «Unzufriedenheit» messen. Es folgen Korrelationen mit Fragebogen, die Stresserleben erfassen. Eher geringe Korrelationen ergaben sich für gesundheitliche Probleme, Zu-spät-Kommen und die Übereinstimmung von Fremd- und Selbsteinschätzung von Burnout.

Ob das Erleben von Tedium oder Burnout, wie es durch das TM gemessen wird, tatsächlich verhaltensrelevant ist und tatsächlich zu gesundheitlichen Beeinträchtigungen führt, bleibt unklar. Hierzu wären Studien nötig gewesen, die beispielsweise die Fremdeinschätzung des Arbeitsverhaltens, objektive Daten wie etwa Fehltage oder medizinisch gesicherte Diagnosen einbeziehen.

Angesichts dieser Ergebnisse muss man zu der Einschätzung gelangen, dass mit dem TM auf eine sehr zuverlässige Weise mehr oder weniger lang anhaltende Zustände subjektiver Unzufriedenheit erfasst werden, die auch mit anderen Instrumenten gemessen werden können.

In der Tat stellt sich die Frage, ob das TM sein Zielkonstrukt *Burnout* tatsächlich erfasst. Um es vorweg zu sagen: Es gibt bislang keine Studie, die explizit die Konstruktvalidierung des TM zum Inhalt hat. Allerdings existieren einige Studien, die sich bei der Lösung des Rätsels, welches Konstrukt durch das TM eigentlich gemessen wird, als hilfreich erweisen.[10]

Burnout und Emotionalität

Die entscheidende Frage ist hierbei die nach der diskriminanten Validität des TM. Aus psychologischer Sicht kommen vor allem zwei gut etablierte Konstrukte in Frage, die eine substantielle Überlappung mit Burnout aufweisen könnten. Hierbei handelt es sich um die als «Emotionalität» (oder «emotionale Labilität») bzw. «Neurotizismus» bezeichnete Persönlichkeitseigenschaft und das psychiatrische Krankheitsbild der Depression.

Neurotizismus oder weniger missverständlich *Emotionalität* bezeichnet eine von fünf Eigenschaften, mit deren Hilfe die Persönlichkeit eines Menschen sparsam und umfassend zugleich charakterisiert werden kann. Sie stellt eine Art «Supereigenschaft» dar, da sie sich ihrerseits wiederum aus einer ganzen Reihe von spezifischeren Eigenschaften zusammensetzt. Hierzu gehören Ängstlichkeit, Depressivität (nicht als Krankheit, sondern als Eigenschaft verstanden), Hypochondrie, eine geringe Stresstoleranz und die Neigung zur Ausbildung psychosomatischer Beschwerden.[11]

Personen, die ein hohes Maß an Emotionalität aufweisen, dürften auch besonders dazu prädestiniert sein, sich ausgebrannt zu fühlen, bzw. entsprechend hohe Werte im TM oder im MBI erreichen. Die «Supereigenschaft» wird damit zu einem wesentlichen Prüfstein für die Nützlichkeit und Sinnhaftigkeit des TM. Korreliert das TM in substantieller Höhe mit Emotionalität, dann wäre es eigentlich überflüssig, da es keine Differenzierung erlaubt, ob eine Person ausgebrannt oder emotional labil ist.

In einer von Tanja Marwitz (2004) durchgeführten Studie, in der 80 Personen (Lehrer, Ärzte und medizinisches Pflegepersonal) mehrere Fragebogen zur Bearbeitung vorgelegt wurden, korrelierte das TM zu 0,68 mit der Skala «Emotionalität» des Freiburger Persönlichkeitsinventars (FPI-R). In eine ähnliche Richtung weist eine Studie, die in der Schweiz durchgeführt wurde. 307 Psychiater bearbeiteten mehrere Fragebogen, u. a. das TM und einen Persönlichkeitstest. Auch in dieser Studie korrelierte das TM am stärksten mit Neurotizismus (0,59). Weitere Merkmale, die gemäß der Theorie eher mit Burnout in Zusammenhang stehen sollten (z. B. Anzahl der Nachtdienste, Wochenarbeitsstunden usw.), korrelierten hingegen nicht oder nur geringfügig mit den TM-Werten.

Was diese Studie außerdem von anderen Studien unterscheidet, ist die Anwendung eines statistischen Verfahrens, der so genannten Regressionsanalyse, die festzustellen erlaubt, wie groß der Zusammenhang eines Merkmals mit einem anderen ist, nachdem der Einfluss anderer Merkmale eliminiert (auspartialisiert) wurde. Diese Logik lässt sich leicht anhand folgender Überlegung nachvollziehen. Bis zu einem gewissen Alter gibt es eine Korrelation zwischen Intelligenz und Handgröße. Diese wird durch den Umstand erklärt, dass jüngere Kinder kleinere Hände haben und in manchen Intelligenztests schlechter abschneiden als ältere Kinder. Bezieht man das Lebensalter als drittes Merkmal in die Berechnung ein und berücksichtigt dieses statistisch sowohl bei der Handgröße als auch bei der Intelligenz, so verschwindet der Zusammenhang zwischen den beiden Merkmalen. Die Korrelation zwischen Handgröße und Intelligenz erweist sich als eine so genannte Scheinkorrelation.

In der zitierten Studie wurden neben den Persönlichkeitsskalen auch weitere Merkmale berücksichtigt. In der statistischen Analyse durchgesetzt hat sich im Wesentlichen jedoch nur die Persönlichkeitsdimension Neurotizismus! Die anderen Korrelationen zwischen dem TM und anderen Merkmalen erwiesen sich hingegen als Scheinkorrelationen.

Dies hat möglicherweise damit zu tun, dass emotional labile Personen sowohl im TM als auch in Fragebogen, die Stresserleben, Arbeits(un)zufriedenheit, körperliche Beschwerden usw. erfassen, höhere Werte erzielen als emotional stabile Personen. Dies bedingt dann eine Scheinkorrelation zwischen dem TM und anderen Fragebogen, wobei der *scheinbare* Zusammenhang durch das gemeinsame «Brückenglied» Emotionalität hergestellt wird.[12]

Burnout und Depression

Handelt es sich bei Emotionalität um eine Persönlichkeitseigenschaft, so versteht man unter einer Depression eine psychische Störung, die zumeist einen episodischen Verlauf nimmt. Als Leitsymptome gelten niedergedrückte Stimmung, Verlust von Freude und Interesse sowie Antriebsmangel und rasche Erschöpfbarkeit. Weitere Merkmale sind vermehrte Selbstzweifel und Schuldgefühle, körperliche und psychosomatische Beschwerden, Schlafstörungen, Konzentrationsschwierigkeiten und Suizidideen oder -impulse. Eine Depression kann sich Wochen, meist Monate und manchmal auch Jahre hinziehen (s. S. 165 f.).

Auch wenn durch ein hohes Maß an Emotionalität gekennzeichnete Personen zu Pessimismus bzw. Depressivität neigen und sich häufig bedrückt fühlen, lässt sich die Depression als Erkrankung meist gut von Depressivität als Eigenschaft abgrenzen. Depressivität (als eine Facette Emotionalität) ist eine stabile Persönlichkeitseigenschaft innerhalb des normalen menschlichen Erlebens, während es sich bei der Depression um einen (meist) zeitlich begrenzten Zustand handelt, der deutlich vom normalen Erleben abweicht und der (meist) auch von der betroffenen Person und ihrer Umwelt als eine solche wahrgenommen wird.

In Studien, die sich mit dem Zusammenhang zwischen Burnout und Depression beschäftigen, kommt meist das Beck'sche Depressions-Inventar (BDI; Beck, Rush, Shaw & Emery, 1994) zur Anwendung. Hierbei handelt es sich um ein Selbstbeschreibungsverfahren, das 21 Items umfasst, die jeweils in mehrfacher Abstufung die Intensität des depressiven Erlebens erfassen (Beispiel-Item: «Ich bin nicht traurig»; «Ich bin traurig»; «Ich bin die ganze Zeit traurig und komme nicht davon los»; «Ich bin so traurig oder unglücklich, dass ich es kaum noch ertrage»).

Die Ähnlichkeiten zwischen Burnout und Depression sind offensichtlich. Beide Zustände sind durch ein aversives, negativ getöntes emotionales Erleben gekennzeichnet und gehen mit ähnlichen Beschwerden einher. Im Gegensatz zur Depression stellt Burnout jedoch keine psychische Störung dar, sondern wird als Resultat einer länger anhaltenden Belastung begriffen. Die entsprechenden Messinstrumente sollten deshalb nur geringfügig miteinander korrelieren. Anders als für das MBI liegen für das TM kaum Studien vor, die den Zusammenhang zwischen Depression und Burnout thematisieren.

In der oben erwähnten Studie korrelierte das TM zu 0,74 mit dem Beck'schen Depressions-Inventar. Die Studie von Enzmann et al. (1995) ergab eine Korrelation in vergleichbarer Größenordnung (r = 0,66).

Allein aufgrund der Messwerte des TM lässt sich demnach keine Aussage darüber treffen, ob ein Proband ausgebrannt ist oder aber unter einer Depression leidet. Was bedeutet dies in der Praxis? Stellen wir uns vor, dass uns die Ergebnisse des TM vorliegen, die anhand von zwei verschiedenen Stichproben gewonnen wurden. Nehmen wir an, die Mittelwerte fallen ähnlich hoch aus, so dass keine statistisch signifikanten Unterschiede zwischen ihnen bestehen. Anschließend wird uns mitgeteilt, dass es sich bei der einen Stichprobe um Lehrer eines Gymnasiums handelt, denen das TM vier Wochen vor den Sommerferien vorgelegt wurde, wohingegen es sich bei der anderen Stichprobe um Patienten handelt, die sich wegen Depressionen in stationärer psychiatrischer Behandlung befinden und denen das TM vier Wochen vor Entlassung vorgelegt wurde.[13]

Die Befunde zeigen, dass die diskriminante Validität des TM nicht gegeben ist. Er weist viel zu große Überschneidungen mit zeitlich stabilen Persönlichkeitseigenschaften («Emotionalität») und länger anhaltenden negativen affektiven Zuständen (Depression) auf.

Das TM korreliert außerdem substantiell mit Stress-Fragebogen. Auch hier wird erneut eine nicht unproblematische Überlappung deutlich. Diesbezüglich gelangen Schaufeli und Maslach (1993, S. 19) zu folgender Schlussfolgerung:

«Deshalb impliziert die Unterscheidung hinsichtlich der Zeit zwischen Job-Stress und Burnout, dass beide Konzepte nur retrospektiv voneinander unterschieden werden können, wenn nämlich entweder die Adaptation erfolgreich war (Job-Stress) oder wenn sie fehlschlug (Burnout). Anders gesagt, Stress und Burnout können nicht auf der Basis ihrer Symptome, sondern nur auf Basis des Zeitverlaufs unterschieden werden.»

Selbst auf die Gefahr hin, uns zu wiederholen: auch hier wieder das gleiche (psychometrische) Elend! Allein aufgrund von einmalig erhobenen TM-Werten lässt sich *keine* Aussage darüber treffen, ob eine Person ausgebrannt ist (also einen zumindest nicht leicht behebbaren Endzustand erreicht hat) oder «nur» unter temporärem Stress steht (den sie gegebenenfalls erfolgreich bewältigen kann).

Das Tedium-Measure: ein frustrierendes Resümee

Fassen wir nun unsere Ausführungen zum TM zusammen. Beim TM handelt es sich um einen der beiden am weitesten verbreiteten und zur Messung von Burnout empfohlenen Fragebogen.

Der wesentliche Vorteil des TM liegt in seiner Ökonomie. Er ist schnell bearbeitet und ebenso schnell ausgewertet, wobei der Proband selbst seine Auswertung vornehmen kann. Anhand der mitgeteilten Normwerte soll er einschätzen können, wie viel Überdruss bzw. Burnout er im Vergleich mit anderen erlebt und ob er gegebenenfalls etwas dagegen unternehmen sollte.

In der Möglichkeit der Selbstdiagnose liegt wohl die Popularität des TM begründet, und ihr verdankt er seinen Platz in populärwissenschaftlichen Zeitschriften und entsprechenden Postillen.

Der wissenschaftliche Wert des TM bleibt hingegen weit hinter seiner Popularität zurück. Sowohl die Instruktion als auch die Skalierung des TM ist fragwürdig, seine Normierung unzulänglich; kritische Grenzwerte wurden nicht klinisch definiert, sondern leiten sich allein aus der Verteilung der Messwerte ab.

Obwohl die Autoren eine komplexe und mehrdimensionale Definition von Burnout geben, ist deren Operationalisierung durch das TM unzulänglich. Die Items repräsentieren nur einen schmalen Ausschnitt des Konstrukts, was seinen Ausdruck auch in der Eindimensionalität des TM findet.

Die Reliabilität des TM ist als gut einzuschätzen. Was das TM misst, misst er präzise. Allerdings bleibt unklar, was mit dem TM eigentlich gemessen wird. Er weist eine allzu enge Überschneidung mit Messinstrumenten auf, die Emotionalität, Depression oder Stress messen. Die Überlappung ist so ausgeprägt, dass man davon ausgehen muss, dass das TM *keine* valide Operationalisierung des Konstrukts Burnout darstellt. Konkret bedeutet dies, dass man anhand der Messwerte des TM keine Aussagen darüber machen kann, ob sie tatsächlich Burnout messen oder nicht 1) Ausdruck einer stabilen Persönlichkeitseigenschaft sind (Emotionalität), 2) eine länger anhaltende depressive Verstimmung reflektieren und/oder 3) Ausdruck einer eher kurz anhaltenden Überlastungsreaktion (Stress) sind.

Welche Konsequenzen ergeben sich hieraus? Will ein Forscher Emotionalität, Depression oder Stress messen, so kann er hierfür auf eine ganze Reihe etablierter und solider Testverfahren zurückgreifen. Will er jedoch Burnout messen, dann nicht mit dem TM! Aus wissenschaftlicher Sicht ist er damit überflüssig. Allerdings steht dem interessierten Forscher noch ein weiteres Instrument zur Messung von Burnout zur Verfügung: das MBI.

Das Maslach Burnout Inventory (MBI)

Wie in Kapitel 3 bereits dargestellt, galt das Forschungsinteresse von Christina Maslach der Frage, welche psychologischen Mechanismen Personen einsetzen, die intensivem emotionalen Stress ausgesetzt sind. In der sozialpsychologischen Literatur stieß sie hierbei zum einen auf das Konzept der distanzierten Anteilnahme (*detached concern*; Lief & Fox, 1963), zum anderen auf das der Dehumanisierung (*dehumanization in self-sense*; Zimbardo, 1970).

Distanzierte Anteilnahme beschreibt die Fähigkeit, einerseits Anteil am Leiden anderer zu nehmen, andererseits genügend Distanz zu wahren, um noch handlungsfähig zu bleiben. Dehumanisierung beschreibt u. a. einen Abwehrmechanismus, der darin besteht, andere stärker als Objekte zu sehen, um sich auf diese Weise vor überwältigenden Emotionen im Kontakt mit anderen Menschen zu schützen.

Von diesen Konzepten ausgehend, begann Maslach, Interviews durchzuführen. Von ihr befragt wurden vor allem Ärzte, Krankenschwestern und Hospizangestellte. Dabei kristallisierten sich vor allem drei Themen heraus. 1) Die Arbeit mit anderen Menschen führt nicht selten zu Gefühlen der emotionalen Erschöpfung; 2) Helfer neigen dazu, im Laufe der Zeit eine negative Einstellung gegenüber denjenigen auszubilden, mit deren Versorgung sie betraut sind; 3) nicht selten berichten Helfer darüber, mit ihrer Arbeitsleistung unzufrieden zu sein, da sie sich nicht professionell oder objektiv genug verhalten.

Mit diesen Erkenntnissen ging sie (damals noch gemeinsam mit A. Pines) dazu über, Fragebogen zur Erfassung von Burnout einzusetzen und Verhaltensbeobachtungen durchzuführen. Gleichzeitig bezog sie weitere Personengruppen in ihre Studien ein, darunter Lehrer, Polizisten und Sozialarbeiter. Aufgrund der Ergebnisse begann sie dann mit der Konstruktion eines standardisierten Messinstrumentes zur Erfassung von Burnout: des MBI, das sie 1981 zusammen mit ihrer Mitarbeiterin Susan Jackson publizierte. In den darauf folgenden Jahren richteten sich ihre Bemühungen vor allem darauf, mit Hilfe des MBI breiter angelegte Studien zu unterschiedlichen Fragestellungen zum Thema Burnout durchzuführen. Auf diese Weise sammelte sie zugleich weitere Belege für die Validität des MBI.

Maslachs ursprüngliches Interesse galt demnach der Frage, welche kognitiven Mechanismen Individuen einsetzen, um intensive emotionale Zustände zu bewältigen, denen sie im Rahmen ihrer Berufstätigkeit täglich ausgesetzt sind. Versagen diese Bewältigungsmechanismen, so stellt sich ein Zustand ein, den Maslach als Burnout bezeichnet. Angesichts des ursprünglich eng gefassten Themas bzw. Forschungsgebiets kann man sich durchaus wundern, welch breite und unkritische Anwendung sich daraus ergab. Hierzu trug die Verfügbarkeit des MBI sicher ganz wesentlich bei.[14]

Seine Konstruktion durchlief mehrere Stadien. In seiner Version von 1981 enthält er vier Skalen, die von den Autorinnen als Emotionale Erschöpfung (*Emotional Exhaustion*), Depersonalisierung (*Depersonalization*), Persönliche Leistungsfähigkeit (*Personal Accomplishment*) und Involviertheit (*Involvement*) bezeichnet wurden. In der Regel wurden jedoch nur die ersten drei Skalen verwendet; in späteren Veröffentlichungen fand die Skala «Involvement» kaum noch Erwähnung und wurde in der zweiten Version des MBI (Maslach & Jackson, 1986) nicht mehr berücksichtigt.

Die drei Skalen des MBI umfassen insgesamt 22 Items, wobei 9 Items der Skala «Emotionale Erschöpfung», 5 Items der Skala «Depersonalisierung» und 8 Items der Skala «Persönliche Leistungsfähigkeit» angehören. Meist sollen die erfragten Aspekte gemäß ihrer Auftretenshäufigkeit eingeschätzt werden. Gemäß dem MBI ist eine Person desto ausgebrannter, je höhere Werte sie in den Skalen «Emotionale Erschöpfung» und «Depersonalisierung» und je *niedrigere* Werte sie in der Skala «Persönliche Leistungsfähigkeit» erreicht, deren Items positiv formuliert sind. Hohe Werte erzielt demnach derjenige, der sich als leistungsfähig einschätzt, niedrige Werte erhält der, welcher sich wenig leistungsfähig fühlt.

Im Folgenden ist eine häufig verwendete deutsche Übersetzung des MBI von Enzmann und Kleiber (1989) wiedergegeben.[15] In dieser Version sind noch die drei Items der Skala «Involviertheit» enthalten, so dass der Fragebogen insgesamt 25 Items umfasst.

Maslach Burnout Inventory (MBI)

Sie finden 25 Aussagen über arbeitsbezogene Gefühle und Gedanken. Bitte lesen Sie sorgfältig jede Aussage. Wenn das dort angesprochene Gefühl manchmal bei Ihnen auftaucht (wenn nicht, kreuzen Sie «nie» an und gehen zur nächsten Aussage über), beantworten Sie bitte, wie oft Sie es erleben, indem Sie die entsprechende Zahl (von 1 bis 6) in die Spalte mit der Überschrift «kommt wie oft vor» schreiben.

Wie oft =
1 einige Male im Jahr
2 einmal im Monat
3 einige Male im Monat
4 einmal pro Woche
5 einige Male pro Woche
6 täglich

kommt wie oft vor

1. Ich fühle mich von meiner Arbeit ausgelaugt.   nie 0 _____
2. Am Ende des Arbeitstages fühle ich mich erledigt.   nie 0 _____
3. Ich fühle mich müde, wenn ich morgens aufstehe
   und wieder einen Arbeitstag vor mir habe.   nie 0 _____
4. Es gelingt mir gut, mich in meine Klienten
   hineinzuversetzen.   nie 0 _____
5. Ich glaube, ich behandle einige Klienten, als
   ob sie unpersönliche «Objekte» wären.   nie 0 _____
6. Den ganzen Tag mit Leuten zu arbeiten, ist
   wirklich eine Strapaze für mich.   nie 0 _____
7. Den Umgang mit Problemen meiner Klienten
   habe ich gut im Griff.   nie 0 _____
8. Durch meine Arbeit fühle ich mich ausgebrannt.   nie 0 _____
9. Ich glaube, dass ich das Leben anderer Leute
   durch meine Arbeit positiv beeinflusse.   nie 0 _____
10. Seit ich diese Arbeit mache, bin ich gleichgültiger
    gegenüber Leuten geworden.   nie 0 _____
11. Ich befürchte, dass diese Arbeit mich emotional
    verhärtet.   nie 0 _____
12. Ich fühle mich voller Tatkraft.   nie 0 _____
13. Meine Arbeit frustriert mich.   nie 0 _____
14. Ich glaube, ich strenge mich bei meiner Arbeit
    zu sehr an.   nie 0 _____
15. Bei manchen Klienten interessiert es mich
    eigentlich nicht wirklich, was aus/mit ihnen wird.   nie 0 _____
16. Mit Menschen in der direkten Auseinandersetzung
    arbeiten zu müssen, belastet mich zu sehr.   nie 0 _____
17. Es fällt mir leicht, eine entspannte Atmosphäre
    mit meinen Klienten herzustellen.   nie 0 _____
18. Ich fühle mich angeregt, wenn ich intensiv mit
    meinen Klienten gearbeitet habe.   nie 0 _____
19. Ich habe viele wertvolle Dinge in meiner derzeitigen
    Arbeit erreicht.   nie 0 _____
20. Ich glaube, ich bin mit meinem Latein am Ende.   nie 0 _____
21. In der Arbeit gehe ich mit emotionalen Problemen
    sehr ruhig und ausgeglichen um.   nie 0 _____
22. Ich spüre, dass die Klienten mich für einige ihrer
    Probleme verantwortlich machen.   nie 0 _____
23. Ich fühle mich meinen Klienten in vieler Hinsicht ähnlich.   nie 0
24. Von den Problemen meiner Klienten bin ich
    persönlich berührt.   nie 0 _____
25. Ich fühle mich unbehaglich bei dem Gedanken
    daran, wie ich einige meiner Klienten behandelt habe.   nie 0 _____

Für die zweite Version des MBI geben die Autorinnen auch Normwerte für das MBI an, warnen jedoch zugleich davor, das MBI zu diagnostischen Zwecken einzusetzen. Denn dies würde die Festlegung von Grenzwerten notwendig machen, die nur aufgrund von klinischen Studien definiert werden könnten. Diese wurden jedoch bislang nicht durchgeführt. Es bleibt damit unklar, was ein hoher MBI-Wert für eine bestimmte Person bedeutet. Leider wurde diese Warnung meist nicht beachtet.

Obgleich das MBI ursprünglich für die Messung von Burnout bei Personen konstruiert wurde, die in Helfer- und Sozialberufen tätig sind, wurde er schon bald zur Burnout-Messung bei *allen* möglichen Berufsgruppen eingesetzt.[16]

Gegenüber dem bereits besprochenen TM stellt das MBI das wissenschaftlich anspruchsvollere Messinstrument dar. Es erlaubt eine mehrdimensionale Erfassung von Burnout, was nicht nur der Komplexität des Zielkonstruktes eher entsprechen dürfte, sondern darüber hinaus auch die Möglichkeit bieten soll, den Prozess des Ausbrennens abzubilden. Dabei wird davon ausgegangen, dass sich aufgrund einer länger anhaltenden Überlastung eine zunehmende emotionale Erschöpfung einstellt. Um sich vor einer weiteren Überlastung zu schützen, beginnt der Betroffene dann, immer stärker Depersonalisierungstendenzen auszubilden (d. h., er nimmt gegenüber seinen Klienten eine distanzierte, negative, zynische und abwertende Haltung ein). Diese Depersonalisierung steht jedoch in Widerspruch zu seinen Idealen bzw. seinen beruflichen Ansprüchen, so dass er mit seiner Leistung immer unzufriedener wird. Wenn er diese Stadien des Ausbrennens durchlaufen hat, stellt sich das Vollbild von Burnout ein (wir werden weiter unten ausführlicher auf diese und andere Phasenmodelle eingehen).[17]

Das MBI: Vorzüge und Mängel eines viel verwendeten Fragebogens
Die Ergebnisse des MBI dürften weitgehend unabhängig von demjenigen sein, der den Test durchführt, auswertet und interpretiert. Seine Objektivität im Sinne der Testtheorie kann als gegeben gelten. Wie beim TM handelt es sich auch beim MBI um ein ökonomisches Messverfahren. Seine Bearbeitungszeit liegt bei ca. 10 Minuten, die Auswertung nimmt kaum mehr Zeit in Anspruch.

Als problematisch ist jedoch sowohl seine Instruktion als auch seine Skalierung einzuschätzen. Bei der Instruktion werden dem Probanden keine expliziten Vorgaben darüber gemacht, auf welchen Zeitraum er seine Einschätzung beziehen soll. Implizit geschieht dies durch die Häufigkeitsskalierung. Hier kann der Proband u. a. einstufen, dass er ein bestimmtes Gefühl «mehrmals im Jahr erlebt» (*a few times a year*). Hierdurch wird ein Zeitraum von mindestens einem Jahr nahe gelegt, ohne dass dies jedoch *eindeutig* und *ausdrücklich* von den Testautorinnen so formuliert worden wäre. Auch bleibt offen, was mehrmals heißt: zwei-, zehn- oder fünfzehnmal?

Mehr noch als für die Skalierung gilt dies für die Formulierung der Items. Um das MBI bei unterschiedlichen Berufsgruppen einsetzen zu können (u. a. Ärzten, Lehrern, Managern, Gefängniswärtern, Polizisten, Erzieherinnen usw.), wurden, abhängig von der Berufsgruppe, die Items umformuliert. Inwieweit es dadurch zu Bedeutungsverschiebungen kommt und wie sich diese auf das Antwortverhalten auswirken, bleibt unklar. Veranschaulichen wir dies für das Item Nr. 24:

«Von den Problemen meiner *Klienten* bin ich persönlich berührt.»

«Von den Problemen meiner *Schüler* bin ich persönlich berührt.»

«Von den Problemen meiner *Patienten* bin ich persönlich berührt.»

«Von den Problemen meiner *Mitarbeiter* bin ich persönlich berührt.»

«Von den Problemen der *Gefangenen* bin ich persönlich berührt.»

Man kann sich durchaus vorstellen, dass sich je nach angesprochener Personengruppe unterschiedliche Antworttendenzen ergeben. Allerdings wurden hierzu bislang kaum Studien durchgeführt. Stattdessen geht man stillschweigend davon aus, dass solche Umformulierungen keinen relevanten Einfluss auf die Testergebnisse haben.[18]

Wie auch für das TM geben Maslach und Jackson Normwerte für die drei Skalen des MBI an. Für die zweite Version beziehen sie sich hierbei auf 11 067 Personen, die unterschiedlichen Berufsgruppen angehören. Allerdings handelt es sich hierbei durchweg um nichtrepräsentative Stichproben. Auch erfolgte die Normierung mehr oder weniger willkürlich. Hierzu wurde die Normstichprobe in drei gleich große Gruppen von jeweils 33,3 % unterteilt, wobei die Autorinnen davon ausgingen, dass die Gruppe mit den höchsten Messwerten ein hohes (*high*), die mit mittleren ein «mittleres» (*average*) und die mit geringsten Werten ein «niedriges» (*low*) Burnout-Erleben aufweisen.

Die Zuordnung zu den genannten Gruppen erfolgte demnach nicht anhand von klinisch überprüften Kriterien (z. B. psychiatrisches oder somatisches Erkrankungsrisiko, Fehltage usw.), sondern aufgrund der Messwertverteilung. Daraus folgt der etwas merkwürdig anmutende Umstand, dass jeder, der das MBI bearbeitet, per definitionem unter Burnout leidet!

Unterschiede ergeben sich allein im Ausprägungsgrad, sind demnach (nur) quantitativ und nicht qualitativer Natur.

Darin offenbart sich jedoch nicht nur eine Kuriosität, vielmehr wird ein Mangel hinsichtlich der Operationalisierung von Burnout durch das MBI offensichtlich. Denn wenn ich allein durch den Umstand, dass ich arbeite, bereits unter Burnout (im Sinne des MBI) leide, dann geht der Bedeutungsgehalt des so definierten Burnout-Begriffs gegen null.

Was die Normwerte des MBI anbelangt, so erscheint deren Aussagekraft zumindest im internationalen Vergleich deutlich eingeschränkt. Dies wird u. a. durch eine Studie belegt, die Schaufeli und Dierendonck (1995) in den Niederlanden durchführten. Sie verglichen die amerikanischen Normwerte des MBI mit denjenigen, die sie in niederländischen Studien mit insgesamt 3892 Personen ermittelt hatten, die ebenfalls unterschiedlichen Helfer- und Sozialberufen angehörten.

Um klinische Kriterienwerte zu erhalten, wurde das MBI außerdem noch 142 Patienten vorgelegt, die sich aufgrund beruflicher Probleme in ambulanter psychotherapeutischer Behandlung befanden. In Tabelle 5.1 sind die entsprechenden Mittelwerte für die drei Skalen des MBI aufgeführt. Sie zeigt, dass die Werte des niederländischen Kollektivs niedriger ausfallen als die des amerikanischen. Alle Unterschiede erwiesen sich als statistisch signifikant. Die Werte der Psychotherapiepatienten weisen auf ein hohes Maß an Burnout hin, wobei die Unterschiede für die Skala «Emotionale Erschöpfung» am deutlichsten ausgeprägt waren.

Tabelle 5.1 Messwertvergleich von MBI-Skalen

	Niederländische Stichprobe (N=3892)			Psychotherapie-patienten (N=142)			Amerikanische Stichprobe (N=11067)		
	EE*	DP	RL	EE	DP	RL	EE	DP	RL
Mittelwerte	17,9	7,4	31	28,6	9,3	27,1	20,3	8,7	34,6

* EE: MBI-Skala «Emotionale Erschöpfung»; DP: MBI-Skala «Depersonalisierung»; RL: MBI-Skala «Reduzierte Leistungsfähigkeit».

Die Autoren weisen kritisch darauf hin, dass je nachdem, welche Grenzwerte angelegt werden, sich ganz unterschiedliche Aussagen bezüglich der Burnout-Häufigkeit ergeben. Legt man die verteilungsbezogenen Grenzwerte (entsprechend der Messwertverteilung des unteren, mittleren und oberen Drittels der niederländischen Stichprobe) als kritischen

Wert an, so definiert man 33,3% der Personen als Burnout-Fälle. Legt man hingegen die (höheren) klinischen Grenzwerte der Psychotherapiepatienten als kritische Werte an, so werden, je nach MBI-Skala, lediglich noch zwischen 2,6 und 15,5% aller Personen der niederländischen Normstichprobe als Burnout-Fälle eingestuft.[19]

Wie man sieht, kommt der Festlegung von Grenzwerten eine erhebliche Bedeutung zu. Die Messwerte des MBI lassen, für sich genommen, keine Aussage zu, welche klinische und damit verbunden auch gesundheitspolitische Relevanz ihnen zukommt. Aussagen wie etwa diejenige, wonach zwischen 10 und 30% aller deutschen Lehrer unter Burnout leiden, müssen vor diesem Hintergrund gesehen werden.[20] Solange sich solche Häufigkeitsangaben nicht auf klinisch überprüfte Grenzwerte, sondern auf die Verteilung von Messwerten beziehen, sind sie ähnlich bedeutungsvoll wie diejenige, dass 10 bis 30% aller Lehrer besonders groß sind.

Zusammenfassend lässt sich sagen, dass die Normierung des MBI nicht in ausreichendem Maße gegeben ist. Dies bedeutet auch, dass er *nicht* für diagnostische Zwecke eingesetzt werden kann. Der MBI-Wert einer Einzelperson sagt kaum etwas über deren Befindlichkeit und sich daraus ergebende praktische Konsequenzen aus.

Die Reliabilität des MBI ist gut

Die Reliabilität des MBI wird hingegen durchweg als gut bis befriedigend eingeschätzt.[21] Die einzelnen MBI-Skalen sind homogen und ermöglichen eine zuverlässige bzw. präzise Messung dessen, was durch das MBI gemessen wird.

In ihrer Veröffentlichung von 1981 geben Maslach und Jackson für die Skala «Emotionale Erschöpfung» eine Reliabilität von 0,89, für die Skala «Depersonalisierung» eine von 0,74 und für die Skala «Reduzierte Leistungsfähigkeit» eine von 0,77 an. In anderen Studien, die sowohl im angloamerikanischen Sprachraum als auch in Europa (u. a. in den Niederlanden, Deutschland, Frankreich und Griechenland) durchgeführt wurden, ergaben sich analoge Werte.

Der Aspekt der Reliabilität bezieht sich jedoch auch auf die Eigenschaft eines Tests, seine Ergebnisse bei zwei- oder mehrfacher Vorgabe reproduzieren zu können. Lege ich ein und derselben Person einen Test mehrfach vor, so erwarte ich, dass die Ergebnisse, wenn auch nicht vollkommen, so doch zumindest teilweise übereinstimmen. Lediglich teilweise deshalb, weil Ermüdung, Schwankungen in der Befindlichkeit

(z. B. «schlechte Laune»), Motivationsschwankungen (z. B. keine Lust, schon wieder den gleichen Test auszufüllen) usw. einen *unsystematischen* Einfluss auf die Testergebnisse ausüben. Dadurch erhöhen solche Einflussfaktoren den Messfehler und mindern die Zuverlässigkeit (Reliabilität) eines Tests. Wird eine Testwiederholung in kurzen Intervallen (< 4 Wochen) durchgeführt, so spricht man von Re-Test-Reliabilität. Handelt es sich um längere Intervalle (> 4 Wochen), spricht man von Stabilität.

Bezüglich der Re-Test-Reliabilität teilen Maslach und Jackson (1986) Koeffizienten zwischen 0,60 und 0,80 mit. Wie Tabelle 5.2 zu entnehmen ist, ergaben sich für Zeitintervalle von bis zu drei Jahren für die MBI-Ska-

Tabelle 5.2 Stabilität des MBI. Ergebnisse ausgewählter Studien*

Autoren und Stichprobe	Zeitintervall	Stabilitätskoeffizienten		
		EE	DP	RL
Capel, 1991; N=232	5 Monate	0,68	0,67	0,63
(englische) Lehrer	9 Monate	0,80	0,54	0,79
Toppinen-Tanner, Kalimo & Mutanen, 2002; N=713 (finnische) Angestellte	8 Jahre	0,44	–	–
Wade, Cooley & Savicki, 1986; N=46 (amerikanische) Sozialarbeiter/Berater	12 Monate	0,62	0,34	0,45
Lee & Ashforth, 1993; N=223 (amerikanische) Sozialarbeiter	8 Monate	0,76	0,70	0,67
McManus, Winder & Gordon, 2002; N=331 (englische) Ärzte	3 Jahre	0,62	0,65	0,58
Piedmont, 1993; N=29 amerikanische Beschäftigungstherapeuten	7 Monate	0,47	0,59	0,62
Burke & Greengalss, 1995; N=362 (kanadische) Lehrer	12 Monate	0,71 (MBI-Summe)		
Schwarzer & Schmitz, 1999; N=302 (deutsche) Lehrer	1 Jahr	0,66	0,57	0,54
	2 Jahre	0,56	0,33	0,50

* Zusammenstellung ausgewählter Längsschnittstudien. EE: Emotionale Erschöpfung; DP: Depersonalisierung; RL: Reduzierte Leistungsfähigkeit. Ergebnisse der Häufigkeitseinschätzungen.

len Stabilitätskoeffizienten zwischen 0,33 und 0,80. Dabei erreichen die meisten Koeffizienten Werte von > 0,50. In einer Studie wurde für die MBI-Skala Emotionale Erschöpfung bezogen auf ein Zeitintervall von 8 Jahren ein Stabilitätskoeffizient von 0,44 berechnet. In Anbetracht dieser Stabilitätskoeffizienten erscheint Burnout als ein relativ stabiler Zustand. «Diese hohen Korrelationen legen die Vermutung nahe, dass es sich bei Burnout eher um einen chronischen als um einen vorübergehenden psychischen Zustand handelt.» (Schaufeli et al., 1993, 209)

Zu einer ganz anderen Einschätzung kommt hingegen Rook (1998) in ihrer scharfsinnigen Analyse des MBI: «Ich würde dagegen behaupten, dass das, was (immer auch) durch das MBI erhoben wird, durch die Art der Erhebung, also durch die konkreten Itemformulierungen, so vorgeprägt ist, dass eigentlich kaum etwas anderes herauskommen kann als stabile Merkmalsmessungen.» (S. 225)

Misst das MBI einen Befindlichkeitszustand oder eine Eigenschaft?

Wie sind angesichts der vielfach belegten Stabilität der MBI-Messwerte derart divergierende Aussagen möglich? Tatsächlich kann man bei der Konstruktion eines Tests die Items so formulieren, dass sie eher stabile Merkmale (etwa Persönlichkeitseigenschaften) oder aber eher variable Zustände erfassen.

Ein Beispiel hierfür gibt das State-Trait-Angst-Inventar (STAI).[22] In diesem Fragebogen wird zwischen Ängstlichkeit als zeitlich stabiler und situationsübergreifender Eigenschaft (engl. *trait*) und Angst als situativ ausgelöstem Zustand (engl. *state*) unterschieden.

Ängstliche Personen neigen dazu, in vielen Situationen ängstlich zu reagieren, und vermeiden, wenn möglich, solche Situationen. Auf der anderen Seite gibt es Situationen, die bei (fast) allen Personen Angst auslösen dürften. Man denke etwa an das Warten beim Zahnarzt vor einer schmerzhaften Zahnbehandlung. Ein Item, das Angst als *Eigenschaft* erfasst, lautet wie folgt: «Ich neige dazu, alles schwer zu nehmen.» Eines, das Angst als *Zustand* erfasst, lautet hingegen wie folgt: «Ich bin nervös.»

Bei der Beantwortung des ersten Items werden wohl die meisten Personen darüber nachdenken, ob sie bislang in ihrem Leben die Neigung hatten, die Dinge schwer zu nehmen. Das Antwortverhalten wird mit anderen Worten entscheidend dadurch bestimmt, ob sich eine Person eine bestimmte Eigenschaft zuschreibt (hier z. B. «Ernsthaftigkeit»). Diese hängt wiederum mit Ängstlichkeit zusammen.

Die Beantwortung des zweiten Items dürfte hingegen durch eine aktuelle Befindlichkeitseinschätzung determiniert sein. Die Person wird darauf achten, ob sie Herzklopfen oder feuchte Hände hat und ob sie sich gerade in einer Situation befindet, die ihr Angst macht. Die Beantwortung des Items wird damit in viel höherem Maße durch den augenblicklichen (situativ) bedingten Zustand beeinflusst, als es beim ersten Item der Fall ist.

Entsprechend ergaben sich für die beiden Skalen auch unterschiedliche Stabilitätskoeffizienten: Bezogen auf ein Zeitintervall von 76 Tagen, ergab sich für die Trait-Skala beispielsweise ein Wert von 0,86, für die State-Skala hingegen einer von 0,43. Die Trait- und State-Angst-Skalen korrelieren zu 0,60 miteinander. Dies erscheint plausibel, denn wer ängstlich ist, wird auch in vielen Situationen mehr Angst erleben als eine weniger ängstliche Person.

An diesem Beispiel wird deutlich, dass die Formulierung der Items einen wesentlichen Einfluss auf die Stabilität eines Tests haben kann. Was aber beeinflusst deren Formulierung? Doch nichts anderes als die theoretischen Vorannahmen über das Konstrukt, welches durch den Test erfasst werden soll! Diese wurden bei der Konstruktion des MBI jedoch nicht explizit formuliert. Aus diesem Grund bleibt auch unklar, ob das MBI eine (stabile) Persönlichkeitseigenschaft, einen in seiner zeitlichen Ausdehnung nicht definierten Zustand oder beides erfasst.

Wird durch das MBI eine «chronische Befindlichkeitsbeeinträchtigung» (Enzmann, 1996, S. 96) oder eher ein stabiles Persönlichkeitsmerkmal erfasst, das als solches nicht benannt wird?[23] Die Stabilität der MBI-Skalen wirft damit die Frage auf, ob das MBI, in Analogie zum TM, nicht im Wesentlichen eine Facette der Supereigenschaft «Emotionalität» misst. Damit kommen wir zur Validität des MBI.

Misst das MBI das, was es zu messen vorgibt?
Die Augenschein- und Inhaltsvalidität der Skala «Emotionale Erschöpfung»
Die Inhaltsvalidität wirft die Frage auf, ob die Items der MBI-Skalen das (Ziel-)Konstrukt Burnout tatsächlich angemessen und repräsentativ erfassen.[24] Gemäß dem Burnout-Verständnis von Maslach brennt ein Arbeitnehmer dann aus, wenn er sich durch den Kontakt mit anderen Menschen emotional überfordert fühlt, mit anderen Worten, wenn es ihm nicht mehr gelingt, die richtige Balance zwischen Distanz und Anteilnahme aufrechtzuerhalten. Wird dieses Verständnis durch die MBI-Skala Emotionale Erschöpfung angemessen erfasst?

Items der MBI-Skala «Emotionale Erschöpfung»:
1. Ich fühle mich von meiner Arbeit ausgelaugt.
2. Am Ende des Arbeitstages fühle ich mich erledigt.
3. Ich fühle mich müde, wenn ich morgens aufstehe
   und wieder einen Arbeitstag vor mir habe.
6. Den ganzen Tag mit Leuten zu arbeiten, ist
   wirklich eine Strapaze für mich.
8. Durch meine Arbeit fühle ich mich ausgebrannt.
13. Meine Arbeit frustriert mich.
14. Ich glaube, ich strenge mich bei meiner Arbeit
    zu sehr an.
16. Mit Menschen in der direkten Auseinandersetzung
    arbeiten zu müssen, belastet mich zu sehr.
20. Ich glaube, ich bin mit meinem Latein am Ende.

Wie man sieht, nehmen nur zwei Items (Nr. 6 und Nr. 16) direkten Bezug auf den (arbeitsbezogenen) Kontakt zu anderen Menschen. Die übrigen sieben Items erfassen negativ erlebte, diffuse Erschöpfungszustände von unklarer zeitlicher Dauer. Die so formulierten Items ermöglichen damit auch keine Unterscheidung zwischen Burnout und konzeptuell ähnlichen Phänomenen wie Depression, Stress, Arbeits(un)zufriedenheit usw.

Implizit gehen die Testautorinnen demnach davon aus, dass der Prozess des Ausbrennens, bedingt durch den zu häufigen und zu intensiven Kontakt mit anderen Menschen, sich bereits ereignet hat und der Proband sich deshalb in einem ausgebrannten Endstadium befindet. Einfacher ausgedrückt: «Wer sich gemäß dem MBI erschöpft fühlt, ist ausgebrannt.» Damit unterstellen die Testautorinnen ein Prozessmodell, das in der MBI-Skala «Emotionale Erschöpfung» aber nur mit zwei Items erfasst wird.

Auf die Problematik, Burnout von Stress oder Depression zu unterscheiden, wurde bereits im Zusammenhang mit dem TM eingegangen. Wie Schaufeli und Maslach (1993) deutlich machen, ist eine solche Differenzierung *ausschließlich* durch die Berücksichtigung einer längeren Zeitperspektive möglich. Es stellt sich deshalb zu Recht die Frage, warum das MBI keine Items enthält, die eine solche Veränderung erfassen. Solche Items könnten beispielsweise lauten: «Im Vergleich mit früher gelingt es mir schlechter, mich von den Problemen meiner Klienten zu distanzieren.» Oder: «Seit einigen Monaten fühle ich mich meinen Klienten oft näher, als mir gut tut.» Oder: «Ich reagiere in letzter Zeit im Kontakt mit meinen Klienten viel häufiger gereizt, als dies früher der Fall war.» Durch die Aufnahme analoger Items wäre es zumindest in Ansätzen möglich gewesen, den von Maslach und Jackson formulierten Burnout-*Prozess* zu erfassen.

Ein weiterer Kritikpunkt bezieht sich auf die Tatsache, dass in der MBI-Skala «Emotionale Erschöpfung» nicht nach Emotionen, sondern ausschließlich nach Stimmungen gefragt wird. Emotionen (oder Gefühlsregungen) stellen kurzdauernde, eindeutig differenzierbare Zustandsänderungen dar, die durch spezifische Reize ausgelöst werden. Beispiel sind Ärger, Freude, Angst usw.

Stimmungen stellen hingegen länger andauernde, über Stunden, Tage oder Wochen anhaltende Befindlichkeitszustände dar, die oft eher einen diffusen Charakter haben und das gesamte Erleben «einfärben». Beispiele hierfür sind Niedergeschlagenheit oder Ängstlichkeit. Gemäß dem Burn-out-Verständnis der Testautoren würde man erwarten, dass die häufige Auslösung von (negativ erlebten) Emotionen den Prozess des Ausbren-nens in Gang setzt, beispielsweise wenn sich ein Drogenberater immer häufiger und intensiver über die Rückfälle und Unehrlichkeit seiner Kli-enten ärgert. Nach solchen Emotionen wird im MBI jedoch nicht gefragt. Berücksichtigt werden zudem ausschließlich depressiv getönte Stim-mungszustände. Andere negative Stimmungszustände wie Ungeduld, Ge-reiztheit, Nervosität oder Anspannung werden nicht erfragt. Die Skala «Emotionale Erschöpfung» erfasst somit nur einen äußerst schmalen Aus-schnitt emotionalen Erlebens, wobei dieser auch noch in sehr allgemein gehaltenen Formulierungen Eingang findet.

Damit ist also *weder* die Augenschein- *noch* die Inhaltsvalidität der MBI-Skala «Emotionale Erschöpfung» gegeben. Gemessen wird vor allem Arbeitsunzufriedenheit (Item 6, 13, 14, 16) sowie ein resignativ (Item 13, 20) bis depressiv (Item 8) getönter Erschöpfungszustand (Item 1, 3).

Die Augenschein- und Inhaltsvalidität der Skala «Depersonalisierung»

Anders als die Dimensionen «Emotionale Erschöpfung» und «Reduzierte Leistungsfähigkeit», die deutliche Überlappungen mit anderen Konstruk-ten aufweisen, gilt Depersonalisierung als spezifisches Kernsymptom des Burnout-Syndroms. «Die Gratwanderung zwischen zu wenig und zu viel Nähe stürzt ab in Richtung übergroßer Distanz, Gleichgültigkeit, evtl. Zynismus.» (Burisch, 1995, S. 31)[25]

Im MBI wird diese Skala durch 5 Items repräsentiert. Die geringe Item-anzahl wurde mehrfach kritisiert. Ob sich durch lediglich 5 Items ein so komplexes Konstrukt angemessen erfassen lässt, erscheint fraglich. Im-merhin extrahiert Garden (1987) in ihrer Studie zum Thema Depersonalisierung 11 Items, die vier verschiedenen Faktoren zugeordnet werden können. Die MBI-Items der Skala «Depersonalisierung» sind im Folgenden aufgeführt:

Items der MBI-Skala «Depersonalisierung»:
5. Ich glaube, ich behandle einige Klienten als
   ob sie unpersönliche «Objekte» wären.
10. Seit ich diese Arbeit mache, bin ich gleichgültiger
    gegenüber Klienten geworden.
11. Ich befürchte, dass diese Arbeit mich emotional
    verhärtet.
15. Bei manchen Klienten interessiert es mich
    eigentlich nicht wirklich, was aus / mit ihnen wird.
22. Ich spüre, dass die Klienten mich für einige ihrer
    Probleme verantwortlich machen.

Was die Formulierung der Items betrifft, so bleibt unklar, ob der Proband sich bei der Einstufung auf seine Einstellung oder sein konkretes Verhalten bezieht. Eine Einstellung beinhaltet eine Bewertung gegenüber einem bestimmten Einstellungsobjekt. So bringt beispielsweise der Aufkleber «Atomkraft? Nein danke!» eine negative Einstellung desjenigen zum Ausdruck, der den Aufkleber anbrachte. Einstellungen sind meist sehr stabil, jedoch oft nur bedingt verhaltenssteuernd. So kann jemand Umweltschutz gut finden (also ihm gegenüber eine positive Einstellung haben) und dennoch (z. B. aus Bequemlichkeit) keine Mülltrennung durchführen.

Eine präzise Operationalisierung des Konstrukts Depersonalisierung sollte sich deshalb entweder auf konkrete Verhaltensweisen oder auf Einstellungs*änderungen* gegenüber den Klienten beziehen. Auf konkrete Verhaltensweisen bezieht sich keines der fünf Items (ein solches Item könnte z. B. lauten: «In letzter Zeit nehme ich mir weniger Zeit für meine Klienten»).

Item 10 bezieht sich auf eine Einstellungsänderung. Item 15 und 22 tun dies hingegen nicht. Sie sind deshalb auch nicht geeignet zu unterscheiden, ob eine Person schon immer eine distanzierte Einstellung gegenüber ihren «Klienten» hatte oder sich eine solche erst im Verlauf ihres Ausbrennens angeeignet hat.

Zusammenfassend lässt sich sagen, dass der Skala «Depersonalisierung» zwar eine gewisse Augenscheinvalidität zukommt (in den Augen des Probanden erfasst diese Skala negative Haltungen und Verhaltenstendenzen gegenüber seinen Klienten), jedoch ist ihre Inhaltsvalidität nur partiell gegeben. Zum einen wird der prozesshafte Verlauf des Ausbrennens auch hier nicht ausreichend erfasst, zum anderen ermöglicht der verallgemeinernde Aussagegehalt der Items keine differenzierte Erfassung des Konstrukts Depersonalisierung.

Die Augenschein- und Inhaltsvalidität der Skala
«Reduzierte Leistungsfähigkeit»
Die Skala «Reduzierte Leistungsfähigkeit» (die besser «Reduziertes Wirksamkeitserleben» hieße) setzt sich aus 8 Items zusammen. Wie bereits ausgeführt, soll die Wahrnehmung einer Diskrepanz zwischen den eigenen arbeitsbezogenen Ansprüchen und der beruflichen Wirklichkeit zu einer negativen Bewertung der eigenen Kompetenz führen. Wer ausbrennt, merkt, dass er immer weniger in der Lage ist, seinen eigenen Ansprüchen gerecht zu werden. Wie die im Folgenden aufgeführten Items dieser Skala deutlich machen, wird genau dieses Diskrepanzerleben höchstens peripher erfasst.

Items der MBI-Skala «Reduzierte Leistungsfähigkeit»:
  4. Es gelingt mir gut, mich in meine Klienten
     hineinzuversetzen.
  7. Den Umgang mit Problemen meiner Klienten
     habe ich gut im Griff.
  9. Ich glaube, dass ich das Leben anderer Leute
     durch meine Arbeit positiv beeinflusse.
  12. Ich fühle mich voller Tatkraft.
  17. Es fällt mir leicht, eine entspannte Atmosphäre
     mit meinen Klienten herzustellen.
  18. Ich fühle mich angeregt, wenn ich intensiv mit
     meinen Klienten gearbeitet habe.
  19. Ich habe viele wertvolle Dinge in meiner derzeitigen
     Arbeit erreicht.
  21. In der Arbeit gehe ich mit emotionalen Problemen
     sehr ruhig und ausgeglichen um.

Wer angibt, solchen Aussagen zustimmen zu können, dürfte über ein gutes Selbstbewusstsein verfügen, entsprechend optimistisch und positiv an seine Arbeit herangehen und die Auswirkungen seines berufsbezogenen Handelns als positiv bewerten. Allerdings enthält diese Skala kein einziges Item, das sich auf ein Diskrepanzerleben zwischen dem eigenen Anspruch und der Wirklichkeit bezieht. Entsprechende Items könnten lauten: «Es gelingt mir immer weniger, meinen Beruf so auszuüben, wie es meinen Vorstellungen entspricht.» Oder: «Dass ich mich kaum noch von meinen früheren beruflichen Idealen leiten lasse, erschreckt mich.» Oder: «Entgegen meiner früheren Überzeugung glaube ich nicht mehr daran, anderen wirklich helfen zu können.» Die Kontrastierung mit alternativen Items zeigt, dass wichtige Facetten der Burnout-Komponente «Reduzierte Leistungsfähigkeit» durch die Items der Skala nicht berücksichtigt werden.

Damit ist weder die Augenschein- noch die Inhaltsvalidität der drei MBI-Skalen in ausreichendem Maße gegeben. Der Aussagegehalt der einzelnen Items ist wenig spezifisch und beinhaltet eine heterogene Mischung aus arbeitsbezogenen Einstellungen, Stimmungen und Verhaltenstendenzen.

Aus diesem Grund ist davon auszugehen, dass bei der Beantwortung des MBI konstruktfremde Faktoren wie Persönlichkeitseigenschaften, depressives Erleben und generelle Einstellungen dem Leben und der Arbeit gegenüber in kaum kalkulierbarer Weise zum Tragen kommen. Welche Auswirkungen dies auf die anderen Arten der Validität hat, soll im Folgenden aufgezeigt werden.

Die Kriteriumsvalidität des MBI

Die Kriteriumsvalidität informiert darüber, wie gut ein Test in der Lage ist, die Individuen im Hinblick auf relevante Außenkriterien zu differenzieren. Wie bereits dargestellt, wird zwischen *konkurrenter* (gleichzeitiger) und prädiktiver Validität unterschieden.

Bei der überwiegenden Anzahl von Studien, die eine Aussage über die Kriteriumsvalidität des MBI erlauben, handelt es sich um Studien zur konkurrenten Validität. Längsschnittstudien, die eine Aussage über die Vorhersagefähigkeit des MBI erlauben, wurden vergleichsweise selten durchgeführt. Von den Testautorinnen und anderen Forschern wurden primär folgende (gleichzeitige) Außenkriterien für die Validierung des MBI herangezogen:

- Eine negative Einstellung der Arbeit (reduzierte Arbeitszufriedenheit) und dem Leben gegenüber (reduzierte Lebenszufriedenheit).
- Erhöhte Depressivität.
- Unproduktives Arbeitsverhalten (mehr Arbeitspausen, reduzierte Arbeitsleistung usw.).
- Arbeitsplatzwechsel (oder die Tendenz dazu), verspäteter Arbeitsantritt, Fehltage.

- Sozialer Rückzug ins Privatleben und vermehrte Konflikte mit Angehörigen.
- Substanz- (z. B. Nikotin, Koffein usw.), Alkohol- oder Drogenkonsum.
- Vermehrte körperliche Beschwerden (u. a. Kopfschmerzen, Schlafstörungen), Krankheiten (u. a. Hypertonie) und reduzierte Immunabwehr.

Eine Durchsicht der einschlägigen Übersichtsarbeiten (z. B. Guglielmi & Tatrow, 1998; Kahill, 1988) zeigt, dass sich zwar nicht in allen, so doch in vielen Studien Zusammenhänge zwischen dem MBI und den genannten Kriterien nachweisen ließen. Die numerische Höhe der berichteten Korrelationen lag hierbei meist zwischen 0,20 und 0,60 mit einer mittleren Tendenz zu Werten um 0,30.[26]

Die Werte mögen zunächst enttäuschend gering erscheinen, liegen jedoch in einer Größenordnung, wie sie in der psychologischen Fragebogenforschung durchaus üblich ist. Damit schneidet das MBI bezüglich der Kriteriumsvalidierung nicht schlechter ab als andere Fragebogen.

Kritisch ist hingegen der Umstand zu werten, dass die Datenquelle in den meisten Studien nicht variiert wurde. Dies bedeutet, dass die Probanden in den meisten Studien neben dem MBI noch weitere Selbstbeschreibungsverfahren bearbeiteten, deren Ergebnisse anschließend mit den MBI-Werten in Zusammenhang gesetzt wurden.

Dadurch ergibt sich eine gewisse Überschneidung allein schon deshalb, weil die gleiche Methode zum Einsatz kommt. Die Ergebnisse von Fragebogen können durch eine ganze Reihe von habituellen Antworttendenzen beeinflusst werden, u. a. durch die Neigung zu extremen Antworten (also dazu, bei einer mehrstufigen Skala eher höhere Werte anzukreuzen) oder zu mittleren Antworten (eher mittlere Werte anzukreuzen und Extremwerte zu vermeiden). Diese Antworttendenzen treten unabhängig vom Messinstrument auf und können einen Zusammenhang zwischen zwei Konstrukten vortäuschen, der in Wirklichkeit nicht existiert, sondern ein Methodenartefakt darstellt.

Aus diesem Grund sollten bei der Validierung eines Fragebogens mehrere Datenquellen berücksichtigt werden, neben Selbsteinschätzungen (oben als «weiche Daten» bezeichnet) auch «harte Daten», welche aufgrund von Verhaltensbeobachtungen durch relevante Personen gewonnen wurden (im Fall des MBI etwa durch Kollegen, Vorgesetzte, Supervisoren, Klienten usw.), sowie objektive Parameter (z. B. Anzahl der Fehltage, Stellenwechsel, diagnostizierte Krankheiten, physiologische

Messgrößen wie etwa Stresshormone usw.) erhoben werden. Beim MBI war dies selten der Fall. Sofern entsprechende Messgrößen einbezogen wurden, fielen die Zusammenhänge zwischen ihnen und dem MBI deutlich geringer aus.[27]

Zusammenfassend lässt sich festhalten, dass die (gleichzeitige) Kriteriumsvalidität des MBI im Vergleich mit anderen Fragebogen als befriedigend eingeschätzt werden kann. Verwendet man Messinstrumente, die sich, wie das MBI, ebenfalls auf Selbstbeschreibungen der Probanden beziehen, ergaben sich deutlich höhere Korrelationen, als wenn man die MBI-Skalenwerte mit Fremdeinschätzungen oder objektiven Messwerten (z. B. Anzahl der Fehltage) in Zusammenhang bringt.

Die Vorhersagevalidität des MBI:
Bildet sich der Prozess des Ausbrennens im MBI ab?
Die Vorhersagevalidität stellt ebenfalls eine Komponente der Kriteriumsvalidität dar. Hierbei wird überprüft, ob ein Fragebogen in der Lage ist, ein relevantes Kriterium vorherzusagen. Die für das MBI relevanten Kriterien wurden oben aufgeführt. Es stellt sich jetzt die Frage, ob das MBI in der Lage ist, beispielsweise die Arbeitszufriedenheit, das Auftreten depressiver Verstimmungen, körperliche Erkrankungen usw. *vorherzusagen.*

Leider liegen hierzu nur wenige Studien vor. In der Literatur wurde der Mangel an Längsschnittstudien häufig moniert. Aufgrund unserer Literaturrecherche kommen wir zu dem Ergebnis, dass es sich bei höchstens drei bis fünf Prozent aller Untersuchungen, die den MBI verwendeten, um Längsschnittstudien handelte. Die überwiegende Anzahl dieser Studien thematisierte entweder die Stabilität des MBI (s. o.) oder ging der Frage nach, welche Faktoren Burnout, genauer die MBI-Messwerte, vorhersagen. Damit erlauben sie keine Aussagen darüber, was das MBI vorhersagt.

Von den acht verbleibenden Studien erbrachten nur drei positive Ergebnisse. Die Zeitintervalle zwischen den Wiederholungsmessungen lagen zwischen einigen Monaten und fünf Jahren. Durch die MBI-Skalen ließen sich folgende Merkmale vorhersagen: die Absicht, die Stelle zu wechseln, Beendigung der (freiwilligen) Pflege von an Aids erkrankten Patienten, vermehrte Stressbelastung, Arbeits(un)zufriedenheit sowie die Zunahme an depressiven Verstimmungen und psychosomatischen Beschwerden. Alle Studien bezogen sich ausschließlich auf die Selbstauskünfte der Probanden. Angesichts der geringen Anzahl der Studien, deren Ergebnisse auch noch inkonsistent ausfallen, kann die Vorhersagevalidität des MBI demnach als nicht belegt gelten.[28]

Was durch diese Studien ebenfalls deutlich wird, ist die bereits erwähnte erstaunlich hohe Stabilität der MBI-Messwerte. Anders formuliert: Die MBI-Werte sagen am besten sich selbst vorher, und dies auch über lange Zeiträume hinweg. Dies erscheint insofern problematisch, als der MBI den Anspruch erhebt, nicht nur den Endzustand des *Ausgebranntseins* zu erfassen, sondern auch den prozesshaften Verlauf des *Ausbrennens* abzubilden. Das MBI beansprucht damit, sowohl einen *Zustand* als auch einen *Prozess* messen zu können.

In der Logik der Testtheorie (bzw. der Testgütekriterien) heißt dies nichts anderes, als dass er sich selbst als sein eigenes Kriterium definiert. Wie das? In ihrem Burnout-Modell von 1988 postulieren Leiter und Maslach folgende Sequenz: Aufgrund von länger anhaltendem emotionalen Stress gerät der Betroffene in einen Zustand zunehmender Emotionaler Erschöpfung. Um diesen bewältigen zu können, beginnt er sich zunehmend von seinen Klienten (oder Schülern, Patienten usw.) zu distanzieren, seine Neigung zur Depersonalisierung nimmt demnach zu. In dem Maße, in dem er dies realisiert, wird er zunehmend unzufrieden mit seiner Arbeitsleistung und erlebt sich als nur noch reduziert leistungsfähig.

Bezogen auf die Dimensionen des MBI ergibt sich damit folgende Sequenz:

Emotionale Erschöpfung → Depersonalisierung → Reduzierte Leistungsfähigkeit.[29]

Dies bedeutet, dass bei mehrfacher Vorgabe des MBI die Werte der Skala «Emotionale Erschöpfung» zum Zeitpunkt 1, die Werte der Skala «Depersonalisierung» zum Zeitpunkt 2 und diese wiederum die Werte der Skala «Reduzierte Leistungsfähigkeit» zum Zeitpunkt 3 vorhersagen sollen.

Natürlich scheinen auch andere Abfolgen vorstellbar. So gehen Golembiewski et al. (1986) von folgender Sequenz aus:

Depersonalisierung → Reduzierte Leistungsfähigkeit → Emotionale Erschöpfung.

Wie auch immer: Das MBI ist damit der einzige uns bekannte Fragebogen, der sich selbst sowohl als Prädiktor als auch als Kriterium definiert. Bezüglich der Überprüfung dieser Sequenz wurden nur wenige Studien durchgeführt. Deren Ergebnisse sind nicht eindeutig zu interpretieren, sollen jedoch nach Auffassung der jeweiligen Forscher eine gewisse Tendenz zugunsten der von Leiter und Maslach postulierten Sequenz erkennen lassen.

Obwohl das Burnout-Phasenmodell empirisch kaum belegt ist, erfuhr es eine weite Verbreitung und wurde häufig auch in Querschnittsuntersuchungen berücksichtigt. Dem Vorschlag von Golembiewski et al. (1986) folgend werden aufgrund der MBI-Skalenwerte acht Burnout-Phasen unterschieden. Um zu ermitteln, welcher Proband sich in welcher Burnout-Phase befindet, wird er entsprechend seinen MBI-Skalenwerten innerhalb der jeweiligen Skala entweder der Gruppe mit hohen oder derjenigen mit niedrigen Werten zugeordnet. Die sich hieraus ergebende Einteilung ist in Tabelle 5.3 wiedergegeben (hier für das Modell von Leiter und Maslach).

Tabelle 5.3 Burnout-Phasen entsprechend den MBI-Werten

Subskala	Phase 1	Phase 2	Phase 3	Phase 4	Phase 5	Phase 6	Phase 7	Phase 8
Emotionale Erschöpfung	Niedrig	Hoch	Niedrig	Hoch	Niedrig	Hoch	Niedrig	Hoch
Depersonalisierung	Niedrig	Niedrig	Hoch	Hoch	Niedrig	Niedrig	Hoch	Hoch
Reduzierte Leistungsfähigkeit	Niedrig	Niedrig	Niedrig	Niedrig	Hoch	Hoch	Hoch	Hoch

In den wenigen Längsschnittstudien, die eine Aussage über die Veränderungen dieser oder auch anderer Gruppeneinteilungen erlauben, ergab sich stets folgendes Bild: Mindestens 50 Prozent der Probanden wurden zu beiden Messzeitpunkten den gleichen Gruppen zugeteilt. Für die verbleibenden Probanden ergab sich ein Gruppenwechsel, der dem Zufallsprinzip und nicht dem postulierten Modell entsprach! Annähernd gleich viele Probanden wurden bei der zweiten Messung einer Gruppe mit hohen oder aber einer mit niedrigen Burnout-Werten zugeordnet. Konkret heißt dies, dass die Phaseneinteilung der Probanden aufgrund ihrer MBI-Werte sich über die Zeit hinweg entweder als stabil erwies oder aber sich die Richtung der Veränderung *nicht* vorhersagen ließ. Daraus kann man folgern, dass das MBI in der Lage ist, zeitlich stabile Differenzen zwischen Personen zu erfassen, jedoch ungeeignet erscheint, Veränderungen abzubilden. Das MBI erlaubt demnach *keine* Vorhersage über ein zukünftiges Burnout.

Was das MBI eigentlich misst: die Frage der Konstruktvalidität

Die Frage, was das MBI eigentlich misst, ist damit nicht beantwortet. Erfasst es tatsächlich das durch ihn angezielte Konstrukt? Und wenn nicht, was erfasst es stattdessen? Um diese Frage zu beantworten, bedarf es einiger Vorüberlegungen.

Christina Maslach ging davon aus, dass Burnout durch länger anhaltenden beruflichen Stress bedingt wird, welcher die Bewältigungsfertigkeiten einer Person überschreitet. Infolgedessen nehmen die Arbeitszufriedenheit und die Berufsmotivation ab. Im Sinne der konvergenten Validität sind deshalb Zusammenhänge mit Fragebogen zu erwarten, die Stress, Arbeitszufriedenheit oder Berufsmotivation erfassen.

Maslach und ihre Mitarbeiter gingen weiterhin davon aus, dass Burnout keine Krankheit darstellt und auch (psychisch und physisch) gesunde Personen ausbrennen können. Im Sinne der diskriminanten Validität bedeutet dies, dass Burnout (genauer: das MBI) in nur geringem Maß mit Depression bzw. mit Instrumenten, die Depression messen, in Zusammenhang stehen sollte.

Da Burnout außerdem eine besondere Form einer Belastungs*reaktion* darstellt, sollte er sich auch nur in geringem Maße mit Persönlichkeitsmerkmalen wie «Emotionalität» decken.

Leider wurden bislang nur wenige Studien durchgeführt, die sich mit der Konstruktvalidierung des MBI beschäftigen, und diese weisen auch noch gravierende methodische Mängel auf. Bezüglich der konvergenten Validität ergeben sich zwischen den MBI-Skalen und anderen Burnout-Messinstrumenten (z. B. dem TM) Korrelationen zwischen 0,50 und 0,75. Hierbei liegen die Korrelationen der Skala «Emotionale Erschöpfung» meistens um ca. 0,20 über denjenigen der beiden anderen MBI-Skalen.

Die Korrelationen zwischen den MBI-Skalen und Stress sowie Fragebogen zur Arbeitszufriedenheit fallen kaum niedriger aus. Auch sie liegen zwischen 0,50 und 0,70. Auch hier ergaben sich für die Skala «Emotionale Erschöpfung» stets die höchsten Korrelationen. Diese Zusammenhänge sprechen für die konvergente Validität des MBI.

Dies gilt jedoch nicht für seine diskriminante Validität. Die Korrelation zwischen der Skala «Emotionale Erschöpfung» und Depressionsskalen liegt zwischen 0,30 und 0,60, die entsprechenden Koeffizienten für die beiden anderen MBI-Skalen zwischen 0,20 und 0,40. Für die «Supereigenschaft» «Emotionalität» und «Ängstlichkeit» ergaben sich ebenfalls Korrelationen zwischen 0,30 und 0,50, wobei diejenigen der Skala «Emotionale Erschöpfung» zumeist um ca. 0,15 höher ausfielen.

In einer bereits im Zusammenhang mit dem TM erwähnten Studie wurde für die drei MBI-Skalen sowie eine Neurotizismus- und eine Depressionsskala eine Faktorenanalyse berechnet. Es stellte sich heraus, dass die MBI-Skalen «Emotionale Erschöpfung» und «Depersonalisierung» sowie die Neurotizismus- und die Depressionsskala allesamt dem gleichen Faktor zugeordnet werden können.[30] Daraus folgt, dass sich die MBI-Skalen dem gleichen Konstrukt wie Depressivität und bestimmten damit zusammenhängenden Persönlichkeitseigenschaften zuordnen lassen.

In einer weiteren Studie wurden 29 Beschäftigungstherapeuten zweimal im Abstand von 7 Monaten das MBI, ein bewährter Persönlichkeitsfragebogen und ein Fragebogen zur Erfassung des Arbeitsklimas (engl. abgekürzt WES) zur Bearbeitung vorgelegt. Es zeigte sich u. a., dass die Persönlichkeitsskalen der ersten Messung (u. a. Neurotizismus und Ängstlichkeit) die MBI-Skalen zum *zweiten* Messzeitpunkt besser vorhersagten als die WES-Werte, die ebenfalls zum zweiten Messzeitpunkt erhoben wurden. Die Ergebnisse dieser Studie widersprechen klar der Burnout-Konzeption von Maslach, wonach Burnout primär mit situativen Arbeitsplatzfaktoren und *nicht* mit Persönlichkeitseigenschaften in Zusammenhang steht.[31]

Angesichts dieser Befundlage muss man zu dem Schluss kommen, dass die Konstruktvalidität des MBI nicht gegeben ist. Das MBI weist eine allzu große Überlappung mit Instrumenten auf, die z. B. Stress und Arbeitszufriedenheit messen. Es stellt sich deshalb die Frage, wie viel eigenständige, nicht redundante Information das MBI eigentlich erfasst.

Die mangelnde diskriminante Validität des MBI lässt sich dahingehend interpretieren, dass durch das MBI vor allem stabile Persönlichkeitseigenschaften (v. a. «Emotionalität») und in geringerem Maße wohl auch depressive Verstimmungen gemessen werden. Dies würde auch die auffallend hohe Stabilität der MBI-Messwerte erklären, die Lee und Ashford (1993, S. 393) zu folgender Schlussfolgerung veranlasst: «Deshalb könnte man argumentieren, dass das Konstrukt eher negative emotionale Zustände und ein negatives Selbstkonzept erfasste als Stress und Burnout.»

Um es auf den Punkt zu bringen: Das Zielkonstrukt Burnout wird durch das MBI im Wesentlichen verfehlt!

Eine kritische Würdigung des MBI

Die Veröffentlichung des MBI wirkte sich überaus stimulierend auf die empirische Burnout-Forschung aus. Innerhalb weniger Jahre erlangte er eine nahezu unangefochtene Monopolstellung für die Messung von Burnout. Kein anderer Fragebogen zu diesem Konzept wurde in so viele Sprachen übersetzt wie das MBI. Dies sollte zugleich einen interkulturellen Vergleich hinsichtlich der Ausprägung und Verbreitung von Burnout ermöglichen. Die Vorstellungen darüber, was Burnout ist und wie wir darüber zu denken haben, wurde zunehmend durch das MBI bzw. dessen Konzeptualisierung von Burnout geprägt.

War und ist dies gerechtfertigt? In ihrem Kapitel über die Messung von Burnout kommen Schaufeli et al. (1993, S. 211) bezüglich des MBI zu folgendem vorsichtigen Resümee:[33]

«Die Schlussfolgerung hinsichtlich der psychometrischen Qualität des MBI ist etwas inkonsistent. Einerseits sind die faktorielle und die konvergente Validität sowie die Reliabilität des Instrumentes einigermaßen ermutigend. Andererseits kann Burnout, gemessen durch das MBI, nicht valide von verwandten Konzepten wie Depression und (in geringerem Maße) von Arbeitszufriedenheit abgegrenzt werden. Erwähnenswert ist, dass die robusteste und reliabelste Skala mit der besten konvergenten Validität (also ‹Emotionale Erschöpfung›) die am wenigsten spezifische Dimension von Burnout ist und erhebliche Überschneidungen mit verwandten Konstrukten aufweist.»

In Anbetracht der referierten Untersuchungsergebnisse können wir dieser Einschätzung nur zustimmen, jedoch greift sie noch immer zu kurz. Fassen wir die zentralen Punkte der Kritik am MBI nochmals zusammen:

- Sowohl seine Instruktion als auch seine Skalierung sind problematisch, d. h. mehrdeutig und missverständlich. Sie erhöhen den Messfehler.
- Die Normierung des MBI ist de facto nicht gegeben. Es fehlen klinisch definierte Grenzwerte, die eine Aussage darüber erlauben, welche Relevanz einem bestimmten MBI-Wert in Hinblick auf ein erhöhtes Krankheitsrisiko zukommt.
- Die Stabilität der MBI-Subskalen spricht dagegen, dass das MBI in der Lage ist, Veränderungen zu messen. Anders als behauptet, erscheint Burnout somit als ein terminaler Zustand.
- Die Inhaltsvalidität des MBI ist nicht in ausreichendem Maße gegeben. Die Items der einzelnen Skalen erfassen nicht oder nur ausschnitthaft, was sie gemäß ihrer Definition erfassen sollen.
- Die Kriteriumsvalidität wurde zwar belegt, bezieht sich jedoch fast ausschließlich auf den Zusammenhang zwischen dem MBI und anderen Selbstbeschreibungsverfahren.
- Die Vorhersagevalidität des MBI kann nicht als bestätigt gelten.

• Die Konstruktvalidität des MBI ist nicht gegeben. Es ist stattdessen davon auszugehen, dass das MBI das intendierte Zielkonstrukt (Burnout) verfehlt. Faktisch weist es (zu) große Überschneidungen mit Instrumenten zur Messung von Arbeitszufriedenheit und Stress auf. Gleichzeitig unterscheidet es sich zu wenig von Fragebogen, die Emotionalität (also eine stabile Persönlichkeitseigenschaft) und depressive Verstimmungen messen.

Es ist deshalb davon auszugehen, dass die Zusammenhänge zwischen dem MBI und Arbeitszufriedenheit sowie Stresserleben (Aspekt der Kriteriums- und konvergenten Validität) daraus resultieren, dass emotional labile Personen im Vergleich zu emotional stabilen Personen sich sowohl im MBI als auch in Skalen zur Erfassung von Arbeitszufriedenheit und Stress als belasteter beschreiben. Es spricht sehr viel für die Möglichkeit, dass es sich bei den Korrelationen zwischen dem MBI sowie Arbeitszufriedenheit und Stress im Wesentlichen um Scheinkorrelationen handelt, die durch das Wirken einer dritten Messgröße, nämlich «Emotionalität», zustande kommt (wie dies auch beim TM der Fall ist).

Erwähnenswert in diesem Zusammenhang ist auch die Charakterisierung von Maslach (1982, S. 63),[34] wonach «... dem Burnout-gefährdeten Individuum Selbstvertrauen fehlt, es wenig Ehrgeiz besitzt, zurückhaltend und konventionell ist. Ein solcher Mensch hat weder klar definierte Zielvorstellungen noch das erforderliche Maß an Entschlossenheit und Selbstsicherheit, um Ziele zu erreichen.» Diese Typisierung weist deutlich Parallelen zum Neurotizismus-Konzept auf. Allerdings fanden diese Parallelen in der Literatur kaum Beachtung und waren nur selten Gegenstand empirischer Untersuchungen.

Die Geschichte einer fatalen Liebe

Wie war es möglich, dass zwei relativ schlecht konstruierte und deshalb auch wenig valide Fragebogen zu *den* zentralen Datenerhebungsinstrumenten der Burnout-Forschung wurden? Und welche Konsequenzen hatte dies für die empirische Burnout-Forschung?

Ohne an dieser Stelle auf den wissenschaftstheoretischen Hintergrund einzugehen, sollte man sich zunächst noch einmal vor Augen führen, dass sich Forschung in zwei «Welten» abspielt.[35] Die eine «Welt» ist die der Theorien (in unserem Fall der hypothetischen Konstrukte), die andere die der Empirie. Theorie und Beobachtung sollten dabei in einer stetigen

Wechselbeziehung stehen. Von der Theorie ausgehend werden bestimmte empirisch überprüfbare Hypothesen formuliert. Abhängig davon, ob sich eine Hypothese bestätigen lässt oder nicht, wird die Theorie dann modifiziert bzw. verbessert. Theorie und «Wirklichkeit» sollen hierdurch immer mehr in Einklang gebracht werden bis hin zu einem Punkt, wo die Theorie die Wirklichkeit exakt beschreibt, erklärt und Veränderungen vorhersagt. Am ehesten nähern sich naturwissenschaftliche Theorien diesem *Ideal* an.

In der Welt der hypothetischen Konstrukte stellt sich Burnout analog Abbildung 5.3 dar. In dem Schaubild entsprechen die theoretische Komplexität und das damit verbundene Erklärungspotential eines Konstrukts dem Durchmesser des jeweiligen Kreises. Überschneidungen stehen für Zusammenhänge zwischen den Konstrukten, die gemäß den theoretischen Annahmen des jeweiligen Konstruktes zu explizieren sind.

In dieser idealen Welt der Konstrukte stellen sich die Zusammenhänge zwischen Burnout und anderen Konstrukten wie folgt dar: Burnout wird durch (emotionalen) Stress, der nicht (mehr) bewältigt werden kann, ausgelöst. In diesem Prozess senken bestimmte Persönlichkeitsmerkmale (v. a. Neurotizismus) die Belastbarkeit eines Individuums und machen es auf diese Weise anfälliger für Stress. Zunehmendes Ausbrennen wird von zunehmender Unzufriedenheit mit der Arbeit begleitet. Auf Dauer kann Burnout dann in das psychiatrische Störungsbild einer Depression übergehen bzw. diese auslösen. In der Abbildung wird die Komplexität der Konstrukte unterschiedlich eingeschätzt (analog ihres Durchmessers). Stress und Persönlichkeit werden als hochkomplexe Konstrukte mit einem weiten Anwendungsbereich aufgefasst. Burnout und Arbeitszufriedenheit weisen einen eingeschränkteren Anwendungsbereich auf und sind weniger komplex. Depression als eine spezifische psychiatrische Störung hat einen noch engeren Anwendungsbereich.

In einem nächsten Schritt ist dann zu überprüfen, inwiefern die Theorie mit der Wirklichkeit übereinstimmt bzw. die beiden «Welten» in Deckung zu bringen sind. Bildlich gesprochen gleichen die Konstrukte bzw. die Instrumente zu ihrer Messung Scheinwerfern, die Licht in das Dunkel der Wirklichkeit bringen. Die Theorie determiniert demnach, welcher Ausschnitt der Wirklichkeit gesehen werden kann und welcher sozusagen im Dunkeln verborgen bleibt.

Scheinwerfer können unterschiedlich gut sein. In unserem Bild ist ein Scheinwerfer dann gut, wenn es ihm gelingt, das Licht zu bündeln, um auf diese Weise genau das zu beleuchten, was durch das Konstrukt sicht-

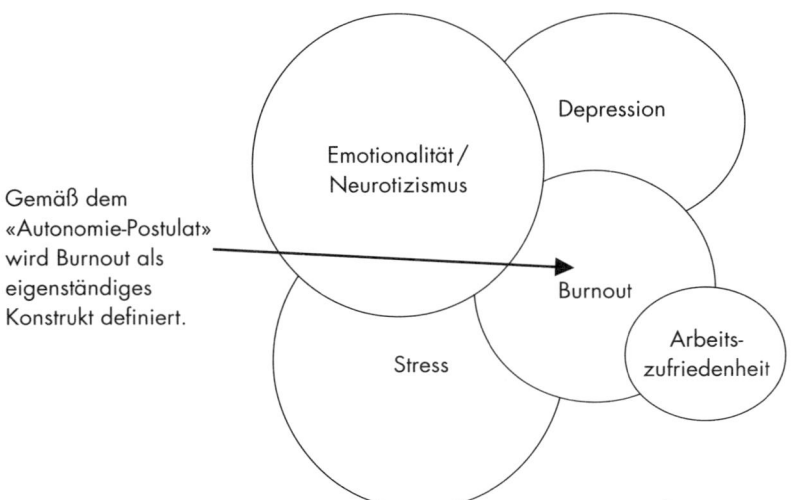

Abbildung 5.3 Die Beziehung zwischen Burnout und anderen Konzepten – «Theoriewelt bzw. hypothetische Konstrukte»

bar gemacht werden soll. Schlechte Scheinwerfer hingegen haben eine geringe Leuchtkraft und streuen breit. Dies hat zur Folge, dass sie unter Umständen große Überschneidungen mit den Lichtkegeln anderer Konstrukte aufweisen. Je sorgfältiger und präziser beispielsweise die Konstruktion eines Fragebogens erfolgte, umso besser wird er das Konstrukt erfassen. Gut konstruierte Fragebogen entsprechen somit leuchtstarken Scheinwerfern mit gebündelten Lichtkegeln.

Wie die Ausführungen dieses Kapitels deutlich gemacht haben, weisen sowohl das TM als auch das MBI gravierende Mängel auf. Auf der Beobachtungsebene (also der Welt der Empirie) ergab sich deshalb eine Situation, wie sie von Abbildung 5.4 veranschaulicht wird. Empirisch kam es zu extremen Überschneidungen mit Messgrößen, die anderen Konstrukten angehören, so dass Burnout praktisch nicht mehr erfasst wird. Auch darf man nicht ausblenden, dass in der «Welt» der Beobachtungen Messfehler eine Rolle spielen, die ebenfalls Berücksichtigung finden müssen.

Verwendet ein Forscher das MBI oder das TM, so verhält er sich nicht anders, als würde er, bildlich gesprochen, gleichzeitig auch die Scheinwerfer der anderen Konstrukte anschalten. Hierdurch wird eine relativ große Fläche ausgeleuchtet. Folgert er daraus allerdings, dass das, was er zu sehen bekommt, etwas mit Burnout zu tun hat, erliegt er einem Irr-

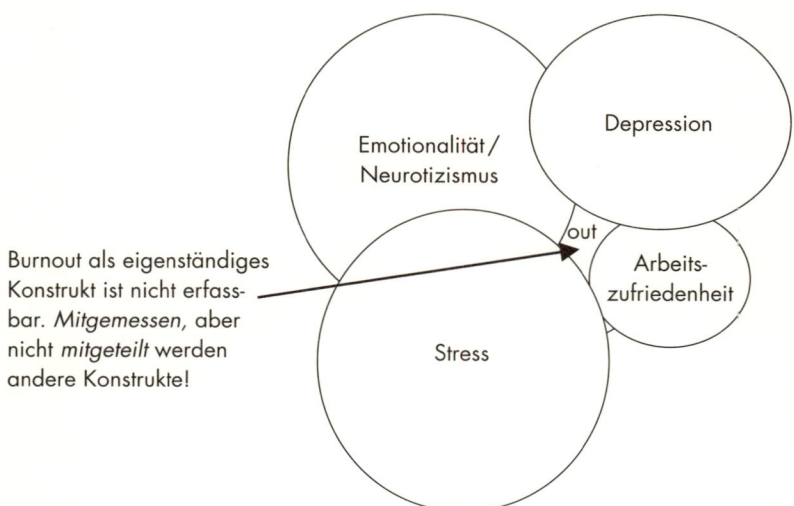

Abbildung 5.4 Die Beziehung zwischen Burnout und anderen Konzepten – *«Reale Welt bzw. Datenebene»*

tum. Die Konsequenzen, die sich daraus für die Praxis ergeben, lassen sich auch durch den Umstand veranschaulichen, dass ein Psychiater nach einem sehr anstrengenden Nachtdienst bei der Bearbeitung von MBI oder TM annähernd die gleichen Messwerte erzielt wie der von ihm behandelte Patient, der unter einer Depression leidet. Dass das MBI dennoch zum Monopolisten unter den Burnout-Messinstrumenten wurde, kann somit letztlich nur an der Faszination dieses Konstrukts bzw. der Sogwirkung, die von ihm ausgeht, liegen. Dabei gilt es zu bedenken, dass die Beschäftigung mit dem Thema Burnout von Beginn an «kopflastig» war. So zählten Perlman und Hartmann bereits 1982 an die 50 verschiedene Burnout-Definitionen, die mit über 100 unterschiedlichen psychischen und physischen Symptomen in Zusammenhang gebracht wurden. Von den zwischen 1974 und 1981 erschienenen Publikationen waren lediglich fünf (knapp zehn Prozent) empirische Arbeiten. Fasziniert von einem «großen Thema» (Burisch, 1994, S. 9), richtete sich der Blick der meisten Burnout-Forscher auf die (ideale) Welt der Theorien und weniger auf die Welt der Daten.

Da Liebe bekanntlich blind macht, nahmen die meisten Forscher die Reliabilität und Validität von MBI und TM als gegeben hin, in der Annahme, dass sich dadurch die «Welt» der Konstrukte im Verhältnis eins zu eins auf die «Welt» der Empirie übertragen lasse. Neben dieser grundsätzlichen Verwechslung erlangte das MBI auch deshalb eine weite Verbreitung, weil es ab einem bestimmten Zeitpunkt zu einem Selbstläufer wurde. Da es bereits häufig eingesetzt worden war, wurde es auch weiterhin eingesetzt – bis heute.

Die Folgen für die Burnout-Forschung waren und sind fatal. Denn weder MBI noch TM messen das, was sie gemäß ihrer Benennung zu messen vorgeben. Stattdessen werden (unbemerkt) durch die Verwendung des MBI und des TM immer auch die leuchtstarken Scheinwerfer anderer Konstrukte mit angeschaltet. Zwar ergab und ergibt sich dadurch eine Flut statistisch signifikanter Ergebnisse, die sich jedoch kaum noch sinnvoll interpretieren lassen. Bestätigt wurde und wird lediglich das Vorurteil, dass Burnout praktisch mit jedem Übel dieser Welt in Zusammenhang steht.

Zusätzlich verschlimmert wird diese Situation noch durch die methodisch unreflektierte und weitgehend atheoretische Verwendung von MBI und TM. Denn wie auch Maslach (1993) moniert, handelt es sich bei den meisten empirischen Studien, bei denen das MBI zum Einsatz kam, um so genannte Querschnittsstudien. Untersucht wurden praktisch immer nichtrepräsentative Stichproben einer zuvor definierten Grundgesamtheit (z. B. Hauptschullehrer in Oberbayern, Zahnärzte in Glasgow usw.). Anschließend wurden die Skalenwerte des MBI mit denen der anderen Fragebogen (z. B. zur Arbeitszufriedenheit oder zum Stresserleben) korreliert und/oder mit objektiven Merkmalen der Arbeitsplatzsituation (z. B. Klassengröße bei Lehrern, Anzahl der Patienten bei Ärzten) in Zusammenhang gebracht.

Hallsten (1993, S. 96) kommt angesichts dieses «blind empiricism» zu der resignierten Einschätzung, dass praktisch *jede* organisationsbezogene und psychologische Variable Korrelationen mit dem MBI (und dem TM) aufweist.[36] Dies liegt jedoch nicht nur an dem mangelhaften Design der Studien, sondern auch an der fehlerhaften Konstruktion des MBI.

Die Produktion signifikanter Ergebnisse hatte jedoch auch zur Folge, dass die theoretischen Vorstellungen über das Konstrukt nicht modifiziert und verbessert wurden. Gerade eine Hypothese, die sich nicht bestätigen lässt, eröffnet die Möglichkeit, die theoretischen Vorstellungen über ein Konstrukt zu modifizieren und dadurch sein Erklärungspotential zu erhöhen. Dieser Bezug von Theorie und Empirie, der der rationalistischen Wissenschaftskonzeption im Sinne eines stetigen Rückkoppelungsprozesses inhärent ist, blieb, bezogen auf die Burnout-Forschung, weitgehend aus. Weil sich *alles* bestätigen ließ, konnte man auch aus der Erfahrung *nichts* lernen. Folglich blieb das Konstrukt unverändert, eine theoretische Weiterentwicklung fand nicht statt.[37]

Soweit sie sich auf MBI und TM bezieht, entspricht der Stand der Burnout-Forschung somit weitgehend demjenigen von vor 25 Jahren. MBI und TM haben die Burnout-Forschung viel beschäftigt und kaum vorangebracht. Als Fehlkonstruktionen waren sie hierzu auch gar nicht in der Lage, da sie nicht messen, was sie zu messen vorgeben. Stattdessen haben die beiden tragenden Säulen der Burnout-Forschung im Wesentlichen das Vorurteil bestätigt, wonach jedes in der Arbeitswelt (wie auch immer) fassbare Übel zu Burnout führen kann. Gerade in der zuverlässigen Reproduktion dieses Vorurteils liegt das Geheimnis der Popularität von MBI und TM begründet.

Lassen wir zum Ende des Kapitels nochmals die große alte Dame der Burnout-Forschung Christina Maslach (1993, S. 32)[38] zu Wort kommen, die bereits vor über zehn Jahren zu folgender Schlussfolgerung gelangte: «Daher repräsentiert mein zukünftiges Forschungsinteresse nicht nur eine Veränderung meiner bisherigen Arbeit, sondern eine Rückkehr zu den Wurzeln meiner Forschung, die helfende Beziehungen zum Inhalt hatte und zur Entdeckung von Burnout führten. Ich hoffe, dass diese Wurzeln, wenn sie mit neuem Material angereichert werden, ein neues Aufblühen vom Wissen und Verständnis des Burnout-Phänomens mit sich bringen werden.»

Kapitel 6

Noch im Stress oder schon Burnout?

Stress gilt als ein Phänomen unserer Zeit. Das Wort «Stress» wurde jedoch bereits im mittelalterlichen Englisch als Alltagsbegriff mit der Bedeutung «äußere Not und auferlegte Mühsal» verwendet.[1] Verglichen mit den Lebensbedingungen des Mittelalters, die für den Großteil der Bevölkerung durch Armut, Hunger, harte körperliche Arbeit, Krankheiten, Bedrohungen durch Verbrechen und Kriege sowie eine geringe Lebenserwartung gekennzeichnet waren, nimmt sich die «auferlegte Mühsal» von heute, zumindest für die westlichen Industrienationen, eher bescheiden aus. Dennoch fühlen sich heute immer mehr Menschen gestresst. So gaben bereits 1984 in einer Repräsentativumfrage von 2035 Personen über 16 Jahre 52% der Befragten an, «häufig das Gefühl zu haben, im Stress zu sein».[2] In einer neueren europaweiten Studie klagten 28% der befragten Arbeitnehmer, unter «Stress» und damit verbundenen Beschwerden wie Kopfschmerzen, Müdigkeit u. a. m. zu leiden. Man geht davon aus, dass in der EU zwischen 50 und 60% aller verlorenen Arbeitstage mit Stressproblemen in Zusammenhang stehen.[3]

Was macht Stress aus? Wie lässt er sich definieren? In die Fachliteratur wurde der Begriff 1914 durch den amerikanischen Forscher Cannon eingeführt. Popularität erlangte er jedoch erst in den 1950er Jahren vor allem durch die Forschungsarbeiten des aus Österreich stammenden und später in Kanada forschenden Arztes Hans Selye. Selye gilt als Vater des modernen Stressbegriffs, und das von ihm entdeckte «Generelle Adaptationssyndrom» (s. u.) erfuhr eine weite Verbreitung. Auch begannen zunehmend mehr Forscher unterschiedlicher Disziplinen, sich dem Phänomen Stress zuzuwenden und hierzu eigene Theorien auszuarbeiten.

Übereinstimmend hat sich die begriffliche Differenzierung zwischen Stress als *Reaktion* und Stress als *Belastungsfaktor* durchgesetzt. Die Alltagssprache macht hier keinen Unterschied. Man sagt, «ich bin im Stress», und meint damit eine Reaktion. Man spricht jedoch auch davon, dass «die Prüfung der reinste Stress war», und bezieht sich damit auf eine belastende, d. h. Stress verursachende Situation.

In der Psychologie werden äußere (z. B. Lärm) oder innere (z. B. Gefühle der Überforderung) Stimuli, die die Stressreaktion auslösen, als *Stressoren* bezeichnet. Unter Stress wird hingegen eine Reaktion verstanden, die psychische und physische Komponenten beinhaltet und deren Funktion in der Bewältigung des jeweiligen Stressors liegt. Die Stressreaktion ist demnach eine biologisch funktionale Anpassungsreaktion.

Die Unterscheidung zwischen Stressor und Stressreaktion spiegelt sich auch in unterschiedlichen Forschungtraditionen zum Thema Stress wider. Die stimulusorientierten Ansätze beschäftigen sich mit der Frage, welche Stressoren es gibt, welche Intensität diese haben und mit welcher Wahrscheinlichkeit sie in der Lage sind, die Stressreaktion auszulösen.

Auf der anderen Seite gibt es Ansätze, die sich mit der Stressreaktion selbst und deren kurz- und langfristigen Konsequenzen beschäftigen. Der bereits erwähnte Vater der Stressforschung Hans Selye ist einer der prominentesten Vertreter des reaktionsorientierten Ansatzes. Obgleich beide Ansätze unser heutiges Verständnis von Stress entscheidend geprägt haben, greifen sie zu kurz, da sie das subjektive Erleben und die individuelle Verarbeitung von Stressoren zu wenig berücksichtigen. Denn ob ein Stressor Stressreaktionen auslöst oder nicht, hängt entscheidend von dessen subjektiver Bewertung und Verarbeitung ab. So mag etwa eine Auslandsversetzung für den einen Manager eine Herausforderung darstellen, für den anderen bedeutet sie hingegen eine «Strafversetzung». Entsprechend unterschiedlich wird die Stressreaktion ausfallen.

Eine der einflussreichsten Theorien, die sich mit den subjektiven Bewältigungsstrategien und -kompetenzen beschäftigt, wurde von dem amerikanischen Stressforscher Richard Lazarus und seinen Mitarbeitern vorgelegt. Gemäß dieser Theorie resultiert das Erleben von Stress stets aus dem Ergebnis der Wechselbeziehung (von Lazarus als Transaktion bezeichnet) von Individuum und Umwelt. Hierbei spielen kognitive Bewertungsprozesse und vorhandene Bewältigungsfertigkeiten eine zentrale Rolle. Erst das subjektive Erleben einer Diskrepanz zwischen den Anforderungen einer bestimmten Situation und den zur Verfügung stehenden Bewältigungsmöglichkeiten erzeugt Stress.

Für seine genaue Bestimmung sind somit drei Bestimmungsstücke notwendig: 1) ein Stressor, dessen 2) subjektive Verarbeitung dazu führt, dass 3) die Stressreaktion ausgelöst wird. Im Folgenden werden die drei bereits erwähnten Paradigmen der Stressforschung – das reaktionsorientierte, das stimulusorientierte sowie das interaktionelle Paradigma – in ihren Bezügen zum Burnout-Konzept ausführlicher dargestellt.[4]

Reaktionsorientierte Ansätze:
Die Psychophysiologie der Stressreaktion

Wissenschaftler, die sich mit den Mechanismen der Stressreaktion beschäftigen, betrachten diese primär als eine biologisch sinnvolle Leistung des Organismus, mit dem Ziel, den Körper kontinuierlich an die wechselnden Belastungen der Umwelt anzupassen. Diese Sichtweise impliziert, dass der Art der Belastung (also dem Stressor) wenig Aufmerksamkeit geschenkt wird.

Die Ergebnisse dieser Forschungsrichtung halten dafür, dass die physiologischen Abläufe der Stressreaktion sich vor vielen Millionen Jahren entwickelt und seither kaum verändert haben. Gemäß den elementaren evolutionären Prinzipien von Mutation und Selektion hat sich die Stressreaktion demnach zu einer Zeit herausgebildet, die mit der heutigen nur wenig gemeinsam hat. Unsere Vorfahren dürften häufig mit Situationen konfrontiert worden sein, in denen es um Leben oder Tod ging. Entsprechend galt es, den Organismus auf solche Extrembelastungen vorzubereiten bzw. ausreichend Energie zu mobilisieren, um diese erfolgreich zu bewältigen. Es ging darum, das Überleben des Organismus sicherzustellen, indem der Körper entweder auf Kampf oder auf Flucht vorbereitet wurde.

In einer Umwelt, in der potentiell jeder Reiz tödliche Bedrohung signalisieren kann, war es außerdem notwendig, dass die Auslösung der Stressreaktion niederschwellig und durch möglichst viele Reize, also in unspezifischer Weise, erfolgte. Ein Mensch der Frühzeit, der vor vielen Jahrtausenden Beeren sammelnd durch die Wälder streifte und plötzlich ein ungewöhnliches Geräusch vernahm, dürfte eine höhere Überlebenschance gehabt haben, wenn bei ihm unmittelbar die Stressreaktion ausgelöst wurde, auch wenn sich dann herausstellte, dass das Geräusch von einem ungefährlichen Vogel und nicht von einem Raubtier stammte.

Die Stressreaktion als biologisches Anpassungs- und «Notfallprogramm» hat sich also bereits vor langer Zeit und unter Umweltbedingungen entwickelt, die sich fundamental von unseren heutigen unterscheiden. Was damals unser Überleben sicherte, erweist sich heute oft als unpassend; die langfristigen Konsequenzen einer zu häufig ausgelösten Stressreaktion sichern nicht unser Überleben, sondern gefährden es.[5]

Das Stresskonzept von Hans Selye

Nach dem Abschluss seines Medizinstudiums emigrierte Selye in den 1930ern nach Kanada und begann dort während seiner Zeit als For-schungsassistent sein Stresskonzept zu entwickeln. Er war fasziniert von der Idee, dass ganz unterschiedliche Belastungen ein und dieselbe Reak-tion hervorrufen. Bereits als Student war ihm während einer Vorlesung aufgefallen, dass die vorgestellten Patienten zwar an gänzlich verschiedenen Krankheiten litten und dennoch alle ähnliche Symptome zeigten, darun-ter Schwäche, Gesichtsblässe, Fieber usw. Er nannte dieses Symptom-cluster «das Syndrom des Krankseins schlechthin» (Selye, 1984, S. 85).[6]

Viele Jahre später kam er erneut auf diese Beobachtung zurück. Im Zu-sammenhang mit tierexperimentellen Studien zur Identifikation weib-licher Geschlechtshormone hatte Selye den Auftrag erhalten, Ratten ein Extrakt zu injizieren, das aus den Eierstöcken frisch geschlachteter Kühe gewonnen worden war. Die anschließende Autopsie erbrachte zwar keine Erkenntnisse hinsichtlich der Entdeckung weiblicher Geschlechtshor-mone, allerdings fiel Selye ein «seltsames Syndrom» (ebd., S. 89) auf, das durch eine Erweiterung der Nebennierenrinde als Anzeichen von ver-stärkter endokriner Aktivität, durch Schrumpfung des Lymphgefäßsys-tems sowie Magen- und Darmgeschwüre gekennzeichnet war.

Um zu überprüfen, ob dieses Syndrom eine spezifische Reaktion in-folge der Injektion des Eierstockhormons darstellte, injizierte Selye Rat-ten weitere Substanzen. Stets ergaben sich die gleichen Veränderungen. Schließlich begann er damit, seine Versuchstiere auch anderen Belastun-gen auszusetzen, u. a. starken Kältereizen, Immobilisation oder dem Ge-genteil, ständiger Bewegung. Dabei stellte sich heraus, dass unabhängig von der Schädigung, der er seine Versuchstiere aussetzte, es zu den typi-schen physischen Veränderungen kam: Überaktivität der Nebenniere, Lymphgefäßatrophie sowie Magengeschwüre.

Damit war die Grundlage eines Stresskonzeptes geschaffen, deren Kern in der Annahme gründet, dass eine Vielzahl von Belastungen, wenn nur die Intensität hoch genug ist, Stressreaktionen auslösen können. Entspre-chend definiert Selye Stress als eine «unspezifische Reaktion des Körpers auf jede Art von Anforderung» (ebd., S. 93). Pointiert ausgedrückt, kann «ein Schlag mit der Peitsche und ein leidenschaftlicher Kuss den gleichen Stress erzeugen» (ebd., S. 126). Daraus folgt, dass sich Stress nicht ver-meiden lässt, sondern ein integraler Bestandteil unseres Lebens ist, wo-hingegen seine komplette Abwesenheit den Tod bedeutet.

Allerdings unterscheidet Selye zwischen angenehmen und unangenehmen Anforderungen. Erstere rufen «Eustress», Letztere «Distress» hervor. Obwohl beide Stress erzeugen, bedingt «Distress» mit sehr viel größerer Wahrscheinlichkeit Krankheiten, als dies bei «Eustress» der Fall ist.

Die körperlichen Komponenten der Stressreaktion

Ein Großteil der Forschungsarbeiten von Selye und seinen Mitarbeitern richtete sich darauf, die physiologischen Mechanismen der Stressreaktion und deren Folgen zu identifizieren. Die Reaktion selbst wurde von ihm als *general adaptation syndrome* (GAS) bezeichnet. Der Terminus «general» verweist darauf, dass es sich um eine unspezifische Reaktion handelt, deren Zweck in der Anpassung (*adaptation*) des Organismus an irgendeine Anforderung liegt. Das GAS umfasst drei Komponenten, die einen phasenhaften Verlauf nehmen: die so genannte Alarmreaktion, die Widerstandsphase und die Erschöpfungsphase. Die physiologischen Abläufe der drei Phasen sind zusammenfassend in Tabelle 6.1 dargestellt:

Tabelle 6.1 Die drei Phasen des allgemeinen Adaptationssyndroms

1. Alarmreaktion	Sympathische Aktivierung, erhöhte Konzentration von Adrenalin und Noradrenalin, adrenocorticotropes Hormon (ACTH) und Corticosteroiden
2. Widerstandsphase	Erhöhung des Zuckerstoffwechsels, Steigerung der Empfindlichkeit der Gefäßmuskulatur für Adrenalin und Noradrenalin, Dämpfung von Schilddrüsen- und Sexualfunktionen
3. Erschöpfungsphase	Zusammenbruch von Reproduktions- und Wachstumsfunktionen sowie der Infektionsabwehr, nur noch kurzzeitige Energiemobilisierung möglich, Vergrößerung der Nebenniere, Schrumpfung der Thymusdrüsen, Bildung von Magengeschwüren

Selye weist darauf hin, dass nur bei chronischer Belastung alle drei Phasen des GAS durchlaufen werden, während die typischen Belastungen des Alltags meist nur die Alarmreaktion oder die Alarmreaktion und die Widerstandsphase auslösen. Das Eintreten der Erschöpfungsphase signalisiert demnach, dass dem Organismus eine erfolgreiche Anpassung an den Stressor nicht gelungen ist und der endgültige Zusammenbruch (im Extremfall der Tod) unmittelbar bevorsteht. Selye geht davon aus, dass wir in unserem Leben häufig die ersten beiden Stadien des GAS durchlaufen und uns meistens wieder davon zu erholen vermögen. Je länger die Widerstandsphase andauert, desto schwerer fällt es jedoch, sich wieder zu regenerieren. Ist erst einmal die Erschöpfungsphase erreicht, so ist eine Erholung zwar nicht ausgeschlossen, jedoch wird sie eine längere Zeit in Anspruch nehmen.

Obwohl die Stressreaktion (GAS) eine Anpassung des Organismus an jede Art von Anforderung darstellt, handelt es sich in der Regel nicht um eine optimale, d. h. dem Stressor entsprechende, sondern um eine überschießende Reaktion, was sich aus deren evolutionären Entstehungsbedingungen heraus erklären lässt.

Die physiologischen Reaktionssysteme des Allgemeinen Adaptationssyndroms
In den vergangenen 50 Jahren wurde ein breites Wissen über die physiologischen Mechanismen und Abläufe der Stressreaktion zusammengetragen. Dabei kristallisierten sich vor allem zwei dominante Regulationssysteme heraus, die bei der Steuerung der Stressreaktion von Bedeutung sind: das *Hypothalamus-Nebennieren-System* (HNS; synonym Sympathico-adrenomedulläres System) und das *Hypothalamus-Hypophysen-Nebennierenrinden-System* (HHNS; synonym Hypothalamo-hypophyseoadrenokortikales System).

Der nur 5 g schwere Hypothalamus wird dem limbischen System zugeordnet. Limbische Strukturen sind an der Steuerung aller Verhaltens- und Denkprozesse beteiligt. In unserem Zusammenhang ist primär deren Funktion bei der Entstehung und Modulation von Emotionen von Bedeutung. Emotionen umfassen kognitive (z. B. aggressive Phantasien angesichts von Ärger), emotionale (etwa das Gefühl, sich zu ärgern), behaviorale (Handlungstendenzen) und vegetativ-physiologische Komponenten (z. B. ein Blutdruckanstieg). Die vegetativen, durch den Hypothalamus gesteuerten Anteile einer Emotion machen deren energetische Basis aus, ohne die eine adäquate Reaktion kaum möglich wäre.

Da die Stressreaktion immer auch mit emotionalem Erleben einhergeht (oft von Angst und/oder Ärger), kommt dem Hypothalamus als Steuerzentrum vegetativer Funktionen eine zentrale Bedeutung zu. Er selbst ist wiederum mit der *Hirnanhangdrüse (Hypophyse)* verbunden, in der acht lebenswichtige Hormone gelagert und teilweise auch synthetisiert werden. Das hypothalamische-hypophysäre System ist damit eine entscheidende Nahtstelle zwischen neuronalen (= Hypothalamus als Teil des limbischen Systems) und hormonellen (= Hypophyse) Regelprozessen.

Wird der Organismus mit einem Stressor konfrontiert, so bewirkt der Hypothalamus die Ausschüttung der Stresshormone Adrenalin und Noradrenalin aus dem Nebennierenmark – deswegen auch die Bezeichnung

Hypothalamus-Nebennieren-System (HNS), das selbst wiederum dem autonomen Nervensystem zugeordnet wird. Letzteres regelt, wie der Name sagt, autonom, d. h. unwillkürlich, zahlreiche lebenswichtige Funktionen wie die der Atmung, des Kreislaufs, der Verdauung, des Stoffwechsels, der Drüsensekretion, der Körpertemperatur und der Fortpflanzung.

Das HNS wird in drei Subsysteme unterteilt: das sympathische und das parasympathische Nervensystem sowie das Darmnervensystem. Vereinfacht ausgedrückt ist der Sympathicus für die Aktivierung und der Parasympathicus für die Desaktivierung bzw. Entspannung zuständig. Optimal für den Organismus ist eine Balance zwischen den beiden Teilsystemen. Werden psychische (z. B. das Lösen einer Rechenaufgabe) oder physische (z. B. Treppensteigen) Anforderungen an den Organismus gestellt, erfolgt eine Aktivierung des Sympathicus, die es dem Organismus ermöglicht, die jeweilige Leistung zu erbringen. Werden keine oder nur geringe Anforderungen an den Organismus gestellt, dominiert die Aktivität des Parasympathicus (und des Darmnervensystems), was zu Entspannung führt. Man kann sich leicht vorstellen, dass tagsüber der Sympathicus und in der Nacht der Parasympathicus aktiver ist. Dies lässt sich am Verlauf der Blutdruckwerte erkennen, die im Wachzustand deutlich höher ausfallen als in der Nacht.[7]

Der Ablauf der Alarmreaktion

Die Alarmreaktion wird durch eine Aktivierung des Sympathicus hervorgerufen; dabei fällt dem Hypothalamus-Nebennieren-System eine wesentliche Bedeutung zu. Innerhalb nur weniger Sekunden kommt es zu einer Ausschüttung von Adrenalin und Noradrenalin aus dem Nebennierenmark, und zwar im Verhältnis 80 zu 20. Bei den Nebennieren handelt es sich um Drüsen, die den beiden Nieren aufliegen und jeweils ca. 4 g wiegen. Jede Nebenniere besteht aus zwei unterschiedlichen Anteilen, nämlich dem Nebennierenmark und der Nebennierenrinde.

Die Ausschüttung von Adrenalin und Noradrenalin, die unter emotionalem Stress gegenüber der Ruheausschüttung um das Zehnfache ansteigen kann, bedingt eine Vielzahl physiologischer Aktivierungsprozesse: eine Zunahme der Herzfrequenz und der Kontraktionskraft des Herzens, eine Verengung der peripheren und eine Erweiterung derjenigen Blutgefäße, welche die Skelettmuskeln versorgen (all dies führt zum Blutdruckanstieg), eine Abnahme der Magen- und Darmtätigkeit, die Anregung metabolischer Umbauprozesse (z. B. die Umwandlung von Aminosäuren in Glukose) sowie eine Stimulation des Immunsystems. Diese physiologischen Prozesse ermöglichen es dem Organismus, sich in Sekundenschnelle auf eine effektive Auseinandersetzung mit dem Stressor vorzubereiten. Gelingt eine Bewältigung der Anforderung (bzw. des Stressors) oder erweist sich dieser als ein passagerer Stressor, sind keine weiteren Anpassungsprozesse nötig.

Stellen wir uns eine alltägliche Situation vor. Auf dem Weg zur Arbeit fahren wir ein Stück Autobahn. Bei einem Überholmanöver fährt ein anderes Auto gefährlich nah auf (= Stressor), was die Auslösung der Alarmreaktion zur Folge hat. Wir fahren deshalb so schnell als möglich wieder auf die rechte Spur. Kurz darauf bemerken wir, dass unser Herz rast, wir feuchte Hände haben und das Lenkrad sehr verkrampft halten. Dann kommt die Ausfahrt, und wir erreichen ohne weitere Gefährdungen unseren Arbeitsplatz. In diesem Beispiel wurde die Alarmreaktion nur einmal ausgelöst.

Stellen wir uns die gleiche Situation vor, wobei wir diesmal nicht auf dem Weg zu unserer Arbeitsstelle sind, sondern eine Geschäftsreise von München nach Hamburg vor uns haben. Während dieser Fahrt werden wir mehrfach mit gefährlichen Situationen konfrontiert, und entsprechend oft wird die Alarmreaktion ausgelöst. Die wiederholte Stressexposition stellt andere Anforderungen an den Organismus, als dies bei kurz dauernden Expositionen der Fall ist. Es wird ein zusätzliches Reaktionssystem «zugeschaltet»: Es handelt sich um das bereits erwähnte *Hypothalamus-Hypophysen-Nebennierenrinden-System (HHNS)*.

Das HHNS wird dem endokrinen System zugerechnet, das analog dem autonomen Nervensystem das übergeordnete Ziel verfolgt, den Körper kontinuierlich an die wechselnden Belastungen der Umwelt anzupassen. Anders als das HNS entfaltet es jedoch seine volle physiologische Wirkung erst nach ca. 30 Minuten. Allerdings werden durch seine Aktivität auch längerfristige Adaptationsprozesse initiiert.

Die Widerstands- und die Erschöpfungsphase

In der Terminologie von Selyes markieren diese Adaptationsprozesse die so genannte Widerstandsphase des GAS. Bei länger anhaltendem Stress sezerniert der Hypothalamus so genannte Realising-Hormone, welche die Hypophyse ihrerseits zur Ausschüttung weiterer Hormone stimulieren. Im Zusammenhang mit der Stressreaktion ist vor allem das *Corticotropin-Releasing-Hormon* von Bedeutung, das die Hypophyse zur Ausschüttung von *Adrenocorticotropem Hormon* (ACTH) anregt. Das aus der Hypophyse ausgeschüttete ACTH gelangt über die Blutbahn zu den Nebennierenrinden, wo es die Synthese und Freisetzung von Cortisol (einem weiteren Stresshormon) bedingt.

Eine wesentliche Aufgabe des Cortisols im Rahmen der Stressreaktion ist die Bereitstellung von Energie. Unter Cortisol kommt es zur Glukoneogenese und Proteolyse (Freisetzung von Eiweiß) in der Leber, zur Proteolyse in den Knochen und in der Skelettmuskulatur sowie zur Lipolyse (Freisetzung von Glycerin und Fettsäuren aus den Fettvorräten des Körpers). Cortisol hat darüber hinaus eine immunsuppressive Wirkung, einhergehend mit erhöhter Infektanfälligkeit. Cortisol sensibilisiert außerdem die glatte Muskulatur der Gefäße für die Wirkung von Adrenalin und Noradrenalin. Langfristig gesehen bewirkt Cortisol auch eine Verminderung der regenerativen Funktionen des Körpers. Die Immunabwehr wird verringert, die Reproduktionsfunktionen eingestellt (z. B. Ausbleiben der Regelblutung infolge von Zyklusstörungen bei der Frau), und es kann zum Auftreten psychosomatischer Erkrankungen und zu weiteren Symptomen wie Schlafstörungen, Konzentrationsschwierigkeiten usw. kommen. Abhängig von der Intensität des Stressors geht die Widerstandsphase unterschiedlich schnell in die Erschöpfungsphase des GAS über. In der Erschöpfungsphase ist nur noch eine kurzzeitige Energiemobilisierung möglich, der Zusammenbruch des Organismus kündigt sich an.

Burnout und das Allgemeine Adaptationssyndrom:
zwei Begriffe – ein Syndrom?
Gibt es zwischen der Stressreaktion und Burnout einen Zusammenhang? Stellen wir uns vor, Herbert Freudenberger und Hans Selye hätten sich irgendwann in der Mitte der 1970er Jahre getroffen. Möglicherweise hätte einer der zahlreichen Vorträge oder Kongresse hierzu Anlass geboten, an denen Selye im Verlauf seines Forscherlebens teilnahm. Nehmen wir weiter an, die beiden wären bei einem guten Glas Wein ins Gespräch gekommen – ein Gespräch zwischen zwei «Vätern»: dem des Stress- und dem des Burnout-Konzeptes. Im Verlauf des Gesprächs wären dann Gemeinsamkeiten deutlich geworden: Beide mussten emigrieren und verloren so ihre Heimat. Dennoch gelang es beiden, diese Belastung erfolgreich zu bewältigen und sich in ihrer neuen Heimat eine Existenz aufzubauen.

Im Laufe des Abends kämen sie dann auf ihre Arbeit und Freudenberger auf sein berufliches Überengagement zu sprechen, das ihn schließlich psychisch und körperlich zusammenbrechen ließ: Burnout! Selye würde im Verlauf des Gesprächs immer neugieriger und ließe sich die Symptome des Burnout-Syndroms ausführlich schildern. Irgendwann würde er zu schmunzeln beginnen und Freudenberger darauf aufmerksam machen, dass das Burnout-Syndrom ziemlich genau dem entspricht, was er bereits Jahrzehnte zuvor als die Erschöpfungsphase des Allgemeinen Adaptationssyndroms beschrieben hat. Und nun ließe es Sely sich nicht nehmen, ausführlich von seinen Forschungsarbeiten zu berichten und die Natur des Allgemeinen Adaptationssyndroms zu beschreiben.

Wie hätte Freudenberger wohl reagiert? Möglicherweise hätte er sich ein wenig geärgert. Was hat seine differenzierte (Selbst-)Analyse zum Thema Burnout mit der physiologischen Reaktion von Ratten zu tun, denen Eierstockhormone injiziert worden waren oder deren Käfig während eines kalten kanadischen Winters ins Freie gestellt wurde?

Selye hätte sicher gespürt, hier vermutlich einen wunden Punkt seines Gegenüber getroffen zu haben. Taktvoll würde er ihn darauf hinweisen, dass es sich ja nur um eine weitläufige Analogie, sozusagen um eine biologische Metapher, handle und er sich mit dem Thema Burnout gar nicht auskenne, selbst davon ohnehin nicht betroffen sei, und dies, obwohl er seit vielen Jahren mindestens 14 Stunden täglich arbeite. An dieser Stelle würde dann auch Freudenberger einlenken (man will ja nicht unhöflich sein) und anmerken, dass die Parallelen durchaus von Interesse seien und zum Verständnis von Burnout beitragen könnten. Nach diesem Aus- oder besser Abtausch von Meinungen und Höflichkeiten wäre die Luft dann wohl aus dem Gespräch raus gewesen. Sich höflich verabschiedend gingen die beiden auseinander, und beide würden wohl *ihrer* Überzeugung treu bleiben (Selye – fiktiv: Burnout ist eine Facette des GAS! Freudenberger – fiktiv: Die physiologischen Komponenten des GAS sind eine Facette von Burnout!).

Wie dem auch sei. Die Parallelen zwischen Burnout und der Erschöpfungsphase des GAS sind unübersehbar. Beide markieren einen Endzustand, der sich als Folge einer lang anhaltenden Überlastung («Dauerstress») einstellt. Fokussiert man auf die biologische Basis des Phänomens Burnout, so lässt es sich mühelos auf die Erschöpfungsphase des GAS reduzieren. Ob Ratte, Hund, Affe oder Mensch: Wird ein Organismus längere Zeit mit Stressoren konfrontiert, die er nicht bewältigen kann, so kommt es zur Ausbildung der Erschöpfungsphase des GAS mit entsprechenden Symptomen.

Worin unterscheiden sich die beiden Konzepte? Selye ging es vor allem darum, aus (natur)wissenschaftlicher Sicht die *Physiologie* der Stressreaktion zu erforschen. Freudenberger interessierte sich als Betroffener für die psychologischen Ursachen und Folgen eines von ihm erlebten und für ihn zunächst unerklärlichen psychophysischen Erschöpfungszustandes. Hier die objektiv-distanzierte Beschreibung und Erklärung eines *Natur*phänomens, dort das subjektive Erleben (und Erleiden) eines *Kultur*phänomens. Der entscheidende Unterschied liegt demnach in der subjektiv-individuellen Ausdeutung, Sinnfindung und Wortgebung dessen, was sich da auf der körperlich-physiologischen Ebene abspielt. In dem Maße, in dem es zu der beschriebenen Ausweitung (und Verwässerung) des Burnout-Konzeptes kam, scheint es zudem höchst fraglich, ob denn wirklich jeder, der sich als ausgebrannt bezeichnet, tatsächlich auch die psychosomatischen Symptome der Erschöpfungsphase des GAS aufweist oder diese einfach nur für sich in Anspruch nimmt!

Ein weiterer Unterschied zwischen Burnout und GAS besteht auch darin, dass Burnout sich gerade nicht als Reaktion auf *irgendeine* Anforderung an den Organismus darstellt, sondern durch spezifische, arbeitsbezogene Stressoren hervorgerufen wird (oder besser: werden soll). Damit ist auch die Frage aufgeworfen, ob sich die Stimuli spezifizieren lassen, die Stress und damit letztlich auch Burnout bedingen können.

Was erzeugt Stress?

In der Stressforschung begann man sich in den 1960er Jahren intensiv mit der Frage zu beschäftigen, welche Belastungen Stress hervorrufen bzw. somatische und psychosomatische Krankheiten zur Folge haben. Besondere Popularität erlangte der Ansatz der «kritischen Lebensereignisse» von Holmes und Rahe (1967).[8] Gemeint sind damit einschneidende Veränderungen im Lebenslauf, die von den Betroffenen oft als Schicksalsschläge (z. B. der Tod eines Angehörigen) oder zumindest schwere Lebenskrisen (z. B. Scheidung) erlebt werden.

Diese Ereignisse erzeugen intensiven Stress, so dass deren Bewältigung von den Betroffenen erhebliche psychische und soziale Anpassungsleistungen erfordern. Um eine möglichst objektive Erfassung solcher Ereignisse zu gewährleisten, wurde einer großen Stichprobe von Personen eine Liste kritischer Lebensereignisse vorgelegt, die auf einer Skala von 0 bis 100 danach beurteilt werden sollten, welches Ausmaß an Wiederanpassung (engl. *readjustment*) das Eintreten des betreffenden Ereignisses notwendig macht.

Der daraus von Holmes und Rahe entwickelte Fragebogen, die *Social Readjustment Rating Scale*, beinhaltet 43 kritische Lebensereignisse, denen – entsprechend der erforderlichen Anpassungsleistung – jeweils ein fester Punktwert (sog. «Life change unit») zugeordnet ist. Den höchsten

Rang nimmt der Tod des Ehepartners (100) ein, dieser wird gefolgt von Scheidung (73) und Trennung vom Ehepartner (65). Die Liste enthält jedoch nicht nur negative, sondern auch (zumindest potentiell) positive Ereignisse wie Heirat (50) oder Urlaub (13).

Beim Ausfüllen der Skala soll der Proband für einen definierten Zeitraum angeben, ob bzw. welche kritischen Lebensereignisse sie oder er erlebt hat. Anschließend werden dann die Punktwerte der einzelnen Ereignisse aufsummiert. Bei mehr als 300 Punkten innerhalb eines Jahres soll das allgemeine Krankheitsrisiko ansteigen.

Aufgrund seiner Plausibilität hat dieser Ansatz viele Forscher motiviert, Studien durchzuführen, die den Zusammenhang zwischen kritischen Lebensereignissen und Krankheiten zum Gegenstand haben. Nach anfänglicher Euphorie machte sich allerdings eine zunehmende Ernüchterung breit. Denn die ermittelten korrelativen Zusammenhänge ergaben bescheidene Werte zwischen 0,20 und 0,30, was zwar für einen statistisch bedeutsamen, jedoch schwachen Zusammenhang spricht (dieser Koeffizient kann maximal einen Wert von +1 annehmen, wenn zwischen zwei Messgrößen ein positiver linearer Zusammenhang besteht). Offensichtlich stellen kritische Lebensereignisse zwar einen Risikofaktor für das Auftreten von Krankheiten dar, jedoch bedingen sie diese nicht zwingend. Ob ein kritisches Lebensereignis eine Erkrankung zur Folge hat, hängt entscheidend mit davon ab, wie das Ereignis subjektiv erlebt wird und über welche Bewältigungsfertigkeiten das Individuum verfügt.

Stress als Folge alltäglicher Belastungen
Man kann sich auch fragen, ob es nicht vor allem der Alltagsstress ist, der uns krank werden lässt. So konnte beispielsweise in einer englischen Längsschnittstudie der Nachweis erbracht werden, dass die Blutdruckwerte von Nonnen, die in einem Kloster lebten, über die Jahre hinweg nicht anstiegen, wohingegen sich bei einer Vergleichsgruppe von Frauen einer benachbarten Ortschaft die Werte erhöhten. Die Autoren der Studie interpretierten dies als Beleg für die schädlichen Auswirkungen alltäglicher Belastungen.[9]

In der Stressforschung wurden deshalb Konzepte entwickelt, die sich auf den täglichen Stress beziehen. Bekannt geworden ist das Modell der «Daily Hassles» bzw. der «Daily Uplifts». Diesem Modell liegt die Annahme zugrunde, dass es vor allem die alltäglichen Sorgen, Ärgernisse und Probleme sind, die Stress erzeugen und damit potentiell krank machen.

Weite Verbreitung hat etwa die Skala von Arthur Kanner gefunden.[10]

Diese enthält 117 mögliche Alltagsprobleme und Ärgernisse, die nach ihrer Auftretenshäufigkeit und nach der Intensität ihrer Belastung eingestuft werden sollen. Beispiele dafür sind das Verlegen oder Verlieren von Gegenständen, Unverträglichkeit mit Nachbarn, zu viele Verpflichtungen, Sorgen über einen benötigten Kredit usw.

Die «Daily Uplift»-Skala wurde in analoger Weise konzipiert. Erfasst werden 135 positive Alltagsereignisse wie angenehme Interaktionen mit dem Partner, Entspannung oder Beten. Die Autoren gehen davon aus, dass solche positiven Ereignisse einen kompensatorischen Effekt haben und damit Stress reduzierend wirken.

«Daily Hassles» und «Daily Uplifts» können sich damit ausgleichen. In einigen Studien konnte gezeigt werden, dass Alltagsbelastungen in einem engeren Zusammenhang mit Stressindikatoren stehen, als es für die kritischen Lebensereignisse der Fall ist. Man kann demnach davon ausgehen, dass sich die schädigende Wirkung von Stress eher auf der Mikro- (= alltägliche Stressoren) als auf der Makroeebene (gravierende, jedoch viel seltener auftretende Lebensereignisse) erfassen lässt.

Der Zusammenhang von Burnout und alltäglichen Stressoren
Für die Burnout-Forschung haben jedoch beide Ansätze keine nennenswerte Rolle gespielt. Zum einen wird Burnout nicht als Folge dramatischer Schicksalsschläge oder Krisen aufgefasst, zum anderen sind die «Daily Hassles» zu unspezifisch formuliert, d. h., sie bringen nicht das an Belastungen zum Ausdruck, was den Prozess des «Ausbrennens» hervorrufen soll. Außerdem wird Burnout primär als eine Folge *beruflicher* Be- und Überlastung verstanden, wohingegen die genannten Ansätze Stressoren aus allen Lebensbereichen einschließen.

Sehr viel mehr Bezug zum Phänomen Burnout haben deshalb Studien, die sich mit der Identifikation und den Auswirkungen von arbeitsbezogenen Stressoren beschäftigen. Inzwischen wurde eine Vielzahl solcher Stressoren identifiziert und beschrieben. In Tabelle 6.2 sind einige von ihnen aufgeführt (modifiziert nach Holt, 1993, S. 344).[11]

In verschiedenen Studien konnte gezeigt werden, dass die aufgeführten Stressoren sich negativ auf den psychischen und/oder physischen Gesundheitszustand der untersuchten Arbeitnehmer auswirken (s. S. 215 f.). Auch kann man sich leicht vorstellen, dass einige der genannten Stressoren (z. B. fehlende Unterstützung, zu viele Patienten- oder Klientenkontakte), zumal wenn sie über einen längeren Zeitraum hinweg andauern, zu Burnout führen können.

Tabelle 6.2 Arbeitsbezogene Stressoren

Objektiv definierbare Stressoren

Physikalische Stressoren
Chronische Gefährdung am Arbeitsplatz
Physikalische Belastungen (z. B. Hitze, Kälte, Zugluft, Schmutz usw.)
Lauter Geräuschpegel
Nichtergonomische Arbeitsplatzgestaltung

Zeitfaktoren
Ständiger Termindruck
Schichtarbeit
Akkordarbeit

Organisatorische Stressoren
Quantitative Arbeitsüberlastung
Zu viel Verantwortung
Monotonie
Bezahlung
(Fehlende) Aufstiegsmöglichkeiten

Subjektiv definierbare Stressoren

Rollenunklarheit, Rollenkonflikte
Verantwortung für Dinge oder Menschen
Kontrollmöglichkeiten über die Arbeit
Konflikte mit Vorgesetzten, Kollegen oder Untergebenen (u. a. Mobbing)
Fehlende oder inadäquate Unterstützung
Kommunikationsprobleme
Über- oder Unterqualifikation

Eine besondere Bedeutung als Belastungsfaktor am Arbeitsplatz kommt dem Konzept des Mobbings zu. Ausgehend von den Publikationen von Heinz Leymann wird das Phänomen «Mobbing» seit den 1990ern intensiv diskutiert. Zuschlag (2001) definiert Mobbing wie folgt: «Der Begriff Mobbing beschreibt schikanöses Handeln einer oder mehrerer Personen, das gegen eine Einzelperson oder eine Personengruppe gerichtet ist. Die schikanösen Handlungen werden meistens über einen längeren Zeitraum hinweg wiederholt. Sie implizieren grundsätzlich die Täter-Absicht, das (die) Opfer bzw. sein (ihr) Ansehen zu schädigen und gegebenenfalls aus seiner (ihrer) Position zu vertreiben. Aber auch ohne Schikane-Absicht des Täters können dessen ‹normale› Handlungen von sensiblen Personen missverstanden und als Mobbing empfunden werden.»[12]

Andere Definitionen schließen quantitative Merkmale ein: etwa dass die Mobbinghandlungen mindestens einmal pro Woche ausgeübt werden und sich über mindestens ein halbes Jahr hin erstrecken. Gemobbt wird durch Gerüchte, organisationsbezogene Maßnahmen (z. B. die Zuteilung sinnloser Arbeitsaufgaben), soziale Ausgrenzung (z. B. Kontaktverweigerung), verbale oder auch physische Aggression, sexuelle Annäherungen oder Abwertung der betreffenden Person (z. B. indem diese lächerlich gemacht wird). Man geht davon aus, dass in Deutschland etwa eine Million der rund 38 Millionen Beschäftigten aktuell Mobbing am Arbeitsplatz erlebt und ca. jede neunte Person im erwerbsfähigen Alter schon einmal im Laufe ihres Berufslebens gemobbt wurde. Dabei sind Frauen in einem Verhältnis von etwa 3 zu 2 häufiger von Mobbing betroffen als Männer; allerdings könnte darin auch die Tatsache zum Tragen kommen, dass Frauen eher bereit sind, offen über ihre Mobbingerfahrungen Auskunft zu geben. Laut den Ergebnissen des Mobbing-Reports[13] handelt es sich bei den Mobbingtätern in den meisten Fällen um Kollegen (ca. 42 %), Vorgesetzte (ca. 38 %) und, in selteneren Fällen, um Vorgesetzte und Kollegen gemeinsam (ca. 13 %).

Mobbing tritt deutlich häufiger in Einrichtungen des Gesundheits- und Erziehungsbereichs, in der öffentlichen Verwaltung sowie im Bankgewerbe auf. Als häufige Ursachen werden das Betriebsklima, hohe Stressbelastung, ungelöste Konflikte, unklare Rollen- und Arbeitsplatzbeschreibungen genannt. In Zeiten stetigen Personalabbaus wird Mobbing zunehmend auch als Instrument verwendet, Arbeitnehmer aus dem Betrieb zu drängen. Eine typische «Mobbingpersönlichkeit» ließ sich hingegen nicht finden. Die Angaben zur Prävalenz von Mobbing legen nahe, dass Mobbing jeden treffen kann. Allerdings können Persönlichkeitsmerkmale wie soziale Unsicherheit bzw. Selbstbehauptungsdefizite einerseits und übertrieben zur Schau gestelltes Selbstbewusstsein, verbunden mit einem arroganten Auftreten, andererseits das Risiko erhöhen, gemobbt zu werden.

Die gesundheitlichen Auswirkungen von Mobbing reichen von psychosomatischen Beschwerden (z. B. Schlafstörungen) über Ängste und depressive Verstimmungen bis hin zur Ausbildung einer Posttraumatischen Belastungsstörung (zusammenfassend Zuschlag, 2001).

Angesichts dieser Befunde kann man sich leicht vorstellen, dass Mobbing einen erheblichen Stressor darstellt, der die Entwicklung von Burnout begünstigen kann.

Der empirischen Burnout-Forschung ist es bislang allerdings nicht gelungen, berufsbezogene Stressoren zu spezifizieren, die zum «Ausbrennen» führen. Stattdessen scheinen viele berufliche Stressoren mit Burnout in Zusammenhang zu stehen. Pointierter ausgedrückt: Praktisch jeder berufliche Belastungsfaktor kann zu Burnout (gemessen durch das MBI oder das TM) führen![14]

Wie soll man diesen Befund interpretieren? Ist Burnout ein unvermeidbarer «Kollateralschaden» unserer postmodernen Informations- und Dienstleistungsgesellschaft? Oder ist Burnout einfach nur ein so vages und weit gefasstes Konzept, dass es sich mit fast jedem Übel der (Arbeits-)Welt in Zusammenhang bringen lässt? Oder gibt doch die individuell-subjektive Verarbeitung möglicher Stressoren den Ausschlag, ob jemand «ausbrennt» oder nicht?

Interaktionelle Stresstheorien: Stress ist, was man als solchen erlebt

Die Arbeitswissenschaft unterscheidet zwischen Belastung und Beanspruchung. Belastungen werden als objektive, von außen auf den Menschen einwirkende Größen und Faktoren wie etwa Lärm oder Hitze verstanden. Sie stellen damit Stressoren dar. Im Unterschied dazu werden die subjektiv-individuelle Verarbeitung und Reaktion des Organismus als Beanspruchung bezeichnet. Gemäß dem Belastungs-Beanspruchungs-Konzept stellt sich Stress als Folge (oder bzw. Reaktion) einer *Über*beanspruchung dar. Stress ist demnach das, was man als solchen erlebt.[15]

Die Transaktionale Stresstheorie

Im Sinne der von Richard Lazarus ausgearbeiteten Transaktionalen Stresstheorie ist Stress ein Phänomen, das durch ein komplexes Zusammenspiel von externen Belastungsfaktoren und deren Verarbeitung entsteht. Es handelt sich um ein gleichermaßen differenziertes und breit anwendbares Konzept, das in vielen Labor- und Felduntersuchungen empirisch überprüft wurde.[16]

Gemäß dieser Theorie entsteht Stress als Folge einer wechselseitigen Beeinflussung situativer Belastungsfaktoren und individueller Bewertungsprozesse bzw. Bewältigungsfertigkeiten. Stress tritt immer dann auf, wenn die Bewältigungsmöglichkeiten, über die eine Person verfügt, möglicherweise oder tatsächlich nicht ausreichen, um den mit einer bestimmten Situation verbundenen Anforderungen gerecht zu werden.

Die dabei stattfindende Auseinandersetzung einer Person mit einer bestimmten Belastungssituation wird als ein prozessuales Geschehen aufgefasst: Situative Belastungen wirken auf die Person ein, die sich ihrerseits darum bemüht, den jeweiligen Anforderungen zu genügen, indem sie entweder versucht, die Umwelt aktiv zu ihren Gunsten umzugestalten oder aber deren subjektive Bedeutung zu verändern. Beispielsweise kann ich mich, wenn ich arbeitslos werde, um eine andere Stelle bemühen, oder ich kann mir sagen, dass es gut für mich ist, endlich mehr Freizeit zu haben, und Arbeitslosigkeit für mich eine Chance darstellt, mir neue Perspektiven zu suchen.

Dieses Beispiel verdeutlicht auch die Komplexität des Geschehens. Ob es mir gelingt, eine neue Stelle zu finden, hängt von einer Vielzahl von Faktoren ab: meinem Alter, meiner beruflichen Qualifikation, meiner sozialen Kompetenz (z. B. bei Bewerbungen) usw. Auch ob es mir gelingt, Arbeitslosigkeit als Chance zu sehen, hängt davon ab, ob ich finanziell abgesichert bin, ob ich Hobbys und Interessen habe, denen ich nachkommen kann usw. Das Anliegen der Transaktionellen Stresstheorie ist es, die Komplexität dieses Geschehens abzubilden, indem sie dessen zentrale Komponenten identifiziert und zueinander in Beziehung setzt.

Kognitive Bewertungen und Stress
Zu diesen zentralen Bestimmungsstücken gehören die innerhalb der Person ablaufenden Bewertungsprozesse und die von ihr initiierten Bewältigungsversuche. Lazarus unterscheidet zwischen primärer und sekundärer Bewertung (engl. *appraisal*).

Im Rahmen der primären Bewertung trifft die Person zunächst die Einschätzung, ob eine bestimmte Situation (oder allgemeiner ein bestimmter Stimulus) 1) irrelevant, 2) positiv oder 3) belastend ist (und es sich damit um einen Stressor handelt). Als irrelevant oder positiv eingeschätzte Ereignisse lösen keine Stressreaktion aus, da sie keine Bewältigung erfordern.

Wird ein Stimulus als belastend eingeschätzt, erfolgt in einem weiteren Bewertungsschritt die Entscheidung, ob es sich um einen Verlust bzw. Schaden, eine Bedrohung oder eine Herausforderung handelt. Im Fall der Bedrohung wird ein Schaden bzw. Verlust antizipiert, im Fall des Schadens bzw. Verlustes ist dieser bereits eingetreten. Im Fall der Herausforderung überwiegt bei der Bewertung der potentielle Nutzen bzw. Gewinn, der mit einer erfolgreichen Bewältigung der Belastungssituation verbunden ist. Antizipiert wird demnach nicht der Schaden bzw. Verlust, sondern Erfolg und Bewältigung. Dementsprechend stehen angenehme Gefühle der Aktivierung, Freude und Aufregung im Vordergrund, wohingegen bei einer Bedrohung aversive Gefühle, vor allem Angst, das Erleben beherrschen. Beispiel für eine Herausforderung ist eine Beförderung, die mit einem deutlichen Mehr an Verantwortung einhergeht, deren Bewältigung jedoch mit positiven Konsequenzen für den Betroffenen verbunden ist. Bedrohung und Herausforderung sind oft miteinander verbunden, und die Bewertung eines Stressors (z. B. einer Beförderung) kann zwischen Bedrohung und Herausforderung hin- und herpendeln.

Die sekundäre Bewertung bezieht sich auf die Bewältigung (engl. *Coping*) der belastenden Situation. Ist eine Bewältigung überhaupt möglich? Welche Bewältigungsstrategie ist geeignet? Wie Erfolg versprechend erscheint der Einsatz dieser Strategie? Verfüge ich über die notwendigen Kompetenzen, die ausgewählte Strategie erfolgreich einzusetzen?

Auf das Beförderungsbeispiel bezogen kann man sich vorstellen, dass die neue Position sehr gute Englischkenntnisse erfordert, über die der Betreffende nicht verfügt. Seine sekundäre Bewertung wird sich deshalb darauf beziehen, ob er in der Lage sein wird, seine Englischkenntnisse in ausreichendem Maße zu verbessern. Ist er davon überzeugt, dass er sein Englisch verbessern kann, wird er die Beförderung eher als Herausforderung erleben. Zweifelt er hingegen daran, wird er die Beförderung eher als Bedrohung erleben.

Das Beispiel verdeutlicht zugleich, dass primäre und sekundäre Bewertungsprozesse kontinuierlich ineinander greifen und sich wechselseitig bedingen. Die endgültige Bewertung eines Ereignisses als Schaden bzw. Verlust, Bedrohung oder Herausforderung stellt damit das Ergebnis primärer *und* sekundärer Bewertungsprozesse dar.

Die Bezeichnungen «primär» und «sekundär» sind etwas missverständlich, wird dadurch doch eine zeitliche Abfolge und/oder eine Hierarchie bezüglich der Bedeutsamkeit der Bewertungsprozesse nahe gelegt, die tatsächlich nicht gegeben ist. Selbstkritisch konstatiert Lazarus deshalb, dass er diese Bezeichnungen am liebsten ändern würde! Allerdings hätten sie sich in der Literatur bereits so weit etabliert, dass eine Änderung noch mehr Verwirrung stiften würde.

Schließlich gibt es noch einen dritten Bewertungsprozess: den der Neubewertung (engl. *reappraisal*). Diese erfolgt im Anschluss an die primäre und sekundäre Bewertung und wird aufgrund neuer Informationen vorgenommen. Die Neubewertung kann die bisherige Bewertung bestätigen oder aber zu einer Modifikation führen. Wieder auf das Beförderungsbeispiel bezogen, könnte der Betroffene erfahren, dass er in den relevanten Verhandlungssituationen einen Dolmetscher hinzuziehen kann, so dass sehr gute Englischkenntnisse für die angestrebte Position zwar nützlich, jedoch nicht zwingend erforderlich sind. Durch diese neue Information kommt es zu einer Neubewertung der Situation, die nun (sozusagen vorläufig endgültig) als Herausforderung eingeschätzt wird.

Persönliche und situative Komponenten beeinflussen die Bewertung
Die bisherige Darstellung der Transaktionellen Stresstheorie veranschaulicht den komplexen Ablauf von Bewertungsprozessen, lässt jedoch offen, wovon diese bestimmt werden. Lazarus geht davon aus, dass sowohl situative als auch Personenvariablen simultan den Bewertungsprozess beeinflussen.

Zu den Personenvariablen rechnet er vor allem (religiöse und nichtreligiöse) Werte und tief verwurzelte Überzeugungen, die für die Person einen verpflichtenden Charakter haben (engl. *commitments*). Der potentielle Belastungsgehalt einer Situation ist umso größer, je stärker durch sie zentrale Werte oder Überzeugungen der Person tangiert werden. Beispielsweise wird ein gläubiger Katholik eine Scheidung als belastender erleben als ein Atheist, weil der Katholik die Überzeugung verinnerlicht hat, dass eine Ehe eigentlich nicht geschieden werden sollte.

Zu den situativen Variablen zählen die Neuigkeit einer Situation, deren Vorhersagbarkeit, die Dauer und der zeitliche Verlauf einer Belastungssituation sowie deren mögliche Mehrdeutigkeit, die eine klare und handlungsleitende Einschätzung der Situation erschwert. Am Beispiel von Arbeitslosigkeit kann man sich leicht den Einfluss solcher situativer Variablen vergegenwärtigen. Weiß der Betroffene, wie lange er arbeitslos sein wird, bzw. hat er bereits eine neue Stelle in Aussicht, so wird er die Zeit der Arbeitslosigkeit gegebenenfalls als Urlaub erleben. Hat er hingegen keine neue Stelle und auch keine Vorstellung davon, wie lange er arbeitslos bleiben wird, so wird er die Zeit als extrem belastend erleben.

Persönliche und situative Komponenten lassen sich auch im Sinne des Vulnerabilitäts-Stress-Modells interpretieren. So können genetische Faktoren und früh erworbene Schädigungen die Anfälligkeit einer Person gegenüber psychischen und/oder somatischen Erkrankungen erhöhen, obgleich es bestimmter Stressoren bedarf, um eine entsprechende Krankheitsentwicklung tatsächlich in Gang zu setzen. Umgekehrt gibt es wiederum externe Stressoren, die bei fast allen Personen zur Ausbildung einer psychischen und/oder somatischen Störung führen (vgl. Kapitel 7).

Stress ist, was als nicht bewältigbar erscheint

Eine weitere zentrale Komponente der Stresstheorie von Lazarus sind die Bewältigungsmöglichkeiten, über die eine Person verfügt. Unter Bewältigung (engl. *Coping*) werden alle Anstrengungen subsumiert, die eine Person unternimmt, um mit einem belastenden Ereignis fertig zu werden. Die Arten der Bewältigung können mehr oder weniger angemessen sein.

Lazarus unterscheidet drei verschiedene Bewältigungsformen: emotionszentrierte und problemzentrierte Bewältigung sowie die Inanspruchnahme von sozialer Unterstützung. Emotionszentrierte Bewältigung wird vor allem dann eingesetzt, wenn eine Veränderung der belastenden Situation nicht möglich erscheint. Durch diese Form der Bewältigung sollen die emotionalen Folgen der Stressreaktion minimiert werden. Eine Veränderung der Bewertung (*appraisals*) ist damit jedoch nicht verbunden.

Als ein Beispiel für eine konstruktive Form emotionszentrierter Bewältigung kann der Versuch von Herbert Freudenberger aufgefasst werden, durch intensive Selbstanalyse und das Niederschreiben seiner Erfahrungen die psychischen und physischen Folgen seiner Überforderung (also sein Burnout) zu reduzieren. Eine destruktive Form der Bewältigung wäre es gewesen, wenn er begonnen hätte, seine Beschwerden mit Alkohol zu betäuben. Weitere Formen emotionszentrierter Bewältigung sind z. B. Sport, Entspannung oder Meditation.

Die problemzentrierte Bewältigung zielt hingegen darauf ab, entweder die Stress auslösende Situation oder deren innere Verarbeitung zu verändern. So hätte Freudenberger auch die Auslösefaktoren seines Burnout verändern können, indem er etwa seine Arbeitszeit reduziert, häufiger Urlaub gemacht oder Supervision in Anspruch genommen hätte. Oder er hätte (was er wohl tatsächlich auch getan hat) seine idealistische Einstellung gegenüber seiner Arbeit verändern können, was dann eine Reduktion seines Überengagements zur Folge gehabt hätte. Entscheidend ist, dass durch diese Form der Bewältigung entweder eine Belastungssituation aktiv verändert wird oder, bedingt durch eine Einstellungsänderung, sich diese für den Betroffenen aufgrund eines veränderten Bedeutungsgehalts als weniger belastend darstellt.

Obwohl die Unterscheidung von emotions- und problemzentrierter Bewältigung sinnvoll und plausibel erscheint, kommen in der Praxis tagtäglicher Stressbewältigung meistens beide Bewältigungsformen zum Tragen.

Schließlich dient auch die Inanspruchnahme sozialer Unterstützung dazu, die Folgen belastender Ereignisse zu bewältigen. Hierbei kann es sich um Familienangehörige, Freunde, Bekannte oder auch um professionelle Unterstützungssysteme (Beratungsstellen, Psychotherapeuten, Ärzte usw.) handeln.

Ähnlich wie die Bewertungsprozesse wird auch die Bewältigung belastender Situationen durch eine ganze Reihe von Faktoren beeinflusst: u. a. von sozialen und intellektuellen Fertigkeiten, der Lebenserfahrung und persönlichen Überzeugungen bzw. Werthaltungen.

Die Folgen von Stress
Entsprechend der Theorie von Lazarus ist Stress das Ergebnis subjektiver Bewertungsprozesse und individueller Bewältigungsbemühungen. Abhängig von der Bewertung und Bewältigung kommt es zum Auftreten kurz- und langfristiger Stressfolgen. Diese nehmen in den reaktionsorientierten Stresstheorien einen breiten Raum ein, wohingegen sie von Lazarus eher summarisch abgehandelt werden.

Zu den kurzfristigen Stressfolgen zählt er positive und negative Emotionen und physiologische Veränderungen. Langfristige Stressfolgen betreffen den Gesundheitszustand, die soziale Funktionsfähigkeit (also das Erfüllen von Rollenerwartungen) und das subjektive Wohlbefinden bzw., allgemein gesprochen, die Lebenszufriedenheit einer Person.

Abbildung 6.1 fasst das komplexe Stressmodell von R. Lazarus zusammen. Unterschieden werden primäre und sekundäre Bewertungsprozesse, die beide gleich bedeutsam sind und miteinander interagieren. Primäre Bewertung bezieht sich darauf, ob ein Ereignis für die Person irrelevant, positiv oder ein Stressor ist. Ist Letzteres der Fall, wird eine Entscheidung darüber getroffen, ob ein Verlust oder Schaden bereits eingetreten ist oder ein solcher droht bzw. antizipiert wird. Werden im Falle einer erfolgreichen Bewältigung in der Vorgeschichte hingegen positive Konsequenzen antizipiert, so wird der Stressor als Herausforderung eingeschätzt.

Sekundäre Bewertung betrifft die Einschätzung, ob eine Bewältigung der durch die Situation bedingten Anforderung möglich erscheint, welche Art der Bewältigung geeignet erscheint und ob der Betroffene in der Lage ist, diese erfolgreich anzuwenden. Diese Einschätzung beeinflusst wiederum die primäre Bewertung. Denn wenn die Person davon ausgeht, eine Belastung erfolgreich zu bewältigen, wird eine Situation gegebenenfalls als irrelevant oder als Herausforderung und nicht als Bedrohung eingeschätzt.

Die Bewertungsprozesse werden ihrerseits durch Situations- und Per-

Eine Zusammenfassung

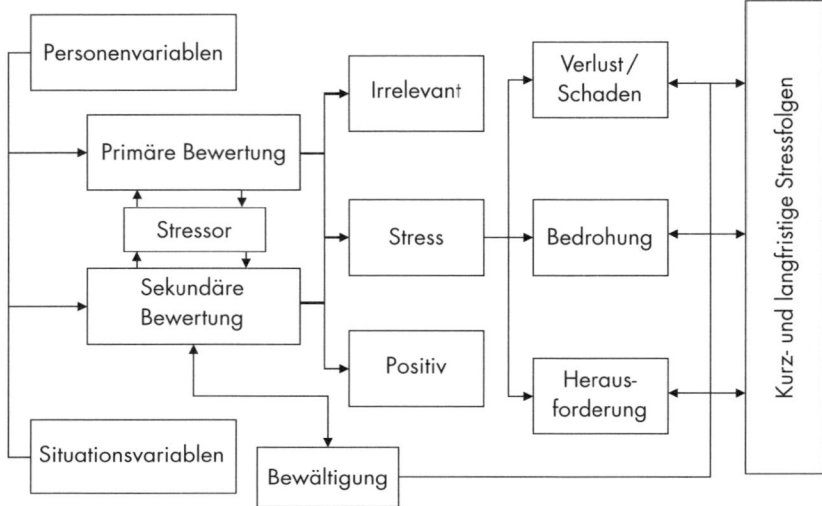

Abbildung 6.1 Stressmodell nach R. Lazarus

sonenvariablen beeinflusst. Der Übersichtlichkeit halber wurde in der Abbildung der Prozess der Neubewertung ausgelassen. Zu einer Neubewertung kommt es, wenn sich durch neue Information die Einschätzung einer Situation verändert.

Die Bewältigung beeinflusst auch, ob und in welchem Ausmaß es zum Auftreten von negativen kurz- und langfristigen Stressfolgen kommt.

Bezüge zu Burnout
Wo wäre in diesem Modell das Phänomen Burnout zu verorten? Am ehesten wohl als eine langfristige Stressfolge aufgrund lang anhaltender Überlastung, die von der betroffenen Person nicht erfolgreich bewältigt werden kann.

Wie bereits ausgeführt, ließen sich bisher keine spezifischen Auslöser («Stressoren») für Burnout identifizieren. In der Literatur ebenso wie im klinischen Alltag äußern Betroffene häufig nur, dass es schlicht «zu viel» wurde. Zu viele Patienten über zu lange Zeit, zu große Klassen, zu lange Vertretungszeiträume usw. Oft kommt dann noch eine besonders belastende Situation hinzu (z. B. ein Konflikt mit einem Kollegen oder Vorgesetzten), und der Betroffene bricht endgültig zusammen. Schlagartig wird er sich auch darüber bewusst, dass er sich eigentlich schon seit langem erschöpft, lustlos, überfordert, gereizt usw. gefühlt hat und ganz offensichtlich unter «Burnout» leidet.

Dem Beruf wird dabei oft ein sehr hoher Stellenwert beigemessen. Die Antizipation einer Bedrohung oder gar eines Verlustes der beruflichen Leitungsfähigkeit im Sinne des beschriebenen primären Bewertungsprozesses löst Stress aus. Stehen keine ausreichenden Bewältigungsfertigkeiten zur Verfügung, misslingt die Stressbewältigung also, nimmt die Wahrscheinlichkeit eines Zusammenbruchs drastisch zu. Die von Maslach beschriebene Depersonalisierung stellt eine nahe liegende, jedoch meist ungünstige Form der Bewältigung von emotionalem Stress dar. Kurzfristig wirkt sie stressreduzierend, langfristig erhöht sie die Unzufriedenheit mit der eigenen Leistungsfähigkeit.

Welche Persönlichkeitsmerkmale bzw. Einstellungen führen zu Bewertungsprozessen, die eine adäquate Stressbewältigung erschweren? Häufig genannte Merkmale sind (1) Perfektionismus, (2) Selbstbehauptungsdefizite und (3) Idealismus.[17] Eine hohe Leistungsorientierung, verbunden mit perfektionistischen Ansprüchen, kann besonders bei vermehrter Arbeitsbelastung eine Stressbewältigung erschweren, da die unvermeidliche Relativierung des eigenen Anspruchsniveaus nicht möglich oder auch moralisch nicht vertretbar erscheint.

In vielen Situationen kann es sinnvoll sein, sich adäquat abzugrenzen, um sich auf diese Weise vor einer Überforderung zu schützen. Wem dies schwer fällt, der kann leicht in eine Überforderungssituation geraten. Gerade im Kontext von Burnout wird häufig die idealistische Grundhaltung hervorgehoben, die ein intensives Engagement für die Arbeit bedingt. Lässt sich dann die Realität des Berufsalltags nicht mit der idealistischen Einstellung in Einklang bringen, führt dies in der Regel zu einer Intensivierung der Bemühungen (nach dem Motto «mehr desselben») und erschwert damit ebenfalls eine Stressbewältigung.

Bei vielen Burnout-Betroffenen besteht auch die Tendenz, sich zu wenig oder zu spät um soziale Unterstützung zu bemühen. Oft verbirgt sich dahinter der Anspruch, es selbst schaffen zu wollen und sich keine Blöße zu geben. Gerade wenn die oder der Betroffene allein lebt, kann diese Tendenz mitunter fatale Folgen haben.

Das Modell der Person-Umwelt-Passung (engl. person-environment fit)
Mit Hilfe des Konzeptes der Person-Umwelt-Passung wird in der Organisationspsychologie die Frage thematisiert, inwiefern die Bedürfnisse, Werte, Fertigkeiten und Eigenschaften einer Person zu den Anforderungen,

Erwartungen, Möglichkeiten und den Werten bzw. Zielen eines Unternehmens oder einer Institution passen.[18] In empirischen Studien konnte der Nachweis erbracht werden, dass eine ungenügende oder fehlende Passung mit dem Auftreten typischer Stresssymptome assoziiert war.

Im Dienstleistungs- bzw. Sozialbereich werden die Anforderungen der betreffenden Organisation durch explizite und implizite Rollenerwartungen spezifiziert. Diese umfassen meistens sachbezogene (z. B. Verwaltung) und interaktionelle (z. B. Wissensvermittlung im pädagogischen Bereich) Aufgaben.

Die mit einer bestimmten Rolle verknüpften Erwartungen können mehr oder weniger komplex, ein- oder auch mehrdeutig, klar oder unklar formuliert sein oder auch einander widersprechen. Je klarer und eindeutiger die Rollenerwartungen formuliert sind und je mehr sie der Persönlichkeit des Rolleninhabers entgegenkommen, desto geringer der resultierende Stress. Stress ist jedoch immer dann zu erwarten, wenn die Passung zwischen Person und (beruflicher) Rolle nicht gegeben ist. In einer solchen Situation wird der Betroffene sich zunehmend überfordert fühlen und mit der Ausbildung entsprechender Stresssymptome reagieren.

Der organisationsbezogene Erwartungsdruck bzw. die mit einer bestimmten Rolle verbundenen Erwartungen stellen in diesem Fall die objektivierbare Belastung dar, aus deren individueller Verarbeitung die subjektiv erlebte Beanspruchung resultiert, welche dann zu Stress führt, wenn sie die Bewältigungsmöglichkeiten der Person überschreitet. Diesem Modell nach bezieht sich Bewältigung darauf, ob es der Person gelingt, den Rollenerwartungen zu entsprechen.

In den meisten Fällen resultieren Passungsprobleme daraus, dass die Rolle der Person nicht entspricht. In Helfer- und Sozialberufen kommt es häufig zu Passungsproblemen, wenn eine sozial eingestellte Person sich vor die Aufgabe gestellt sieht, aus einer Autoritätsposition heraus in irgendeiner Form Macht und Druck auszuüben (z. B. in Form von Disziplinierungs- oder Kontrollmaßnahmen). Ein Beispiel hierfür ist der an einer Beratungsstelle beschäftigte Sozialpädagoge, der sich engagiert und erfolgreich für seine Klientel einsetzt. Aufgrund seines Engagements wird er schließlich zum Leiter der Stelle befördert und sieht sich auf einmal mit Aufgaben konfrontiert, die nur durch das Ausüben von Macht durchgesetzt werden können: etwa Sparmaßnahmen oder unpopuläre Umstrukturierungsmaßnahmen durchzusetzen, ehemalige Kollegen zu disziplinieren u. a. m. Auch wenn der Rollenwechsel vom Berater zum Leiter einen Aufstieg darstellt, kann sich doch der eine oder andere durch die Einnahme einer entsprechenden Autoritätsposition überfordert fühlen, da sie letztlich in Widerspruch zu seiner Persönlichkeit und seinen Werthaltungen steht. Über die Zeit hinweg wird er deshalb Stresssymptome entwickeln und auf Dauer vielleicht sogar «ausbrennen».

Neben der Passungsproblematik verdeutlicht dieses Beispiel zugleich, dass die Einnahme der neuen Position mit einer Veränderung des Anreiz- bzw. Belohnungssystems verbunden war: mehr Autorität und Geld, dafür weniger Klientenkontakte und weniger kollegialer Austausch. In Abhängigkeit vom Bedürfnisprofil der Persönlichkeit mag dieser Tausch für den einen einen Gewinn, für den anderen hingegen einen (zunächst vielleicht nicht als solcher wahrgenommenen) Verlust darstellen. Möglicherweise geht der Verlust sogar so weit, dass der Betroffene in eine regelrechte «Gratifikationskrise» stürzt.

Das Modell der beruflichen Gratifikationskrise

Das von Johannes Siegrist ausgearbeitete Modell der beruflichen Gratifikationskrise geht von der Reziprozität von erbrachter Leistung und dafür gewährter Belohnung (Gratifikation) aus (s. S. 173 ff.).[19] Die Gratifikation erfolgt in Form von Lohn bzw. Gehalt, Status bzw. Achtung und Wertschätzung sowie beruflichem Aufstieg und/oder Arbeitsplatzsicherheit. Gemäß diesem Modell sind intensive Stressreaktionen dann zu erwarten, wenn lang anhaltender hoher Verausgabung keine angemessene Gratifikation gegenübersteht, wenn also hohe «Kosten» nur einen niedrigen «Gewinn» erbringen. Prototypisch dafür ist etwa der Fall einer Wissenschaftlerin, die sich über viele Jahre hinweg pädagogisch engagiert, publiziert und sich schließlich habilitiert, um dann bei der Berufung auf einen von ihr angestrebten Lehrstuhl übergangen zu werden. Ein anderes Beispiel ist die betriebsbedingte Kündigung eines Arbeitnehmers, der sich über viele Jahre hinweg für «seinen» Betrieb eingesetzt hat.

Fehlende Arbeitsplatzalternativen bzw. der organisationsbedingte Mangel von Wechsel- oder Aufstiegsmöglichkeiten erhöhen das Risiko der Beschäftigten, in eine Gratifikationskrise zu geraten. Als personaler Risikofaktor gilt eine übersteigerte berufliche Verausgabungsbereitschaft.

Das zuletzt beschriebene Modell wurde bisher vor allem im Zusammenhang mit der Identifikation von Risikofaktoren von Herz-Kreislauf-Erkrankungen empirisch überprüft. Die Ergebnisse von drei prospektiv angelegten Studien zeigen, dass das Risiko, einen Herzinfarkt zu erleiden, um das Zwei- bis Vierfache erhöht ist, wenn bei den Beschäftigten ein

Missverhältnis zwischen hoher beruflicher Verausgabung und niedriger Belohnung besteht (Siegrist, 1999).

Kann man Burnout als Resultat einer beruflichen Gratifikationskrise begreifen? Die Konzepte weisen untereinander Überschneidungen auf. Gemäß der Auffassung von Burnout im Sinne von Freudenberger bedingt vor allem das fortgesetzte berufliche Überengagement in helfenden Berufen Burnout. Da aber nicht jeder, der sich beruflich (über)engagiert, ausbrennt, könnte gerade das erlebte Defizit oder sogar Ausbleiben der erhofften Gratifikation das eigentlich kritische Moment des «Ausbrennens» darstellen!

Stress und Burnout = siamesische Zwillinge?

Unsere Übersicht über verschiedene Stresskonzepte hat deutlich gemacht, dass Stress und Burnout eng miteinander zusammenhängen. Legt man Personen Stress- und Burnout-Fragebogen zur Bearbeitung vor, so ergeben sich substantielle Korrelationen zwischen 0,40 und 0,70.

So geht u. a. auch Maslach (1993) davon aus, dass sich Burnout und Stress nicht simultan, sondern nur über die Zeit hinweg voneinander trennen lassen (s. Kap. 5). Burnout stellt sich demnach erst als Folge von länger anhaltendem Stress ein, und zwar nur dann, wenn dem Betroffenen eine erfolgreiche Bewältigung der Belastungen nicht gelingt. Burnout ist demnach das Ergebnis einer verfehlten oder missglückten Anpassungsleistung.

Dies gilt allerdings ebenso für die von Selye beschriebene Erschöpfungsphase des GAS und die von Lazarus als langfristige Stressfolgen bezeichneten gesundheitlichen und psychosozialen Einschränkungen. Auch Burnout wird unspezifisch ausgelöst, zumindest gelang es der Burnout-Forschung bislang nicht, spezifische berufliche Auslösebedingungen für das Ausbrennen zu eruieren.

Dass es letztlich unmöglich sein dürfte, Stress und Burnout voneinander zu trennen, legen auch Studien nahe, die sich u. a. mit den physiologischen Komponenten von Burnout beschäftigen. So führte beispielsweise Jens Prüssner eine Untersuchung an 66 Lehrern durch. Sie hatten eine Fragebogenbatterie zu bearbeiten, zugleich wurde ihr Cortisolspiegel (erhoben über eine Speichelprobe) an drei Schultagen gemessen. Wie oben ausgeführt, handelt es sich bei Cortisol um ein Stresshormon, das der Organismus vermehrt ausschüttet, wenn er mit Belastungen konfrontiert ist.[20]

Aufgrund der Burnout-Messwerte des MBI wurden anschließend zwei Gruppen mit hohen und niedrigen Burnout-Werten gebildet. Es zeigte sich, dass die Lehrer der Burnout-Gruppe einen niedrigeren Cortisolspiegel aufwiesen als die der Nicht-Burnout-Gruppe. Leider lässt sich dieser Befund nicht eindeutig interpretieren. Denn der verminderte Cortisolspiegel kann dahingehend gedeutet werden, dass Burnout mit *geringer* Stressbelastung einhergeht, jedoch wäre es auch möglich, dass die Gruppe sich in der Erschöpfungsphase des GAS (im Sinne von Selye) befindet und aus diesem Grunde weniger Cortisol freigesetzt wird. Gegen diese Interpretation spricht jedoch der Umstand, dass die Burnout- und die in der Untersuchung eingesetzten Stress-Skalen positiv miteinander korrelieren. Dies würde bedeuten, dass die ausgebrannte Gruppe zu mehr Klagsamkeit neigt und sich somit subjektiv als gestresster erlebt, als man es aufgrund des Cortisolspiegels erwarten würde.

In anderen Studien fanden sich Hinweise darauf, dass erhöhte Burnout-Messwerte im MBI mit einem *erhöhten* Cortisolspiegel in Zusammenhang stehen. Insgesamt ist der Zusammenhang zwischen Burnout und endokrinologischen Stressparametern (wie eben Cortisol) demnach keineswegs eindeutig. Der Nachweis eines erhöhten Cortisolspiegels allein bleibt gänzlich unspezifisch.

Ausschlaggebend für die Unterscheidung, ob eine Person *noch* im Stress oder *schon* «ausgebrannt» ist, bleibt demnach ihr subjektives Erleben. Dieses wird in den meisten Studien jedoch nur durch das TM oder das MBI erfasst, deren Validität, wie bereits dargelegt, nicht gegeben ist. Auch der Zusammenhang zwischen Burnout und endokrinologischen Parametern ließe sich demnach zwanglos als Scheinkorrelation interpretieren! Denn durch das TM oder das MBI wird auch Stress mitgemessen, so dass Zusammenhänge zwischen diesen Fragebogen und physiologischen Stressparametern zu erwarten sind. Wahrscheinlich lässt sich diese Frage, ob und auf welche Weise Stress zu Burnout führt, auch gar nicht beantworten, weil chronischer Stress und Burnout sich konzeptuell und infolgedessen auch empirisch nicht ausreichend voneinander abgrenzen lassen.

Kapitel 7

Burnout: Krankheit, Störung, Diagnose, Prädiktor oder was?

Was ist überhaupt eine Erkrankung? Wo hört allgemeines Unwohlsein auf, wo fängt Krankheit – die man Burnout nennen könnte – an? Betroffene, die mit dieser Frage konfrontiert werden, reagieren mitunter schroff. «Ich kann einfach nicht mehr arbeiten, mich nicht mehr konzentrieren, wenn Sie in meiner Haut stecken würden, dann wüssten Sie, dass Burnout eine Krankheit ist», so ein 46-jähriger Gymnasiallehrer, der unmittelbar anschließend ergänzt: «Wenn Sie meinen, Burnout sei keine Diagnose, dann sollten die Ärzte endlich dafür sorgen, dass es eine wird…» In gewisser Weise hat er Recht. Psychiatrische und psychosomatische Krankheiten, so wie wir sie heute kennen, sind keine von Gott gegebenen Wahrheiten, sondern eine Frage der Definition und der Perspektive. Jeder könnte ein Buch schreiben und drucken lassen, in dem Burnout als Krankheit vorgestellt wird und Symptome aufgelistet werden, anhand derer die Diagnose zu stellen ist. Diagnosekriterien sind jedoch nur dann mehr als unverbindliche Meinungsäußerungen, wenn sie tatsächlich ein hinsichtlich Symptomatik, Verlauf und möglichst auch Ursache einheitliches Phänomen beschreiben. Dass dies, was Burnout anbelangt, weiterhin zu beweisen bleibt, ist eine Kernaussage unseres Buches.

Psychische Erkrankungen und was darunter verstanden wird …

In der somatischen Medizin ist die Sache vergleichsweise einfach. Krankheiten sind hier mit Leiden verbundene Störungen der normal-gesunden Form und/oder Funktion des Körpers.[1] Diagnosen bezeichnen üblicherweise Krankheiten, die sich auf eine umschriebene Ursache und/oder einen gemeinsamen Entstehungsmechanismus zurückführen lassen. Ob jemand nach einem Sturz beim Skifahren nun starke oder geringe Schmerzen hat, ob der Unterschenkel dick angeschwollen ist oder nicht, wenn das Röntgenbild zeigt, dass der Knochen gebrochen ist, hat man eben einen Beinbruch. Oder man hat eine bakterielle Lungenentzün-

dung, wenn sich dort Bakterien nachweisen lassen und auf diese zurück-
führbare Symptome vorliegen.

In dieser glücklichen Lage, gesund und krank wenigstens relativ eindeutig auseinander dividieren zu können, ist die Wissenschaft im Hinblick
auf seelische Erkrankungen nicht. Üblicherweise wird bei «erheblichem»
seelischen Leiden eines Betroffenen und deutlichen Abweichungen im
Erleben und/oder im Verhalten von dem, was in der jeweiligen Gesellschaft als «normal» gilt, eine seelische Krankheit angenommen. In den Extremen – bei Menschen, die Stimmen hören, wo keine Stimmen zu hören
sind, die sich (grundlos) vom Geheimdienst verfolgt fühlen oder ohne
nachvollziehbaren Anlass entweder völlig überdreht oder äußerst niedergeschlagen sind – lässt sich meist ein Konsens finden, wonach diese Phänomene den Charakter von Krankheiten haben. Auf der anderen Seite des
Spektrums, bei den «leichten» Fällen, ist dies unendlich viel schwieriger.
Darüber, wo konkret «erhebliches» Leiden und Auffälligkeiten anfangen,
sind verbindliche Normen, zumal solche mit epochen- und kulturüber-
greifender Gültigkeit, de facto unvorstellbar.

Ursächliches zwischen Veranlagung und Traumatisierung

Jede Epoche bzw. Gesellschaft hat ihre eigenen Vorstellungen hinsichtlich der Ursachen psychischer Erkrankung: als Störung des Gleichgewichts der Körpersäfte, als göttliche Quittung für begangene Sünden, als
magisches Resultat des bösen Blicks, als genetisch vererbte Größe, als
(Spät-)Folge einer schweren Kindheit und/oder als Ausdruck belastender
Lebensereignisse und Lebensbedingungen. Je sicherer man sich bezüglich
einer solchen Ursache ist, desto weniger Sorgfalt ist hinsichtlich der Beobachtung und Zusammenschau der – dann als Folgeerscheinungen gewissermaßen nachrangigen – Symptome nötig. Wenn das Röntgenbild
den Beinbruch erwiesen hat, ist es überflüssig (und zudem extrem
schmerzhaft) zu prüfen, ob das Aneinanderreiben der Knochenenden zu
Reibgeräuschen führt.

Diagnosen sind kein Selbstzweck. Praktisch gesehen machen sie nur
dann Sinn, wenn sich aus ihnen Konsequenzen für die Prognose und die
Behandlung ergeben. So kam die Antike nicht zufällig über weite
Strecken mit wenigen Psycho-Diagnosen aus: Manie, Phrenitis, Melancholie.[2] Die oftmals nicht auflösbare Frage, wie die betreffenden Patienten heute diagnostiziert würden, ist ein beliebtes Thema gelehrter Dis-
pute. Andererseits gab es Zeiten und akademische Konstellationen, in

denen sich Ärzte bemühten, das Spektrum der beobachteten psychischen Auffälligkeiten durch die systematisch-theoretische Brille zu sehen. So stellte der deutsche Psychiater Johann Christian August Heinroth (1773–1843) diverse «Spielarten» seelischer Krankheiten in einer «Formenlehre» zusammen. Drei Seelenkräfte (Geist, Gemüt und Willen) wurden hier mit verschiedenen dynamischen Zuständen im Spektrum zwischen Exaltation auf der einen und der Asthenie auf der anderen Seite korreliert und so 36 Geisteskrankheiten postuliert. Dies war offenbar so überzeugend, dass der Autor und seine Zeitgenossen gar nicht die Notwendigkeit sahen, alle diese Krankheiten an realen Patienten explizieren zu müssen. Gegen Ende des 19. Jahrhunderts hatte sich die Ausgangssituation auf gänzlich andere Art und Weise zugespitzt. Vorausgegangen war nichts weniger als eine Sensation. Etwa zehn Prozent aller in psychiatrischen Kliniken behandelten Patienten – darunter mehr Männer als Frauen, jeweils zwischen 30 und 50 Jahre alt – litten seinerzeit unter progressiver Paralyse. Es fing eher harmlos mit Gedächtnisstörungen oder auch depressiver Stimmung an, dann wurden die Patienten zunehmend enthemmter, verwahrlosten zusehends, um nach wenigen Jahren der Demenz anheim zu fallen. Zudem litten viele an Sprechstörungen und verschiedenen neurologischen Störungen. Durch den Nachweis von Spirochäten, spiralförmigen Bakterien, im Gehirn war der Beweis erbracht, dass dieser zuvor ursächlich ungeklärten Geisteskrankheit eine Syphilisinfektion zugrunde liegt. Seitdem Penicillin zur Verfügung steht, hat dieses Krankheitsbild vergleichsweise Seltenheitswert.[3] Angesichts dieser bahnbrechenden wissenschaftlichen Erkenntnis schien es nur noch eine Frage der Zeit, bis auch die Ursachen aller übrigen seelischen Erkrankungen aufgeklärt sein würden. Diese Hoffnung hat sich leider bis heute nicht erfüllt.

Ausgehend von der Annahme, dass ähnlichen Störungsbildern auch ähnliche – wenn nicht die gleichen – Ursachen zugrunde liegen müssten, versuchte man seitdem, durch systematische Beobachtung insbesondere auch des zeitlichen Verlaufs schwerer psychischer Störungen wenigstens homogene Gruppen seelischer Krankheiten zu finden. Dies ist die argumentative Basis der bis heute grundlegenden diagnostischen Kategorien von psychischen Erkrankungen. So wurde man beispielsweise auf depressive Zustände aufmerksam, die durch einen plötzlichen und offenbar grundlosen Beginn, Morgentief, Schlafstörungen und phasenhaften Verlauf gekennzeichnet waren. Nach Wochen bis Monaten des Leidens wurden die Patienten dann mitunter ebenso plötzlich wieder gesund. Genau diese Kriterien wurden nun als Merkmale einer endogenen, also mutmaßlich vererbten Form einer Depression beschrieben. Dem steht das maßgeblich von Sigmund Freud weiterentwickelte Konzept der Neurosen gegenüber, die, was die Symptomatik anbelangt, meist als weniger schwerwiegend und sozialverträglicher postuliert wurden. Die «neurotischen Depressionen» wurden letztlich als (Spät-)Folgen einer problematischen frühkindlichen Entwicklung interpretiert. Der Betreffende habe wichtige Entwicklungsschritte nicht in angemessener Weise vollziehen können, was dann im späteren Leben zur Reaktualisierung ungelöster Konflikte und damit zur Ausbildung der Symptomatik führte.[4]

Aus den letztgenannten Modellen ergeben sich unmittelbar Behandlungsoptionen. Die primär als Ausdruck von vererbten körperlichen Ursachen verstandenen endogenen seelischen Krankheiten, auch als «Psychosen» bezeichnet, warfen zunächst praktisch unlösbare Probleme auf. Mehr als unspezifische Behandlungen (Erholung, Abschirmung von zu vielen Reizen in ländlich gelegenen Einrichtungen, Beruhigungsmittel, kalte Güsse, Tauchbäder, physikalische Reize, etwa durch Zentrifugieren des Patienten auf Drehstühlen u. a.) waren nicht vorstellbar. Die Entdeckung und gezielte Weiterentwicklung von Medikamenten (Psychopharmaka), die Einfluss auf Funktion und Struktur umschriebener Nervenzellgruppen haben, revolutionierten seit der Mitte des 20. Jahrhunderts Theorie und therapeutische Praxis nachhaltig. Als angemessene Behandlung von Neurosen bot sich hingegen Psychotherapie an. In der «Übertragungssituation» mit dem Therapeuten galt es auf Ebene des Unterbewusstseins eingegrabene, für die aktuellen Symptome als ursächlich angesehene Probleme aufzulösen, die aus der individuellen Biographie herrühren sollten.

So stimmig dieses in veranlagungs- und entwicklungsbedingte Phänomene polarisierende Weltbild war, als es im ausgehenden 20. Jahrhundert auf den wissenschaftlichen Prüfstand kam, fiel es wie ein Kartenhaus zusammen. Als Psychiater und Psychologen begannen, sich die Patienten unvoreingenommen anzusehen, fanden sie zwischen den endogenen und neurotischen Extremen diverse Abstufungen und keine irgendwie gearteten Grenzen.

Biopsychosoziale Modelle:
wissenschaftliche Offenbarung oder fauler Kompromiss?
Abgesehen von psychischen Auffälligkeiten, die Folge nachweisbarer organischer Erkrankungen oder Vergiftungen des Gehirns sind (von Hirn-

tumoren bis zum Alkoholrausch), sind die tatsächlichen Ursachen seelischer Erkrankungen bis heute letztlich unklar. Umfangreiche Untersuchungen zu Auffälligkeiten im Gehirn, die mit psychischen Störungen
einhergehen, verführen mitunter dazu, dort gesichertes Wissen anzunehmen, wo nicht viel mehr als statistisch gesicherte Gruppenunterschiede
und davon abgeleitete Hypothesen vorhanden sind. Alle wissenschaftlich
diskutierten Aspekte dieser Art sind zudem bis heute angesichts eines
individuellen Patienten nur schwer bis gar nicht messbar und bleiben hinsichtlich der Kausalbeziehung (Ursache oder Folge z. B. einer Depression?) unklar. Die Aussichten, dass sich dies in absehbarer Zeit grundlegend ändert, sind nicht wirklich vielversprechend. Nicht, dass die
Forschung in den Bereichen keine gewaltigen Fortschritte machen würde.
Leider ist es jedoch auch hier wie verhext: Jede neue Erkenntnis zeigt,
dass die Angelegenheit noch komplizierter und heterogener ist als zuvor
vermutet.[5]

Hinter dem klinischen Bild einer Depression können nachgewiesenermaßen verschiedene genetische, neurophysiologische, psychodynamische
und natürlich auch biographisch ganz unterschiedliche Konstellationen
stehen. Es gibt eineiige, also genetisch identische Zwillinge, von denen ein
Zwilling schwer depressiv und der andere zeitlebens diesbezüglich un-
auffällig ist (die Konkordanzrate eineiiger Zwillinge liegt hier bei ca. 50
bis 80%). Wenn bei einer Gruppe von Depressiven beispielsweise der
Dexamethasonhemmtest, der auf eine gestörte Funktion im Bereich der
Steroidhormone hinweist (s. S. 135 f.), einen pathologischen Befund ergibt, so unterscheidet sich bei anderen das nämliche Testergebnis nicht
von demjenigen Gesunder. Gibt es zwingende Gründe, warum die Ursa-
che-Wirkungs-Beziehung bei Burnout einfacher angelegt sein sollte?

Offenbar können seelischen Erkrankungen komplexe, individuell sehr
verschieden gelagerte Konstellationen zugrunde liegen. Bei einem Menschen ist die genetisch determinierte Empfindlichkeit derart hoch, dass
wenige Belastungen im Leben ausreichen, um das System zur depressiven Dekompensation zu bringen. Eine solche Empfindlichkeit wiederum
kann – zumindest theoretisch – durch verschiedene, auf unterschiedlichen Ebenen angelegte Merkmale bedingt sein. Umgekehrt dürfte es
Menschen geben, die von ihrer genetischen Anlage her relativ stabil sind,
deren Lerngeschichte sie aber mit wenig stabilisierenden Erfahrungen
ausgestattet hat (was wiederum Rückwirkungen auf die funktionelle
Struktur des Gehirns hat). Wenn das Schicksal diese nun mit erheblichen
Belastungen konfrontiert, kommt es zum depressiven Einbruch. So zu-

mindest die Theorie. Solche von Mensch zu Mensch unterschiedlich akzentuierten Konstellationen lassen sich in Vulnerabilitäts-(Empfindlichkeits-)Stress-Modellen zusammenfassen und anschaulich darstellen.[6] Sobald, durch welche Konstellation auch immer, eine (hypothetische) Grenze überschritten wird, manifestiert sich die jeweilige Symptomatik. Therapeutisch eröffnen sich daraus verschiedene Optionen, die alle das Ziel haben, die individuelle Überlastungsgrenze nicht zu überschreiten, sei es durch Reduktion der Belastungen bzw. des Belastungserlebens, sei es durch Stabilisierung der Grenzen (etwa durch Medikamente).

Der Vorteil von Vulnerabilitäts-Stress-Modellen ist, dass sie in einem Bereich, dessen Komplexität ansonsten bodenlos wäre, eine Orientierung erlauben und zumindest den Anschein ursächlicher Erklärungen vermitteln. Ihr Nachteil ist, dass sich ebendiese Erklärungen – zumal im Einzelfall – zwar plausibel begründen, nicht aber zwingend beweisen lassen. Angesichts solcher Modelle wäre letztlich nur eine wertende Zusammenschau aller relevanten Einflussgrößen in der Lage, ätiologische Kausalbegründungen zu geben, was de facto utopisch ist. Solange man es so absolut genau nicht wissen will und, im Sinne vom Versuch und Irrtum, auf den aus der jeweiligen Anamnese abgeleiteten Hypothesen plausibel begründete therapeutische Strategien aufbaut, sind biopsychosoziale Modelle eine interessante, weiterführende und praktisch hilfreiche Alternative. Eine Alternative zu was? Zu wissenschaftlich überholten, de facto widerlegten monokausalen Erklärungsmodellen für seelische Erkrankungen.

ICD-10: pragmatische Diagnosen der Weltgesundheitsorganisation

Vor diesem Hintergrund wurde im Auftrag der Weltgesundheitsorganisation (WHO) von einem internationalen Expertengremium die aktuelle Version der «International Classification of Diseases» in der zehnten Revision (ICD-10) konzipiert.[7] Bei der Klassifikation der psychischen Krankheitsbilder wird hier – soweit kein Konsens bezüglich der jeweiligen Krankheitsursachen bestand – nach Möglichkeit auf theoretische (z. B. endogene oder neurotische) Grundannahmen verzichtet. Die einzelnen Phänomene sollen anhand definierter Merkmale – also beobachtbarer und/oder von den Betroffenen geschilderter Symptome – erfasst werden. Dezidiertes Ziel ist es, möglichst klare Symptomlisten und Zuordnungsregeln vorzulegen, so dass auch die unterschiedlichsten Untersucher zwischen Spitzbergen und Feuerland angesichts eines Patienten die gleiche (damit reliable, nicht unbedingt aber valide) Diagnose stellen können. Dieses Ziel hat ICD-10 in hohem Maß erreicht. Der Preis dafür war, dass es nun nur noch beispielsweise unterschiedlich schwere Formen der Depression, aber keine neurotischen und endogenen Formen mehr gibt. Über die im Rahmen biopsychosozialer Modelle vermuteten Ursachen der jeweiligen Phänomene sagen diese Diagnosen nichts aus und wollen dies auch nicht. Konsequenterweise spricht ICD-10 bei diesen Diagnosen auch nicht von Krankheiten, sondern von ätiologisch undefinierten «Störungen».

Die im ICD-10 aufgeführten Kriterien gehen nun zum einen auf diverse Studien, etwa epidemiologische Untersuchungen, zurück, anhand deren deutlich wird, dass etwa bestimmte Symptomkonstellationen häufig sind und zudem einen ähnlichen Verlauf zeigen. Zum anderen sind die Kategorien und Diagnosen das Ergebnis von Politik. Was eine Depression, eine Angst- oder Essstörung ist, wurde letztlich durch Konsensentscheidung der Vertreter der beteiligten Nationen entschieden. Auch aus diesem politischen Grund wird die programmatische Ursachenabstinenz nicht immer konsequent durchgehalten. Mehrheitsentscheidungen spiegeln nun einmal Macht- und Interessenverhältnisse, nicht unbedingt stringenten Sachverstand (was auch demokratisch gewählte Regierungen gelegentlich auszeichnet). So hat sich die gute alte Neurasthenie (s. S. 188 ff.) dank China, wo Neurasthenie – zumindest bis vor kurzem – eine der am häufigsten diagnostizierten Störungen und damit hochaktuell war, in die unmittelbare Gegenwart herüberretten können.

Burnout findet sich im ICD-10-Manual nur als Zusatzkategorie, als Faktor, «der den Gesundheitszustand beeinflussen und zur Inanspruchnahme von Gesundheitsdiensten führen kann» (wobei die Bezeichnung «Faktor» eher unpassend ist, insofern Burnout üblicherweise als Überlastungsfolge und damit als Gesundheitsstörung, nicht aber als deren ursächlicher Faktor verstanden wird) (Abb. 7.1). Höchst offiziell ist die Sache damit klar: Burnout wäre schon deshalb keine Erkrankung, weil die Weltgesundheitsorganisation psychische und psychosomatische Auffälligkeiten ohne fassbaren organischen Hintergrund als Störungen bezeichnet. In die Liste dieser Störungen wiederum wurde Burnout nicht aufgenommen. Demnach sind Burnout-Betroffene, soweit sie nicht die Kriterien einer oder mehrerer definierter psychischer Störungen erfüllen – gesund!?

> **Kapitel XXI:**
> **Faktoren, die den Gesundheitszustand beeinflussen und zur Inanspruch-**
> **nahme von Gesundheitsdiensten führen (Z)**
>
> **Z 73 Probleme verbunden mit Schwierigkeiten bei der Lebensbewälti-**
> **gung**
>
> **Z 73.0 Erschöpfungssyndrom** (Burnout-Syndrom)
>
> **Z 73.1 Akzentuierte Persönlichkeitszüge** (einschließlich Typ-A-Verhalten)
> **Z 73.2 Mangel an Entspannung oder Freizeit**
> **Z 73.3 Belastung, nicht anderorts klassifizierbar**
> **Z 73.4 Unzulängliche soziale Fertigkeiten, anderorts nicht klassifizierbar**

Abbildung 7.1 Internationale Klassifikation psychischer Störungen/ICD-10

Sorgen Sie dafür, dass Burnout eine Diagnose wird!

So ähnlich hatte es der betroffene Lehrer, den wir am Anfang dieses Kapitels zitierten, den Ärzten ins Buch geschrieben. Wenn Diagnosen auch das Ergebnis demokratischer Entscheidungen sind, dann muss man tatsächlich nur für entsprechende Mehrheiten sorgen (siehe die von China hochgehaltene Neurasthenie), und wenn tatsächlich die Burnout-Lawine die Industrie- und Hightech-Nationen überrollen sollte, dann sind die Chancen möglicherweise in ferner Zukunft nicht so schlecht, dass Burnout eine offizielle Diagnose wird. Ob man sich dies aus wissenschaftlicher, oder weniger hochtrabend, aus nüchternerer Perspektive wünschen sollte, ist eine andere Frage. Grundlage der meisten aktuellen Diagnosen sind epidemiologische Erhebungen, die deutlich machen, dass sich bestimmte Störungsbilder mit ähnlicher Symptomatik tatsächlich durch strukturierte diagnostische Erhebungen identifizieren und damit auch gegen andere Störungen abgrenzen lassen. Wenn man es nicht bei einem allgemeinen, so faszinierenden wie unverbindlichen Krankheitsbegriff bewenden lassen will, wonach letztlich alles, die Liebe, das Leben und eben auch Burnout, Krankheit sein kann, dann kommt man an Fakten und Kriterien nicht vorbei.

Es geht dabei zunächst um die Frage der Reliabilität. Damit eine Diagnose als solche überhaupt funktionieren kann, müssen Diagnosekriterien eine klare Zuordnung gewährleisten. In unserem Fall müssten sich also Nichtausgebrannte und Ausgebrannte anhand definierter Kriterien möglichst eindeutig unterscheiden lassen. Von diversen Autoren und in

Burnout-Fragebogen werden nun durchaus Kriterien aufgelistet. Ihre Zahl ist aber sehr groß. Zudem bleiben sie derart allgemein, unscharf und in ihrem konkreten Verhältnis zur Diagnosestellung undefiniert, dass sie letztlich jeder erfüllen kann, der sich selbst ernsthaft als ausgebrannt erlebt (s. S. 70 ff.). Umgekehrt sind im weiten Feld der Burnout-Forschung bislang keine Kriterien aufgetaucht, anhand deren jemand, der sich ausgebrannt fühlt, als «nicht betroffen» klassifizierbar wäre. Betroffene haben diesbezüglich immer Recht! Burnout wäre demnach eine hochgradig demokratische Diagnose bzw. ein Konstrukt, bei dem verbindliche Diagnosekriterien offenbar nur stören würden.

Ähnlich schwierig wäre die Abgrenzung gegenüber anderen Störungen. Selbst Burnout-Experten sind sich dahingehend einig, dass die diversen in der Literatur kursierenden Symptom- bzw. Syndromlisten unverbindlich sind, die Einzelsymptome selbst auf verschiedenen Abstraktionsebenen liegen (zwischen Desillusionierung, Reizbarkeit, Schuldgefühlen, Apathie, Einsamkeit und Herzklopfen) und sich Burnout gegen Diagnosen aus dem Bereich der Depressionen kaum reliabel abgrenzen lässt. Alles, was etwa Matthias Burisch (1994, S. 17–19) unter *Emotionale Reaktionen; Schuldzuweisungen* auflistet, Schuld- und Insuffizienzgefühle, Humorlosigkeit, unbestimmte Angst und Nervosität, Stimmungsschwankungen, Bitterkeit etc. bis hin zu Selbstmordgedanken, wäre auch unmittelbar mit der Diagnose einer Depression vereinbar. Der Hinweis, dass die diversen, teils widersprüchlichen Symptome, zwischen vermehrtem Engagement und Apathie, an einzelne Phasen der Burnout-Störung gebunden sind, hilft leider – wie bereits auf S. 74 ff. und 117 ff. dargelegt – auch nicht weiter, da über diese Phasen, ihre Abgrenzung und Abfolge nichts Verbindliches bekannt ist.

Burnout-Betroffene durch die psychiatrisch-diagnostische Brille gesehen

Burnout gibt es offiziell nicht. Kein akademischer Arzt oder Psychologe dürfte Burnout als Behandlungsdiagnose stellen. Natürlich lässt sich das Phänomen nicht auf diese Weise aus der Welt schaffen. Menschen, die sich als ausgebrannt erleben, leiden, viele erheblich. Ihnen zu erklären, es sei ja nicht so schlimm, sie seien nicht «burnout», eben weil es dies als Diagnose und Krankheit laut WHO nicht gibt, liefe auf eine beißende Karikatur bzw. eine abgrundtief gestörte Kommunikation zwischen therapeutischem System und Patienten hinaus. Mediziner und Psychologen sehen die Betroffenen, deren Leiden und die Symptome durchaus, und das nicht erst, seitdem sich die Medizin zunehmend wieder auf Kundenorientierung besinnt. Was sie nicht sehen (bzw. offiziell nicht sehen sollten), ist das – inhaltlich, wie dargelegt, schwierige – Burnout-Erklärungsmodell.

Ausgangspunkt jeder Therapie ist, unabhängig von der Diagnose, das Vorliegen eines krankheitswertigen Leidens. Üblicherweise wird dies von Betroffenen und Behandlern implizit vorausgesetzt. Spätestens bei Begutachtungen, bei denen es um Schmerzensgeld oder Rente geht, wird deutlich, wie schwierig diese Frage werden kann, sobald man versucht, sie annäherungsweise objektiv zu beantworten. Natürlich gibt es eine umfangreiche Literatur zu diesem Thema.[8] Angesichts einer realen Begutachtungssituation, in der die zu begutachtende Person und die Person des Gutachters zusammenkommen – jeweils mit ihren eigenen persönlichen wie biographischen Voraussetzungen, eingebettet in den jeweiligen historischen und sozialen Kontext – und eine juristisch formulierte Sachfrage mit an Sicherheit grenzender Wahrscheinlichkeit beantwortet werden soll, ist eine Standardisierung schwerer zu erreichen, als es sich dann im Wortlaut des Gutachtens niederschlagen wird. Die gutachterliche Entscheidung basiert maßgeblich auf der Erfahrung des Gutachters. Das subjektive Leiden des Betroffenen allein entscheidet jedenfalls nicht. Unglück ist keine diagnostizierbare Störung, auch Unzufriedenheit mit der beruflichen Situation nicht. Wenn Dr. Peter D., 61 Jahre (s. S. 22 f.), davon ausgeht, genug gearbeitet zu haben, und es als ungerecht empfindet, dass mehr als die Hälfte seiner Altersgenossen bereits Ruhegeld bezieht, dann ist seine gedrückte Stimmung nachvollziehbar. Ob sich hieraus eine Diagnose ableiten lässt, hängt laut gutachterlichen Standards davon ab, ob dem Betreffenden zugetraut bzw. zugemutet werden kann, aus eigener Kraft seine «Fehlhaltung» zu überwinden. Ist es Dr. D. zumutbar? Ähnliches gilt für die frustrierte Beamtin Marianne F. (s. S. 25 f.).

Wenn der Arzt oder Psychologe nun von einem krankheitswertigen Leiden ausgeht, dann stellt er in aller Regel eine Diagnose, hierzulande üblicherweise nach ICD-10. Dabei geht er primär von den Beschwerden aus, welche die Betroffenen vorrangig äußern. Bei den meisten der sich als ausgebrannt erlebenden Menschen stehen Symptome aus dem Spektrum der emotionalen Störungen, konkret depressive Aspekte, im Vordergrund. Das Vollbild einer depressiven Episode (ICD-10 F32) beschreibt die WHO wie folgt:

«In den unten beschriebenen typischen leichten (F32.0), mittelgradigen (F32.1) oder schweren (F32.2 und F32.3) Episoden leidet die betreffende Peron gewöhnlich unter gedrückter Stimmung, Interessenverlust, Freudlosigkeit und einer Verminderung des Antriebs. Die Verminderung der Energie führt zu erhöhter Ermüdbarkeit und Aktivitäteneinschränkung. Deutliche Müdigkeit tritt oft nach nur kleinen Anstrengungen auf.»

Konkret werden Einzelsymptome aus dem Spektrum «depressive Stimmung, Verlust von Interesse, der Freude und erhöhte Ermüdbarkeit» vorgegeben, von denen der Betreffende je nach Schweregrad zwei oder mehr für einen Zeitraum von mindestens zwei Wochen erfüllen muss. Dass er auch Schwierigkeiten hat, seine normale Berufstätigkeit und seine sozialen Aktivitäten fortzusetzen, wird vorausgesetzt. ICD-10 unterscheidet darüber hinaus einzeln auftretende und rezidivierende, wiederkehrende Episoden. Ist die Symptomatik weniger stark ausgeprägt, besteht dafür aber langfristiger («Sie beginnt gewöhnlich im frühen Erwachsenenleben und dauert mindestens mehrere Jahre, manchmal lebenslänglich»), wird eine Dysthymia (ICD-10 F34.1) diagnostiziert (hinter diesem Begriff führen die neurotische Depression, aber auch die depressive Persönlichkeitsstörung derzeit ihr von der WHO geduldetes Schattendasein). Darüber hinaus ließen sich depressive Symptome auch bei Anpassungsstörungen (F43.2 – kurze oder längere «depressive Reaktion» als Folge belastender Lebensereignisse) finden, wobei diese definitionsgemäß nicht länger als sechs Monate anhalten dürften.

Viele der ihrer Selbsteinschätzung nach unter Burnout leidenden Menschen würden mutmaßlich eine dieser Depressionsdiagnosen erhalten. Die Realschullehrerin Marion A., Manfred B. und Brigitte C. leiden demnach unter einer depressiven Episode (mittelgradig). Bei Marion A. würde darüber hinaus vermutlich noch ihre perfektionistische, dependente und narzisstisch gekränkte Persönlichkeit auffallen und als Achse-II-Störung (Achse I meint die Diagnosen der akuten Störung, Achse II die zeitlich überdauernde Persönlichkeit) diagnostisch gewürdigt werden. Konkret liegt bei ihr vermutlich eine «kombinierte Persönlichkeitsstörung», ICD-10 F51.0, vor, wobei aber die in der Falldarstellung enthaltenen Angaben nicht ausreichen, eine definitionsgemäß «tief verwurzelte, anhaltende und starre» Persönlichkeit zu diagnostizieren.

Bei Stefan E., dem 18-jährigen Schüler (s. S. 24 f.), stehen keine depressiven Konstellationen, sondern als körperlich erlebte Symptome im Vordergrund, insbesondere Schwindel. In den Zeiten vor ICD-10 wäre dies vermutlich als «larvierte Depression» diagnostiziert worden, also als eine Depression, die sich nicht unmittelbar emotional auswirkt. Ihre destruktive Potenz ist – dem Konzept nach – vielmehr auf die Auslösung entsprechender pseudo-somatischer Symptome hin verschoben. Nachdem auch diese Vorstellung mehr hypothetisch denn beweisbar blieb, fasst ICD-10 Störungen dieser Art unter Kategorien wie undifferenzierte Somatisierungsstörung (F45.1) oder somatoforme autonome Funktionsstörung (F45.3) zusammen. Die jeweilige Diagnose hängt dann davon ab, welche und wie viele Organsysteme vom Patienten als beeinträchtigt erlebt werden.

Manfred B., der 43-jährige, unter hochgradig unsensiblen Bedingungen gekündigte Computerspezialist (s. S. 19 ff.), ist zum einen sicher depressiv. Zum anderen leidet er in durchaus nachvollziehbarer Weise unter den von ihm als traumatisierend erlebten Umständen seiner Kündigung, die sich gewissermaßen als Horrorfilm in sein Gehirn eingegraben haben. Hätte Manfred B. einen ihn ähnlich traumatisierenden Verkehrsunfall erlebt – blutüberströmte Leichen auf der Fahrbahn –, dann läge «ein belastendes Ereignis oder eine Situation außergewöhnlicher Bedrohung oder katastrophalen Ausmaßes» vor, «die bei fast jedem eine tiefe Verstörung hervorrufen würde», was definitionsgemäß die Diagnose einer posttraumatischen Belastungsstörung (F43.1) begründet hätte. Individuelle Katastrophen wie Arbeitsplatzverlust und/oder tiefe Kränkungen werden jedoch derzeit üblicherweise nicht dieser Kategorie zugeordnet. Unlängst wurde eine «posttraumatische Kränkungsstörung», die Fälle wie den von Manfred B. abbilden würden, vorgeschlagen.[9] Die Frage der Abgrenzung und auch Justiziabilität machen Diagnose-Konzepte wie diese spannend und problematisch.

Die im ICD-10 weiterlebende Neurasthenie, praktisch identisch mit einem «Chronischen Erschöpfungssyndrom», in der bzw. dem sich Burnout-Konstellationen, die nicht die Kriterien der oben genannten spezifischen Störungen erfüllen, in aller Regel mühelos einordnen lassen (was aber meist nicht der Intention der Betroffenen entspricht), wird an anderer Stelle ausführlicher vorgestellt (s. S. 188 f.). Und dann gibt es Patienten, die unter Symptomen leiden, die sich von Burnout-Konstellationen mit bestem Willen nicht unterscheiden lassen, wobei aber die Betroffenen nicht berufliche Belastungen, sondern diverse körperliche Probleme und/oder Umweltbelastungen als Ursachen vermuten (s. S. 226 ff.).

So weit der orientierende Versuch, die vorgestellten Burnout-Patienten nach aktuellen psychiatrischen Standards zu diagnostizieren. Wenn das jeweilige Bild das in einer Diagnose umgrenzte Symptomspektrum deutlich überschreitet, gibt es die Möglichkeit, mehrere Diagnosen auf den Achsen I und II zu vergeben, also zum Beispiel: Major Depression, mittelgradig, somatoforme Störung, anankastische Persönlichkeitsstörung etc.

Psychische Störungen in der Bevölkerung

Mehrfachdiagnosen sind derzeit zumindest bei klinisch behandelten Personen auf dem besten Weg, zum Regelfall zu werden. Was steht, auf Seiten der Patienten und auf Seiten der Ärzte und Therapeuten, hinter dieser Entwicklung? Auch nur annähernd abschließende und zudem griffige Antworten auf derart verfängliche Fragen sind aktuell nicht zu erwarten.[10] Man kann natürlich einen Beinbruch und eine Lungenentzündung haben. Aber wenn jemand, der schon immer zurückhaltend war, unter Ängsten (etwa davor, krank zu werden, einen Herzinfarkt zu bekommen) und Depressionen leidet, hat er dann eine (inhaltlich mehrdimensionale), zwei oder noch mehr (vergleichsweise eindimensionale) Störungen? Was die diagnostische Praxis anbelangt, so lässt sich das weitgehend durch formale Kodierungsvorschriften regeln. Aber entspricht das Ergebnis irgendeiner biopsychosozialen Realität? Wenn sich einmal Diagnosen etabliert haben, dann kann man mit ihnen wie mit Bällen argumentativ hantieren, es gibt wahre Meister in dieser Kunst. Dabei wird mitunter vergessen, dass es sich bei den Diagnosen nicht um Realitäten, sondern eher um historisch gewachsene, als Konsensentscheidungen abgesegnete Konstrukte und Kompromisse handelt. Andererseits wird es erst auf Grundlage solcher Kompromisse möglich, sich einen systematischen Überblick über die Häufigkeit psychischer Störungen in verschiedenen Gruppen, insbesondere aber in der Bevölkerung insgesamt, zu machen. Hierzu werden u. a. nach Alter, Geschlechtsverteilung, Bildung und Beruf für die Bevölkerung insgesamt repräsentative Probanden untersucht. In einer der diesbezüglich besten Untersuchungen (Bundesgesundheitssurveys 1998/99, bei denen 4181 repräsentative Personen zwischen 18–65 Jahren befragt wurden) fand sich eine 12-Monats-Prävalenz für alle psychischen Störungen von 31%, d. h., dieser Prozentsatz erfüllt im Laufe eines Jahres zumindest eine Diagnose (Lebenszeitprävalenz: etwa 43%). Im Vordergrund standen Angststörungen (jeweils innerhalb von 12 Monaten: 20% Frauen, 9% Männer), Depressionen (Frauen 14%, Männer 8%), somatoforme Störungen (Frauen 14%, Männer 8%) und Suchterkrankungen (Frauen 2%, Männer 7%). Bei Arbeitslosen sind die Zahlen noch einmal deutlich höher (12-Monats-Prävalenz insgesamt höher als 40%). Die Häufigkeit von Burnout wurde leider nicht miterfasst, was allerdings wegen der fehlenden klaren Kriterien auch gar nicht möglich gewesen wäre (s. S. 82 ff.).

Paradigmen der medizinischen und psychotherapeutischen Forschung

Wenn in den letzten Abschnitten der Eindruck entstanden sein sollte, Experten – Ärzte und Psychologen – seien einzig darauf aus, buchstabengetreu nach ICD-10 Diagnosen zu stellen, dann ist dieser Eindruck falsch. Natürlich ist die Diagnosen-Thematik nicht gänzlich frei von akribischen und akademischen Tendenzen. Die Zahl der von der WHO erfassten Psycho-Diagnosen ist vermutlich nicht nur deshalb, weil die Menschheit immer kränker wurde, kontinuierlich gestiegen (1921 waren es 22, 1934 dann 24 Diagnosen; ICD-9 kam mit 30 Hauptkategorien aus, ICD-10 führt 100 Hauptkategorien ins Feld, von denen allerdings bislang nicht alle benutzt werden. Das System ist auf Zuwachs angelegt. Nach ICD-10 gibt es alleine 28 verschiedene Möglichkeiten, ein depressives Syndrom zu verschlüsseln.). Worin findet Expertentum bessere Rechtfertigung und zudem ein publikationsträchtigeres Betätigungsfeld als in der immer weiteren Verästelung bzw. Differenzierung bestehender Kategorien? Manches davon wird Betroffenen nutzen, einiges wahrscheinlich eher nicht.

Neben der Diagnosestellung geht es Therapeuten zumindest in vergleichbarer Intensität darum, die Dynamik von «krankheitswertigen» Prozessen zu verstehen, Prädiktoren zu identifizieren und entsprechend fundierte Behandlungsstrategien zu konzipieren.

Was macht die Dynamik psychischer und psychosomatischer Störungen aus? Als biopsychosoziale Phänomene sind sie, nach allem, was man weiß, so komplex, dass der Anspruch, alle damit verbundenen Aspekte zu erfassen, utopisch ist. Insofern ist es bereits ein präventiv wie therapeutisch wichtiger Fortschritt, wenn es gelingt, die für die Entstehung und/oder den Verlauf solcher Störungen zentralen Aspekte zu identifizieren. Das klingt wiederum stringenter, als es ist. Denn ob wir die genetische familiäre Belastung, die frühe Kindheit oder aktuelle berufliche Probleme als zentral betrachten, hängt wiederum von unseren jeweiligen Erwartungen bzw. Krankheitsmodellen ab. Um dieser Zirkularität ein Stück weit zu entgehen, bleibt nur, solche Vermutungen – selbst wenn sie im spontanen Erleben noch so evident erscheinen – in Form wissenschaftlicher Hypothesen zu formulieren und so weit zu konkretisieren, dass sie empirisch überprüfbar werden.

Alle derzeit in Hinblick auf berufsbezogene psychosoziale Belastungen diskutierten Paradigmen haben etwas mit Stress zu tun. Dass die inhaltlichen Grenzen der verschiedenen, in diesem Bereich angesiedelten Paradigmen unscharf bleiben, wird anhand der unten dargestellten Beispiele deutlich. Die Frage, warum überlappende Begriffe in der Forschungslandschaft kultiviert werden, lässt sich inhaltlich nur bedingt beantworten. Diesbezüglich kann es durchaus erhellend sein, die wissenschaftssoziologischen Kontexte zu betrachten, die am unverfänglichsten als Forschungstraditionen und «Schulen» beschrieben werden. Wissenschaftler beschäftigen sich mitunter lebenslang mit einem Paradigma, etwa der Rolle von Copingstrategien, den neuroendokrinologischen Aspekten von Stress, Flexibilität – Ambiguität, Ungewissheitstoleranz, Alexithymie, Burnout etc. Jedes dieser Paradigmen hat seine Päpste, Kronprinzen und viele Eleven. Paradigmen etablieren sich auf der Stufenleiter der wissenschaftlichen Welt durch eigene Tagungen, Kongresse, Fachzeitschriften und schließlich Lehrstühle. Stress hat de facto diesen Olymp längst erklommen, die Burnout-Forschung ist bislang erst bis zu den Fachkongressen fortgeschritten.

Arbeitsbezogenes Verhaltens- und Erlebensmuster (AVEM): Coping-Forschung mit System

Burnout gilt als Folge von chronischem Stress (s. S. 129 ff.). Welche Aspekte menschlichen Verhaltens – neben der Situation an sich – entscheiden nun darüber, ob jemand unter hohem und dauerhaftem Stress leidet? Die Coping-Forschung fokussiert auf die Art und Weise, wie Menschen mit Belastungen umgehen und damit ihr Stresserleben potenzieren oder auch minimieren können. Pflegen Sie eher Konfliktvermeidung oder einen konfrontativen Umgangsstil? Coping meint dabei mehr als das letztlich gezeigte Verhalten. Die Bewältigung einer Belastung beginnt mit deren Wahrnehmung und Bewertung (zwischen harmlos bis bedrohlich) sowie der Einschätzung der eigenen Handlungsmöglichkeiten. Auf dieser Basis kommen dann die mehr oder weniger günstigen Strategien aus dem individuellen Fundus zum Einsatz. Es gibt zahlreiche Ansätze, Coping-Verhalten zu klassifizieren und (zumeist mit Fragebogen) zu messen. Hinsichtlich des Umgangs mit beruflichen Belastungen entwickelte unlängst Uwe Schaarschmidt, Universität Potsdam, einen Fragebogen, in dem verschiedene, mutmaßlich praxisrelevante Aspekte des Copings zusammengefasst werden.[11] Mit 66 Fragen erfasst der AVEM-Fragebogen (Arbeitsbezogenes Verhaltens- und Erlebensmuster) elf Dimensionen, die sich drei inhaltlichen Bereichen zuordnen lassen: subjektive Bedeutsamkeit der Arbeit, beruflicher Ehrgeiz, Verausgabungsbereitschaft (= *Arbeitsengagement*), Perfektionsstreben, Distanzierungsfähigkeit, Resignationstendenz, offensive Problembewältigung (= *Widerstandskraft bzw. Coping*), innere Ruhe und Ausgeglichenheit, Erfolgserleben im Beruf, Lebenszufriedenheit sowie Erleben sozialer Unterstützung (= *Emotionen*).

Die idealen G(esund)-Muster finden sich in den ersten beiden Bereichen jeweils im oberen Mittelfeld wieder; blinder Eifer, aber auch Faulheit schaden nur. Wer dies umsetzen und leben kann, ist in der Regel ausgeglichen und hat letztlich in allen Lebensbereichen Erfolge. Der S(chon)-Typus hält sich hingegen, relativ zu anderen Befragten, hinsichtlich beruflichen Anforderungen zurück und stabilisiert so sein Wohlbefinden. Im Sinne des dominanten Ellenbogen-Typ-A-Verhaltens zeigen Angehörige des Risikomusters A überhöhtes Engagement, neigen beständig zur Selbstüberforderung, machen sich im sozialen Kontext eher unverzichtbar, aber unbeliebt, was mitunter Kränkungen provoziert und langfristig Überforderungen wahrscheinlich macht. Das Risikomuster B(urnout) schließlich fasst Muster zusammen, die von Resignation, dem Erleben deutlich verminderter Belastbarkeit und reduziertem Arbeitsengagement gekennzeichnet sind.

Tausende Menschen unterschiedlichster Berufe, Altersgruppen und Länder wurden bislang mit dem AVEM befragt; die Anteile der einzelnen Typen variieren zwischen diesen Gruppen deutlich. In unserem Kontext ist besonders bemerkenswert, dass der B-Typus, der inhaltlich hoch mit dem MBI korreliert (s. S. 102 ff.), in Sozialberufen, insbesondere auch unter Lehrern, sehr verbreitet ist. Und das nicht nur bei langjährig im Beruf stehenden Kollegen, sondern gerade auch unter Berufsanfängern, die traditioneller Burnout-Ideologie gemäß doch noch frisch entflammt sein müssten. Etwa 25 bis 30% aller Lehramtsreferendare sind demnach bereits ausgebrannt. Soweit nicht gezielte Maßnahmen unternommen werden, ist der jeweilige individuelle AVEM-Typus anscheinend recht stabil – einmal B-Tyus, immer B-Typus.[12] Im Verlauf der Berufsjahre, im Gruppenvergleich, steigt der entsprechende Anteil dann nur vergleichsweise wenig an. Offenbar hat Burnout, zumindest aus der AVEM-Perspektive heraus betrachtet, sehr viel mit der Persönlichkeit, mit Einstellungen und Fähigkeiten zu tun und nur wenig mit der Aufaddierung von Belastungen, die aus idealistischen Gründen geschultert werden.

Innere Kündigung

Ähnlich wie bei Burnout sagt auch hier der Begriff schon (fast) alles. Nicht das formelle Arbeitsverhältnis wurde gekündigt, die Betreffenden erscheinen am Arbeitsplatz, leisten all das, was vertraglich festgelegt ist, aber so wenig wie möglich darüber hinaus, und erhalten dafür ihr Gehalt. Eine innere Identifikation mit der Firma gibt es nicht (mehr), der über den formalen hinausgehende psychologische Arbeitsvertrag wurde gelöst. Die Frage nach den Hintergründen und Ursachen ist – auch darin Burnout vergleichbar – eine Frage der Perspektive. Zumindest aus Sicht des Mitarbeiters stimmte das Gleichgewicht zwischen Geben (von Seiten der Firma) und Nehmen nicht mehr, individueller Einsatz wurde nicht honoriert, Kompetenzen nicht gewürdigt, andere vorgezogen, so oder so wurde der Betreffende auf elementare Weise gekränkt. Innere Kündigung meint dabei nicht ein Entweder-oder, sondern einen Prozess, der langfristig zwischen Versöhnung und erneuter Kündigung fluktuieren kann. Die Hälfte aller Lehrer bekundet, noch nie innerlich gekündigt zu haben, während aktuell zwischen 10 und 15 % diesen Schritt vollzogen haben.[13]

Im täglichen Berufsleben bedeutet innere Kündigung den Rückzug der betreffenden Person aus konstruktiven Diskussionen, fortwährendes Jasagen und Abtauchen, auch in Form häufiger Krankschreibungen. Eigeninitiative wird in das Privatleben verlagert. Je nachdem, wie sozial kompetent innere Kündigung verkauft wird, fällt sie mehr oder weniger unangenehm auf, in Bereichen, wo Mitarbeiter faktisch kündbar wären, vermutlich weniger. Systemisch betrachtet ist innere Kündigung gestörte Kommunikation, wobei die Schuldfrage je nach Standpunkt unterschiedlich beantwortet wird. Lag es an Führungsfehlern – von ungenügender Informationsweitergabe bis hin zu schlicht arrogantem Verhalten durch den Vorgesetzten –, oder hatte der Mitarbeiter durch sein Verhalten eindeutig signalisiert, dass er an den Informationen, den Kollegen und der Firma insgesamt kein Interesse hatte? Alle denkbaren Abstufungen dürften vorkommen.

Für die Firma bedeutet innere Kündigung mutmaßlich hohe Einbußen durch verlorene innovative Mitarbeiterpotentiale; für die Kündigenden ist die Sache offenbar ambivalent. Einerseits schützt innere Kündigung gegen Kränkungen, sie schafft innere Distanz, wo äußere nicht möglich oder praktikabel ist. Andererseits geht es diesen Personen, was die psychosomatischen Belastungen anbelangt – zumindest soweit Daten vorliegen –, zumeist schlechter als anderen. Die persönliche Erfüllung leidet, emotionale Erschöpfung und Dehumanisierung, gemessen mit dem MBI, sind hoch. Im Unterschied zu innerlich Gekündigten halten Ausgebrannte – wenigstens theoretisch – an ihrem psychologischen Arbeitsvertrag fest, sie leiden, gerade weil sie ihn *nicht* erfüllen. Praktisch dürften die Zusammenhänge komplexer sein. Ein Lehrer kündigt beispielsweise seinen psychologischen Arbeitsvertrag mit Staat und Schulleitung, nicht aber mit den Schülern (oder umgekehrt). Anders akzentuiert, aber mit erheblichen Überschneidungen im Sinne der Mengenlehre, beschreiben innere Kündigung und Burnout dysfunktionale problematische Arbeitskonstellationen.

Gratifikationskrise

Modelle zur Beschreibung psychosozialer Arbeitsbelastung wurden bereits im Kontext des Stress-Kapitels erwähnt, namentlich die Person-Umwelt-Passung (s. S. 152 ff.) oder auch das Anforderungs-Kontroll-Modell. Nach letztgenanntem führt insbesondere die Kombination aus hohem Anforderungsdruck und geringen Kontrollmöglichkeiten zu hohem psychosozialen Belastungserleben. In dem bereits erwähnten von Johannes Siegerist formulierten und evaluierten Modell der beruflichen Gratifikationskrise wird dieser Ansatz weiter ausgeführt und auf die innere Buchführung des Individuums hin fokussiert (s. S. 153 ff.).[14] Es ist ja nicht so, dass per se hohe Leistungsanforderungen das Problem sind, so lange jedenfalls nicht, als man diesen, und sei es unter Aufbietung aller Kräfte, entsprechen kann. Häufen sich solche Konstellationen, hat man – zumal im Sinne mitmenschlicher Fairness – gerechterweise Anspruch auf Anerkennung, in Form von Geld, formellen wie informellen Arten der Belobigung, Aufstiegschancen und, derzeit immer wichtiger, Arbeitsplatzsicherheit. Bleibt eine als angemessen erlebte Anerkennung aus, dann gerät man in eine Gratifikationskrise. Längerfristig wird man diesen ungemütlichen Zustand nur dann tolerieren, wenn sich zur aktuellen Arbeitssituation keine gleichwertigen oder besseren Alternativen finden lassen. Vielfach liegt bzw. lag Frühpensionierung als Ausweg nahe. Die Frage, welche Gratifikation für welche Leistung angemessen ist, ließe sich unendlich diskutieren und wird naheliegenderweise von den jeweils Beteiligten unterschiedlich beantwortet. Dass eine solche beispielsweise im Fall von Manfred B. (s. S. 19 ff.) vorliegt und bei allen Menschen, die trotz hoher Leistungsbereitschaft aus firmenpolitischen Gründen in die Arbeitslosigkeit verabschiedet werden, kann vorausgesetzt werden. Im Extrem gibt es in hohem Maße anspruchsvolle, im therapeutischen Kontext als narzisstisch beschriebene Zeitgenossen, die bereits für kleine, von der Umwelt vielleicht für selbstverständlich erachtete Leistungen extreme Formen der Anerkennung erwarten. Und es gibt bescheidene Zeitgenossen, die Außergewöhnliches leisten und mit – im Vergleich dazu – Almosen glücklich zu machen sind. In umfangreichen, methodisch herausragenden Untersuchungen haben Johannes Siegrist und seine Kollegen nachgewiesen, dass, abhängig von einer subjektiv erlebten Gratifikationskrise (welche nicht zwangsläufig den realen Verhältnissen entsprechen muss, sondern diese durch die jeweilige individuelle Brille spiegelt), die gesundheitlichen Risiken insbesondere für Herz-Kreislauf-Erkrankungen, aber auch für depressive Symptomatik erhöht sind. Letzteres legt nahe, dass Gratifikationskrisen mit Burnout-Erleben und AVEM-Risikotypen korrelieren dürften.

Soziale Netzwerke sind eine weitere, sehr wichtige Perspektive, aus der heraus sich die genannten Paradigmen betrachten lassen. Besteht eine feste Partnerschaft, wie stark fühle ich mich von ihr gestützt, und wie intensiv erlebe ich sie, wie viele gute Freunde habe ich, wie oft sehe ich diese Freunde, wie intensiv ist der Austausch, wie erlebe ich den Kontakt etc.? Üblicherweise hilft eine gute soziale Einbindung, berufliche Belastungen und Krisen zu bewältigen. Andererseits streben sozial gut eingebundene, verheiratete Lehrer stärker in die Frühpension als allein stehende Kollegen. Auch ein gutes soziales Netzwerk hat bezüglich beruflicher Belastungen mitunter ambivalente Qualität.[15]

Sinn und Zweck aller hier aufgeführten Paradigmen ist es, für die Ausbildung psychischer, psychosomatischer und auch körperlicher Erkrankungen relevante Aspekte zu erfassen und damit potentiell beeinflussbar zu machen. So konnte beispielsweise durch einen Kurs (12 Doppelstunden) mit dem Ziel, die Verausgabungsbereitschaft zu begrenzen, das Erleben von Gratifikationskrisen deutlich reduziert werden (wobei offen bleibt, wie langfristig stabil diese Effekte sind[16]). Komplexe Zusammenhänge werden so auf kommunizierbare und praktikable Modelle reduziert. Innere Kündigung, Burnout, Gratifikationskrise, unzureichende soziale Netzwerke und ähnliche Konzepte – etwa Mobbing (s. S. 143 f.)[17] – sind keine Entweder-oder-Kategorien, sondern unterschiedliche Perspektiven auf oftmals sehr ähnliche Phänomene. Und als solches wollen und können sie eines nicht sein: Diagnosen oder Erkrankungen.

Diagnose, Risikofaktor, Krankheit, Störung – mehr als ein Streit um Worte?!

Warum ist es Burnout-Betroffenen so wichtig, als Kranke zu gelten und gleichzeitig nicht psychisch krank zu sein?

Traditionell bezeichnet Krankheit die Kategorie, die es einem erlaubt, sich wie ein Kranker zu verhalten bzw. die Krankenrolle einzunehmen. Man ist für seine fehlende Leistung nicht verantwortlich, darf sich ausruhen und sich vom Gesundheitssystem einschließlich der lieben Angehörigen umsorgen lassen. Es verbleibt einzig die Verpflichtung, sich nach Kräften und im Rahmen des Zumutbaren zu bemühen, wieder zu genesen. Wer dennoch dauerhaft krank bleibt, dem garantiert unser soziales System finanzielle Absicherung bis zum letzten Atemzug. Hinter der akademischen Diagnose-Diskussion stehen somit milliardenschwere gesellschaftliche Konsequenzen. Soll die Gesellschaft Ausgebrannten eine Rente zahlen? Ist der Arbeitgeber haftbar, weil er den Angestellten gegenüber nicht seiner Fürsorgepflicht nachgekommen ist? Ist Burnout eine Berufserkrankung?

Aus akademischer Perspektive ist die Sache so klar, wie sie nur sein kann. Burnout ist derzeit definitiv keine Krankheit und keine Diagnose. Bestenfalls wäre Burnout ein weiteres Paradigma bzw. Modell, um psychosoziale Arbeitsbelastung abzubilden. Aus Sicht der Betroffenen – aus ebender Perspektive, aus der heraus Burnout konzipiert wurde – ist die Sache ebenfalls klar: Burnout ist zwar keine seelische Erkrankung, aber doch wie eine Krankheit zu verstehen, an der die Betroffenen – wie bei klassischen Erkrankungen üblich – keine Schuld tragen. Ein Kompromiss zwischen diesen beiden Standpunkten scheint ausgeschlossen, dafür geht es auf beiden Seiten um zu viel: der Wissenschaft um ein im Lauf der letzten hundert Jahre entwickeltes Verständnis von seelischen Störungen und einer deskriptiven Annäherung an diagnostische Einheiten, den Betroffenen um ihr positives Selbstbild, Exkulpation und im weitreichendsten Fall um finanzielle Entschädigung in Form von Rente. Derzeit sind viele Ärzte und Therapeuten dabei, einen Quantensprung zu vollziehen und sich nicht nur auf die Seite der Patienten zu schlagen, sondern auch deren Perspektive zu übernehmen, wonach Burnout Diagnose und Krankheit zugleich ist.[18] Die notwendige Emanzipation des Patienten gegenüber vermeintlich allwissenden Göttern in Weiß war von durchschlagendem Erfolg gekrönt; die Situation wurde gewissermaßen geradewegs auf den Kopf gestellt. Solange die öffentlichen Kassen voll waren (oder dafür gehalten wurden), lag die konfliktvermeidende, mehr oder weniger unreflektierte Übernahme der Patientenperspektive auch gutachterlich nahe. Nur so ist es zu erklären, dass Burnout beispielsweise in ansehnlichen Prozentzahlen als Frühpensionierungsgrund bayerischer Beamter genannt wird.[19] Im Sinne von Kundenorientierung und der therapeutischen Binsenweisheit, dass man einen Patienten dort abholen muss, wo er steht, war und ist dieser Schritt hin zur Sichtweise der Betroffenen bis zu einem gewissen Punkt ohne Alternative. Wird dieser gewisse Punkt jedoch überschritten, ist man wieder auf der Stufe der Neurasthenie oder auch der endogenen Depression angekommen, bei Diagnosen, die Ursache und Symptomatik in einem sein wollen. Ob sich diese zirkuläre Entwicklung bzw. dieser Rückschritt langfristig rechnet und, wenn ja, für wen, ist offen.

Kapitel 8

Arbeit und Gesundheit: Die Zeit vor Burnout

Ist Arbeit, die rundherum Spaß macht, überhaupt Arbeit? Wer arbeitet, muss letztlich krank werden! Wann ist eine Arbeit leicht oder schwer, gesundheitsfördernd oder gesundheitsschädlich?

Bei alldem kommt es natürlich auf die Art der Arbeit an, aber auch darauf, wie Arbeit und Gesundheit definiert werden. Die diesbezüglichen offiziellen Standpunkte sind vergleichsweise eindeutig. So gibt es sogar eine DIN-Norm, nach der psychische Arbeitsbelastung gemessen werden soll (ISO 10075–3:2002),[1] und was Gesundheit ist, definiert die Weltgesundheitsorganisation wie folgt:
1. Stabiles Selbstwertgefühl
2. Positives Verhältnis zum eigenen Körper
3. Freundschaften und soziale Einbindung
4. Gesunde Umwelt, stabiles ökologisches System
5. Sinnvolle Arbeit und gesunde Arbeitsbedingungen
6. Ausreichender Zugang zur Gesundheitsversorgung
7. Lebenswerte Gegenwart und eine begründete Hoffnung auf eine lebenswerte Zukunft.

Die zitierte DIN-Norm schreibt jedoch im Wesentlichen nur Beurteilungsstandards und Methoden fest. Den WHO-Kriterien wiederum ist unschwer anzumerken, dass sie bereits einige Jahrzehnte alt sind, aus einer vergangenen, optimistischen Epoche stammen und heute mehr als idealistische Projektion denn als Realdefinition gelesen werden müssen.[2] Wenn die Ergebnisse der überaus zahlreichen, um Fragen von Arbeitsbelastung, Erkrankungen und (subjektiv erlebte) Gesundheit kreisenden Untersuchungen (s. S. 202 ff.) auf einen Nenner gebracht werden sollen, dann liegt dieser im Bereich der lapidaren Feststellung, dass es sich jeweils um höchst komplexe und zudem relative, von jedem individuell definierte Phänomene handelt. In diese gehen allgemeine gesellschaftliche Ideale und Werte, reale Vorbilder in Familie und Gesellschaft, soziale Kommunikations- und Gratifikationsebenen, in Medizin und Wissenschaft diskutierte Modelle und vieles mehr ein.

Blickt man dann noch über den Tellerrand der Zeitgenossenschaft hinaus, tun sich in jede Richtung Abgründe auf. Es gab Zeiten und es gab und gibt Konstellationen, in denen die Frage nach Arbeitsschwere und Gesundheit gar nicht erst gestellt wurden, meistens dann, wenn in Ermangelung praktischer Alternativen sowieso jede Antwort irrelevant gewesen wäre. Um diese existentielle Diskussion nicht allzu sehr ausufern zu lassen, ist es unvermeidlich, den Fokus dieses Kapitels auf die Frage nach dem Stellenwert von Arbeit und Arbeitsbelastung für die jeweilige individuelle Befindlichkeit und psychosomatische Gesundheit (und dabei einem ungefähren Äquivalent von Burnout-Erleben[3]) auszurichten. Hierzu werden typische Arbeitskonstellationen der von Zeitgenossen erlebten (und berichteten) psychischen und psychosomatischen Gesundheit gegenübergestellt.

Arbeit schändet!

Die Bedeutungsgeschichte des Wortes *Arbeit*, im Sinne ziel- und zweckgerichteter körperlicher und/oder geistiger menschlicher Tätigkeit, ist vielschichtig und dabei von Anfang an sowie über weite Strecken unzweideutig negativ.[4] Wertneutral ist *Arbeit* nur als Terminus technicus, solange er in physikalischen Dimensionen das Produkt von Kraft und Weg bezeichnet. Die wohl germanische Herkunft des in *Arbeit* enthaltenen Wortstammes bezieht sich angeblich auf ein verwaistes, aus Not zu harter Arbeit gezwungenes Kind. Umso heller und eindeutiger leuchten die diversen in Lexika aufgelisteten Implikationen von *Arbeit*: «Mühe, Mühsal, Not, die man leidet oder freiwillig übernimmt, Kampfesnot, Strafe». Als ähnlich belastet erweist sich die Herkunft des lateinischen *labor* (engl. *labour*), die mit *labil* und der indogermanischen Wurzel *lab-* (z. B. in kol*lab*ieren) zu tun hat und jemanden meint, der unter einer schweren Last schwankt. Noch drastischer kumuliert es im französischen *travail*, das sich vom mittelalterlichen «Dreipfahl», einem Folterwerkzeug, herleitet. Wenn das griechische *ergon* (engl. *work*) mit neutraler bis positiver Implikation das Anfertigen eines Werks, auch eines Kunstwerks, bezeichnet, dann ist dies leider nur die Ausnahme, die die Regel einer nachdrücklich negativen Konnotation von Arbeit unterstreicht. Helden mögen sich ihrer Arbeiten rühmen, gleichbedeutend mit siegreichen, zumindest einigermaßen heil überstandenen Kriegen und blutigen Kämpfen. Ein für den normalen Menschen erstrebenswerter Zustand wird Arbeit damit in keiner Weise. Von Kreativität und individueller Sinnerfüllung, zumal im Rahmen unspektakulärer Alltagstätigkeit, findet sich zumindest auf der Begriffsebene von Arbeit in den zurückliegenden Jahrtausenden kaum eine Spur. Bedeutungsgeschichtlich standen sich vielmehr Arbeit auf der einen und Freiheit, Lebenssinn sowie Erfüllung auf der anderen Seite der menschlichen Werteskala als Gegensätze gegenüber. Dass jede Gesellschaft auf Arbeit beruht und Arbeit das Leben süß zu machen hat, ist demgegenüber eine relativ spätere Einsicht. Nachdem bereits die alten Ägypter sich jenseitiger Arbeit durch magische Abbildungen und Helferfiguren, Ushebtis,[5] zu entziehen versuchten, ist es sicher kein Zufall und dürfte selbst uns zunehmend säkularisierte Kinder der Postmoderne noch froh stimmen, dass weder im Schlaraffenland noch im Paradies schnöde Erwerbsarbeit vorgesehen ist. Wenn das Wort Arbeit, trotz aller Lobeshymnen auf dieses Staat und Gesellschaft tragende Phänomen, bis heute einen bitteren Beigeschmack hat, den der eine mehr, der andere weniger empfindet, dann ist dies über momentanen Frust hinaus auch ein offenbar recht hartnäckiges Relikt ursprünglicher Bedeutungsdimensionen.

Ausgehend von unserem Anliegen, Arbeitsbelastung und subjektives Erleben von Gesundheit einander gegenüberzustellen, kommen wir an der Tatsache nicht vorbei, dass das subjektive Erleben von Menschen – zumal von denjenigen, die zu harter Arbeit gezwungen waren, und das von der Vorgeschichte bis weit in das 19. Jahrhundert hinein (!) – so gut wie nie aufgezeichnet und für überlieferungswert erachtet wurde. Selber schreiben konnten unsere Vorfahren in den allerwenigsten Fällen. Dass sich ihre Gelenke abnutzten und Wirbelsäulen krumm wurden, bezeugen auch von der Antike bis weit in die Neuzeit aufgefundene Skelette.[6] Neben literarischen Figuren, in denen sich authentisches Erleben spiegeln mag, gibt es Moritaten, Einträge in Kirchenbücher und Grabsteininschriften, die für einen Moment Einblicke hinter den Vorhang dieses unendlichen Vergessens zu gewähren scheinen. Zudem lässt die Bedeutungsgeschichte der um *Arbeit* kreisenden Begriffe erahnen, was hier gesagt worden wäre, wenn die Betreffenden dafür Worte und Zuhörer gefunden hätten. Aus dem weitgehenden Schweigen historischer Quellen auf weitgehende Zufriedenheit oder Unzufriedenheit mit der jeweiligen Situation zu schließen, ist gleichermaßen unzulässig. Jeder historische Streifzug durch das Thema Arbeit und Gesundheit muss zwangsläufig an dieser Grenze der Sprach-, Begriffs- und Überlieferungslosigkeit enden. Entsprechend gewaltig ist der Spielraum, der sich hinter dieser Lücke auftut, und gleichsam prädestiniert für romantische wie alptraumhafte Projektionen unsererseits.[7]

Griechenland: Vom Ideal, nicht arbeiten zu müssen

Arbeit galt im Mythos als eine Strafe der Götter. Die Tat des Prometheus, der den Göttern das Feuer raubte, um es den frierenden Menschen zu bringen, rächte Zeus. Fürderhin «verbarg» er den Menschen «das Mittel zum Lebensunterhalt». So zumindest schildert es gegen 700 v. Chr. Hesiod (Erga 42 ff.). Auch später ist unüberhörbar, dass Griechen nicht arbeiten würden, wenn sie nicht die Armut dazu zwingen würde.

Für Arbeit – wobei nicht speziell Erwerbsarbeit gemeint ist – gab es neben dem Begriff *ergon* den Ausdruck *poneisthai*, dessen Bedeutung in Richtung «sich abmühen», placken und schinden geht. Letzteres dürfte die Bewertung der überwiegend in der Landwirtschaft tätigen Bevölkerung wohl am treffendsten wiedergeben. Wenn Arbeit in der Literatur zum Thema wird, dann ist dabei stets körperliche Tätigkeit gemeint. Auf geistigem Gebiet liegende Arbeit, etwa im Sinne von Management, gab es als Begriffskategorie nicht.

Das frühe Griechenland stand unter dem von Homer besungenen Leitbild eines auf Grundbesitz, Wohlstand und ritterlichen Tugenden gründenden Adelsideals. Diesem Ideal zufolge waren Aristokraten mit der Verwaltung ihres Besitzes und mit dem Krieg beschäftigt, wo sie Kraft, Tapferkeit und Tugend beweisen und zur Sicherheit der ihnen Anvertrauten beitragen konnten. Voraussetzung dafür war körperliche und geistige Fitness («gesunder Geist im gesunden Körper»), was ständige sportliche Übung, aber auch Bildung voraussetzt. Beides wurde später in der Palästra, einem zentralen, architektonisch oft herausgehobenen Ort der Stadt, geübt. Vor diesem Hintergrund wurden Wettkämpfe zu Institutionen, die die Götter wie die eigene Gemeinschaft ehrten, und «Agone» (öffentlich ausgetragene Wettkämpfe) zum Leitbild griechischer Zivilisation.[8]

Freiwilliges Abmühen kann nicht nur im sportlichen und militärischen Bereich, sondern – wie erwähnt – auch im profanen Kontext durchaus ehrenwert sein, etwa wenn Herakles am Scheidewege sich für Mühe und Schweiß, für das Vollbringen von Taten und gegen süßes Nichtstun entscheidet. In der *Ilias* finden Adlige positive Erwähnung, die ein Handwerk beherrschen. Auch später ist man sich durchaus bewusst, dass spezialisierte Handwerker, zu denen auch Künstler und Ärzte zählten, für ein Gemeinwesen wichtig sind. Diese praktische Sichtweise kontrastiert mit einer – zumindest oberflächlich betrachtet – hiermit inkompatiblen ideologischen Ebene. Letztere dominiert die literarischen Texte und wurde deshalb retrospektiv als Standpunkt der Griechen schlechthin verstanden. Hiernach steht der Adel, der es nicht nötig hat zu arbeiten, dem Rest der Gesellschaft gegenüber, also Menschen, die aus Gründen des Überlebens zur Arbeit gezwungen sind. Es ist in dieser Logik nicht die Tätigkeit selbst, sondern die Frage, ob sie freiwillig oder gezwungenermaßen – zum Gelderwerb – ausgeübt wird, die bei der Bewertung von Arbeit im Vordergrund steht. Für Aristokraten, später Bürger und freie Menschen, die es sich leisten können, ist Erwerbsarbeit per se unwürdig. Entsprechend schlecht ist hier das Image der zur Arbeit gezwungenen Personen.

Das subjektive Erleben der zur Arbeit gezwungenen Menschen, von Bergwerks- und Galeerensklaven über Kleinbauern bis zu Ärzten, lag jenseits der als überlieferungswert und mutmaßlich auch als wahrnehmungswert erachteten Bereiche. Die heute vorrangig mit Burnout in Verbindung gebrachten Sozial- und Dienstleistungsberufe gab es in der Antike als entsprechende Kategorien nicht bzw. unter anderen Vorzeichen. Die Verwaltung des eigenen Gutes wurde nicht als Erwerbsarbeit betrachtet. Der Schluss, dass es in der Antike deshalb keine Burnout ähnlichen Symptomkonstellationen gegeben haben kann, wäre allerdings voreilig.

Seelische Krankheiten im engeren Sinne, die unter Sammelbegriffen wie Phrenitis (am ehesten Fieberdelirien), Melancholie und Manie kursierten, meinten vom Schweregrad her gravierende, mit erheblich gestörtem Verhalten und teils vitaler Bedrohung einhergehende Zustände. Ärzte im Umkreis des historisch kaum fassbaren Hippokrates (ca. 460– 380 v. Chr.) hatten in Analogie zu naturphilosophischen Modellen vier Grundbestandteile bzw. Säfte des Menschen (gelbe und schwarze Galle, Blut und Schleim) postuliert. Das Gleichgewicht dieser Säfte, das von Geschlecht, Alter, Konstitution und Außenfaktoren wie Ernährung und Bewegung beeinflusst wurde, determiniert demnach die körperliche wie seelische Gesundheit eines jeden Menschen.

Den idealen Gleichgewichtszustand zu erhalten bzw. wieder herzustellen ist Inhalt und Ziel der Schriften zur Diätetik. Im Rahmen solcher Texte werden verschiedene Symptome, die auf ein Ungleichgewicht der Körpersäfte hinweisen sollen, beschrieben, etwa Schweregefühle, Antriebs- und Kraftlosigkeit oder auch Schlafstörungen.[9] Die in diesen Kontexten akribisch beobachteten und von Betroffenen wohl ähnlich akribisch erlebten Unpässlichkeiten lassen sich in heutigen Burnout-Symptomlisten unschwer wiederfinden. Auch das als Erklärung der Symptome dienende Modell vom Ungleichgewicht von Körpersäften ist nicht allzu weit von populären Vorstellungen von Burnout-Ursachen entfernt. Ähnlich aktuell sind viele der vorgeschlagenen Gegenmaßnahmen, wie Entspannung, Spazierengehen, frische Luft, gesunde Ernährung etc. Die antiken diätetischen Gesamtstrategien sind mitunter so komplex, dass als Adressaten nur Personen, die nicht auf Erwerbstätigkeit angewiesen waren, in Frage kommen.

Ein «gesunder Geist im gesunden Körper» war somit auch im antiken Griechenland keine Selbstverständlichkeit. Diesbezüglich Beeinträchtigungen erleben und erleiden zu können, war an mehrere Voraussetzungen gebunden:

a) ausreichend Geld, Zeit und Muße, um sich und seinen Körper reflexiv wahrnehmen und ein Ideal von Wohlbefinden, Ausgeglichenheit und Gesundheit hochhalten zu können;

b) ein medizinisches bzw. psychophysiologisches Grundwissen, um Symptome in einem konzeptuellen Kontext (z. B. Störung des Gleichgewichtes der Körpersäfte, Erschöpfung der Energien) einordnen und damit «verstehen» zu können;

c) Fachleute, die entsprechende Modelle erarbeiten und vertreten, Behandlungen vornehmen und/oder Präventionen anleiten können. Die Tatsache, dass Schriften wie die von Diokles von Karystos (vgl. Anm. 9) existieren, verweist auf einen diesbezüglich für Ärzte vergleichsweise einträglichen Bereich.

Natürlich ließe sich diese Aussage auch umdrehen: Nur wenn diese Voraussetzungen erfüllt sind, kann man sich gesund und fit fühlen. Sobald Gesundheit dank der Befriedigung elementarer Bedürfnisse, also eines gewissen Wohlstands, in gewissem Maß Selbstzweck sein kann, gewinnt das Selbst- und Körpererleben Freiheitsgrade, die die vielen körperlichen Wonnen dieser Welt, aber auch die Tragik der erlebten Einschränkungen erst möglich machen.

Arbeit vom frühen Christentum bis in die Neuzeit

Die Konnotation von Arbeit hatte sich zwischenzeitlich grundlegend geändert. Zwar blieben die griechischen Ideale bis weit in die römische Kaiserzeit hinein namentlich in aristokratischen Kreisen aktuell. Daneben finden sich jedoch breitere soziale Schichten, etwa durch ihre Tätigkeit sozial aufgestiegene Freigelassene, die sich selbstbewusst – auch auf ihren Grabdenkmälern – durch ihren Beruf definieren.[10] Der folgende epochale

Paradigmenwechsel war im Christentum angelegt. Arbeit bedeutete zwar weiterhin Mühsal, die aber in Analogie zu Gott, der in sechs Tagen die Welt erschaffen hat, auf höherer Ebene gerechtfertigt war. Es galt, sich die Erde – arbeitend – untertan zu machen. Am Tag des Herrn ruhten die Hände, zum Gedenken und zu Ehren Gottes. Ähnliches versprach das Paradies, während auf der Erde galt: «Wer nicht arbeitet, der soll auch nicht essen», womit Paulus die ideologische Abkehr vom griechischen Aristokratenideal auf den Punkt bringt. Die frühen Mönchsorden gründeten auf der Arbeit ihrer Mitglieder. Müßiggang ist der Feind der Seele, so der heilige Benedikt. Und die Mönche machten sich daran, zu beten und zu arbeiten, um ihre Seele zu reinigen und Gott näher zu kommen. Mühsal blieb zwar Mühsal, aber köstlich wurde sie – so stand zu hoffen – im Nachhinein.[11]

Bis zum Beginn der Industrialisierung arbeitete die – analphabetische – Bevölkerungsmehrheit in der Landwirtschaft; mit deutlichem Abstand gefolgt von Handwerk und Gewerbe. Soziale Berufe – im heutigen Sinne des Wortes – waren nur in Ansätzen professionalisiert, vielfach wurden sie von Menschen geistlichen Standes ausgeübt. Die oben postulierten Voraussetzungen zur Burnout-Wahrnehmung waren in diesem weiten Zeitraum somit bestenfalls für Minderheiten erfüllt. Zudem blieben berufliche Konstellationen, in denen äußerer Druck und Streben nach Selbsterfüllung die Gefahr von Stress-Eskalationen beinhalteten, schon aufgrund der weitgehend statischen Sozialstrukturen selten. Insofern verwundert es nicht, dass Zeugnisse, die im weiteren Sinne zu unserem Suchbegriff, also burnout-ähnlichen Symptomen, passen, praktisch nicht vorkommen. Natürlich arbeiteten Menschen viel und hart, meist von Sonnenauf- bis -untergang. Die Arbeit etwa in einem Siechenhaus, namentlich auch zu Zeiten von Epidemien, war für die Helfer sicher hochgradig mit Stress verbunden, ganz zu schweigen von der Konfrontation mit all dem Elend bis zur Notbestattung der Leichenberge, was heutigen Vorstellungen nach bei großen Teilen der Bevölkerung zumindest posttraumatische Belastungsstörungen hervorgerufen haben muss.[12]

Auch in mittelalterlichen Städten war Arbeit anstrengend. In Form des ehrbaren Handwerks und Handels wurde sie darüber hinaus zum Rückgrat einer gehobenen sozialen Identität. Als Mitglied einer Zunft verfügte derjenige, der arbeitete, auch über politischen Einfluss. «Verachtet mir die Meister nicht und ehrt mir ihre Kunst», trifft Hans Sachs in den *Meistersingern* in romantischer Rückschau den richtigen Ton eines bürgerlichen Selbstverständnisses. Dass Arbeit adelt und Müßigkeit aller Laster Anfang ist, blieb auch in der beginnenden Neuzeit eine gesellschaftstragende Selbstverständlichkeit (und wohl mehr als ein schwacher Trost). Und wenn bestimmten Subjekten dieses nicht so selbstverständlich war, wie es sein sollte, dann setzten die Gemeinschaft und deren Regierung vieles daran, die geltenden Werte nachdrücklich klar zu machen. In diesem Sinn betonten auch die Reformatoren die *vita activa* als Grundtugend des Menschen. Die Einrichtung von Arbeits- und Zuchthäusern – ab dem 16. Jahrhundert – ist eine abgründige Facette davon. Alle Nichtarbeitenden, handelte es sich nun um Klerikale oder Bettler, gerieten dabei zumindest in moralische Randbereiche. Die Grenze zwischen psychophysischem Unwohlsein auf der einen und psychischen Erkrankungen auf der anderen Seite dürfte, auch wenn sie kaum je durch stringente Definitionen markiert ist, von den Zeitgenossen als relativ hoch und kategorisch empfunden worden sein. Weit über das Mittelalter hinaus wurden Geisteskrankheiten bevorzugt auf Besessenheit und andere magische bzw. religiöse Einflüsse zurückgeführt. Erfolgversprechende Behandlungsmöglichkeiten gab es seinerzeit keine, die Betroffenen blieben über die Jahrhunderte hinweg stumme, gelegentlich im Irrenhaus bestaunte Kuriositäten jenseits der Gesellschaft. Erst seit dem 18. Jahrhundert änderte sich diese Situation langsam. Mit burnout-ähnlichen Zuständen, für die ja charakteristisch ist, dass Betroffene eben nicht aus dem Rahmen sozial-verträglicher Verhaltensmuster herausfallen und ihr Leiden artikulieren können, haben diese Erkrankungen offenkundig nichts zu tun.[13]

Im mondänen Zentrum einer Weltmacht:
Die (erste) Zeit der Neurosen

Im 17. Jahrhundert wuchs die bekannte Welt. Kolonialreiche weiteten sich aus, Handelsgesellschaften, etwa die in London residierende Ostindienkompanie, wurden finanziell potenter als die Krone. Gewinne stiegen exponentiell an, menschliche Arbeit wurde sukzessive zur abstrakten Rechengröße, ohne dass sich für die Mehrzahl der Arbeitenden zwischenzeitlich allzu viel verändert hätte. Der zentralisierte Staat förderte, plante und regulierte, von der Heimarbeit bis zur Landwirtschaft wurden Gewinne maximiert. Neben dem barocken, prunkvoll-herrschaftlichen Ambiente fanden die unter Ludwig XIV. kultivierten, durchaus ohne Schnörkel auskommenden Innovationen, Merkantilismus und gezielte Expansionspolitik, europaweit Nachahmer. Arbeit blieb in diesem erweiterten Rahmen erste Bürgerpflicht. Sie weiter als gottgegebene Ordnung verstehen und besingen zu können, dürfte sie für die Arbeitenden erträglicher gemacht haben.

In diesem Kontext konsolidierten sich nun im Bereich von Handel und Gewerbe Berufsgruppen, die über Bildung verfügten und deren Belastungen überwiegend im mentalen und psychosozialen Bereich lagen. In einer für das 17. Jahrhundert herausragenden Dichte begegnen wir ihnen etwa in London und dort nicht selten in ärztlichen Sprechstunden, wo angesichts von Symptomen wie allgemeiner Schwäche und hartnäckigem körperlichen Unwohlsein die Diagnose «Neurose» gestellt wurde. Neurosen, im Sinne von «nervös sein» bzw. es «an den Nerven haben», wobei dieser Begriff natürlich (noch) nicht im Sinne von Sigmund Freud oder der aktuellen ICD-10-Diagnostik (s. S. 161 ff.) gemeint war, blieb als Kategorie schillernd und unscharf, was offenbar kein Problem gewesen ist. Entscheidend für die hohe Akzeptanz unter Ärzten wie Patienten dürfte nicht zuletzt gewesen sein, dass sich Neurosen deutlich vom Bereich der Geisteskrankheiten absetzen. Thomas Sydenham (1621–1689), als Kliniker bis heute ein Begriff,[14] sah Neurosen und insbesondere Hysterien als die am weitesten verbreiteten, undurchsichtigsten und am schwersten zu behandelnden Krankheiten an. Etwa ein Sechstel seiner Patienten, zumeist die Frauen, seien «hysterisch». Charakteristisch sei die Vielfältigkeit der Symptome und Erscheinungsformen, was den Arzt leicht verwirren könne. Neben diversen körperlichen Symptomen, von Kopfschmerzen über Herzklopfen und Husten, Symptomen ähnlich von Blinddarmentzündungen, Muskel- bzw. Zahnschmerzen oder Vernichtungsgefühlen, seien die Betroffenen mehrheitlich melancholisch, oftmals aber auch launisch, in jedem Fall aber voll bei Verstand. Aufregungen verschiedener Art, aber auch längeres Fasten und Verschiedenes mehr könnten die Ursachen sein. Zunächst hatte man angenommen, diese Spielart der Nervosität rühre aus einer Erkrankung der Gebärmutter her (was im Namen: Hysterie = Eierstockentzündung anklingt). Nachdem ähnliche Symptome aber auch bei Männern beobachtet worden waren, relativierte sich diese Ansicht. Unter den Männern – wo ein sehr ähnliches Bild angemessenerweise als Hypochondrie bezeichnet wurde – seien vor allem diejenigen mit sitzender Lebensweise betroffen. Die Behandlung erfolgte neben den Standardmethoden der Zeit, Aderlass und Abführen, mit Diäten (etwa Milchdiät). Sydenham propagierte zudem Pferdereiten. Andere Kollegen dachten mehr an körperliche Betätigungen wie Ackerbau, Ortswechsel etc. Ein Jahrhundert später schätzte ein anderer englischer Arzt die Häufigkeit von Neurosen bei seinen Patienten schon auf ein Drittel. George Cheyne (1671–1743) nannte Neurosen gar «die englische Krankheit», in der Annahme, dass Engländer besonders nervös seien. Und wiederum etwa hundert Jahre später meinte ein weiterer englischer Kollege, dass nun zwei Drittel der Klientel die Diagnose «Nervosität» bzw. Neurose verdient hätten.

Hysterie, Hypochondrie oder Neurose bezeichnen ein weites Spektrum von Zustandsbildern, die sich durch eine Vielzahl möglicher, in vielfältigen Kombinationen auftretender Symptome sowohl auf körperlichem als auch auf seelischem Gebiet auszeichneten. Ausgehend von den überlieferten Beschreibungen sind spezifische Grenzen zwischen einzelnen Erscheinungsbildern retrospektiv kaum zu ziehen. Die Ärzte sahen ihre Klienten und deren Symptome anders, als sie ein heutiger Psychotherapeut gesehen hätte, und nicht zuletzt sahen sich auch die Patienten anders. Keineswegs soll hier der Eindruck erweckt werden, dass die von Sydenham und anderen Ärzten im 17. und 18. Jahrhundert beschriebenen und behandelten Krankheiten ohne weiteres mit dem heutigen Burnout-Phänomen gleichgesetzt werden könnten. Das ganze aktuelle Diagnosespektrum, von Depressionen über somatoforme Störungen bis zu Hypochondrien und auch Burnout, müsste bemüht werden. Eine eindeutige Zuordnung stößt praktisch immer an die genannten historischen, terminologischen und perspektivischen Grenzen (beider Seiten!). Ungeachtet dessen ist es wahrscheinlich, dass im Sinne unserer Suchkriterien burnout-ähnliche Konstellationen keine Seltenheit gewesen sind. Von den Neurosen im Sinne des 17. und 18. Jahrhunderts sind Bürger und mitunter Adlige betroffen – Menschen mit Bildung, die nicht hart körperlich arbeiten müssen und sich eine Behandlung durch teils sehr angesehene, zumal in Zeiten ohne Krankenversicherung kostspielige Ärzte leisten konnten. Thomas Sydenham stellte überrascht fest, dass Frauen, die ein hartes Leben führten, frei von Hysterie seien. Glücklicherweise, denn diese hätten sich die entsprechende Behandlung bei ihm nicht leisten können.

Von der vorindustriellen Expansion zur industriellen Revolution
Vielleicht sollten die von den manuell arbeitenden Menschen fast nie geschilderten, in ihrer Selbstverständlichkeit und Härte retrospektiv kaum nachvollziehbaren Mühen doch nicht ewig dauern? Im 18. Jahrhundert wurden erstmals systematisch technische Entdeckungen in der Produk-

tion eingesetzt. Die Industrialisierung begann mit Erleichterungen: durch Dampfmaschinen, die schwere Lasten bewegen konnten, und automatischen Webstühlen; als Nebeneffekt machte sie viele Menschen zu Maschinen. Menschliche Arbeit wurde nach und nach von Maschinen übernommen, was zumindest theoretisch Kapazitäten für neue Entwicklungen freisetzte. Praktisch sank der Wert individueller Arbeitsleistung oftmals drastisch – ein Prozess, der mit Ausbeutung und Verelendung einherging. Arbeit war Ware, um deren Wert mit ungleichen Waffen zunehmend erbittert gekämpft wurde. Die Produktivität stieg exponentiell und mit ihr Reichtum und Luxus auf der einen und die Abhängigkeiten auf der anderen Seite. Gewachsene Sozialordnungen brachen oben wie unten auseinander.

Von Arbeit als Lebenssinn und Erfüllung, romantischen Bildern des mittelalterlichen Handwerkmeisters oder des Ackermanns, der froh zur Arbeit auf das Feld eilt und die Furchen abschreitet, hatte sich die zum Kapital umdefinierte Arbeit ideologisch und praktisch weit entfernt. Gleichzeitig änderten sich individuelle Biographien und Lebensentwürfe. Arbeit als (lohn-)abhängige Vollzeit- und oftmals Lebenstätigkeit – zuvor nur eine Konstellation, die Minderheiten betraf (Bedienstete am Hof, Beamte, Soldaten u. a.) – wurde nun zur Realität für zunehmend größere Gruppen, zumeist für aus der Landwirtschaft entwurzelte Menschen. Die Einheit von Lebensraum, Familie und Arbeitsplatz ging dabei für immer mehr Menschen verloren. Arbeit war nicht etwas, das von jemandem getan werden musste, der durch seinen Wohnort, seine familiäre Situation und nicht zuletzt seinen Besitz definiert war. Arbeit, Ausbildung und Einkommen definierten von nun an, und wohl unumkehrbar, individuelle Identität. Nicht mehr der Lauf der Jahreszeiten und des Tages bestimmte das Leben, sondern Uhr, Glocken und Sirenen. Für die Mehrzahl der Werktätigen wich die Vielfalt kleinbäuerlicher Tätigkeit produktiverer, durch Aufgaben und Zeitvorgaben geregelter Monotonie. Sowohl vertikale Arbeitsteilung – Vorgesetzte denken und entwickeln, und Untergebene führen aus – als auch horizontale Arbeitsteilung – der einzelne Arbeiter beherrscht zuletzt nur noch einen bestimmten Handgriff – steigerten zunächst die Produktivität und erleichterten die Organisation ungemein. Fiel ein Untergebener aus, war Ersatz kurzfristig einsatzbereit. Zur ideologischen Basis des Erfolgs wurde der Taylorismus, benannt nach dem Amerikaner Frederick Winslow Taylor (1856–1915), Autor von *The Principles of Scientific Management* (1911) und Vater einer auf klarer Aufgabentrennung und Zeitstrukturierung beruhenden, in diesem Sinne

wissenschaftlich-optimierten Arbeitsorganisation. Aus den genannten
Gründen war eine nachhaltige Entsubjektivierung der Arbeit durchaus
erwünscht. Aus marxistischer Perspektive wurde schon früh die ent-
fremdende Kehrseite deutlich. Ungeachtet der Betrachtungsweise blieb
erhebliches kreatives Potential ungenutzt, und dass Arbeit «ohne men-
schenbildenden Zweck nicht Menschenbestimmung» ist, wusste Johann
Heinrich Pestalozzi schon 1781.[15]

Nach den unruhigen Zeiten und Umwälzungen infolge der Französischen Revolution konsolidierten sich im Verlauf des 19. Jahrhunderts
diverse Nationalstaaten. Es kam zu immensem wirtschaftlichen Wachs-
tum und letztlich zu einer nachhaltigen Verbesserung der sozialen wie
medizinischen Situation für weite Teile der Bevölkerung. Sieht man von
immer wieder aufflackernden, oft expansiv-national motivierten Kriegen
ab, dann müsste man, etwa im prosperierenden New York um 1870, auf
eine vergleichsweise glückliche, in Ruhe, Sicherheit und Wohlstand
lebende Bevölkerung treffen. Natürlich gingen die Menschen – wie wir
alle spätestens seit dem «Erweckungserlebnis» der Französischen Revolution – davon aus, in einer Zeit des Umbruches zu leben. Längst rollten
Eisenbahnen durch das Land, Dampfschiffe fuhren, Städte expandierten
exponentiell, elektrische Straßenbahnen sorgten für schnelle Verbindun-
gen, Brücken aus Eisen überspannten die Flüsse, Gaslaternen machten die
Nacht zum Tag.

Alles viel zu schnell: Neurasthenie

Auch dank neuer Waffentechnik war die Zahl der Verwundeten im amerikanischen Sezessionskrieg (1861–1865) außerordentlich hoch. Ver-
wundungen, die oft Gehirn und Nervensystem betrafen, waren so komplex, dass die Ärzte hilflos zusehen mussten, wie Soldaten dahinstarben.
Diese Erlebnisse stimulierten in der folgenden, wirtschaftlich prosperierenden Zeit viele Ärzte, ihr Wissen auszubauen, sich – beispielsweise als
Neurologen – zu spezialisieren und diesen Fächern einen akademischen
Rahmen zu geben. Die noch kleine Gruppe der Neurologen stand zwischen den etablierten Größen Innere Medizin und Psychiatrie. 1875 kon-
stituierte sich in Philadelphia die American Neurological Association. Für
Neurologen, die dann in Friedenszeiten auf dem freien Markt, in eigener
Praxis, ihr Auskommen finden mussten, sah die Welt jedoch nicht besonders rosig aus. Die Diagnostik von peripheren Nerven- und zentralen Ge-
hirnerkrankungen, von motorischen Lähmungen über Bewegungsstörun-

gen, komplexen Systemerkrankungen bis zu Schlaganfällen, war im Rahmen der technischen Möglichkeiten der Epoche schwierig, die Behandlungsmöglichkeiten unbefriedigend bis nicht vorhanden. Entsprechend relativ war der praktische Stellenwert des Neurologen. In dieser Situation befand sich auch Georg Miller Beard (1838–1883), als er 1866 gemeinsam mit einem Kollegen eine Praxis in New York eröffnete.[16] Die Stadt, die schon wenig später mehr als eine Million Einwohner haben sollte, expandierte in einer Art und Weise, bei der den Zeitgenossen sprichwörtlich Hören und Sehen verging. Den Puls des Fortschritts spürend lag es für Beard nahe, dieses Tempo mitzugehen. Er hatte bereits als Elektrotherapeut Erfahrungen gesammelt. Wohl auch dabei waren ihm Menschen gerade aus führenden Kreisen aufgefallen, die über unterschiedlichste, in individuellen Konstellationen auftretende Beschwerden klagten – Kraft- und Energielosigkeit, Appetitmangel, Schlafstörungen, Kopf-, Rücken- und/oder Gliederschmerzen, hypochondrisch gefärbte Sorgen um die Gesundheit etc. Jeweils für sich genommen konnten diese Beschwerden kaum als schwerwiegend angesehen werden, aus ihrer Addition resultierte jedoch für die Betroffenen eine erhebliche Beeinträchtigung der Arbeits- und Leistungsfähigkeit. Beard erkannte dahinter eine nachhaltige Kraftlosigkeit der Nerven und ein offenbar neues Krankheitsbild, das ihm wissenschaftlich wie politisch zur Mission wurde. Im Jahr 1869 brachte er es erstmals in einem kurzen, vierseitigen Aufsatz im *Boston Medical and Surgical Journal* auf den Punkt: «*Neurasthenia, or Nervous Exhaustion*».

Auch wenn G. Beard den Begriff der *Neurasthenie*, der in der Literatur der Zeit ein weites Spektrum psychischer und psychosomatischer Zustandsbilder bezeichnete, nicht erfunden hat, so verlieh er ihm doch seine spezifische Prägung. Als Neurasthenie-Symptome listete er auf: «allgemeines Krankheitsgefühl, Schwäche aller Körperfunktionen, schlechter Appetit, anhaltende Kraftlosigkeit im Rücken und Rückgrat, flüchtige Nervenschmerzen, Hysterie, Schlaflosigkeit, Hypochondrie, Abneigung gegen regelmäßige und anhaltende geistige Tätigkeit, starke, kräftezehrende Kopfschmerzattacken und andere ähnliche Symptome ...» (Beard, a. a. O, S. 218). Auf der Ebene von Symptomen oder Symptomkonstellationen festzulegen, wo Neurasthenie beginnt und wo sie endet, war jedoch nicht sein Anliegen. Es war auch nicht nötig, da Beard, aufgrund vieler eingehender Gespräche mit Patienten, das hinter den Symptomen stehende Phänomen als solches bereits deutlich vor Augen stand. Neurasthenie war seiner Überzeugung nach eine typische Erkrankung der

hektischen, durch einen in jeder Hinsicht dramatischen Wandel gekenn-
zeichneten Epoche. Die Erkrankung resultierte dabei nicht aus der individuellen Konstellation oder auch Konstitution des einzelnen Klienten,
sondern eben aus dieser Gesamtsituation. Insofern aber Letztere neu und
anders war als alles zuvor, war auch Neurasthenie offensichtlich etwas
Neues. Eben darin sah Beard den entscheidenden Unterschied zu älteren
Diagnosen wie Neurosen, Hypochondrie oder Hysterie. Und weil die
neue Problematik so eng mit dem Epochenwandel verknüpft war, lag es
nahe, dass vor allem Protagonisten des Fortschrittes, also Männer der
weißen, vermögenden Mittel- und Oberschicht, neurastheniegefährdet
waren. Auch deren Frauen schienen häufig betroffen zu sein, während die
in idyllischen Verhältnissen lebende Landbevölkerung, die Arbeiter und
Slumbewohner von dem Problem aus nahe liegenden Gründen verschont
blieben. So zumindest die Theorie.

Beard wusste zudem, dass Neurasthenie vergleichsweise harmlos war.
Er konnte die Betroffenen, die nun immer häufiger seine Praxis aufsuchten, beruhigen. In einer Epoche, die alle Dimensionen sprengte, war es
kein Wunder und auch keine Schande, der Neurasthenie anheim zu fallen. Seine Patienten litten keinesfalls unter einer tödlichen oder auf andere Weise fatal verlaufenden Krankheit. Neurasthenie führte nicht zur
Degeneration von Nerven und war auch – Beards Auffassung nach – nicht
Ausdruck einer vom Vater auf den Sohn vererbten Nervenschwäche, an
der Enkel in weiterer Zukunft zugrunde gehen würden.

Gewissermaßen als Krönung dieses Konzepts konnte Beard auf dessen
medizinisch überzeugende Grundlage verweisen. Beard kannte Thomas
Alva Edison (1847–1931) persönlich und hatte ihn im Labor besucht.
Menschen konnten demnach als elektrische Maschinen verstanden werden, Nervenkraft und elektrische Energie galten als quasi synonym. Die
elektrische Energie der Patienten war schlicht durch die besonderen, aus
der Epoche resultierenden Beanspruchungen reduziert und erschöpft.
«Menschen, genauso wie Batterien, brauchen Kraftreserven, und Menschen, genauso wie Batterien, lassen sich nach der Größe dieser Reserve
bewerten …» (Beard, Die Nervenschwäche, S. 10, zit. nach Hofer (2004),
S. 62). Therapeutisch war somit angezeigt, das Energiedefizit auszugleichen und die leeren Batterien wieder aufzuladen, am besten direkt unter
Anwendung von Strom. Als Elektrotherapeut hatte Beard ja schon vor
seiner Praxisgründung Erfahrungen gesammelt und ein Buch zum Thema
verfasst. Diverse konkurrierende Modelle, etwa das von William A. Ham-
mond (1828–1900), der als Ursache für Neurasthenie und ähnliche Kon-

stellationen «cerebral hyperaemia», also eine zu starke Durchblutung des Gehirns, vorschlug, mussten demgegenüber bereits von der bloßen Vorstellung her ungemütlich und, was die therapeutischen Konsequenzen anbelangt, unbefriedigend bleiben.

Beards erster Aufsatz blieb zunächst ohne die erhoffte Resonanz. Verunsichert zog er auch andere Konzepte in Erwägung. Erst sein 1880 publiziertes Buch *A Practical Treatise on Nervous Exhaustion (Neurasthenia). Its Symptoms, Nature, Sequences, Treatment* brachte den Durchbruch. Inhaltlich über weite Strecken eine Zusammenstellung früherer Arbeiten, vertrat Beard in dem Buch recht plakativ den Anspruch, dass sein Neurasthenie-Konzept eine Pionierleistung sei. Das war gewagt und kam insbesondere beim breiten, potentiellen Patientenpublikum überwältigend gut an. Beard war es gelungen, jenseits der relativ seltenen wie therapeutisch unbefriedigenden neurologischen Krankheitsbilder (im engeren Sinne) ein neues Thema und zudem eine breite, zahlungskräftige und zahlungswillige Klientel zu erschließen. Sein Konzept verbreitete er durch Aufsätze und Bücher, propagierte es im Rahmen einer charismatischen wie regen Vortrags- und Reisetätigkeit und festigte seine Reputation nicht zuletzt durch Kontakte zu angesehenen Professoren im Mekka der Medizin, in Europa. Sein bahnbrechendes Buch hatte er dem Leipziger Neurologen Wilhelm Erb gewidmet, der sich durch positive Aufnahme des Konzepts revanchierte und zudem zu einem Verfechter der Elektrotherapie wurde. Zwei Jahre später (1882) legte Beard einen weiteren Aspekt nach: *American Nervousness. Its causes and consequences.* «Der wichtigste und primäre Grund dieser Entwicklung und des sehr starken Anstiegs der Nervosität ist die moderne Zivilisation, die sich von den älteren Kulturen durch fünf Charakteristika unterscheidet: (die Nutzung von) Dampfkraft, regelmäßig erscheinende Zeitungen, Telegraphen, die Wissenschaften und die geistige Aktivität von Frauen …» (Beard, American Nervousness, S. VI (Vorwort).

Die hohe und weiter steigende Zahl von Neurasthenie-Betroffenen in Amerika war letzlich der Beweis für die wirtschaftliche und politische Vormachtstellung der Nation! Und für die Betroffenen spiegelte die Erkrankung ihren Status als Mitglieder einer prosperierenden, kultivierten Gesellschaft.

Neurasthenie: klare Ursachen, unscharfe Symptome und fast eine Auszeichnung

Beard hatte auf gesellschaftlicher Ebene und finanziell den Durchbruch geschafft. Seine Praxis blühte als Anlaufpunkt der New Yorker Elite aus Wirtschaft und Finanzwelt. Seine Ideen wurden weit über die Grenzen der Medizin und bald auch jenseits des Ozeans diskutiert. Innerhalb der Neurologie und der angrenzenden akademischen Fächer, namentlich in der Psychiatrie, war die Rezeption von Beards Schriften jedoch anfangs keineswegs einhellig positiv. Für viele Mitglieder der professoralen Elite, auch aus der Riege der Psychiatrieprofessoren in Europa, war Beard schlicht ein Außenseiter, ein Praktiker, fern aller akademischen Weihen. Manchen galt er als Kuriosum oder gar als Schwindler. Zudem war er Amerikaner, kam also aus einem wissenschaftlichen Entwicklungsland. Seine Thesen schienen zumindest bei erster Betrachtung mit den in der Psychiatrie aktuellen Konzepten kaum vereinbar zu sein. Dort beschäftigte man sich mit psychischen Krankheiten im traditionellen Sinne, also schweren Zustandsbildern, Psychosen, Depressionen oder Manien, wobei das Verhalten der Patienten oft überdeutlich den Rahmen gesellschaftsüblicher Verhaltens- und Befindensnormen überschritt. Mit der Entdeckung der progressiven Paralyse, also der durch Syphiliserreger ausgelösten Gehirnzersetzung, lag ein handfestes Beispiel dafür vor, dass psychische Krankheitsbilder auf organische Ursachen zurückgeführt werden konnten. Hinter den akribisch gestellten Diagnosen der verschiedenen seelischen Erkrankungen wurden hirnanatomische Ursachen vermutet, die es – post mortem – nachzuweisen galt. Verbreiteten Theorien nach verstärkten sich die Anlagen hierzu durch Negativselektion, was zu einer zunehmenden Ausprägung der Erkrankungen im Laufe der Generationenfolge führen musste. Die Behandlung der Erkrankten hingegen war kein akademisches Anliegen; praktische Arbeit mit Patienten war wenig angesehen, insbesondere auch weil sie – aller Erfahrung nach – kaum je wirklich hilfreich war. Zwischen dieser Welt einer sich ganz biologisch und medizinisch verstehenden Psychiatrie und der Kundschaft Beards befand sich offenbar ein tiefer Graben. Die Relevanz seines Ansatzes wurde dementsprechend zunächst von Kollegen entdeckt, die sich in einer ihm ähnlichen Situation, in freien Praxen, befanden.[17]

In den folgenden Jahren zogen Beards Schriften jedoch immer weitere Kreise und wurden schließlich als wissenschaftliche Großtat gefeiert. Die Zahl der Publikationen, die im Wesentlichen Beards Thesen bestätigten,

wuchs rapide. Ein 1893 erschienenes Handbuch der Neurasthenie konnte bereits auf 698 Beiträge zum Thema verweisen. Beard selbst wurde zur
Berühmtheit; man diskutierte über die Nervosität des Entdeckers der
Neurasthenie, die vielleicht seiner These auf die Sprünge geholfen haben
könnte. Insbesondere die gelungene Wahl des Begriffs wurde gelobt. Infolge dieser allgemeinen Anerkennung blieb schließlich auch die positive
Bewertung in akademischen Kreisen nicht aus. So hoffte man mit Hilfe
des Neurasthenie-Paradigmas die Funktionen und Krankheiten des Nervensystems besser verstehen zu können. Die Frage, inwieweit Überan-
strengung insbesondere auch durch geistige Tätigkeiten über die einfache
Ermüdung hinaus gesundheitsschädlich sein könnte, wurde beispielsweise vom Heidelberger Psychiatrieprofessor Emil Kraepelin, der nicht zum
Kreis der Verfechter der Neurasthenie gehört, eingehender diskutiert. Als
Voraussetzung einer solchen Überarbeitung vermutete er «gemüthliche
Erregung» der betreffenden Person, sprich hohes emotionales Engagement für eine Sache. Im chronischen Verlauf der Überarbeitung komme
es zum (ansonsten physiologischen) «Ausbleiben der Ermüdungsnarkose
und erheblicher Herabsetzung der geistigen Leistungsfähigkeit». Das
ebendadurch charakterisierte Bild der Neurasthenie konstatiert er vor allem bei «Krankenpflegerinnen, Erzieherinnen, Eisenbahnbeamten u. s. f.»
und insbesondere bei dem Pflegepersonal der Irrenanstalten. «Ohne
Zweifel bilden derartige Veränderungen den günstigen Boden für das Auftreten weiterer psychischer Erkrankungen.»[18]
Was machte Neurasthenie für Ärzte wie Klienten so attraktiv? Werfen
wir einen Blick in Beards Praxis. Hier sitzt er, intensiv zuhörend, seinen
elegant gekleideten, zahlenden Patienten gegenüber – nach eigenem Verständnis ein Neurologe, der heute als Psychotherapeut gelten würde.
Allein um die Diagnose stellen zu können, muss er sich Zeit nehmen, was
Nähe und Vertrauen schafft. Die Diagnose einer Neurasthenie, die im
Laufe der Zeit von vielen Patienten bereits vorab erwartet wurde, erklärte
dann die verschiedenen, vom Patienten beklagten Symptome plausibel
und – anhand des Batteriemodells – überaus anschaulich. Genau dies
konnte die Betroffenen nachdrücklich beruhigen. Unter Neurasthenie zu
leiden war Ausdruck der eigenen exponierten Position unmittelbar an der
Fortschrittsfront und somit fast eine Auszeichnung. Zudem: «Ein großer
Teil dessen, was unsere Zeit an bedeutenden Leistungen … zu verzeich-
nen hat, ist das Verdienst von Persönlichkeiten, die in höherem oder geringerem Maße mit Nervosität behaftet sind.»[19] Falls man Amerikaner
war, kam noch ein Schuss Nationalstolz hinzu; Neurasthenie war eine der

ersten Krankheiten, deren Konzeption nicht mehr vom alten Europa nach Amerika kam, sondern umgekehrt (sehr viele, einschließlich Burnout, sollten folgen). Eigentlich war man gar nicht krank, nur nachhaltig erschöpft und deshalb behandlungsbedürftig. Neurasthenie war somit ein medizinisch-wissenschaftlich erwiesener, zudem gesellschaftlich akzeptabler Grund, um sich zumindest zeitweise von Verpflichtungen entbinden lassen zu können, ja zu müssen. Das Leben als Neurasthenie-Erkrankter konnte damit ganz andere Dimensionen gewinnen. Neben Privatpraxen eröffneten bald spezielle, in schönen, gesunden Landschaften gelegene Sanatorien, in denen die wohlhabenden Betroffenen sich mit allem denkbaren Komfort regenerieren konnten. Unterstützt wurden sie dabei von Elektroanwendungen, Diäten und einem üppigen Personalschlüssel, denn schließlich ging es darum, die Betroffenen möglichst angenehm zu umsorgen. Dabei galt: «Dieser psychotherapeutische Einfluß ist der wichtigste Heilfaktor. Durch Einwirkung auf das Ich des Patienten muß die Überzeugung von der Heilkraft geschaffen und fixiert werden.»[20] Diäten, Wasseranwendungen, Massagen und viele andere Maßnahmen wurden als ergänzende Therapien vorgeschlagen, von Medikamenten (Arsen, Eisen, Bromverbindungen, Opium etc.) sollte nach Möglichkeit abgesehen werden. Andererseits gab es Autoren, die «nervenstärkende» Medikamente propagierten (etwa: «Nähret die Nerven mit Neocithin»); am bekanntesten wurde ein 1886 gegen neurasthenische Kopfschmerzen vom Drogisten John S. Pemberton unter Verwendung von Coca-Blättern und der Cola-Nuss gemixtes, wenig später als Erfrischungsgetränk vertriebenes Präparat.[21] Die Playair-Weir-Mitchell'sche Kur hingegen, die Isolierung, Bettruhe für sechs Wochen, weitgehende Einschränkung geistiger Beschäftigung, ‹absolute› Fernhaltung von Affekten, systematische Überernährung (ggf. nach achttägiger Milchkur) sowie Massagen vorsah, wurde, aus nahe liegenden Gründen, nur für schwerste Fälle empfohlen.

Ein Blick auf eine chronisch verlaufende, in dieser Zeit noch sehr verbreitete Erkrankung, nämlich die Tuberkulose oder «Schwindsucht»,[22] unterstreicht den Rahmen, aber auch die revolutionäre Qualität der Neurasthenie. Im Gegensatz zur Neurasthenie war Tuberkulose eine letztlich tödliche Erkrankung; aber nur letztlich, denn davor konnten viele Jahre bis Jahrzehnte liegen, in denen die Erkrankten nicht oder anfangs nur gering unter mehr oder weniger unspezifischen Symptomen, etwa leichtem Fieber und Kraftlosigkeit, zu leiden hatten. Die Behandlung bestand in Sanatoriumsaufenthalten in gesundem Klima bei gesunder, guter Ernährung – Zauberberg-Aspekte, die dann auch für Neurasthenie-patienten geeignet erschienen. Zumindest solange man vermögenden Kreisen angehörte und es sich leisten konnte, lebten Tuberkulose-Erkrankte eine ganz eigene, teils durchaus angenehme, dabei aber unaufhaltsam aus der sozialen Normalität herausführende und letztlich tödliche Sonderrolle als Kranke. Neurasthenie hingegen galt als heilbar, auch wenn die Heilungserfolge in der Praxis wohl nicht so einfach und eindrücklich waren, wie es vom Konzept her zu erwarten gewesen wäre. Die Notwendigkeit einer aktiven Mitarbeit der Betroffenen wird regelmäßig betont. Neurasthenie vereinigte in sich gewissermaßen die Vorteile einer chronischen Erkrankung wie der Tuberkulose, ohne deren fatale Nachteile zu haben – eine chronische (Nicht-)Erkrankung in optimierter Form.

Neben den traditionellen, auf gesunde Lebensführung und Erholung abzielenden Behandlungsansätzen, die seit dem klassischen Altertum vertreten wurden, dürfte – zumindest am Anfang – die Möglichkeit, Neurasthenie gewissermaßen kausal mit einer hochmodernen Therapie, nämlich der Elektrobehandlung, zu behandeln, fasziniert haben. Elektrotherapie, in Form elektrischer Bäder, gehörte von Anfang an zum Standard-Behandlungsprogramm der Neurasthenie; die Wirksamkeit war allerdings zunehmend umstritten. Dies verhinderte jedoch nicht, dass sich die Therapieform weit über die eigentliche Epoche der Neurasthenie hinaus auch in Kreisen interessierter und betroffener Laien behaupten konnte. In der 1924 bereits in 7. Auflage erschienenen *Elektro-Galvanischen Heilkunde*, einem Handbuch zur Selbstbehandlung für Kranke und Gesunde, wird die Behandlung der Neurasthenie, des «wichtigsten und am häufigsten vorkommenden Nervenleidens», ausführlich abgehandelt: «Der Strom hebt die gesunkene Energie und Leistungsfähigkeit des Zentralnervensystems und der peripheren Nerven. So bei den Folgen von Überanstrengungen des ganzen Nervensystems und den Wirkungen anderweitiger schwächender Einflüsse (Sorgen und Kummer, Nachtwachen, Blutverluste...)» (ebd., S. 19 f.).[23] Als eigenes Krankheitsbild war die Neurasthenie gegen Ende des Jahrhunderts in allen medizinischen Lehrbüchern präsent (vgl. Anm. 20). Da es weder nachweisbare objektive, etwa auf Ebene der Anatomie oder Physiologie messbare Zeichen der Neurasthenie gab – trotz gelegentlicher anders lautender Entdeckungen, die sich jeweils bald als Falschmeldungen herausstellten –, blieb Neurasthenie de facto eine Ausschlussdiagnose. Wenn die Betroffenen über hartnäckige diffuse Symptome klagten und andere schwere psychische oder körperliche Erkrankungen ausgeschlossen waren (was nicht immer leicht war und gelegentlich zu peinlichen Situationen führte, etwa wenn sich eine Nervenschwäche später als Syphilis entpuppte), dann lag Neurasthenie als Erklärung nahe. Der «nervöse» Befall des Gehirns hatte demnach Symptome wie «cerebrale (intellektuelle und gemütliche) Depression, die Agrypnie, den Kopfschmerz (Kopfdruck)» zur Folge; war auch das Rückenmark (mit)betroffen, dann erklärte dies Symptome wie «die Rhachialgie und spinale Hyperästhesie, die neuromuskuläre Asthenie, die Atonia gastrointestinalis mit Dyspepsie und sexuellen Störungen. Hierzu wird man aber auch noch eine Reihe kardiovaskulärer Symptome sowie gewisse Anomalien des Stoffwechsels rechnen müssen.» (F. Kraus, 1905, S. 908 – s. Anm. 20)

Was die Darstellung des Krankheitsbildes und dessen Behandlung anbelangt, liegt das zuletzt zitierte Lehrbuch auch mit dem in Lexika repräsentierten Allgemeinwissen der Zeit weitgehend auf einer Linie. Die Zahl von Publikationen, die Neurasthenie als Problem einzelner Berufe beschreiben, namentlich auch bei Lehrern, ist groß.[24] Exemplarisch für Inhalt und Duktus sei hier Meyers Konversationslexikon aus dem Jahre 1890 zitiert. Der Autor nimmt zunächst, an dieser Stelle überraschend, eine ironische, satirische Distanz zum Thema ein, was eine gewichtige Facette der gesellschaftlichen Rezeption der Neurasthenie-Thematik spiegelt, um dann in einen sachlichen Ton überzuleiten:

Nervenschwäche (lat. Nervosität, griech. Neurasthenie), eine in unserem Jahrhundert immer häufiger werdende Störung des gesamten Nervensystems ...

In diesem weitesten Sinn gefasst, sind es die «Nerven», welche bei den erhöhten Ansprüchen an die geistige und körperliche Leistungsfähigkeit der vornehmen Gesellschaftsklassen angegriffen werden und namentlich zarte Frauen nötigen, nach den Strapazen einer gesellig bewegten Wintersaison für ihre Reizbarkeit, Schwindelanfälle, Kopfschmerzen, reißenden Schmerzen in Armen und Gesicht, Herzklopfen, Abgeschlagenheit und Unfähigkeit zu körperlichen Anstrengungen einen Arzt zu befragen oder auf eigne Verordnung an einem ruhigen Ort im Wald oder an der See Erholung zu suchen. Ähnlich ergeht es auch den jungen Lebemännern, welche zuviel geschwelgt und zuwenig geschlafen haben; ähnlich auch zahllosen Männern, denen ihre schwere Berufspflicht, die angespannte Geistesarbeit, der rastlose Kampf ums Dasein mehr Arbeit zugemutet hat, als Körper und Geist auf die Dauer ohne Schaden ertragen können. Ganz irrig ist aber die vielverbreitete Annahme, daß die N. nur ein Leiden der begüterten und gebildeten Klassen sei ...

Die N. ist eine Funktionsstörung, keine eigentliche Krankheit ... Vorzugsweise betroffen werden die geistig arbeitenden Klassen und naturgemäß im höhern Maß bei dem lebhaften Treiben der großen Städte als auf dem Land; Beamte, Offiziere, Ärzte, Gelehrte und Künstler stellen das größte Kontingent.

Die Behandlung erfordert die größte Umsicht eines Nervenarztes, welche auf jeden Fall zunächst auf die Beseitigung etwa vorhandener Organleiden, alsdann aber auf die N. als solches richten muß. Vor allem bedarf es eines tröstenden, den Kranken ermutigenden Zuspruchs. Es muß für einen geeigneten Aufenthalt in reiner Wald-, Gebirgs- oder Seeluft gesorgt werden; unter Umständen sind Bäder, Kaltwasserkuren, Massage mit elektrischer Reizung der Nerven, nervenstärkende Mittel, Bromkali, Chinin und Eisen am Platz. Die Ernährung muß geregelt werden ... Die Heilung ist gewöhnlich langsam, aber bei rationeller Behandlung und gutem Willen des Kranken oft von vollkommenem Erfolg.[25]

Während der allgemeine Konsens über das Wesen, die Symptomatik und Behandlung der Neurasthenie recht groß war, gab es eine Reihe von Aspekten, die kontrovers und oft ergebnislos diskutiert wurden, etwa: Sind bevorzugt Männer oder aber Frauen betroffen? Und wenn ein Geschlecht bevorzugt betroffen ist, warum? Aber auch das Konzept an sich wurde hinterfragt, etwa anhand der Beobachtung, dass auch bei Menschen, die jenseits der Zivilisationshektik lebten, ähnliche Symptome auftraten.[26] Kritische Fragen dieser Art gingen im Trubel der allgemeinen Akzeptanz des Konzeptes folgenlos unter.

Der Anfang vom Ende der Neurasthenie?

Trotz aller, zumindest aus heutiger Perspektive, unübersehbaren Unstimmigkeiten des Konzepts, angefangen von der gänzlich unscharfen Definition bis zu uneingelösten therapeutischen Versprechungen, bestand seinerzeit über alle wissenschaftlichen, ärztlichen und gesellschaftlichen Ebenen hinweg Konsens dahingehend, dass Neurasthenie ein aktuelles und hochrelevantes Krankheitsbild sei. Die Qualität der Passung zwischen der Neurasthenie als Leitsymptom und der «nervösen» Epoche, die dann retrospektiv zur «guten alten Zeit» mutierte und schließlich im Ersten Weltkrieg ihr jähes Ende fand, war offenbar so hoch, dass Zeitgenossen eine kritische Distanz kaum möglich war. Neurasthenie wurde nicht durch wissenschaftliche Untersuchungen und Argumentationen widerlegt, sondern überlebte sich im Wandel der Verhältnisse und gesellschaftlichen Ideale. Namentlich der Untergang der letztlich optimistischen, ubiquitär auf Expansion hin angelegten Epoche in den Schrecken des Ersten Weltkrieges entzog der Neurasthenie ihre Legitimation und gesellschaftliche Basis.

Neurasthenie war damit als Diagnose keineswegs ausgestorben. Die Reputation und Breitenwirkung schwand jedoch zusehends. Hatten Lexika um 1890 dem Thema noch mehr als eine Seite gewidmet, so waren es beispielsweise in Meyers Lexikon, Band 8, 1940, noch sachliche 22 Zeilen. In Deutschland und anderen westlichen Industrienationen wurde Neurasthenie über die Jahrzehnte hinweg zur diagnostischen Restkategorie. Zu Beards Zeiten hatte die Diagnose den Beigeschmack, vor allem Personen zu betreffen, die aktiv dem Zeitgeschehen exponiert waren. Demgegenüber hatte sich zwischenzeitlich eine eher abschätzige Konnotation durchgesetzt. «Nervenschwäche» wurde nun allgemein auf Menschen bezogen, die irgendwie als kraftlos, antriebs- und willensschwach galten. «Haste oft und raste nie, dann hast du die Neurasthenie», versprach ein in Studentenkreisen gereimtes, die Diagnose offenbar nicht tierisch ernst nehmendes Statement zum Thema. Heute gibt es in der wissenschaftlichen und therapeutischen Welt, zumindest des Westens, niemanden mehr, der auf die Idee käme, sich mit dem Thema Neurasthenie anders als medizinhistorisch profilieren zu wollen.

Vor diesem Hintergrund überrascht es, dass sich die wie ein Relikt aus fernen, gemütlicheren Tagen anmutende Neurasthenie im aktuellen ICD-10-Diagnosesystem der WHO als Diagnose wiederfindet. Konkret heißt es:

F48 andere neurotische Störungen
F48.0 Neurasthenie
Diagnostische Leitlinien:
Für eine eindeutige Diagnose wird Folgendes gefordert:
1. Entweder anhaltende und quälende Klage über gesteigerte Ermüdbarkeit nach geistiger Anstrengung oder über körperliche Schwäche und Erschöpfung nach geringen Anstrengungen.
2. Mindestens zwei der folgenden Empfindungen: Muskelschmerzen und -beschwerden; Schwindelgefühle; Spannungskopfschmerzen; Schlafstörungen; Unfähigkeit zu entspannen; Reizbarkeit und Dyspepsie.
3. Bei Vorhandensein von Angst oder Depressionssymptomen sind diese nicht anhaltend und schwer genug, um die Kriterien für eine der spezifischen Störungen in dieser Klassifikation zu erfüllen.

Darüber hinaus wird versucht, zwei Unterformen zu unterscheiden, eine sei durch Klagen über vermehrte Müdigkeit nach geistigen Anstrengungen, die andere eher durch das Gefühl körperlicher Schwäche, begleitet von Muskelschmerzen und Unfähigkeit, sich zu entspannen, charakterisiert.[27]

Einerseits ist Neurasthenie somit laut ICD-10 eine aktuell gültige und relevante diagnostische Kategorie. Andererseits war den Herausgebern des Diagnosemanuals der Anachronismus durchaus bewusst. Aber es gab offenbar gewichtige – politische – Gründe, die für eine Beibehaltung der Diagnose sprachen (ebd., S. 28 f.): «Obwohl die Kategorie Neurasthenie in vielen klassifikatorischen Systemen nicht mehr berücksichtigt wird, gibt es sie in der ICD-10 noch. In vielen Ländern wird diese Diagnose noch regelmäßig und häufig verwendet. Nach Untersuchungen in unterschiedlicher Umgebung sollte eine Anzahl von Patienten mit der Diagnose Neurasthenie besser unter anderen Kategorien klassifiziert werden, z. B. als Angst- oder depressive Störungen.»

Wie an anderer Stelle dargelegt, ist es maßgeblich dem Engagement der Chinesen zu verdanken, dass die Neurasthenie bislang nicht der Medizingeschichte anheim gefallen ist (s. S. 162). Vermutlich werden die unter Neurasthenie leidenden Chinesen eine solche Symptomatik jedoch kaum mit Beards Batteriemodell begründen, sondern dahinter eine Störung der Harmonie der Körperkräfte Yin und Yang vermuten. Wer epochen- und kulturkreisübergreifende Betrachtungen zum Thema seelischer Erkrankungen anstellt, muss auf Wandlungen und Verwandlungen dieser Art gefasst sein.

Aus der Geschichte lernen – wo doch früher alles anders war?

Hat sich der historische Streifzug bezüglich unserer Ausgangsfrage gelohnt? Inwieweit die psychovegetabilen Leiden griechischer Aristokraten, die neurotischen Beschwerden der Londoner Oberschicht zu Zeiten von Königin Elisabeth, die an Neurasthenie erkrankten Geschäftsleute aus dem New York um 1890 sowie unter derselben Diagnose leidende deutsche Lehrer um 1900 hinsichtlich der differentiellen Symptomkonstellation, der Schwere der Problematik und der Ursachen ihrer Beschwerden wirklich vergleichbar sind, ließe sich endlos diskutieren. Schließlich waren alle genannten Phänomene Kinder ihrer jeweiligen, in jeder Hinsicht einzigartigen Epoche. Auch Burnout ist so gesehen ein neues Phänomen, wie es nur in der Zeit um 1975 entstehen konnte. Aus einem solchen historischen Relativismus heraus lassen sich dann konsequenterweise auch keine komparativen Schlüsse ziehen, wie etwa der, Burnout zeige, dass die beruflichen und psychosozialen Belastungen der Menschheit noch nie so schlimm waren wie heute.

Wie dem auch sei, Ziel und Ertrag unserer Zeitreise gehen in eine andere Richtung. Burnout und symptomatisch ähnliche Störungsbilder sind neben ihrer neurobiologischen Qualität (s. S. 134 ff.) eben auch soziale Konstrukte, deren Erleben von den jeweiligen historisch-gesellschaftlichen Konstellationen abhängt. Darüber hinaus wurde deutlich, dass unter Burnout ähnlichen Symptomen zu leiden, darüber zu reden und dieses zur historisch fassbaren Größe werden zu lassen, unterschiedliche Aspekte sind. Der um 1900 in Bosnien und der Herzegowina tätige Internist Geza Kobler beobachtete, dass die ansonsten vom Fortschritt überlasteten Personen zugeschriebenen Neurastheniesymptome gleichermaßen bei Landarbeitern zu finden waren, die von der Monotonie ihrer Arbeit unterfordert waren (s. Anm. 26). Menschen, die sich in Ermangelung sprachlicher und/oder schriftlicher Möglichkeiten kaum artikulieren konnten und können, darunter auch viele, die extrem hart körperlich arbeiten müssen, klagten und klagen praktisch nie über burnout-ähnliche Symptome. Daraus zu schließen, dass harte körperliche Arbeit vor Burnout schützt und es diese Menschen, weil sie es ja nicht anders kannten, besser hatten als ausgebrannte postmoderne Zeitgenossen, vermengt die Artikulations- und Überlieferungsproblematik mit der Ebene des subjektiven Erlebens von Menschen zu einem beliebigen argumentativen Selbstbedienungsladen.

Umgekehrt kann als Ergebnis unserer Zeitreise festgehalten werden, dass es eine Reihe von Voraussetzungen gibt, die erfüllt sein müssen, damit Menschen sich überhaupt burnout-ähnlich erleben können:

1. Zum einen muss eine hinreichende finanzielle und soziale Absicherung gegeben sein. Es dürfte eben kein Zufall sein, dass sich alle historischen Beispiele auf gesellschaftlich herausgehobene, in gesicherten Verhältnissen lebende Personengruppen beziehen. Wer um das physische Überleben kämpft, für den sind Burnout-Missempfindungen zwangsläufig sekundär.

2. Das Erleben von burnout-ähnlichen Symptomkonstellationen setzt voraus, diese als solche wahrnehmen, benennen, bewerten und kommunizieren zu können.

Der Betreffende muss formal betrachtet zunächst eine Soll-Ist-Differenz seiner Befindlichkeit konstatieren. Dies setzt voraus, dass er, relativ zum erlebten Ist-Zustand, Vorstellungen und Erwartungen hinsichtlich eines erstrebenswerten, positiven Wohlbefindens hat. Wer sich fatalistisch seiner vermeintlichen Bestimmung hingibt und gottergeben nichts anderes erwartet, der mag sich als schwach und kraftlos erleben. Solange er dies als Schicksal an- und hinnimmt, wird er den Zustand kaum als eigene

Qualität im Sinne einer Störung definieren. Letzteres setzt Modelle und Begriffe voraus, die erklären können, was gesundem und was gestörtem Befinden zugrunde liegt. Üblicherweise werden Konzepte dieser Art von Experten im Spektrum zwischen Priestern, Sehern und Ärzten entwickelt und begründet. Sie ermöglichen es Betroffenen, sich, wie auch immer, als beeinträchtigt zu definieren, ihren Zustand zu verstehen (z. B. als Störung des Gleichgewichts der Körpersäfte oder als Überlastung der Nerven) und zu kommunizieren. Gesellschaftliche Akzeptanz und Breitenwirkung erreichen solche Konzepte in der Regel dann, wenn sie zum einen relativ zu den Kausalitätsvorstellungen ihrer Zeit schlüssig und zum anderen für die Betroffenen und/oder die Gesellschaft attraktiv sind. Zu Letzterem gehört, dass sie Perspektiven zur Lösung bzw. zur Behandlung der Problematik eröffnen und die Betroffenen, zumal wenn es sich um Mitglieder sozial exponierter Gruppen handelt, nicht – negativ – stigmatisieren. Darüber hinaus ist bemerkenswert, dass Neurosen, Neurasthenie und Burnout, jeweils in ihren Blütezeiten, eine Aura umgab, ganz im Sinne des von Freudenberger exemplarisch für Burnout formulierten Autonomie-Postulats (s. S. 48 ff.). So belastend, hektisch, «stressig» wie heute war die Welt noch nie, zumal für die betroffen, gesellschaftlich etablierten Personen. Trotz aller argumentativen Probleme leisten Zeitvergleiche somit einen nicht unerheblichen Beitrag zum Verständnis dieser Modediagnosen und damit auch zum Selbstverständnis der Betroffenen. Sobald die sich aus ihrem historischen Ursprung speisende Aura verblasste, diffundierten die Begriffe und Konzepte, vergingen oder wurden frei für neue Konnotationen.[28]

Kapitel 9

Burnout: psychosomatische Nebenwirkung der postmodernen Arbeitswelt?

Die in Richtung einer humanisierten Arbeitswelt führende Entwicklung verlief alles andere als gradlinig. Einige Schritte mussten hart erkämpft werden, was unter anderem die Geschichte der Gewerkschaften und der Sozialdemokratie prägte. Die Aufwertung des Individuums im Verlaufe des 19. Jahrhunderts ging mit politischer Emanzipation einher. In konstitutionellen Regierungsformen wurde eine Verbesserung der Arbeitssituation zu einem gewichtigen politischen Thema. Die Zeit der ungebremsten Ausbeutung von Arbeitskräften war Vergangenheit, Wochenarbeitszeiten reduzierten sich. Neben der sozialen Absicherung durch Renten und Krankenkassen wurde Arbeitssicherheit zu einem staatlichen Anliegen, was in Gesetzen und Verordnungen seinen Niederschlag fand. Berufsgenossenschaften wurden dezidiert mit dem Auftrag zur Verbesserung der Arbeitssituation und Arbeitssicherheit im jeweiligen Zuständigkeitsbereich gegründet. Arbeitsmedizin konnte sich als eigenes Fach etablieren.[1]

Andere Erleichterungen ergaben sich im Kontext des technischen Fortschritts fast von alleine. Das Problem schwerer körperlicher Arbeit relativierte sich durch zunehmende Technisierung und Automatisierung. Dabei verschoben sich die Arbeitsbereiche qualitativ wie quantitativ derart, dass daraus im Ergebnis eine fundamental andere Gesellschaft resultierte. Waren um 1900 in Deutschland noch 35% der Menschen im Primärsektor, also in der Landwirtschaft, beschäftigt, so hatte sich dieser Anteil im Jahr 2000 auf etwa 3% reduziert. Im sekundären Bereich, im Handwerk und im produzierenden Gewerbe, arbeiteten 1900 knapp 40%, 2000 waren es weniger als 35%. Im tertiären Sektor – Dienstleistungen, Handel und Verkehr – fanden 1900 etwa 25% der arbeitenden Menschen Lohn und Brot, heute sind es mehr als 60%, Tendenz weiter steigend. So gab es immer weniger Menschen, die körperlich hart arbeiten mussten und durch Unfälle, Lärm oder Vergiftungen gefährdet waren. Der Fortschritt setzte Menschen frei, die verwalten, handeln und den Fortschritt weiter vorantreiben konnten. Und das zahlte sich aus.[2]

Wenn im 19. und im frühen 20. Jahrhundert eine Humanisierung der

Arbeitswelt gefordert wurde, dann ging es insbesondere um die Überwindung tayloristischer, monotoner Arbeitsabläufe, die intellektuelle Unterforderung und soziale Isolation bedingten. Als Lösungen wurden *Job Enlargement*, also die Verbreiterung des Tätigkeitsspektrums, und *Job Enrichment*, eine Integration verantwortlich-planender und ausführender Arbeiten, vorgeschlagen und propagiert. Im gesellschaftspolitischen Disput der 1970er Jahre kumulierte dies in der Forderung nach *mehr Mitbestimmung*, was zwangsläufig mit den Interessen von Unternehmern kollidierte, die sich eine effiziente Arbeitsorganisation nur im Sinne des Taylor-Prinzips vorstellen konnten. In Zeiten von Wirtschaftswunder und Vollbeschäftigung wurden von der einen Seite mit Transparenten, Streikposten und Sprechchören mehr Lohn, kürzere Arbeitszeiten und mehr Rechte gefordert, während die andere Seite Aussperrungsdrohungen anklingen ließ. Ungeachtet dessen prosperierte die wirtschaftliche Entwicklung, abgesehen von kürzeren Konjunkturschwankungen wie etwa 1973. In Deutschland wagte die sozialliberale Koalition unter Willy Brandt mehr Demokratie, was auch Initiativen zur Humanisierung der Arbeitswelt beinhaltete. 1972 wurde das Betriebsverfassungsgesetz reformiert und im gleichen Jahr die Bundesanstalt für Arbeitsschutz und Unfallforschung gegründet. Im Windschatten heftiger politischer Auseinandersetzungen kam 1980 das Reformbündnis in eine Krise, unterhöhlt auch vom Machtkampf zwischen Gewerkschaften und Arbeitgebern. Der arbeitende Mensch lieferte die Argumente zu einem Schlagabtausch, dessen argumentative Grundpfeiler: Ausbeutung durch Kapitalisten versus anarchischer Kommunismus, seinerzeit bereits angestaubt, aber noch viel zu bequem und eingängig waren, um im gesellschaftlichen Disput verzichtbar zu sein.[3]

Neue Formen und Qualitäten der Arbeit

Im globalisierten Kontext wurden die Grenzen traditioneller Arbeitsorganisation unübersehbar. Während sich Massenfabrikation in niedrigere Lohnsektoren oder konsequenterweise gleich in Länder mit niedrigeren Lohnkosten verlagern ließ, erforderten immer kurzfristiger anstehende Änderungen in den Produktionspaletten kleinere Arbeitseinheiten mit Mitarbeitern, die möglichst qualifiziert und flexibel sind. Das Bild des idealen Arbeitnehmers mutierte vom angepassten Befehlsausführer hin zum unternehmerisch mitdenkenden, Verantwortung übernehmenden «Quasi-Unternehmer». «Genügte es im tayloristisch organisierten Arbeitsprozess, das *Silber* in den Muskeln der Arbeitenden zu erschließen, geht es jetzt um das *Gold* in ihren Köpfen. Der Unternehmer erwartet vom Arbeitnehmer Unternehmergeist.»[4] Anstelle hierarchischer Strukturen, Befehl und Gehorsam, wurde das *Team* zur Zauberformel innovativer Arbeitsgestaltung. Entscheidungskompetenzen wurden dezentralisiert und einzelne Arbeitsschritte in komplexe Arbeitsabläufe (re-)integriert (= *Job Enlargement*). Die damit verbundene «strukturelle Ermächtigung», in der der Einzelne vermehrt Entscheidungs- und Gestaltungsbefugnis erhielt, bedeutete eine fundamentale Aufwertung und Resubjektivierung der Arbeit im Sinne des *Job Enrichment.*

Zumal in innovationsintensiven Bereichen führte dieser Prozess nicht selten zu einer exponentiellen Steigerung der Produktivität. Die Erfüllung des Traumes von humaner Arbeit, die vereinigten Vermächtnisse von Karl Marx und Henry Ford, waren zum Greifen nahe.

Relativ zur festgefahrenen politischen Diskussion der Jahre um 1975 schien wieder einmal eine glückliche Fügung im Spiel zu sein. In kurzer Zeit wurden Fakten im Sinne einer menschlichen Arbeitswelt geschaffen, Fortschritte, mit denen ansonsten wohl nicht mehr zu rechnen gewesen wäre. Das Projekt einer *Humanisierung der Arbeitswelt* stand kurz vor seinem erfolgreichen Abschluss. Die 40-Stunden-Woche galt als Auslaufmodell, die 35-Stunden-Woche für alle als ein in naher Zukunft erreichtes Ziel.

Teamarbeit ist leider keine Garantie für Effizienzsteigerung. Die aus dem Verzicht auf hierarchische Organisationsformen erwachsenen Freiheiten eröffnen Spielräume, die neben Motivations- und Kreativitätszuwachs auch für das legendäre «Toll, ein anderer macht's», für Diffusionen von Verantwortung, endlos-unfruchtbare Diskussionen und interaktionelle Selbstzerfleischungen genutzt werden können. Die Aufwertung des Angestellten zu einem Verantwortung und Risiko tragenden Individuum setzt individuelle Potentiale frei und gefährdet, wenn die gerufenen Geister sich nicht auf den ihnen zugewiesenen Bahnen bewegen, die Kohärenz von Abteilung und Firmen. Diese divergierenden Kräfte zum innovationsträchtigen Ausgleich zu bringen ist die genuine Aufgabe modernen Managements.[5]

Wie lässt sich ein Team optimal organisieren, im Hinblick auf eine effiziente Steuerung des Gesamtunternehmens, den Einsatz des «Humankapitals», aber auch auf die Zufriedenheit und Gesundheit der Teammitglieder? Verzicht auf formale Hierarchien bedeutet Kontrollverlust. Subtile Formen moderner Arbeitsorganisation wollen mehr, als eine Person auf einen Posten zu stellen. Es geht um Optimierung der physischen, vor allem aber der psychischen Leistung und damit um möglichst effektive Kombinationen aus Zuckerbrot und Peitsche, Motivation, Freiheit, Kontrolle, Konsequenzen und deren teamfähige Umsetzung. Warum Optimierung auch Einsparungen und «Verschlankung» bedeuten kann, bedarf keiner weiteren Begründung. Das Idealziel neuer Formen der Arbeit (Stichwort: Reengineering[6]) ist noch weniger bescheiden: Immer weniger Mitarbeiter sollen immer mehr leisten.

Die Kunst zu motivieren

Arbeitsmotivation speist sich aus vielen Quellen. Arbeit bedeutet Tagesstruktur, Sozialkontakte, Anerkennung, Erfolge und Lebensinhalt. Aus dem Beruf leitet sich – zumal in unserer arbeitszentrierten Gesellschaft – die soziale Standortbestimmung ab. Eine zentrale Managementaufgabe liegt darin, Mitarbeiter über diese Aspekte hinaus zu motivieren und deren berufliche Performance weiter zu steigern.[7] Die diesbezüglich positive Variante liegt auf der Hand bzw. auf dem Konto: mehr Geld für höhere Leistung! Dabei lag es nahe, das Grundeinkommen in einem ersten Schritt deutlich zu reduzieren, mit der Option, dieses durch *pay for performance* bzw. Leistungszulagen über das vorherige Niveau hinaus zu steigern. Man muss nur einen immer besseren Job machen, besser als letztes Jahr und besser als die Kollegen, mit denen man täglich kollegial zusammenarbeitet. Was heißt besser? Die Definition und Messung von Arbeitsleistungen ist im produzierenden Bereich und im Verkauf, zumindest auf den ersten Blick, relativ einfach. Je komplexer das Tätigkeitsprofil wird, zumal wenn es in hohem Maße Teamarbeit beinhaltet, desto schwieriger wird dieses Anliegen. Beispiele gefällig? Welcher Lehrer ist der Beste einer Schule, der mit den meisten Zusatzaufgaben, der mit den leistungsfähigsten Schülern (gemessen an den von ihm selbst gegebenen Noten?), der mit den ruhigsten Klassen, der mit der lebhaftesten Arbeitsatmosphäre im Unterricht oder derjenige, der den Unterricht am sorgfältigsten vorbereitet? Woran erkennt man einen guten Manager, wie misst man gutes Management? Eher an kurzfristigen oder eher an langfristigen Gewinnzuwächsen, an der Positionierung des Unternehmens am Markt, am Börsenkurs, an den Produktionszahlen, an der Zahl neuer Patente pro Jahr, an der Beliebtheit des Managers unter seinen Mitarbeitern, den Kunden oder Aktionären, den Fehlzeiten oder der Arbeitszufriedenheit der Mitarbeiter? Natürlich ist alles irgendwie wichtig, aber in welcher Gewichtung?

Traditionelle Leistungsprämien waren kalkulierbares Zusatzeinkommen. Im neuen System wird die Übererfüllung der Aufgaben, die ständige Steigerung auf einer potentiell unendlichen Skala zum Einkommen stabilisierenden Normalfall. Wer weniger Leistung bringt bzw. seine Leistung nicht hinreichend anschaulich machen kann, für den ergeben sich zwangsläufig Einkommens- und Statusverluste. Im Sinne dessen ist es konsequent, auf soziale Ausgleichskomponenten bei der Bezahlung wie bei der Entlassung, wie sie ehemals üblicherweise im Rahmen von Sozialplänen geregelt waren, zu verzichten. Dies impliziert nebenbei, dass Kündigungen die Konsequenz für unzureichende Leistungen sind. Arbeitslosigkeit wird so, über das Schicksal an sich hinaus, für die Betroffenen zur expliziten Kränkung.[8]

Ohne Arbeit ist alles nichts?!

Arbeit und *keine Arbeit* sind die zentralen, wahlentscheidenden Problemthemen der bundesdeutschen Gegenwart. Die Statistiken des Bundesministeriums für Wirtschaft und Arbeit sind die Basis aller Überlegungen zur aktuellen Arbeitsmarktsituation und wurden zum argumentativen Rückgrat des allgemeinen gesellschaftspolitischen Problembewusstseins.[9] Die Entwicklung der Arbeitslosenzahlen in Deutschland seit den 1950er Jahren zeigt Abbildung 9.1. Im Februar 2005, also nach Einführung von Hartz IV, lag die amtliche Zahl bei 5,216 Millionen Arbeitslosen. Eine anhaltende Konjunkturkrise wurde als Grund dieser Situation identifiziert und mit Nachdruck zur Verstärkung der privaten und öffentlichen Investitionstätigkeit aufgerufen. Andererseits ist es um die Konjunktur gar nicht so schlecht bestellt. Das Bruttosozialprodukt stieg zumal in Deutschland zwar seit Jahren nicht in dem Maße, wie es als Motor des Aufschwungs herbeigesehnt wird. Aber von einer den Arbeitslosenzahlen auch nur entfernt ähnlichen Entwicklung kann nicht die Rede sein. Dass Beschäftigungsquote und Konjunktur nur noch bedingt etwas miteinander zu tun haben, spricht Bände. Immer mehr wird mit immer weniger Menschen erwirtschaftet. Die Hoffnung, dass ein Konjunkturaufschwung, ein Anstieg des Bruttosozialproduktes, ein deutliches Sinken der Arbeitslosenzahlen zur Folge haben wird, ist nicht viel mehr als ein frommer Wunsch.

In Zeiten hoher Arbeitslosigkeit und wenigen Alternativen zum aktuellen Beschäftigungsverhältnis wird für alle, die aus welchem Grund auch immer nicht zur permanenten Leistungssteigerung in der Lage sind (und

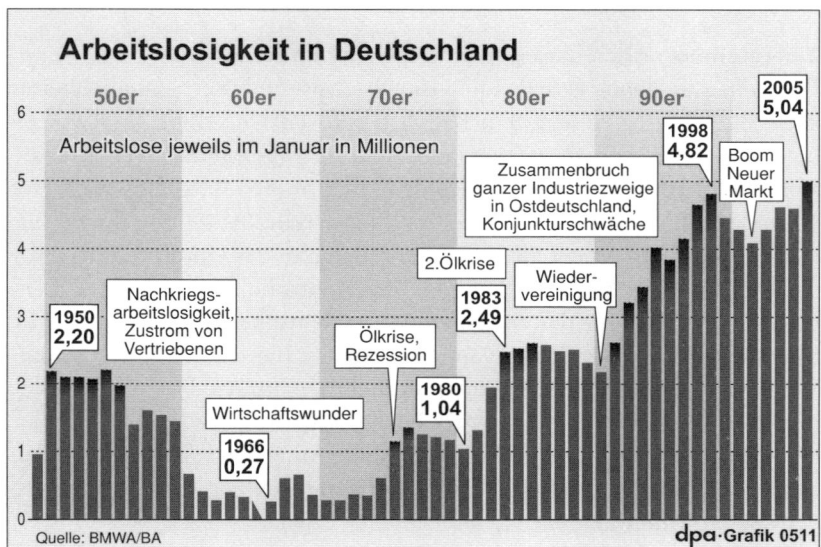

Abbildung 9.1 Arbeitslosigkeit in Deutschland

wer ist das schon), die Luft irgendwann dünner. Auf kurzem Weg sind wir
so bei der negativen Variante von Motivation angelangt, der Angst vor
dem Abstieg und dem Verlust von finanziellen wie sozialen Sicherheiten.
Je enger der Arbeitsmarkt und je tiefer diese Abgründe, desto nachhaltiger fördern sie die Arbeitsmotivation derjenigen, die einen Arbeitsplatz
haben. In Arbeitsbereichen, in denen Kreativität keine Rolle spielt, sind
negative Konsequenzen dabei weniger zu befürchten. Angst ist – psychologisch unzweideutig – hier das günstigste, am einfachsten handhabbare
und am nachhaltigsten wirksame Motivationsmittel. Diese Möglichkeit
nicht zu nutzen wäre im Sinne der Sicherung des Unternehmens und damit der Arbeitsplätze der Mitarbeiter ein strategischer Fehler. Wie jedes
Instrument hat natürlich auch dieses potentielle Nebenwirkungen. Angst
fokussiert die Wahrnehmung, reduziert Offenheit für alternative Problemlösungen und damit Kreativität und Innovationsfreudigkeit. Nun ist
Kreativität, zumal kurzfristig, nur schwer messbar und quantifizierbar.
Fehlende Kreativität lässt sich recht lange mit Aktionismus und Rheto-
rik überspielen. Konsequenterweise laufen Arbeitnehmer in ebendiesen
Qualitäten – angstmotiviert – nicht selten zur Höchstform auf.

Zielvereinbarungen sind gut, Kontrolle ist unverzichtbar

Die Zeiten, in denen geniale und visionäre Unternehmerpersönlichkeiten Ziele und Strategien aus dem Bauch heraus entwickelten, sind weitgehend vorbei. Management versteht sich als angewandte Wissenschaft. *Controlling* ist ihr zentrales Werkzeug.[10] In größeren Betrieben trägt eine eigene, meist unmittelbar der Leitung unterstellte Abteilung diesen Namen. Controlling erfasst alle relevanten Aspekte des Unternehmens, von der Planung über die Steuerung bis zur Kontrolle der erbrachten Leistungen, und versorgt das Management mit entscheidungsrelevanten Informationen. Als Grundlage von Zielvorgaben bieten sich systematische Vergleiche mit konkurrierenden Unternehmen an. An diesen gilt es sich im Sinne des *Benchmarking* zu messen. Konsequenterweise ist es das Ziel, die von anderen erreichten Margen zu überspringen, was das Kosten-Nutzen-Verhältnis der Produktion, die stringente Stellenplanung und letztlich die Gewinnmaximierung anbelangt.

Dort, wo es keine autoritären Fachvorgesetzten mehr gibt, die mit Leistungsvorgaben den Unmut der Belegschaft auf sich ziehen, deren Einhaltung einfordern und die Verantwortung für die Abteilung tragen, müssen diese Funktionen in den Köpfen der Mitarbeiter selbst verankert werden. Leistungsvorgaben, meist eher quantitativ und allgemein gehalten, kommen von ganz oben («Steigerung des Umsatzes um …», «Kostenreduktion um …»). Als Zielvereinbarungen werden sie den Mitarbeitern von der jeweils nächstübergeordneten Hierarchieebene vermittelt. Dabei geht es um mehr als die Ableistung vordefinierter Aufgaben. Zur Selbstmotivation verpflichtet, ist der Einzelne gehalten, sich über die Routine hinausgehende persönliche Ziele im Sinne des Unternehmens zu setzen. Diese werden dann konkret und verbindlich zu Papier gebracht. An diesem Ziel – an dessen Erreichung oder Nichterreichung, die zu gegebener Zeit festgestellt wird – hängt die Gratifikation.

Durch diese Maßnahmen sollen Kreativität und Innovationspotential gefördert, ineffiziente Freiräume minimiert und Gewinne optimiert werden. Zugrunde liegt ein gleichermaßen misstrauisches wie nüchternrationales Menschenbild, wonach «Kontrolle in jedem Fall besser ist» und Mitarbeiter nur dann bereit sind, ihr Bestes zu geben, wenn sie Sonderzuwendungen (notfalls auch in Form von Druck) erhalten. Auch wenn kommunikationstrainierte Vorgesetzte freundlich mit ihren Mitarbeitern reden und sich deren Sorgen annehmen, läuft dieses kleine «Einmaleins» rationaler Betriebsführung auf eine psychologische Gratwanderung hinaus. Soweit die Motivatoren nicht ausreichend sensibel dosiert werden, besteht die Gefahr, dass die freundlichen Worte als Fassade erlebt werden und das System Gefahr läuft, in innovationsfeindliche Überreglementierung zu verfallen. Kennen Sie das schale Gefühl, bedroht, bestochen oder erpresst worden zu sein? Die Folge davon ist mitunter Scheinmotivation. Es gibt Kollegen, die Engagement überaus überzeugend darstellen können. Neben gelegentlichen Meisterwerken der Rechtfertigungsrhetorik tragen Konstellationen dieser Art auch auf der persönlichen Ebene diverse ungenießbare Früchte, unter anderem alle Facetten menschlicher Frustration, für die Burnout zum Synonym geworden ist.[11]

Konzepte und Systeme werden jünger, Mitarbeiter älter

Für die Umsetzung der Zielvorgaben sind die Mitarbeiter verantwortlich. Um dem Zuwachs an (Teil-)Autonomie und Verantwortung gerecht werden zu können, sind jedoch Wissen und Fähigkeiten erforderlich, die die Betreffenden im Rahmen ihrer Berufsausbildungen oftmals weder erlernt noch bis dato geübt haben. Die Beherrschung der Kommunikation im Team, mit höheren Hierarchieebenen und natürlich mit Kunden oder Klienten ist Voraussetzung dafür, um auch bei hoher Arbeitsintensität die Fäden in der Hand halten zu können. Nimmt man traditionelle Tätigkeitsprofile zum Maßstab, haben wir es mit einer zunehmenden «Entgrenzung» der Arbeit zu tun. Je mehr Fähigkeiten und Einsatz der Einzelne zeigt, umso größer sind seine Chancen im externen wie im internen Wettbewerb. Das Verstecken hinter dem breiten Rücken eines gestrengen Vorgesetzten gilt nicht mehr. Entscheidend ist die Bereitschaft und Fähigkeit, sich auf schnell wechselnde Anforderungen des Marktes einzustellen und die Konfrontation mit existenziellen Unsicherheiten als positive Herausforderung anzunehmen. Monotonie weicht erfrischender Dynamik.

Strategische Konzepte des modernen Managements, die unter Namen wie «Total Quality Management», «Lean Production» oder «Business Process Reengineering» mitunter innovativer und als Methoden eigenständiger klingen, als sie tatsächlich sind,[12] zielen selbstredend auf Gewinnoptimierung ab. Sie alle wurzeln in einer zukunftsorientierten, positiv zupackenden und optimistischen Dialektik: «Probleme sind dazu da, um umgehend erkannt und schnellstmöglich gelöst zu werden.» Noch sportlicher und ehrgeiziger, in Anlehnung an die Benchmarking-Philosophie der Würth-Gruppe, heißt es: «Egal, wie gut du bist, in diesem Detail ist dein Kollege besser!»[13] Alles kann und muss ständig und unverzüglich verbessert werden. Sich auf Erfolgen auszuruhen, ist der erste Schritt zum Untergang. So gesehen ist Controlling keineswegs eine von oben installierte Bespitzelung der Mitarbeiter, sondern unverzichtbare Hilfe, um effektiv am stetigen Prozess der Verbesserung arbeiten zu können.

«Ein permanentes Benchmarking hilft, rechtzeitig Schwachstellen aufzudecken und Gegenmaßnahmen einzuleiten. Da in den Benchmarking-Prozess auch die Mitarbeiter eingebunden werden, erhöht dies deren Motivation, Veränderungsprozesse mitzutragen.»[14] So zumindest die Theorie. Der Autor des zitierten Controlling-Lehrbuches nennt leider keine Untersuchungen, die den postulierten Zusammenhang belegen, wonach permanentes Benchmarking die Mitarbeiterzufriedenheit tatsächlich erhöht. Auch an dieser Stelle ist die Gefahr groß, sich in wohlklingenden rhetorischen Klimmzügen zu ergehen und dabei die Bodenhaftung zu verlieren. Selbstverständlich ist jeder gute, engagierte und flexible, nachdrücklich am Wohl seiner Firma interessierte Mitarbeiter hochmotiviert, auch durch ständige schonungslose Aufdeckung eigener, optimierungsbedürftiger Schwächen zur Verbesserung des Unternehmens beizutragen. Angesichts der gelebten Realität auf allen Etagen dürfte jedem und auch Autoren von Controlling-Lehrbüchern die utopische Qualität solcher Postulate bekannt sein.

Leistungssteigerung x Flexibilität – Sicherheit = Burnout?

Dass die skizzierten fundamentalen und unumkehrbaren Entwicklungen in der Arbeitswelt zumindest ein wesentlicher Grund dafür sind, dass Burnout derzeit Karriere macht, ist kaum zu bestreiten und sozialpolitisch gesehen weitgehender Konsens. Gleichwohl ist eine solche Sicht der Dinge einseitig und unvollständig, und zwar schon deshalb, weil sie eine sich dynamisch verändernde Arbeitswelt einem statischen, passiven Menschenbild gegenüberstellt. Der primäre Wandel in der Arbeitswelt hätte demnach sekundär erhebliche negative Auswirkungen auf die arbeitenden Menschen gehabt. Aus was aber, wenn nicht aus Menschen, die sich in ihren Kommunikationsformen, Wertvorstellungen, Ansprüchen und Lebensentwürfen verändern, besteht eine sich verändernde Arbeitswelt? Der Rückgriff auf die tradierte Klassenkampfdialektik, wonach eine Bourgeoisie (sprich: Management, Unternehmer, Neokapitalisten) dem Proletariat (sprich: Angestellten, Arbeitern) die Änderungen aus schierem Eigennutz aufgezwungen hätten, mag zur individuellen Standort- und Feindbildbestimmung hilfreich sein. Inhaltlich wird schon deshalb kein Schuh daraus, weil im Rahmen der besagten Veränderungen zunächst einmal genau diese Kategorien aus den Angeln gehoben wurden. Heute stellt sich immer weniger die Frage, wer nun Manager ist, sondern zu wie viel Prozent eine bestimmte Tätigkeit Managementaspekte beinhaltet.[15] Letztlich stand und stehen hinter dem massiven wirtschaftlichen Druck, unter dem viele leiden und ausbrennen, unsere rein demokratischen Kundenwünsche. Wer anders als sie üben die Macht aus und prägen die wirtschaftliche Entwicklung? Für uns alle sind, wie eine Nobel-Modemarke zu Recht verkündet, «höchste Ansprüche selbstverständlich». Dass diese möglichst kostengünstig befriedigt werden sollten, ist selbstverständlich.

Die Veränderungen auf dem Arbeitsmarkt und die zu Burnout führenden Umstände sind keineswegs getrennte Phänomene, die dann irgendwie aufeinander eingewirkt hätten. Hinter beiden Entwicklungen stehen Motive bzw. Anspruchshaltungen, die mehr oder weniger in jedem von uns verankert sind. Verstrickungen dieser Art sind zugegebenermaßen unbequem. Die Welt – im Sinne der archaischen Schuldfrage – in Gut und Böse aufzuteilen und nachdrücklich von den politisch Verantwortlichen Lösungen zu fordern, hat ihre verführerische, weil emotional entlastende Qualität behalten. Burnout lebt (auch) davon.

Nationale Burnout-Statistiken

Repräsentative und methodisch tragfähige, zumal in zeitlichen Abständen wiederholte Erhebungen zur Häufigkeit von Burnout gibt es bislang nicht. Was vorliegt, sind Befragungen meist mehr oder weniger zufällig ausgewählter Mitglieder einzelner Berufsgruppen. Demnach seien derzeit 30 bis 35 % aller deutschen Lehrer, 40 bis 60 % der Pflegekräfte und 15 bis 30 % der Ärzte «ausgebrannt».[16] In der Regel wurden dazu auf Burnout-Fragebogen, meist dem MBI, erreichte Punktwerte von klinisch gesunden Personen verrechnet. Selbst die elementare Frage, ab wann eine Person überhaupt als ausgebrannt gelten kann, wurde nicht problematisiert (s. S. 105 ff.). Angesichts dessen sind die genannten Zahlen nur vage interpretierbar, nicht generalisierbar und lassen sich kaum in konkreten Bezug zu den jeweiligen Arbeitsbedingungen setzen. Wenn es um die Frage berufsbezogener gesundheitlicher Belastung der Bevölkerung geht, ist es somit unverzichtbar, über die Burnout-Forschung hinaus einen Blick auf methodisch zuverlässigere, repräsentative Untersuchungen zu werfen.[17]

Seit 1995 führt das wissenschaftliche Institut der AOK Befragungen zum Thema der betrieblichen Gesundheitsförderung durch. Insgesamt sind 20 203 Personen unter Verwendung standardisierter Fragebogen befragt worden. Mehr als 100 der gewonnenen Datensätze wurden in einer zusammenfassenden Auswertung vorgelegt.[18] Bei insgesamt hoher Zufriedenheit mit der Arbeit (> 80%) geben 45,3% der Befragten Rückenschmerzen, 34,0% muskuläre Verspannungen sowie 33,9% Müdigkeit und Abgeschlagenheit als gesundheitliche Probleme an. Diese Beschwerden korrelieren hoch mit einem als belastend erlebten Betriebsklima, mangelnder Arbeitszufriedenheit insgesamt und Schichtarbeit. Die meisten gesundheitlich belasteten Personen sehen darin eine Folge ihrer körperlich und/oder psychosozial belasteten Arbeitssituation. Bei gutem Einvernehmen mit den Kollegen gehen u. a. mehr als 34% davon aus, dass ihr Vorgesetzter bei Schwierigkeiten nicht ansprechbar wäre. Immerhin 12% erleben das Klima in ihrem Betrieb als «sehr schlecht», 11% fühlten sich von Vorgesetzten ungerecht behandelt. Arbeitsplatzsicherheit ist 63,0% der Befragten sehr wichtig, aber nur 36,3% gehen davon aus, dass ihr Arbeitsplatz tatsächlich sicher ist. Eine gute Bezahlung (54,5%) gefolgt von einem guten kollegialen Verhältnis (52,0%) rangieren relativ zur Arbeitsplatzsicherheit auf nachgeordneten Plätzen.

In die Auswertungen des Bundesverbandes der Betriebskrankenkassen (BKK) geht, wie im BKK-Gesundheitsreport 2004 «Gesundheit und sozialer Wandel» dargelegt,[19] jeder vierte Beschäftigte in Deutschland ein (das sind 6,75 Mio. Sozialversicherungspflichtige). Entsprechend der Mitteilung des BKK-Bundesverbandes vom 23. März 2005 erreichte der Krankenstand 2004, bezogen auf den Zeitraum seit Beginn der Statistik im Jahr 1976, einen historischen Tiefstand. Er sank von 3,7% im Jahre 2003 auf unter 3,6% im Folgejahr. Immer mehr Beschäftigte – aktuell waren es 44% – weisen am Jahresende keinen einzigen Fehltag auf. Parallel dazu sanken die durchschnittlichen krankheitsbedingten Fehlzeiten: 1990 waren es 25, im Jahr 2002 dann 14,3, im Folgejahr nur noch 13,5 und 2004 schließlich 13 Kalendertage. Bei den zugrunde liegenden Diagnosen nahm insbesondere der Anteil psychischer Störungen kontinuierlich zu. Mit über 8% der Krankheitstage stehen derzeit psychische Krankheitsbilder an vierter, mit 11% bei Frauen sogar an dritter Stelle (Männer: 6%). Im Vergleich zu 1990 hat sich der Anteil der psychischen Erkrankungen damit mehr als verdoppelt.

Weitgehend identisch sind die von der DAK vorgelegten Zahlen.[20] Auch hier haben seit 1997 insbesondere die psychischen Erkrankungen, namentlich Depressionen und Angststörungen, dramatisch zugenommen, und zwar sowohl was die Krankheitsfälle als auch was die Krankheitstage anbelangt. Insgesamt liegen derzeit 9,8% aller Krankschreibungen psychische Erkrankungen zugrunde. Ergänzende Umfragen unter 1000 Berufstätigen ergaben, dass psychische Erkrankungen heute als besser akzeptiert gelten (82 %). Die meisten Befragten wären im gegebenen Fall bereit, diesbezüglich ärztliche oder therapeutische Hilfe in Anspruch zu nehmen (70 %). Im Hinblick auf den Arbeitsplatz jedoch bleiben psychische Erkrankungen ein Tabuthema; 56 % wäre es «unangenehm», dort als psychisch belastet aufzufallen.[21]

Unschöne Zahlen auch aus dem vereinten Europa

Die Europäische Stiftung zur Verbesserung der Lebens- und Arbeitsbedingungen führte in den Jahren 1990, 1995 und 2000 repräsentative Umfragen durch. In der EU waren im Jahr 2000 insgesamt 159 Millionen Menschen erwerbstätig, davon 83 % abhängig als Arbeiter oder Angestellte. Dem Bericht zur «Third European Survey on Working Conditions» von 2000 liegen die Daten von 21 703 Befragten, jeweils etwa 1 500 pro Land, zugrunde.[22] Relativ zu früheren Befragungen waren – trotz der politischen Bemühungen – weder hinsichtlich der Risikofaktoren noch bei den Arbeitsbedingungen Verbesserungen festzustellen. Häufigste Beschwerden waren auch hier Rückenschmerzen (33 %), Stress (28 %), Muskelschmerzen im Nacken- und Schulterbereich (23 %) und allgemeine Erschöpfung (23 %). Als Hinweis auf eine hohe Arbeitsintensität berichteten aktuell mehr als 50 % der Arbeitnehmer, dass sie zumindest während eines Viertels ihrer Arbeitszeit unter hohem Arbeitstempo oder Zeitdruck stehen. Die Anteile der mit hohem Tempo arbeitenden Kollegen stiegen über die Jahre kontinuierlich: 1990 waren es 48 %, 1995 dann 54 % und 2000 schließlich 56 %. Dabei resultieren viele Gesundheitsprobleme – zumindest in der subjektiven Wahrnehmung der Befragten – eindeutig aus dem hohen Arbeitstempo (Tab. 9.1).

Tabelle 9.1 «Third European Survey on Working Conditions», 2000

Prozent	Rücken-schmerzen	Stress	Muskelschmerzen (Nacken/Schulter)	Verletzungen/ Unfälle
Ständiges Arbeiten bei hohem Arbeitstempo	46	40	35	11
Kein Arbeiten mit hohem Arbeitstempo	25	21	15	5

Körperliche Symptome, insbesondere Rücken- und Muskelschmerzen, korrelieren ebenso wie das Stresserleben mit dem Arbeitstempo. Ähnliches gilt für Arbeitsintensität und generell als belastend empfundene Arbeitsbedingungen. Das Arbeitstempo wird dabei interessanterweise zunehmend als Folge der Forderungen von Seiten der Kunden oder Klienten erlebt (67%). Die Interaktion mit Kollegen (48%) wird als belastender empfunden als kontrollierende Vorgesetzte (38%) oder formale Produktionsvorgaben (31%). Etwa ein Drittel der Arbeitnehmer geht davon aus, wenig bis gar keinen Einfluss auf das Arbeitstempo zu haben. Je höher die Qualifikation, desto höher werden auch hier die Einflussmöglichkeiten eingeschätzt.

24% der Befragten berichten von wöchentlich und 41% von täglich wechselnden Arbeitszeiten. Immerhin 19% bekunden, dass sich die flexiblen Arbeitszeiten nicht mit Familie und sozialem Leben vereinbaren lassen. Ein Schlaglicht auf Arbeitsintensität und Arbeitserträglichkeit werfen darüber hinaus die Antworten auf Fragen nach der antizipierten beruflichen Zukunft. 42% aller befragten Arbeitnehmer gehen davon aus, ihre Tätigkeit nicht bis zum Alter von 60 Jahren ausüben zu können. Im Dienstleistungsbereich liegt die diesbezügliche Quote bei 51%, in unqualifizierten Berufen bei 55%, bei Führungskräften hingegen nur bei 34%. Obgleich körperliche Belastungen immer mehr in den Hintergrund treten, fällt es einem erheblichen Teil der arbeitenden Bevölkerung offenbar sehr schwer, sich ein würdevolles Älterwerden im Beruf vorzustellen.

Kausalzusammenhänge zwischen beruflichen Belastungen und psychosomatischen Beschwerden

Ist zunehmender beruflicher Stress die Wurzel allen Übels? Bei einer großen Stichprobe von 5720 im Arbeitsleben stehenden Schweden wurde beispielsweise gezeigt, dass beruflicher Stress und Konflikte am Arbeitsplatz hoch mit Schlafstörungen korrelieren.[23] Ähnliche Zusammenhänge fanden sich in diversen anderen Untersuchungen. Auch wenn diese Ergebnisse noch so logisch zu sein scheinen, sind sie alleine noch kein hinreichend tragfähiger Beweis für einen kausalen Zusammenhang von beruflichem Stress und psychosomatischen Beschwerden. Unschwer ließe sich die Kausalität umdrehen: Wer schlecht schläft, depressiv und psychosomatisch belastet ist, der erlebt berufliche Anforderungen als hoch und ist reizbarer, was dann z. B. Konflikte am Arbeitsplatz nach sich zieht.

Daten, die bezüglich der zugrunde liegenden Kausalitäten und der Richtung der Zusammenhänge aussagekräftig sind, liefern entweder Untersuchungen, in denen bestimmte Personengruppen im Zeitverlauf mehrfach befragt werden, oder Interventionsstudien, in denen subjektive Beanspruchung und Befindlichkeit vor und nach konkreten Veränderungen im Arbeitsablauf erfasst und dann verglichen werden.[24] Während Letztere bislang Raritäten sind, wurden in den vergangenen Jahrzehnten mehrere – sehr aufwändige – Verlaufsuntersuchungen an diversen Berufsgruppen durchgeführt.[25] Die Ergebnisse dieser Untersuchungen[26] lassen an Eindeutigkeit kaum Wünsche offen. Bei mehr als 450 über drei Jahre beobachteten japanischen Arbeitern resultierten aus geringen Kontrollmöglichkeiten hinsichtlich der Arbeitsabläufe und zudem einem schlechten, wenig stützenden sozialen Klima am Arbeitsplatz deutlich höhere Depressionswerte. Ähnliches fand sich bei 5000 dänischen Angestellten. Hier waren monotone Tätigkeit, Unsicherheit des Arbeitsplatzes, hohe Belastung und wenig Unterstützung für schlechte Befindlichkeit ausschlaggebend. Bei mehr als 15 000 Angestellten in Finnland, deren Krankheitsstand über 4 Jahre verfolgt wurde, waren es Konflikte im Arbeitsbereich, die eine Verdopplung des Risikos, psychisch zu erkranken, mit sich brachten.

Ausgangssituation einer schwedischen Untersuchung waren mehr als 800 berufstätige Frauen und Männer im besten Alter (42 Jahre), die sich so weit gesund fühlten und dezidiert keine Schlafprobleme hatten. Nach einem Jahr erneut befragt, litten 14,3 % unter neu aufgetretenen Schlafstörungen. Nicht unregelmäßige Arbeitszeiten oder Schichtarbeit, sondern als belastend erlebte soziale Spannungen am Arbeitsplatz, insbesondere fehlende soziale Unterstützung, stellten sich diesbezüglich als Hauptursache heraus.[27] Auch ein breit angelegtes, bereits legendäres Projekt in England, die Whitehall-Studie, an der mehr als 10 000 Angestellten teilnahmen, bestätigte Kausalitäten dieser Art. Aspekte, die die Ergebnisse möglicherweise verzerren (soziale Herkunft, Vorerkrankungen etc.), wurden hier statistisch kontrolliert und herausgerechnet. Aber auch wenn man spezielle Gruppen, etwa 442 Führungskräfte, unter die Lupe nimmt, führten die Menge der anfallenden Arbeit und zudem Rollenunsicherheit zur Ausbildung u. a. von depressiven Symptomen.[28] Bei Lehrern erwies sich hohe Arbeitsbelastung («stressfull students») erst in Kombination mit gering erlebter Unterstützung am Arbeitsplatz als ausschlaggebend für depressive Folgen; das Gleiche gilt auch für geringe soziale Unterstützung im privaten Bereich sowie für die Verbindung mit bestimmten Persönlichkeitsaspekten.[29] Bei jüngeren Ärzten resultieren psychosomatische Belastungen eher aus einer geringen Autonomie im Rahmen traditioneller, hierarchischer Systeme, bei älteren, hierarchisch höher gestellten Kollegen stärker aus der Arbeitsmenge. Geringe Kontrolle, fordernde Patienten, zunehmende Unvereinbarkeit mit dem Privatleben und andere, bei verschiedenen Ärztegruppen anders akzentuierte Faktoren ließen sich als Prädiktoren psychosomatischer Belastungen sichern. Ähnliche Zusammenhänge, unter anderem auch mit Burnout-Fragebogen erfasst, zeigten sich auch bei Menschen in diversen Pflege- und Sozialberufen. Als moderierende Variablen erwiesen sich Persönlichkeitsmerkmale der jeweiligen Berufstätigen, etwa Neurotizismus oder eine Neigung zu Depressivität. War jemand diesbezüglich belastet, erhöhte das oft noch seine Sensibilität hinsichtlich ungünstiger Arbeitskonstellationen.[30] Übrigens: «Workaholismus», Arbeitssucht, führt, für sich betrachtet, nicht zwangsläufig zu Depressionen.[31]

Mehr als ein düsteres Gesamtbild?

Natürlich haben alle genannten Untersuchungen inhaltliche wie methodische Grenzen. Erfasst wird jeweils das, was in den Fragebogen enthalten ist, worin sich wiederum die Konzepte der Untersucher spiegeln. So wurden in Sozialberufen tätige Menschen häufiger nach Burnout, andere Berufsgruppen hingegen nach diversen psychosomatischen Symptomen, Rückenschmerzen und Depressionen befragt. Dementsprechend spiegeln die Ergebnisse in hohem Maße auch die Erwartungen der Forscher wider. Zudem können schon geringe Unterschiede in der Fragenformulierung zu erheblich abweichenden Gesamtergebnissen führen. Aber auch unter Berücksichtigung solcher Unschärfen ist die Situation eindeutig. Hoher Leistungsdruck, einhergehend mit niedrigen Entscheidungsmöglichkeiten, geringer sozialer Unterstützung – im beruflichen wie im privaten Bereich –, hohe Wochenarbeitszeiten, interaktionelle Konflikte mit Vorgesetzten oder Kollegen (bis hin zu *bulling* oder *mobbing*[32]), Druck durch fordernde Kunden, Angst um den Arbeitsplatz und eine Reihe anderer Faktoren, einschließlich einem nicht hinreichend tragfähigen sozialen Netzwerk, sind gesicherte Prädiktoren für psychosomatische Symptome, Depressivität und damit eben auch für Burnout (s. S. 124 ff.). Die subjektiv erlebte Arbeitsbelastung – infolge von Zeitdruck, zunehmender Arbeitsmenge, Verantwortung und erschwerten Interaktionen, insbesondere mit fordernden Kunden – hat in den letzten Jahrzehnten des 20. Jahrhunderts kontinuierlich zugenommen, um aktuell auf hohem Niveau zu stagnieren oder weiterhin leicht zuzunehmen. Parallel dazu stieg der wahrgenommene Stress an, und zwar sowohl, wenn man direkt danach fragt, als auch, wenn Anzahl und Intensität von Symptomen wie innere Anspannung und Unruhe, Schlafstörungen, aber auch Rücken- und Muskelschmerzen als Indikator genommen werden.[33] Dass es jedoch nicht alleine die Arbeit ist, die Stress macht, wird deutlich, wenn man Erwerbstätige mit Langzeitarbeitslosen vergleicht. In praktisch allen Untersuchungen zeigten sich Letztere in allen relevanten Aspekten als höher belastet.[34] Nicht mehr zu arbeiten, zumindest unfreiwillig und unter den aktuellen Bedingungen der Arbeitslosigkeit, macht keineswegs gesund, sondern noch kränker. Keinen Arbeitsstress zu haben wird hier zum maximal denkbaren Stressor.

Den vorliegenden Daten ist darüber hinaus zu entnehmen, dass Arbeiter und Angestellte im produzierenden Gewerbe mindestens ebenso hoch belastet sind, und dies auch in sozial-kommunikativer Hinsicht, wie Dienstleister bzw. in Sozialberufen tätige Personen. Dies steht in gewissem Widerspruch zum (Selbst-)Verständnis letztgenannter Berufsgruppen. Argumente, wonach Burnout etwas anderes bzw. Spezifischeres sein könnte als eine Häufung affektiver und somatischer Symptome im Kontext von hoher Arbeitsbelastung bzw. Dauerstress, ergeben sich aus den Untersuchungen nicht. Ebendies unterstreicht, dass Betroffene, um sich als ausgebrannt erleben zu können, über Burnout-Konzepte und -Begriffe verfügen müssen. Diesbezüglich waren Sozialberufler den Menschen im produzierenden Gewerbe bislang einige Schritte voraus. Sie brennen vermutlich nicht deshalb häufiger aus, weil ihre Tätigkeit in so spezifischer Weise belastend wäre, sondern weil sie eben Kommunikations- und Sozialberufler sind, die über diesbezügliche (Selbst-)Konzepte verfügen.

Endzeit- oder Aufbruchsstimmung?

So eindeutig die Zahlen sind, so uneindeutig ist der Umgang damit. Für die eine Seite sind die Vorzeichen mehr als klar. Alles weist demnach auf einen Teufelkreis hin, eine Schraube ohne Ende, und zwar nach unten. Egal, ob man es nun Burnout oder wie auch immer nennt, die der wirtschaftlichen Entwicklung innewohnende Dynamik, unter Vorzeichen wie Turbokapitalismus und Globalisierung, wird unweigerlich zu einem weiteren Verschleiß der psychischen Gesundheit und des Selbstwertes vieler Menschen führen. Für die andere Seite ist die aktuelle Krise als gesellschaftliche Umorientierungsphase notwendig. Wenn die Bevölkerungsmehrheit endlich die Vorteile der aktuellen Situation, die Zunahme individueller Gestaltungsmöglichkeiten, begriffen und sich umprogrammiert haben wird, ist ein rasanter gesellschaftlicher Aufschwung unausweichlich. Für alle, die anzupacken und durchzustarten verstehen, bieten sich weltweit ungeahnte Möglichkeiten. Gesteigerte Flexibilität, Selbstverantwortung und Selbstmanagement sind als Voraussetzungen zu erbringen; ein neues, dynamisches Lebensgefühl steht dann unmittelbar bevor. Jeder, sobald er nur seine Stärken erkennt, seine Schwächen überwindet (andere Autoren meinen, auch die Akzeptanz eigener Schwächen reiche aus), voll motiviert, voll zuversichtlich und strategisch geschickt vorgeht, habe beste Chancen zu fast allem – wofür es viele Erfolgsgeschichten und diesbezügliche Schlagzeilen gibt.[35] Die Dichotomie der beiden Sichtweisen, hier die säkulare Untergangsstimmung des ex-humanistischen Abendlandes, dort der globale Aufschwung, zieht sich durch unsere Gesellschaft. Wie ehemals sehen sich die einen zunehmend im Dunkeln, mit dem Rücken zur Wand, die anderen als Teil eines exponentiellen Aufschwungs. Es ist ein offenes Geheimnis, dass die Schere der Einkommens- und Vermögensentwicklung, der Bildung und auch der individuellen Standpunkte sich zunehmend öffnet. Es gibt Ratgeberliteratur (*Anti-Burnout* versus *Wege zum Erfolg*) für beide Perspektiven, Erwartungshorizonte bzw. Leserschaften. Zwischentöne laufen angesichts dessen Gefahr, als uninteressant, farb- und konturlos wahrgenommen zu werden. Die Formel, wonach die Wahrheit immer in der Mitte liege, muss schon angesichts des jeweiligen Ausmaßes individueller Betroffenheit ins Leere laufen. Ein bisschen Burnout und gleichzeitig von der Ethik des Erfolgs enthusiasmiert? Sich als ausgebrannt zu erleben ist auch eine dezidiert politische Stellungnahme.

Kapitel 10

Burnout, das Chronische Müdigkeitssyndrom und einige andere zeitgemäße Krankheiten

Was Stress auf psychologischer, physiologischer und sozialer Ebene beinhalten und bedeuten kann, wurde bereits dargelegt (S. 129 ff.). Entwickelten sich im Rahmen der jüngeren, einschneidenden und unbestrittenen stresstreibenden Veränderungen in der Arbeitswelt über den quantitativen Aspekt (mehr Stress – mehr psychische und psychosomatische Folgen) hinaus auch qualitativ neue Krankheiten? Angesichts von «Burnout», der mutmaßlich spezifischen Nebenwirkung unserer Zeit, klingt diese Frage rhetorischer, als sie ist. Wie der historische Rückblick zeigte, ist der Burnout-Begriff durchaus neu, auch wenn dessen Inhalte, relativ etwa zur Neurasthenie, kaum mehr als anders akzentuiert sind.

Krankheiten sind keine statischen Größen – dies gilt selbst für so anschauliche Beispiele wie Beinbrüche. Eine Innovation in der Skitechnik, etwa drehfreudigere Ski, und schon treten zuvor häufige Verletzungen zunehmend weniger und dafür andere vermehrt auf. Vor hundert Jahren waren Essstörungen seltene Ereignisse; heute gehören die Magersucht und insbesondere die Ess-Brechsucht (Bulimia nervosa) bei jungen Frauen zu den häufigsten psychischen Störungen. Die genetischen Dispositionen werden sich in dieser Zeit kaum verändert haben, wohl aber die gesellschaftlichen Verhältnisse. Heute sind Frauen mit vielfältigen Erwartungen konfrontiert, sie haben Mutter und beruflich erfolgreich zu sein, kosmopolit, sportlich, sexy und damit vor allem attraktiv, im Sinne eines annähernd kanonischen, für die meisten schlicht unphysiologischen Schlankheitsideals. Essen und Nichtessen wird zum Ventil.[1]

Neben neuer Technologie, Hygienestandards und gesellschaftlichen Normen haben nicht zuletzt die jeweiligen praktischen, finanziellen und versicherungstechnischen Konsequenzen Krankheitsbilder aufkommen und auch wieder verschwinden lassen. Hierfür, auch wenn die Kriegsneurosen des Ersten Weltkriegs phänomenologisch spektakulärer wären, ein aktuelles wie instruktives Beispiel:

Schleudertrauma

Durch den Aufprall eines von hinten aufprallenden Fahrzeuges entstehen peitschenartige Schleuderbewegungen im Bereich der Halswirbelsäule, die kurzfristig zu Zerrungen im Muskel- und Bänderapparat führen können. Ereignisse dieser Art sind nicht nur im Straßenverkehr – aber dort besonders – häufig. Das typische «normale» Schleudertrauma geht ohne äußerlich erkennbare Verletzungen einher. Darüber hinaus lassen sich auch mit den üblichen, u. a. radiologischen Untersuchungsmethoden keine Veränderungen finden. Aus Zerrungen der Muskeln und Sehnen resultierende Schmerzen im Kopf-, Hals- und Nackenbereich klingen üblicherweise kurzfristig ab. Schleudertraumen, so, wie der Begriff heute üblicherweise verwendet wird, sind nun dadurch charakterisiert, dass Schmerzen und Beschwerden chronisch werden und sich ausweiten (Schwindel, Konzentrations- und Merkfähigkeitsstörungen etc.).[2] Die Diskussion, was dem auf organischer Ebene zugrunde liegen könnte – «Mikroveränderungen», etwa kleine Einrisse in Wirbeln, oder auch eine Schädigung von Hirnstrukturen (Formatio reticularis) –, ist lang und vehement; überzeugende Nachweise der jeweils postulierten Schädigungen fehlen. Grundsätzlich lässt sich natürlich nie ausschließen, dass sich mit zukünftigen technischen Möglichkeiten vielleicht doch noch eine organische Ursache finden lässt. Andererseits gibt es schon jetzt viele Hinweise darauf, dass die aus einem solchen Trauma erwachsende individuelle Symptomatik und Problematik eine psychische Komponente haben muss. Weniger das Trauma, sondern – soweit explorierbar – beim Patienten vorbestehende psychische Auffälligkeiten und Belastungskonstellationen präjudizieren einen schlechten Verlauf. In Ländern, in denen Unfallopfer auf teils üppige Entschädigungen bis hin zur Berentung hoffen können, wird die Diagnose «Schleudertrauma» signifikant häufiger gestellt. Umgekehrt, in Ländern und in Kontexten, wo keine finanziellen Entschädigungen zu erwarten sind, kommen Schleudertraumen als chronisches Schmerzproblem praktisch nicht vor. Und auch bei Unfallverursachern, die ja vergleichbaren Traumen ausgesetzt sind wie die im Sinne der Straßenverkehrsordnung unschuldigen Opfer, ist die Diagnose selten.

Schleudertrauma-Patienten in diesbezüglich gut abgesicherten Ländern sind deshalb natürlich noch lange keine eingebildeten Kranken oder gar Simulanten. Sie sind vielmehr – wenn man denn so will – Opfer einer komplexen Gesamtkonstellation, die sich u. a. ausgehend von den von Experten vertretenen Krankheitsmodellen, Versicherungsbestimmungen und juristischen Gegebenheiten konfiguriert. Gelegentlich wird die Entwicklung auch durch Ärzte angestoßen, die ihrerseits gehalten sind, Unfallopfer auf die Möglichkeit, dass sich ein Schleudertrauma entwickeln könnte, hinzuweisen. Die Aufmerksamkeit der Betroffenen wird durch die akuten Schmerzen, aber auch durch diese Hinweise und eklatant durch verbreitete Behandlungsmethoden in Form von Halskrausen oder Krawatten, die den Hals schützen, wärmen und stabilisieren sollen, auf ebendiese Körperregion gelenkt. Die Schmerzen und Missempfindungen erfahren so eine wahrnehmungspsychologische Aufwertung, es kommt zu einer Art positivem Rückkopplungsmechanismus, die Symptome nehmen immer mehr Zeit und Raum ein, immer mehr Nervenzellen sind mit der Wahrnehmung des schmerzenden Halses und/oder des Schwindels beschäftigt. Daraus resultiert ein Teufelskreis, in dem es die ursprüngliche Normalität – eine emotional neutrale Nichtbeachtung der betreffenden Körperteile – nicht mehr geben kann. Die in den Rückkopplungsprozess involvierten Nervenzentren werden regelrecht trainiert und ausgebaut; schließlich lässt sich das Schleudertrauma, wie jede nachhaltige Lernerfahrung, in der funktionellen Anatomie des Gehirns nachweisen. Spätestens jetzt ist das Schleudertrauma auch ein (hirn-)organisch nachweisbares Krankheitsbild geworden.[3] Gutachter und Juristen, die schließlich zu beurteilen bzw. zu entscheiden haben, ob der Auffahrunfall für diese Folgen das «unabdingbare» und «wesentliche» Ereignis war, sind nicht zu beneiden. Ist nun der den Unfall verursachende Autofahrer oder vielmehr das System schuld?

Gesetzt den Fall, Burnout würde als eine vom Arbeitgeber oder von der Politik, die ja für die bedrückende Situation auf dem Arbeitsmarkt (mit-)verantwortlich ist, zu verantwortende Berufskrankheit anerkannt, was würde passieren? Geschädigte bekämen die ihnen zustehende Entschädigung? Wohl auch, aber wie stark würde die Zahl der Burnout-Opfer steigen? In jedem Fall wäre die sozialpolitische Sprengkraft gewaltig!

Wenn die Umwelt krank macht

Stress ist keineswegs die einzige Errungenschaft, die unsere postmoderne Welt auszeichnet. Veränderungen in der Umwelt, zunehmende Technisierung und Distanzierung von alldem, was ehemals als natürlich und unverfälscht gelten konnte, Schadstoffbelastung, Strahlungen von Handy-Sendemasten, eine Vielzahl neuer chemischer Substanzen, gentechnisch veränderte Lebensmittel – all dieses wurde und wird als Ursache von mehr oder weniger spezifischen Erkrankungen erlebt und wissenschaftlich diskutiert. Multiple Chemical Sensitivity (MCS), die (Über-) Empfindlichkeit gegenüber bzw. Vergiftung durch diverse, ausnahmslos nicht in der natürlichen Umwelt vorkommende Substanzen, das Sick Building Syndrom (SBS) und nicht zuletzt die Diskussion um Vergiftungen durch Amalgam-Füllungen haben diesbezüglich ein weites Medienecho gefunden.[4]

Aus schulmedizinischer Sicht, im Konsens mit den (akademischen) umweltmedizinischen Handbüchern, ist die Sache vergleichsweise eindeutig. Natürlich gibt es zum einen Vergiftungen durch Umweltschadstoffe und zum anderen Allergien auf entsprechende Substanzen. Was die Vergiftung anbelangt, führt im Sinne einer Dosis-Wirkungs-Beziehung eine bestimmte Dosis des Giftes zu bestimmten Symptomen. Wenn der Schadstoff eliminiert oder unter den toxischen Spiegel gesunken ist, dann sind die Beschwerden vorbei. Allergien wiederum liegen bestimmte Kettenreaktionen des körpereigenen Abwehrsystems zugrunde, was – je nach Allergietyp – üblicherweise zu umschriebenen Symptomen (z. B. von Hautausschlägen bis zum anaphylaktischen Schock) und im Labor nachweisbaren Auffälligkeiten führt. Als MCS oder SBS imponieren demgegenüber zumeist Konstellationen, die weder dem Dosis-Wirkungs-Prinzip der Vergiftung noch allergologischen Gesetzmäßigkeiten entsprechen. Die Frage, wo jeweils die «gesunden» Grenzen der Schadstoffbelastung liegen sollten, ist in sich paradox. Dank der technologischen Fortschritte der Analysemethoden lassen sich bei jedem von uns Umweltgifte im Körper nachweisen. Jeder offizielle «Grenzwert», also eine Festlegung, ab wann die Menge eines Schadstoffs im Gewebe, in den Haaren, im Blut oder im Serum, als pathologisch, also als zu hoch und (potentiell) krank machend, zu gelten hat, ist methodisch wie ideologisch problematisch. Die bei MCS oder SBS im Körper nachgewiesenen Schadstoffmengen liegen dabei einerseits in aller Regel weit unterhalb der sicher toxischen Bereiche. Andererseits gibt es keine sicheren Hinweise auf das Vorliegen einer allergischen Reaktion. Die Betroffenen leiden unter einem weiten Spektrum von Symptomen, angefangen von körperlicher Abgeschlagenheit, Schlafstörungen, Konzentrationsstörungen bis hin zu diversen körperlich erlebten Phänomenen wie Schwindel, Magen-Darm-Beschwerden, Muskel- und Kopfschmerzen oder attackenartig auftretender Benommenheit, die sie selbst oft mit absoluter Überzeugung als Folge der MCS oder SBS ansehen. Aus einem gewissen Abstand heraus betrachtet lassen sich diese Konstellationen jedoch nicht gegen psychosomatische Störungen, insbesondere den Bereich der somatoformen Störungen (s. S. 166 f.), abgrenzen. Auf Symptomebene finden sich unschwer Gemeinsamkeiten zum Burnout-Phänomen.

«Seit ich in dieser Schule arbeite, habe ich Kopfschmerzen, fühle mich matt, kraftlos. Endlich hat mein Heilpraktiker herausgefunden, dass ich viel zu viel Lösungsmittel im Körper habe. Seit ich nicht mehr in die Schule gehe, geht es mir gut, der Lösungsmittelspiegel ist gesunken ... Brauchen Sie noch mehr Beweise?», so ein 40-jähriger Grundschullehrer, allein stehend, der die Frühpensionierung anstrebt. Wenn man ihm eine garantiert lösungsmittelfreie Schule als Arbeitsplatz anbieten könnte, würde er gerne weiterarbeiten. Vom Hausarzt wurde er als «Burnout» in die Klinik eingewiesen, wogegen er sich heftig wehrt. Die Arbeit mache ihm nichts aus, solange es keine Lösungsmittel im Klassenzimmer gebe. Natürlich belaste es ihn, wenn Schüler an seinem Unterricht desinteressiert seien oder ihn beschimpfen, das habe mit seiner Problematik aber gar nichts zu tun. Wenn er nicht aufgrund des SBS so kraftlos wäre, hätte er die Sache locker im Griff!

Ein kausaler Beweis im Sinne einer Vergiftung war in diesem und in anderen Fällen toxikologisch, nach den Kriterien der akademischen Medizin, nicht zu erbringen. Der Kollege konnte seinerseits Befunde eines Labors vorweisen, die erhöhte Mengen von Lösungsmitteln in seinem Blut anzeigten, wobei mehrere Kreuze daneben auf einen sehr gefährlichen Bereich und die Notwendigkeit von «Giftausleitungen» hinweisen. Die Referenzwerte des Labors waren ihrerseits weder durch offizielle Richtwerte noch durch umweltmedizinische Evidenzen begründet.

Angesichts der unterschiedlichen Maßstäbe und Weltbilder ist eine konsensfähige Klärung der Sachlage nicht nur in diesem Fall praktisch ausgeschlossen. Antworten auf die Frage, ob negative gesundheitliche Folgen durch minimale Mengen etwa von Amalgam oder die Strahlung von Handy-Sendemasten als nachgewiesen gelten können, fallen je nach wissenschaftlichem Weltbild unterschiedlich aus. Wo die naturwissenschaftliche Seite nur replizierbare Doppelblindstudien für aussagekräftig hält, ist der Beweis für die andere Seite durch eine Häufung von Krankheitsfällen im Bereich von Sendemasten hinreichend erbracht. Letztlich reicht ja ein glaubhaft dargelegter Einzelfall. Und schließlich müssten gerechterweise die Verursacher nachweisen, dass die verschiedenen Schadstoffe und elektromagnetischen Strahlungen mit absoluter Sicherheit immer, für jeden und in jeder denkbaren Konstellation unschädlich sind. Eine solche Beweislastumkehr, bei der es ja nicht um Plausibilitäten, um Aussagen im Sinne von «an Sicherheit grenzender Wahrscheinlichkeit», sondern um kategorisch-allumfassende Ausschlüsse ginge, kann ihrerseits nur ins Leere laufen. Absolut ausschließen lässt sich nichts, auch nicht, dass es vielleicht doch Konstellationen geben könnte, in denen gentechnisch veränderter Mais zu Schäden führt. Und so enden derzeit die meisten Fragen um Umwelterkrankungen der skizzierten Kategorien im argumentativen Patt.

Selbst wenn angesichts der Biographie etwa des zitierten Lehrers deutlich wird, dass er als sozialängstlicher, vielfach durch Schüler und Kollegen gekränkter Mensch durchaus einen erheblichen Krankheitsgewinn aus der Konstellation zieht, ist damit nicht im Mindesten bewiesen, dass seine Symptomatik mit absoluter Sicherheit nichts mit den Lösungsmitteln zu tun hat. Vielleicht hat ja Burnout weder mit der aktuellen Situation auf dem Arbeitsmarkt noch mit dem individuellen Umgang mit Belastungen zu tun, und alles ist Folge chemisch-physikalischer Umweltbelastungen? Beweisen Sie uns das Gegenteil!

Das Chronische Müdigkeitssyndrom (Chronic Fatigue Syndrome)

Krankheiten sind mehr als eine Auflistung von Symptomen. Versuchen wir uns, soweit dies annäherungsweise möglich ist, vorzustellen, was das «Chronische Müdigkeitssyndrom» (Chronic Fatigue Syndrome – CFS) für Betroffene bedeutet.[5] Ein wenig Phantasie vorausgesetzt, wird dies Experiment schnell zum Alptraum, der einer Kafka-Novelle würdig ist:

Sie fühlen sich seit mehr als einem halben Jahr ständig erschöpft, ohne dass Sie – soweit für Sie erkennbar – in irgendeiner Weise durch ihr berufliches oder privates Leben anhaltend überlastet wären. Seinerzeit fing es (wie bei 65% Ihrer Leidensgenossen, 35% berichten über einen plötzlichen Beginn) zunächst fast unmerklich an. Nach ein paar Wochen wurde die schwere Erschöpfung dann zur unabweislichen Realität. Ob Sie sich kurz oder länger ausruhen (es gibt Betroffene, die 20 Stunden am Tag im Bett liegen), der bleierne körperliche wie seelische Erschöpfungszustand ändert sich nicht. Aus diesem Grund sind Sie nachvollziehbarerweise beruflich nicht leistungsfähig und schon seit Monaten krankgeschrieben. Auch Ihr Privatleben liegt danieder. Möglicherweise leiden Sie zudem unter a) Einschränkungen des Kurzzeitgedächtnisses oder der Konzentration, b) Halsschmerzen, c) empfindlichen Lymphknoten im Bereich des Halses oder der Achseln, d) Muskelschmerzen, e) Kopfschmerzen bisher unbekannter Qualität, f) fehlender Erholung trotz

Schlafes, g) einer deutlichen, mehr als 24 Stunden anhaltenden Verschlechterung Ihres Zustandes, wenn Sie sich denn auf eigenen Wunsch oder das Drängen anderer hin zu größeren Anstrengungen aufgerafft haben, oder h) Gelenkschmerzen (ohne Schwellungen und Rötungen ebendort). Wenn Sie im Rahmen der skizzierten Gesamtproblematik noch vier der aufgeführten Einzelsymptome bei sich beobachten, dann erfüllen Sie die «offiziellen» Forschungskriterien des Chronic Fatigue Syndrome.[6] Aber was hilft Ihnen eine solche Diagnose (ICD-10 G93.3)?

In Ihrer fatalen Situation sind Sie keineswegs allein. Etwa 0,2 bis 0,5% aller Erwachsenen leiden unter chronischer Erschöpfung. Die meisten erkranken im Alter zwischen 15 und 45 Jahren, darunter mehrheitlich Frauen. Die Prognose ist meistens schlecht. Die Chancen, dass sich Ihr Zustand deutlich bessert, liegen bei etwa 20%. Wiederum etwa 20% zeigen einen sich progredient verschlechternden Verlauf. Bei den meisten Betroffenen bleibt es längerfristig in etwa so, wie es derzeit ist. Weibliches Geschlecht, Arbeitslosigkeit, höheres Alter, niedriges Bildungsniveau, psychische Vorerkrankungen, starke Ausprägung der Symptomatik und u. a. auch Mitgliedschaft in einer Selbsthilfegruppe sprechen eher für eine schlechte Prognose (wo hier auch immer die inhaltlichen Zusammenhänge liegen mögen).

Die Liste der in den vergangenen Jahren als Ursache der chronischen Erschöpfung angenommenen körperlichen Krankheiten oder Störungen ist lang. Müdigkeit im Kontext schwerer Krebserkrankungen oder auch von Erkrankungen des Gehirns (etwa Multiple Sklerose) ist ein häufiges Phänomen. Könnte es in Ihrem Fall nicht auch so sein? Die (Post-)Infektionshypothese, wonach die chronische Erschöpfung als Myalgische Enzephalomyelitis (MW) bezeichnet werden sollte, würde vieles erklären. Nur sind eben eine Entzündung im Gehirn oder deren Folgen de facto nicht nachweisbar. Und so wurde die chronische Müdigkeit auch als Folge abgelaufener oder andauernder Infekte (Malaria, Influenza, Typhus, Streptokokken, Brucellose, Epstein-Barr-Virus, Varizellen, Herpesviren etc.), als Begleiterscheinung von Vitaminmangel, als endokrinologische Störung oder als immunologische Dysregulation verstanden. Sie hatten vor Beginn der Erkrankung, wenn Sie sich genau erinnern, einen viralen Infekt, eine kleine Grippe, eigentlich nichts Schlimmes, eigentlich … aber vielleicht liegt es doch dran? Schließlich wurden Sie von zahlreichen Ärzten untersucht, Ihr Gehirn geröntgt, das Nervenwasser untersucht, die Hirntätigkeit im EEG abgeleitet. Insbesondere wurde ausgeschlossen, dass Sie an Krebs oder anderen schweren Erkrankungen, insbesondere auch unter Aids, leiden. Was und wie es auch immer untersucht wurde, mit keiner der heute zur Verfügung stehenden Methoden wurde irgendein richtungsweisender Befund erhoben. Kleinere Abweichungen in diesem oder jenem Aspekt (je mehr untersucht wird, desto sicherer sind solche bei jedem zu finden) wurden von den Ärzten als «ohne Krankheitswert» bezeichnet. Nach mehr als einem Jahr trafen Sie endlich einen tatsächlichen Experten. Einer davon konnte beispielsweise erhöhte Werte von Schwermetallen (oder Lösungsmitteln) in Ihrem Körper als eindeutige Ursache Ihrer Müdigkeit erklären und bei Ihnen eine Umwelterkrankung diagnostizieren, ein anderer konstatierte, dass Sie unter einem Chronic Fatigue Syndrome leiden, verwies auf diesbezügliche Selbsthilfegruppen und riet, da der Verlauf dieser sicher körperlich begründeten Erkrankung noch unbekannt, in jedem Fall aber langwierig sei, zur Berentung. Da die Ursachen ungeklärt sind, gibt es für eine kausale Behandlung der chronischen Erschöpfung keine rationale Grundlage. Andererseits gibt es derzeit auch keine empirisch gesicherten medizinischen Behandlungsansätze, was gleichermaßen von antiviralen Medikamenten bis zu Hormonen, von Nahrungsergänzungsmitteln bis zum Nachtkerzenöl gilt.

Aus schulmedizinischer Sicht sind Sie kerngesund. Leider spüren Sie nur allzu deutlich, dass Sie eben nicht gesund sind. Aber auch die alternative Medizin verfügt diesbezüglich offenbar über keine sicher wirksamen Konzepte. Aktuelle Ansätze, wonach chronische Erschöpfung kein einheitliches Störungsbild ist und man durch die Definition von Untergruppen vielleicht wissenschaftlich weiterkommen könnte, klingen plausibel, aber überzeugende Ergebnisse sind derzeit noch nicht in Sicht. Wie kann man in so einer Situation Vertrauen zu Ärzten und Behandlern aller Himmelsrichtungen und Schulen haben? Das Chronische Müdigkeitssyndrom – eines der größten Armutszeugnisse der modernen Medizin? Angesichts dieser Sachlage bleibt Betroffenen zum einen die Hoffnung auf einen wissenschaftlichen Durchbruch, der *die* Ursachen aufdeckt, und zum anderen die Forderung, dass chronische Erschöpfung als ernsthafte, zu Behinderungen führende Erkrankung, also als Berentungsgrund anerkannt wird.

Chronische Müdigkeit, alles, nur nicht psychosomatisch?

Wenn keine erklärende körperlich-medizinische Ursache nachgewiesen werden kann, dann hilft sich die Schulmedizin im Ausschlussverfahren damit, die betreffenden Konstellationen als psychosomatische Störung zu erklären. Betroffene, insbesondere auch die in Selbsthilfegruppen organisierten, weisen solche argumentativen Kurzschlüsse scharf zurück.

Wer sich nicht zum Psychofall erklären lassen will, für den gibt es jede Menge Alternativen – Behandlungen, in denen es zumeist darum geht, die Kräfte des Körpers zu regenerieren, das Immunsystem zu stärken und/oder Gifte auszuleiten. Für keines dieser oft nicht von Krankenkassen erstatteten Verfahren liegen – nach naturwissenschaftlichen Kriterien – tragfähige Wirksamkeitsnachweise vor, was nicht heißt, dass nicht das eine oder andere Verfahren Ihnen und anderen helfen könnte. Wer heilt, hat Recht? Da sich selbst schwerere Depressionen in etwa 50% der Fälle unter Gabe von Placebos, schlichten Zuckertabletten, bessern, wäre es irreführend, im Einzelfall noch so überzeugend erlebte Wirksamkeit mit einem Wirksamkeitsnachweis gleichzusetzen. Dass Sie und wir uns damit gegebenenfalls nicht verstanden fühlen, liegt in der Natur der Sache. Sich nur schwer mit der Entthronung des Augenscheins und der subjektiven Evidenz abfinden zu können, ist das eine. Die Rückkehr zum subjektiven Evidenzprinzip als medizinischen Fortschritt zu fordern, ist mitmenschlich gesehen verständlich und sympathisch. Zuckerpillen, die in vielen Fällen – nachgewiesenermaßen! – selbst gegen die schwersten Erkrankungen wirksam sind, ließen sich dann noch besser vermarkten. Um auf das Müdigkeitssyndrom zurückzukommen: Es gibt zwar keine Evidenz hinsichtlich der Ursachen, aber viele Hinweise, die auf Zusammenhänge zwischen der Erschöpfung und der Art und Weise, wie Betroffene damit umgehen, hindeuten. Zudem zeigen Studien, unabhängig davon, was die letztendliche Fatigue-Ursache ist, dass Strategien, die am individuellen Umgang ansetzen, durchaus hilfreich sein können.

Verhaltenstherapeutische Konzepte verstehen sich dabei als «Bewältigungsstrategien», ungeachtet dessen, was die letztendlichen Ursachen der Erschöpfung auch immer sein mögen. Es gibt eine Reihe von Unterschieden zwischen chronisch Erschöpften und gesunden Vergleichspersonen, die zumindest eine Idee geben, auf welcher Ebene – bezüglich des Einzelfalls ganz unverbindlich – die spezifische Dynamik im Umgang mit der Erschöpfung liegen kann. Betroffene wurden demnach in der Kindheit und auch danach emotional weniger unterstützt als andere. Viele definieren sich primär durch Leistung, sind rigide in ihren Zielsetzungen, haben sich oft längerfristig erheblich überfordert. Alle – definitionsgemäß, denn sonst litten sie unter Burnout (s. u.) – CFS-Patienten sind von der somatischen Ursache des Problems überzeugt. Angesichts fehlender wirksamer medizinischer Behandlungsoptionen praktizieren viele von ihnen, gewissermaßen als letzten Strohhalm, so etwas wie «aggressive rest therapy». Es gilt, sich um jeden Preis auszuruhen. Die verbliebene Restenergie muss geschont und Überforderung, die schwere Einbrüche bedingen könnte, unbedingt vermieden werden. Als Konsequenz davon ist zunehmende körperliche und geistige Inaktivität unausweichlich – ähnliches Verhalten würde auch bei zuvor Gesunden dazu führen. Bei schwindender Kondition wird so die Belastbarkeit immer geringer, die Erschöpfung größer. Übrigens lässt sich die Mehrzahl der bei chronisch Erschöpften gemessenen endokrinologischen Auffälligkeiten – im Bereich der Hypophysen-Nebennierenrinden-Achse (s. S. 134 ff.) – durch die langfristige Inaktivität erklären; diese hormonellen Auffälligkeiten sind demnach nicht Ursache, sondern Folge des Problems. Nach allem, was bisher bekannt ist, ist der skizzierte Teufelskreis der lohnendste Ansatz, um sich therapeutisch mit der chronischen Erschöpfung auseinander zu setzen. Ziel ist es, trotz aller Erschöpfung die Kondition in kleinen Schritten zu steigern. «Sie meinen also, ich strenge mich nicht genug an? Wenn Sie unter CFS leiden würden, dann ...» Genau an dieser Stelle liegen angesichts des CFS-Phänomens die zentralen, sehr menschlichen Kommunikationsprobleme. Dass diese bislang oftmals nicht auf eine für Betroffene angemessene Art und Weise gelöst wurden, belegen die Umfrageergebnisse einer Selbsthilfegruppe. Hier gaben nur 7% der befragten Patienten an, dass ihnen Verhaltenstherapie geholfen habe. Bei 67% hatte sie keinen und bei 26% einen negativen Effekt.[7]

Burnout und chronische Erschöpfung: Wie verschieden kann fast Gleiches sein?

Den offen zutage liegenden Parallelen und inhaltlichen Überschneidungen von Burnout und chronischer Erschöpfung ist die Forschung – überraschenderweise – bislang nicht sonderlich intensiv nachgegangen. In kaum einer Schrift über chronische Erschöpfung wird Burnout eingehender diskutiert und umgekehrt. Erschöpfung und eine negative Einschätzung der beruflichen Leistungsfähigkeit sind für beide Konstrukte zentral. Weit reichende Parallelen weist die Liste der jeweils möglichen psychosomatischen Begleitphänomene auf – Muskelschmerzen (72%), Konzentrationsprobleme (51%), Magen-Darm-Probleme (49%), Kopfschmerzen (43%), Schlafstörungen (43%), Schwindel (43%), Gedächtnisprobleme (35%), häufige Infektionen (24%), Gereiztheit (22%), Depressionen (21%); angegeben sind jeweils die Häufigkeiten bei chronisch erschöpften Patienten.

Demgegenüber gibt es eine Reihe konzeptioneller Unterschiede. Burnout-Betroffene wären demnach z. B. durch Depersonalisation, also einen distanziert-zynischen Umgang mit Klienten (s. S. 112 ff.), charakterisiert. Vor allem aber sollte es ihnen ausschließlich in der Arbeit schlecht gehen, CFS-Betroffenen hingegen immer. Angesichts realer Patienten dürften diese Kriterien jedoch nur sehr bedingt trennscharf sein. Depersonalisation ist realiter eine schwache Säule des Burnout-Konstrukts, viele «Ausgebrannte» lieben ihre Schüler und Patienten weit über die Frühpensionierung hinaus. Andererseits betreffen die Beeinträchtigungen vieler unter Burnout leidender Personen eben auch den privaten Bereich, was unter der Bezeichnung *burnout cross over* als vermeintlich besonderes Phänomen herausgestellt wurde.[8] Wäre es angesichts der sozialen Realitäten nicht eher verwunderlich, wenn berufliche Probleme keine Auswirkungen auf die gesamte Existenz und Befindlichkeit hätten?

Andererseits, ließe sich die Differentialdiagnose zwischen Burnout und CFS nicht auch medizinisch lösen? Schließlich beschreiben 72% aller erschöpften Patienten eine Infektion als Auslöser ihrer Problematik! Allerdings ist dies nur in 7% retrospektiv-objektiv nachweisbar. Zudem sind grippale Infekte bekanntermaßen keine Raritäten, es vergeht kaum ein Jahr, ohne dass Sie und wir davon betroffen wären. Wenn man systematisch nachfragen würde, dürften auch viele Burnout-Patienten über Infekte im Vorfeld berichten. Könnte nicht grundsätzlich auch Burnout eine Spätfolge von (banalen) Infekten sein?[9]

Eine breit angelegte, reale Patienten erfassende Untersuchung zur Differenzierung von Burnout und chronischer Erschöpfung wäre spannend. Nach alldem, was derzeit an Befunden vorliegt, ist mit einiger Sicherheit davon auszugehen, dass eine klare, schnittmengenfreie Trennung beider Kategorien aufgrund der Symptomkonstellationen nicht möglich sein wird. Was die beiden Gruppen fundamental trennen dürfte, ist weniger die Symptomatik als das jeweilige Krankheitsmodell. Ausgebrannte fühlen sich ursächlich beruflich (oder überhaupt) überlastet, chronisch Erschöpfte hingegen dezidiert nicht.

Psychologisch ließe sich viel dazu sagen, warum es – im Sinne von Abwehr – vielleicht für manche entlastender sein kann, Probleme bei einer nicht fassbaren Infektion zu suchen und berufliche Probleme oder gar Versagen als solches nicht zu registrieren. Natürlich geht es nicht darum, chronisch Erschöpfte zu pathologisieren und ihnen Probleme zu unterstellen, die sie – ihrer festen Überzeugung nach – nicht haben. Ob Arbeitsüberlastung (worunter derzeit die Mehrzahl aller Berufstätigen leidet) bei einer Person zu Burnout geführt oder überhaupt nichts mit ihrer Erschöpfung zu tun hat – in beiden Fällen handelt es sich um *Wertungen*, die angesichts der biopsychosozialen Realität komplexer Krankheiten nur bedingt richtig sein können. Aktuell, je nach Umfrage und Wortlaut der Fragestellung, beschreibt sich – wie dargelegt – bis zu ein Drittel der arbeitenden Bevölkerung als ausgebrannt; die Zahl derer, die sich als durch die Umwelt vergiftet oder anderweitig nachhaltig beeinträchtigt erleben, ist sehr viel geringer. Diese Verteilung dokumentiert eindrucksvoll, dass zwischenzeitlich *Stress* in den Mittelpunkt der gesellschaftsimmanenten Krankheitsmodelle gerückt ist und in der Tradition des 19. Jahrhunderts stehende somatische Konzepte – statistisch gesehen! – an Boden verloren haben. Modelle bleiben Modelle. Im Fall von Burnout und Umweltvergiftung stehen sich zwei Möglichkeiten, die vieldimensionale Welt zu reduzieren, weitgehend kompromissunfähig gegenüber. Aus ihrer jeweiligen Eindimensionalität und aus dem beiden immanenten Umstand, die Schuld von der eigenen Person wegzudelegieren, erklärt sich in hohem Maße ihre Attraktivität.

Neue Diagnosen sind besser als alte ...

So groß die Unterschiede auf den verschiedenen Ebenen auch sein mögen, Umwelterkrankungen, Chronic Fatigue Syndrome und Burnout haben viele Gemeinsamkeiten. Unabhängig von der letztendlichen Kausalität bedeuten sie für die Betroffenen ein hochgradig eingeschränktes Leben. Vor allem aber spiegeln sie primär die Wahrnehmung und Wertung der Betroffenen. Hierin unterscheiden sie sich fundamental von den aktuell vertretenen «klassischen» medizinischen Diagnosen, die üblicherweise aus Sicht von Experten konzipiert wurden. Soweit Krankheitsursachen nicht unmittelbar evident sind, haben Experten im Laufe einer jahrtausendelangen Auseinandersetzung mit menschlichen Erkrankungen – zwangsläufig – lernen müssen, dass die wahren Ursachen insbesondere von psychosomatischen Phänomenen vielfach unfassbar bleiben, dass sich ausgehend von typischen Symptomkonstellationen aber prognostisch und therapeutisch wichtige Informationen gewinnen lassen. Entsprechend bleiben die aktuellen, von der Weltgesundheitsorganisation im ICD-10 zusammengefassten Diagnosen spröde und distanziert. Sie erklären nichts, sondern beschreiben nur (s. S. 161 ff.).

In allen diesen Punkten haben die neuen Diagnosen weit reichende Vorteile. Ursachenabstinenz ist ihnen fremd. Im Gegenteil, sie gehen von per se als feststehend postulierten Ursachen aus. In diesem Sinne vermitteln sie eine existenzielle Orientierung, ein Weltbild und darin eine individuelle Standortbestimmung. Angesichts einer Entwicklung, die das Individuum sozial, kulturell und finanziell zunehmend – je nach Perspektive – befreit, verunsichert oder entwurzelt, besitzen die neuen Diagnosen offenbar positive Qualitäten, welche die konzeptionellen Probleme und therapeutischen Nachteile[10] mehr als aufwiegen. Zudem verweisen die neuen Diagnosen «den Zeiger der Schuld» in Sphären, die alle außerhalb des Subjekts liegen und in einer nicht beherrschbaren materiellen oder aber sozialen Umwelt angesiedelt sind. Die grenzenlose (Selbst-)Verantwortung, die Mitmenschen in unserer Leistungsgesellschaft zu tragen haben, findet somit für das Individuum akzeptable Grenzen im Rückgriff auf Krankheitsmodelle, die sich wissenschaftlich gesehen bereits überlebt haben.

Der Preis hierfür ist hoch. Dass die Kommunikation zwischen Betroffenen und wissenschaftlicher Weltsicht auf die Zerreißprobe gestellt wird, wiegt angesichts des Primats der Kundenorientierung vermutlich weniger schwer. Die Krankheitslösung – im weitesten, Burnout einschließende Sinne – zwingt die Betroffenen jedoch in eine mit erheblichen Restriktionen verbundene Konstellation. Nicht zufällig handelt es sich bei allen hier diskutierten Diagnosen um chronische Phänomene. Perspektivisch ist zudem absehbar, dass sich Krankheiten als kollektiver Lösungsweg, wenn nicht anders, dann letztlich finanziell selbst limitieren.

Kapitel 11

Burnout wird behandelt

Was können, was sollen Burnout-Betroffene tun, damit es ihnen besser geht? Können Psychotherapeuten, Ärzte und Heiler aller Art helfen, und wenn ja, wie? Was kann darüber hinaus von und in Betrieben, Politik und Gesellschaft getan werden, um Entwicklungen, die ansonsten in Richtung Burnout führen würden, zu verhindern?

Nach den akribischen Auseinandersetzungen der letzten Kapitel, in denen aus verschiedenen Perspektiven Burnout als klar definierbare Kategorie demontiert wurde, scheinen diese Fragen inkonsequent zu sein. Erst wird ein Phänomen auseinander genommen, um nun, als wäre nichts geschehen, im besten Fall naiv und im schlimmeren Fall scheinheilig zur therapeutischen Tagesordnung überzugehen.

Eine solche, argumentativ schlüssige Kritik übersieht, dass Burnout zwar einerseits ein medizinisch-psychologisches Konzept (und wie dargelegt eben kein besonders überzeugendes), andererseits mittlerweile aber auch ein gesellschaftlich getragenes Paradigma ist, das aufgrund seiner hohen Passung zur aktuellen Situation bzw. den Bedürfnissen vieler Menschen weitgehende Immunität bezüglich analytischer, kritischer Diskussionen erlangt hat. Burnout ist längst Realität – eine von den vielen, die sich Menschen geschaffen haben, um sich und ihre Umwelt besser verstehen und mit ihr umgehen zu können. Die Erkenntnis der hochgradigen Relativität dieses Konstruktes wird niemanden gesund und glücklich machen. Insofern müssen wir uns nun den oben formulierten, jedem Burnout-Betroffenen auf der Zunge liegenden Fragen zuwenden.

Die Behandlung von Burnout kann entweder auf individueller oder auf systemischer Ebene erfolgen. Die auf den beruflichen Kontext bezogenen Behandlungs- und Präventionsansätze beziehen sich entweder auf die Arbeitsplatzsituation oder auf die gesellschaftlich-sozialen Rahmenbedingungen. Auf diese soll im nächsten Kapitel eingegangen werden.

Behandlungs- und Präventionsansätze, die an der Person des Betroffenen ansetzen, gehen davon aus, dass Burnout im Wesentlichen eine Folge von chronischem, aus beruflicher Überforderung erwachsenem Stress darstellt. Letzteres ist ein komplexes Phänomen, für dessen Entstehung neben objektiven Anforderungen die Eigenschaften und Fähigkeiten des Betroffenen, mit den Belastungen umzugehen (s. S. 150), verantwortlich sind. Persönliche Erwartungen, Vorerfahrungen, Ansprüche und Werte, die Sensibilität hinsichtlich der Wahrnehmung von Belastungsmomenten und Symptomen, das individuelle Repertoire an Strategien im Umgang mit Belastungen (Coping), all diese und viele weitere (s. S. 151) Aspekte, einschließlich solcher – derzeit nicht präzise fassbarer – auf genetischer Ebene, determinieren das individuelle Burnout-Risiko. Aus einem Ungleichgewicht von Belastungen und Möglichkeiten der konstruktiven Bewältigung resultiert chronischer Stress, der letztlich kontinuierlich in Überforderungserleben, Frustration und damit Burnout übergeht.

Daraus folgt, dass sich ganz allgemein die meisten Burnout-Behandlungskonzepte auf das dreifache «E» zurückführen: *Entlastung* (Reduktion oder sogar Ausschalten der Stressoren), *Erholung* (die Akkus wieder aufladen, sich entspannen, Sport treiben usw.) und *Ernüchterung* (exzessiven Perfektionismus und/oder Idealismus von illusionärem Charakter herunterschrauben und lernen, sich abzugrenzen).

Welche Art der Behandlung der Betroffene in der Praxis jedoch realiter erfährt, hängt entscheidend davon ab, an wen er sich mit seinen Beschwerden wendet und wie er und sein Behandler diese bewerten. Gerade die unspezifischen psychophysischen Symptome, die im Zusammenhang mit Burnout typisch sind (es werden ja bis zu 150 Beschwerden mit Burnout in Zusammenhang gebracht, vgl. Kap. 3), stellen den behandelnden Arzt vor das Problem, eine passende Diagnose zu stellen. Oft hat die Diagnose deshalb auch eher den Charakter einer Akzentsetzung, die ganz bestimmte Symptome in den Vordergrund rückt und schließlich behandelt. Nicht selten wird der Arzt auch eine Reihe weiterer (fachärztlicher) Untersuchungen veranlassen, um eine mögliche, noch nicht erkannte körperliche Grunderkrankung auszuschließen. Aus medizinischer Sicht ist dies unabdingbar, zumal wenn der Patient zusätzlich unter einer chronischen Erkrankung wie etwa Arterieller Hypertonie, Diabetes mellitus, rheumatischen Beschwerden usw. leidet. So sinnvoll eine ausführliche Diagnostik zu Beginn auch sein mag, so besteht dennoch die Gefahr, Betroffene hierdurch auf ein weitgehend medizinisches Krankheitsmodell zu fixieren (z. B. indem ihre Beschwerden ausschließlich als Folge eines geschwächten Immunsystems, hormonell bedingter Wechseljahrbeschwerden bei Frauen, einer Fehlfunktion der Schilddrüse usw. aufgefasst werden). Begünstigt wird ein solches Modell zudem durch eine somatisch orientierte Burnout-Therapie, die psychologische Aspekte des Syndroms ausblendet.

Der möglicherweise lange Weg zur richtigen Therapie

Das Spektrum potentieller Möglichkeiten, Burnout zu behandeln, ist weit. Gehen wir zunächst einmal davon aus, dass der Betroffene aufgrund seiner Beschwerden zu der Selbstdiagnose «Burnout» gelangt (z. B. weil einige seiner Kolleginnen und Kollegen unter ähnlichen Beschwerden leiden und diese als Anzeichen von «Burnout» einschätzen). Er kann sich daraufhin im Buchhandel nach einschlägiger Literatur umsehen und wird dabei auf entsprechende Ratgeber oder Selbsthilfemanuale stoßen, die ihm erste Behandlungsperspektiven eröffnen. (Nach unserer aktuellen Recherche sind derzeit mindestens dreißig deutschsprachige Ratgeber und Selbsthilfebücher zum Thema Burnout im Buchhandel erhältlich.) Alternativ hierzu kann er auch eine Recherche im Internet starten und wird dort zahlreiche Anregungen und Angebote bis hin zur internetbasierten Burnout-Therapie finden. Daneben gibt es Adressen von virtuellen oder realen Selbsthilfegruppen, denen er sich anschließen kann.[1]

Möglicherweise übernimmt er einige der Anregungen oder erlebt in einer Selbsthilfegruppe Solidarität und Unterstützung, was eine Linderung seiner Beschwerden zur Folge hat. Vielleicht gelangt er auch zu dem fatalistischen Schluss, dass Burnout unvermeidbar ist und ebenso ertragen werden muss. Die Annahme des Unvermeidbaren kann durchaus Trost und Beruhigung fördern.

Reichen solche Selbsthilfemaßnahmen nicht aus oder weisen die Beschwerden von Beginn an bereits einen Schweregrad auf, den der Betroffene nicht mehr tolerieren kann, dann wird er sich um professionelle Hilfe bemühen. Meist wird er seinen Hausarzt aufsuchen, seltener wird er sich direkt an einen Psychiater oder Psychotherapeuten wenden. Je nach ihrer fachlichen und theoretischen Ausrichtung werden die konsultierten Behandler unterschiedlich intervenieren. Sie werden hierbei entweder einen psychologisch-psychotherapeutischen oder einen (schul-)medizinischen, gegebenenfalls auch einem alternativ-medizinischen, körperbezogenen Behandlungsansatz von Burnout vorschlagen.

Gelangt der konsultierte Arzt oder Psychotherapeut zu der Einschätzung, dass bei seinem Patienten eine Überforderung in Folge von chronischem Stress vorliegt, so wird er Maßnahmen einleiten, die auf den Erwerb von Stressbewältigungsfertigkeiten im weitesten Sinne abzielen.

Kommt er hingegen zu dem Schluss, dass die von seinem Patienten beschriebenen Beschwerden die diagnostischen Kriterien einer behandlungsbedürftigen psychischen Störung (meist einer Depression) erfüllen (vgl. Kap. 7), dann wird er zunächst eine Pharmako- bzw. Psychotherapie der Störung vorschlagen. In diesem Rahmen werden dann auch diejenigen Problembereiche bearbeitet, die im Zusammenhang mit beruflicher Überlastung von Bedeutung sind.

Der Erwerb von Fertigkeiten der Stressbewältigung wird damit zu einem zentralen Baustein einer breiter angelegten Psychotherapie. Um welche Art von Psychotherapie es sich dabei handelt, wird zum einen von der theoretischen Ausrichtung des Behandlers und seinen eigenen Erfahrungen abhängen, zum anderen von dem Versorgungsangebot der jeweiligen Region. Ob die Behandlung (zunächst) in einem ambulanten oder stationären Setting durchgeführt wird, hängt von der Art, der Komplexität und dem Schweregrad der psychischen Störung ab und davon, ob eine zeitweise Herausnahme aus dem belastenden häuslich-beruflichen Umfeld notwendig ist, um eine Besserung der Beschwerden zu ermöglichen. Orientiert sich der behandelnde Arzt hingegen an einem medizinischen bzw. alternativ-medizinischen, körperbezogenen Burnout-Konzept, wird er davon ausgehen, dass die Funktionen der hormonellen, immunologischen oder sonstigen Systeme bei dem Betroffenen gestört, blockiert oder fehlgeleitet sind. Davon ausgehend wird er Interventionen durchführen, die eine Harmonisierung der gestörten Funktionen ermöglichen sollen.

Unsere Ausführungen dürften deutlich gemacht haben, dass die Entscheidung, ob und, wenn ja, welche konkrete Burnout-Therapie durch welchen Therapeuten in welchem Kontext erfolgt, im Wesentlichen von unsystematischen, wenn nicht sogar zufälligen Faktoren abhängt! Eine systematische und empirisch fundierte Entscheidung für oder gegen eine bestimmte Form der Burnout-Behandlung setzt das Vorliegen von kontrollierten Interventionsstudien voraus, auf die wir im Folgenden eingehen möchten.

Die Effektivität von Burnout-Behandlungsmaßnahmen

Die Beschäftigung mit dem Phänomen Burnout war von Anfang an durch das Interesse an seiner Behandlung geprägt. Wie die Darstellung der «Entdeckung» durch Herbert Freudenberger zeigt, waren Theorie und (Eigen-) Therapie bei der Konzeptentwicklung von Beginn an eng miteinander verflochten. Es verwundert deshalb nicht, dass inzwischen eine Vielzahl von Präventions- und Therapiestudien von Burnout durchgeführt und publiziert wurde. Untersucht wurden unterschiedliche Berufsgruppen (z. B. Lehrer, Sozialarbeiter, Psychotherapeuten, Polizisten usw.), wobei ein breites Spektrum von Behandlungsverfahren zur Anwendung kam. Die Studien unterscheiden sich erheblich in ihrer methodischen Qualität und ihrer Stichprobengröße; in vielen Fällen ist ihre Aussagekraft beschränkt. Exemplarisch für eine methodisch anspruchsvoll angelegte Interventionsstudie soll hier die von Alfred Lange und seinen Mitarbeitern (2004) in den Niederlanden durchgeführte Studie vorgestellt werden, in der interessierten Arbeitnehmern ein internetbasiertes Burnout-Präventions- bzw. Behandlungsprogramm angeboten wurde. Die Teilnehmer waren durch ein Zeitungsinserat angeworben worden und wurden zufällig entweder der Interventions- (Psychoedukation und Therapie) oder der Kontrollgruppe (nur Psychoedukation) zugewiesen. Insgesamt nahmen 251 Frauen und Männer an der Studie teil. Sowohl die Informationsvermittlung als auch die Betreuung der Teilnehmer durch die Psychotherapeuten erfolgte ausschließlich über das Internet. Das Programm war auf sieben Wochen angelegt und umfasste folgende Komponenten: Selbstbeobachtung und Management von Stresssymptomen, Entspannung und Schlafhygiene, kognitive Umstrukturierung (weniger Grübeln, positive Seiten in den Vordergrund rücken), Verbesserung sozialer Fertigkeiten und Zeitmanagement. Die Ergebnisse der Studie zeigen, dass durch das Behandlungsprogramm eine signifikante Reduktion von Burnout-Beschwerden (gemessen mit einer niederländischen Version des MBI) sowie von Angst- und Depressionssymptomen erzielt werden konnte.[2]

Grundsätzlich lässt sich gegen diese, ebenso wie gegen alle anderen Interventionsstudien der Einwand vorbringen, dass die Definition bzw. Messung von Burnout durch Messinstrumente erfolgte, deren Validität nicht gegeben ist (siehe Kap. 5). Nicht Burnout im intendierten Sinne, sondern entweder eine Form von chronischem Stress bzw. damit verbundener psychosomatischer Beschwerden (wie etwa Kopfschmerzen, Schlafstörungen usw.) oder eine psychische Störung des depressiven Spektrums (sofern diese nicht explizit aus der Studie ausgeschlossen wurden) wurden jeweils behandelt. In beiden Fällen liegen eine Vielzahl von qualitativ hochwertigen Studien vor.

Um eine Aussage bezüglich der Effektivität von Behandlungen von Burnout zu treffen, ist es konzeptionell zielführender, sich an solchen Studien zu orientieren. Aufgrund der großen Zahl der Befunde werden diese seit ca. zwei Jahrzehnten zunehmend in Form von so genannten Meta-analysen zusammengefasst. Dazu werden die Ergebnisse der einzelnen Studien in mathematischer Weise aggregiert, um auf diese Weise die Berechnung eines statistischen Kennwerts zu ermöglichen, der eine Aussage über die Effektivität eines bestimmten Therapieverfahrens erlaubt. In der Regel drückt dieser Kennwert die über die verschiedenen Studien hinweg gemittelten Unterschiede zwischen einer behandelten und einer (unbehandelten) Kontrollgruppe aus und wird als Effektstärke bezeichnet. Je größer die Effektstärke, desto wirksamer ist die Behandlung. Inzwischen wurden viele solcher Metaanalysen nicht nur für Psychotherapiestudien durchgeführt, so dass sich mit der Zeit Standards bezüglich der numerischen Größenordnung der zu erwartenden Effektstärken herausgebildet haben. Unterschieden werden «schwache», «mittlere» und «starke» Effekte (vgl. u. a. Kazdin, 1994). Metaanalysen von Stressbewältigungsprogrammen und von Psychotherapiestudien zur Behandlung von depressiven Störungen ergaben meist «starke» Effekte. Allerdings ist gerade bei depressiven Störungen von einer hohen Rückfallgefahr auszugehen.[3]

Die Befundlage spricht eindeutig dafür, dass Burnout durch den Erwerb von Stressbewältigungsfertigkeiten effektiv behandelt bzw. einer Verschlechterung der Stresssymptomatik vorgebeugt werden kann. Leidet der Betroffene hingegen unter einer psychischen (meist einer depressiven) Störung, dann ist eine Psychotherapie gegebenenfalls in Kombination mit einem Psychopharmakon angezeigt. Auch wenn es von dem Betroffenen als weniger stigmatisierend erlebt wird, unter Burnout zu leiden, so eröffnet die Diagnose einer Depression dennoch eindeutigere Behandlungsrichtlinien, als es für Burnout der Fall ist.

Burnout-Prophylaxe durch Stressbewältigung

Auf den Umstand, dass aus psychologischer Perspektive Burnout Folge bzw. Äquivalent von chronischem Stress darstellt, wurde bereits ausführlich eingegangen. Die Wirksamkeit entsprechender Stressbewältigungsprogramme ist wissenschaftlich belegt, weshalb einige Krankenkassen solche Programme im Sinne von Präventionsmaßnahmen für ihre Mitglieder angeboten haben. Programme zur Prävention- und/oder Linderung von Burnout unterscheiden sich eher graduell und nicht grundlegend von solchen der Stressbewältigung. Sie informieren ausführlich über Burnout und bieten dem Leser sowohl eine Erklärung für die Entstehung als auch Strategien für die Vermeidung von Burnout an. Letztere machen den Hauptteil dieser Bücher aus. Das Rad wird demnach nicht neu erfunden, sondern nur anders verpackt und damit auch besser verkauft (seine «work-life balance auszutarieren», klingt eben doch irgendwie besser, als «in seinem Alltag mehr Platz für Zufriedenheitserlebnisse zu schaffen»).

Im Folgenden werden wir die wichtigsten Behandlungskomponenten darstellen, die sowohl Programmen der Stressbewältigung als auch solchen der Burnout-Prophylaxe zugrunde liegen. In den meisten Trainingsprogrammen zur Stressbewältigung wird zwischen kurz- und langfristigen Stressbewältigungsstrategien unterschieden. Die am häufigsten genannten Strategien fasst Tabelle 11.1 zusammen.[4]

Wie diese Tabelle zeigt, lassen sich die kurzfristigen Strategien in oder unmittelbar nach der Stressexposition durchführen und haben einen unmittelbar entlastenden Effekt. Verglichen mit den langfristigen Strategien sind sie relativ einfach durchzuführen und weniger komplex. Entsprechend leicht lassen sich diese Techniken vermitteln und erlernen. Viel schwieriger ist es hingegen, sie in den entscheidenden Situationen auch tatsächlich einzusetzen. So paradox es klingen mag: Gerade weil man so unter Druck ist, so viel Stress hat, vergisst man, etwas dagegen zu tun! Therapeutisch gesehen geht es deshalb vor allem darum, Betroffene für die Wahrnehmung von Stressoren zu sensibilisieren und ihre Aufmerksamkeit dahingehend zu lenken, in den kritischen Situationen die jeweils passende Strategie anzuwenden.

Langfristige Strategien zielen hingegen darauf ab, über einen längeren Zeitraum hinweg Fertigkeiten aufzubauen oder zu verbessern, welche die Auftretenshäufigkeit von Stressoren reduzieren (z. B. durch Zeitmanagement), den Betroffenen gegen Stress zu «immunisieren» (z. B. ihn durch regelmäßig durchgeführte Entspannungsübungen «stressresistenter» zu machen) oder ihm durch den Aufbau von sozialen Fertigkeiten (Stichwort Abgrenzung) und Problemlösefertigkeiten Möglichkeiten an die Hand zu geben, die es ihm ermöglichen, die auf ihn einwirkenden Stressoren effektiver zu bewältigen.

Tabelle 11.1 Kurz- und langfristige Stressbewältigungsstrategien

Kurzfristige Strategien

Spontane Erleichterung	– z. B. tief durchatmen, Kurzentspannung, sich ausstrecken
Wahrnehmungslenkung	– z. B. aus dem Fenster ins Grüne sehen, das Foto der Kinder auf dem Schreibtisch betrachten, ein Lied im Radio hören usw. (weg von dem Stressor, hin zu neutralen oder positiv besetzten Stimuli)
Positive Selbstgespräche	– z. B. «Das schaffe ich schon», «So schnell gebe ich nicht auf», «In der Ruhe liegt die Kraft»
Abreaktion	– z. B. auf den Tisch hauen, mit Schwung eine Treppe hinauflaufen

Langfristige Strategien

Entspannung	– ein Entspannungsverfahren lernen (Autogenes Training, Progressive Muskelentspannung, Yoga, Meditationsverfahren), Fernsehen, Kochen
Zufriedenheitserlebnisse	– Hobbys (z. B. Musik spielen), Genusserfahrungen (gutes Essen), Lesen
Einstellungsänderungen	– Perfektionismus reduzieren, überzogene idealistische Vorstellung hinterfragen, sich erlauben, Hilfe anzunehmen
Soziale Fertigkeiten verbessern	– z. B. VHS-Kurse besuchen, an Supervision teilnehmen, soziale Kompetenz verbessern
Soziale Unterstützung	– z. B. private und berufliche Kontakte pflegen, Hilfe suchen und annehmen, in einen Verein eintreten
Problemlösungsfertigkeiten verbessern	– z. B. Mittel-Ziel-Analysen durchführen und Problemlösungen generieren – z. B. Pufferzeiten einplanen, «Zeitfresser» identifizieren und reduzieren, realistische Zeitpläne aufstellen

Langfristige Stressbewältigungsstrategien

Entspannungstechniken: der direkte Weg zum Stressabbau
Entspannungstechniken im engeren Sinne zielen darauf ab, stressbe-
dingte Anspannung unmittelbar zu reduzieren. Wohl am bekanntesten
sind das vom Berliner Nervenarzt Johannes Heinrich Schultz entwickelte autogene Training, eine Form der konzentrativen Selbstsugge-
stion, und die Progressive Muskelrelaxation, die der amerikanische Arzt
Edmund Jacobson konzipierte. Während es beim autogenen Training
darum geht, ausgehend von einer grundlegenden «Ruhetönung» («Ich
bin ganz ruhig ...»), die Aufmerksamkeit nach einem bestimmten System
durch den Körper wandern zu lassen und durch Konzentration auf bestimmte Empfindungsqualitäten («Der rechte Arm ist ganz schwer, wird
ganz warm, das Herz schlägt ruhig und gleichmäßig, die Atmung ist ruhig, der Bauch ist strömend warm, die Stirn ist angenehm kühl») vege-
tative Rückkopplungen und damit Entspannung zu induzieren, arbeitet
die Progressive Muskelrelaxation mit der induzierten Abfolge muskulä-
rer An- und Entspannung und dem Nachspüren dieser Zustände. Eine
regelmäßige Durchführung vorausgesetzt, ist die Wirksamkeit dieser
Techniken hinsichtlich diverser stressbezogener medizinischer Probleme
bewiesen. Die vergleichsweise einfach erlernbare Progressive Muskelrelaxation ist seit längerem als Teil der kassenärztlichen Versorgung anerkannt.
   Physiologisch gesehen stellt Entspannung ein psychophysisches Reaktionsmuster dar, das sich als Gegenspieler zu der in Kapitel 6 beschriebenen Stressreaktion auffassen lässt. Bei der Stressreaktion dominiert das
sympathische, bei der Entspannung hingegen das parasympathische Nervensystem (s. u.). Bei der Entspannungsreaktion handelt es sich damit
nicht um einen Ausnahmezustand, sondern um «ein biologisch angelegtes Reaktionsmuster, das zum natürlichen Verhaltensrepertoire des Menschen gehört und unter günstigen Bedingungen leicht hervorzurufen ist»
(Vaitl, 1993, S. 26).[5] Die verschiedenen Entspannungsverfahren zielen
also nicht darauf ab, ein neues Verhalten aufzubauen, sondern vermitteln
vielmehr in systematischer und strukturierter Weise die Fähigkeit, die
Entspannungsreaktion möglichst zuverlässig abzurufen. Nicht Entspannung an sich wird gelernt, sondern der Weg, sich in diese hineinzuversetzen und darin zu verweilen.
   Die Entspannungsreaktion selbst geht mit charakteristischen psycho-

physischen Veränderungen einher, die immer dann auftreten, wenn der desaktivierend wirkende Teil des autonomen Nervensystems – der Parasympathikus – dominiert: Auf psychologischer Ebene kommt es zu einer so genannten affektiven Indifferenz (d. h., Emotionen werden weniger intensiv erlebt), Außenreize werden nicht mehr oder weniger eindringlich wahrgenommen, des Weiteren stellt sich ein Gefühl von mentaler Frische und des Ausgeruhtseins ein. Physiologisch kommt es zu einer Entspannung der Skelettmuskulatur, einer Erweiterung der peripheren Blutgefäße (vor allem der Hautgefäße, was mit einer Wärmeempfindung in den Extremitäten einhergeht), zu einer Verlangsamung des Herzschlags, zur Senkung des Blutdrucks, die Atmung wird langsamer und gleichmäßiger, die Hautleitfähigkeit nimmt ab, und die hirnelektrische Aktivität verändert sich. Zusammengenommen weisen die beschriebenen Veränderungen und insbesondere die durch das EEG erfasste hirnelektrische Aktivität tiefe Entspannungszustände als eine Art Vorschlafstadium aus. Die Entspannungsverfahren sollen dem Übenden helfen, sich über längere Zeit hinweg in einem Zwischenbereich von Hellwachsein und Einschlafen zu halten. Aus diesem Grund machen auch viele Entspannungsnovizen die Erfahrung, dass sie im Verlauf der Instruktionsphase einschlafen. Dem (Entspannungs-)Meister gelingt es hingegen, in dem als angenehm erlebten Zwischenbereich von «nicht mehr ganz wach und noch nicht eingeschlafen» zu verweilen.

Das zentrale Problem all dieser Erfahrungen, zu denen auch Yoga, Atemtechniken (wie Bioenergetik) u. a. gezählt werden können, liegt in ihrer praktischen Anwendung. Von den zahlreichen ehemaligen Besuchern von Volkshochschulkursen in diesem Bereich führt nur ein Bruchteil die Übungen dann auch tatsächlich im Alltag aus. Da beim Erlernen eines Entspannungsverfahrens weniger das Talent, sondern vielmehr regelmäßiges Üben den Meister macht, gibt es entsprechend wenige Meister! Die diesbezüglichen Gründe liegen teils in den Verfahren bzw. der Art ihrer Darbietung begründet (wer autogenes Training nur in der Langform und im Liegen beherrscht, wird dazu an kaum einem Arbeitsplatz Gelegenheit finden), zu einem erheblichen Teil allerdings auch in den persönlichen Präferenzen. Die Umstellung von Abläufen kostet zunächst Überwindung und Energie; man muss sich 10 Minuten in der Pause oder auch am Nachmittag freihalten, gegebenenfalls Kurzformen der genannten Techniken am Rande einer Konferenz ablaufen lassen und dies mit seinen persönlichen Ansprüchen, z. B. immer ansprechbar zu sein, abgleichen. So verstanden sind Entspannungsübungen keine nebenbei einführbaren Anti-Stress-Hilfsmittel, sondern Ansätze, die, wenn sie denn erfolgreich sein sollen, weitergehende Konsequenzen erfordern.

Dass die genannten, gewissermaßen akademischen Entspannungstechniken im Hinblick auf die stressreduzierende Wirkung zielführender sind als persönlich konzipierte Strategien, vom Bücherlesen, Gartenarbeiten bis hin zu Joggen, Wandern durch die Natur und diversen Sportarten, ist keinesfalls bewiesen. Rein physiologisch macht es wenig Unterschied, auf welche Weise sich jemand entspannt. Entscheidend für seine Gesundheit ist, dass er sich *überhaupt* entspannt! Befragt man beispielsweise Lehrer, die an Lehrergesundheitstagen teilnehmen, dann sind die subjektive Einschätzung der Wirksamkeit und die Zufriedenheit mit den ganz persönlichen Methoden sogar deutlich höher. Nach allem bislang Gesagten verwundert dies nicht. Entscheidend ist, dass die betreffende Person – beispielsweise Sie – sich mit der jeweiligen Strategie identifiziert. Halbherzige Entspannung geht auf jeden Fall daneben.

Das kleine Glück: Zufriedenheitserlebnisse im Alltag

Zufriedenheit kann sich sowohl infolge von Aktivitäten im beruflichen als auch im Freizeitbereich einstellen. Entscheidend ist ihr nichtinstrumenteller Charakter. Die Aktivitäten werden nicht primär deshalb durchgeführt, um hierdurch Anerkennung oder Geld zu erlangen, sondern weil die Befriedigung sich aus ihrer Durchführung selbst ergibt.

Hobbys wie Lesen, Wandern, Tennis, Angeln, Kochen usw. weisen meist (aber auch nicht immer) einen solchen nichtinstrumentellen Charakter auf. Personen, die eine ausgeprägte Leistungsorientierung aufweisen, neigen jedoch dazu, solche positiven, nichtinstrumentellen Beschäftigungen zu vernachlässigen oder auch potentiell entspannende Tätigkeiten unter das Primat der Leistungserfüllung zu stellen. Statt beispielsweise Tennis als eine Sportart zu betreiben, die Ablenkung, Spaß, Entspannung und körperliche Fitness mit sich bringt, wird mit verbissenem Ehrgeiz an Vereinsmeisterschaften und anderen Turnieren teilgenommen, wobei das spielerische Element weitgehend verloren geht und sich Zufriedenheit nur noch dann einstellt, wenn immer ehrgeiziger gesteckte Ziele erreicht werden.

Auch Berufe, die kreative Entfaltungsmöglichkeiten bieten und damit potentielle Zufriedenheitserlebnisse im oben genannten Sinne beinhalten können, bringen die Gefahr mit sich, dass die ausgeübten Tätigkeiten nur noch in instrumenteller Absicht durchgeführt werden und damit deren entspannungsfördernder Charakter immer mehr verloren geht. Sein

Hobby zum Beruf zu machen, kann einem dann sogar eine wichtige Quelle der Zufriedenheit nehmen.

Patienten, die unter der (Selbst-)Diagnose «Burnout» leiden, berichten oft darüber, über einen längeren Zeitraum hinweg nur wenige Zufriedenheitserlebnisse erlebt zu haben. Der in Kapitel 3 beschriebene Bericht von Herbert Freudenberger kann hierzu als ein illustratives Beispiel gelten. Stattdessen wurden alle Kräfte in den Beruf investiert, Hobbys und soziale Aktivitäten immer mehr vernachlässigt. Typisch ist, dass die sich hieraus ergebende Schieflage lange nicht als solche wahrgenommen wird und sich das Gefühl der Erschöpfung und des Überdrusses sozusagen schleichend entwickelt. Stellt sich dann eine berufliche Krise ein (z. B. wenn die angestrebte Beförderung ausbleibt, die erwartete Anerkennung ausfällt usw.), kann sich der Prozess des «Ausbrennens» auch ganz plötzlich, gewissermaßen als Stichflamme einstellen. Dann bietet der Beruf nicht mehr das notwendige Maß an Bestätigung, wohingegen das Fehlen anderer Quellen der Zufriedenheit schmerzhaft spürbar wird und die Krise verstärkt.

In der Therapie gilt es deshalb, den Patienten diese Schieflagen bewusst zu machen und gezielt solche Aktivitäten (wieder) aufzubauen, deren Durchführung aus sich heraus ein Gefühl der Zufriedenheit vermittelt.

In seinem Behandlungsmanual zur Therapie der Depression listet M. Hautzinger 276 potentiell angenehme Aktivitäten und Erlebnisse auf, die einem ein Gefühl von Zufriedenheit vermitteln können. Hierzu gehören u. a. «ins Grüne fahren», «Fernsehen», «eine Wette gewinnen», «Tiere beobachten» bis hin zu «Nähen» und «an spiritistischen Sitzungen teilnehmen». Es ist oft erstaunlich, wie sehr (depressive) Patienten, die sich als «ausgebrannt» erleben, auch in der Zeit davor positive Aktivitäten vernachlässigt haben. Umgekehrt tragen das Wieder- oder sogar Neuentdecken und die Durchführung solcher Aktivitäten oft erheblich zu einer Stimmungsverbesserung bei (und sind deshalb auch integraler Bestandteil der meisten Depressionstherapien).[6]

Allerdings ist es in der Regel kein Zufall, dass jemand (ohne Not) die angenehmen Seiten des Lebens vernachlässigt, zunehmend weniger in der Lage ist, Stress angemessen zu bewältigen, und schließlich «ausbrennt». Meistens ist dies die Folge von Einstellungen, in denen sich in verdichteter Form die lebensgeschichtlichen Entwicklungsbedingungen einer Person niederschlagen. Wobei wir bei einem weiteren Ansatzpunkt der Stressbewältigung angelangt wären.

Einstellungsänderungen

«Es sind nicht die Dinge an sich, die uns beunruhigen, sondern die Meinungen, die wir darüber haben.» (Epiktet)

Folgt man der Literatur zum Thema Burnout, so sind es primär zwei grundlegende Einstellungsmuster, die in diesem Zusammenhang von Bedeutung sind. Zum einen leistungsbezogene, perfektionistische, zum anderen idealistische bzw. altruistische Einstellungen.

Patienten, die sich durch sehr leistungsbezogene, perfektionistische Einstellungen auszeichnen, erhielten zumeist nur dann die Wertschätzung und Anerkennung wichtiger Bezugspersonen, wenn sie gute Leistungen erbrachten («Nur wenn ich etwas leiste, bin ich auch etwas wert»). Dies hat zur Folge, dass der Betroffene in seinem weiteren Leben dazu neigen wird, sich Anerkennung durch Leistung zu erarbeiten. Damit entspricht er nahezu perfekt den Erwartungen unserer Leistungsgesellschaft: schneller, weiter, höher, besser! Der objektiv gegebene, reale Leistungsdruck korrespondiert dann mit dem subjektiv ausgebildeten. Die Unterscheidung zwischen dem, was die (Arbeits-)Umwelt mir abfordert, und dem, was ich von mir selbst fordere, verschwimmt. Im beruflichen Alltag prädestiniert eine solche Einstellung deshalb dazu, sich zu überfordern und über die eigenen Leistungsgrenzen hinauszugehen. Und das oft über lange, viel zu lange Zeit hinweg! Häufig signalisiert dann der Körper, dass es zu viel wurde: psychosomatische Beschwerden wie Kopfschmerzen, Schlafstörungen, Verdauungsprobleme usw. stellen sich ein. Beschleunigt wird dieser Prozess nicht selten dadurch, dass die antizipierte Anerkennung ausbleibt (z. B. der Betroffene bei einer Beförderung übergangen wird) oder diese entzogen wird (z. B. ein neuer Chef die Leistungen seines Untergebenen weniger würdigt, als dies beim alten der Fall war).

Besonders im Sozialbereich tätige Personen sind häufig durch eine idealistische Einstellung und ein hohes Maß an Altruismus hinsichtlich ihrer Berufstätigkeit gekennzeichnet. Die Konfrontation mit der oft harten beruflichen Alltagsrealität führt nicht selten dazu, dass sich die Betroffenen selbst als «hilflose Helfer» (Wolfgang Schmidbauer) erleben. Im günstigsten Fall kann sich daraus ein durchaus konstruktiver Prozess der Auseinandersetzung mit der Realität und mit den Grenzen der eigenen Handlungsmöglichkeiten ergeben. Damit verbunden kommt es zu einer Relativierung der ursprünglich realitätsfernen zugunsten einer angemesseneren Einstellung. Einen weniger günstigen Verlauf kann der Prozess hingegen nehmen, wenn die Erkenntnis bezüglich der Begrenztheit der

Handlungsmöglichkeiten zu einer Intensivierung der eigenen Bemühungen führt, welche schließlich in einen psychischen oder körperlichen Zusammenbruch mündet.

Eine wirksame Form der Stressbewältigung setzt somit voraus, dass gemeinsam mit den Betroffenen ungünstige Einstellungsmuster identifiziert und in einem weiteren Schritt auch modifiziert werden. Schließlich kommt es darauf an, konkrete Verhaltensweisen zu erproben, die den veränderten Einstellungen entsprechen. Diese werden dann so weit als möglich auch praxisnah eingeübt. Damit ist zugleich oft der Erwerb neuer berufsbezogener und anderer Fertigkeiten eingeschlossen.[7]

Soziale Fertigkeiten verbessern

Stress bzw. mangelhafte Stressbewältigung resultiert häufig daraus, dass die Betroffenen Fertigkeitsdefizite im Bereich der sozialen Kompetenz aufweisen. Zum einen fällt es ihnen häufig schwer, eigene Anliegen und Bedürfnisse (z. B. nach Unterstützung bei Arbeitsüberlastung) in angemessener Form zu vertreten, zum anderen gelingt es ihnen oft nicht, sich abzugrenzen bzw. «Nein» zu sagen. Deshalb bekommen die Betroffenen meist mehr Aufgaben zugeteilt als ihre Kollegen oder übernehmen aus eigenem Antrieb heraus Aufgaben, die sie eigentlich nicht unbedingt übernehmen müssten. Kollegen und Vorgesetzte entwickeln oft sehr schnell ein Gespür dafür, bei wem mit dem geringsten Widerstand zu rechnen ist, wenn es darum geht, unangenehme oder Extraaufgaben zu verteilen.

Relativ schnell kommt es hierdurch zu einer Arbeitsüberlastung, die mit vermehrtem Stresserleben verbunden ist. Ein erfolgreiches Stressbewältigungstraining sollte deshalb immer auch die Identifikation und Modifikation sozialer Fertigkeitsdefizite beinhalten. Am besten lassen sich solche Fertigkeiten in Gruppen vermitteln, innerhalb deren den Teilnehmern durch Informationsvermittlung über Kommunikation, praktische Anleitung und Rollenspiele, wenn möglich mit Videofeedback, entsprechende Verhaltensweisen vermittelt werden.

In diesem Zusammenhang sind auch Fortbildungen oder Trainingsprogramme zu erwähnen, in denen die Teilnehmer lernen, deeskalierend in Konfliktsituationen zu reagieren, sei es als Beteiligter oder als Schlichter.

Soziale Unterstützung, soziale Netzwerke

Ein weiterer Ansatzpunkt der Stressbewältigung ist der Aufbau oder die Intensivierung von Kontakten sowohl im beruflichen als auch im privaten Bereich. In Zeiten erhöhter Stressbelastung bzw. in der Zeit vor dem

«Ausbrennen» werden diese nämlich oft vernachlässigt, so dass die Arbeit nolens volens zum zentralen Lebensinhalt wird und die Pflege von Sozialkontakten in den Hintergrund rückt.

Gerade unter Lehrern ist das «Einzelkämpfertum» weit verbreitet. Die Bitte um kollegiale Unterstützung wird nicht selten als Eingeständnis der eigenen Inkompetenz gewertet und unterbleibt deshalb. In Zeiten der Arbeitsplatzunsicherheit und des Personalabbaus kommt es zu einer verschärften Konkurrenzsituation, so dass der Kollege eher als potentieller Gegner denn als potentieller Freund gesehen wird. Auch Personen in Leitungsfunktionen erleben aufgrund ihrer exponierten Position nicht selten eine gewisse Isolation. Lebt der Betroffene zudem alleine, verschärft sich diese Situation weiter. Alle diese Konstellationen beinhalten die Verführung, sich desto mehr in die Arbeit zu stürzen, um auf diese Weise die mangelnde soziale Anerkennung bzw. Integration durch leistungsbezogene Anerkennung zu kompensieren.

Zahlreiche empirische Studien haben gezeigt, dass ein tragfähiges soziales Netzwerk ein wichtiger protektiver Faktor gegen Stress bzw. Burnout darstellt. Sozial gut eingebunden zu sein wirkt gewissermaßen als Stresspuffer, der die Belastungsfähigkeit des Betroffenen erhöht.[8]

Zeitmanagement und systematische Problemlösung

Oftmals entsteht Überforderung auch dadurch, dass die zur Verfügung stehende Zeit nicht optimal genutzt bzw. für Aktivitäten verwendet wird, die eigentlich nicht in den Aufgabenbereich des Betroffenen gehören. In diesem Kontext spielen auch die oben genannten ungünstigen Einstellungsmuster, Perfektionismus und überzogener Idealismus, eine Rolle. Perfektionisten neigen dazu, zu viel Zeit für die Erledigung von Arbeitsaufgaben zu verwenden, weil sie sich nur mit perfekten Ergebnissen zufrieden geben. So kann man als Lehrer sehr viel Zeit darauf verwenden, sich auf seinen Unterricht vorzubereiten, so dass einem kaum noch Zeit für andere Aktivitäten bleibt und man besonders in Zeiten, in denen weitere Aufgaben hinzukommen (z. B. Zeugnisse schreiben), erheblich unter Druck gerät. Oder ein idealistischer Mitarbeiter übernimmt die Arbeit seiner Kollegen, um diese zu entlasten, und neigt deshalb dazu, seine Grenzen zu überschreiten. Stressbewältigung beinhaltet deshalb immer auch, solche ungünstigen Verhaltensweisen aufzuspüren und alternative Fertigkeiten der Arbeitsbewältigung zu entwickeln mit dem Ziel, die zur Verfügung stehende Zeit besser als bisher zu nutzen (etwa durch die Identifikation von so genannten «Zeitdieben», dem Ausarbeiten von Präferenz- bzw. Prioritätslisten bis hin zu Ablagesystemen auf dem Schreibtisch).[9]

In diesem Zusammenhang erweist es sich oft auch als sinnvoll, an einer Verbesserung von Problemlösefertigkeiten zu arbeiten. Hierbei geht es darum, durch eine gezielte Analyse festzustellen, wodurch genau ein als problematisch bestimmbarer Ist-Zustand gekennzeichnet ist und wie ein erwünschter Zielzustand aussehen könnte. In einem weiteren Schritt werden dann solche Wege gesammelt, die es ermöglichen, den unerwünschten Ist-Zustand in den gewünschten Zielzustand zu überführen. Dies mag trivial erscheinen, jedoch wird das systematische Einüben alltagsrelevanter Problemlösefertigkeiten von den meisten Teilnehmern von Stressbewältigungstrainings als hilfreich erlebt, zumal es das eigene Kontrollerleben verstärkt und damit auch dem Gefühl der eigenen subjektiven Hilflosigkeit entgegenwirkt.

Die bisherige Darstellung sollte deutlich gemacht haben, dass die verschiedenen therapeutischen Ansatzpunkte der Stressbewältigung sich wechselseitig bedingen. Das eine lässt sich ohne das andere nicht sinnvoll bearbeiten. Wer hohe Leistungsansprüche in perfektionistischer Manier verfolgt, wird viel Zeit in den Beruf investieren und neigt dazu, Hobbys (also eine mögliche Quelle für Zufriedenheitserlebnisse) und soziale Kontakte zu vernachlässigen. Mit der Zeit wird sein Beruf deshalb zu seiner hauptsächlichen Verstärkerquelle. «Versiegt» diese Quelle (z. B. wenn die erhoffte Anerkennung oder der angestrebte Erfolg ausbleibt), kommt es zu einer «Gratifikationskrise» (vgl. S. 153 f.). Die erhoffte Belohnung bleibt aus, die Mühe und der Verzicht, die für ihre Erreichung notwendig waren, werden umso deutlicher gespürt. Der Betroffene fühlt sich zunehmend «ausgebrannt».

Bei den dargestellten Strategien handelt es sich um Bausteine integrativer Stressmanagementkonzepte, die in Abhängigkeit von Interessenten (z. B. Klinikpersonal, Lehrer, Polizeibeamte, Krankenversicherte usw.) und Anbietern (z. B. Krankenversicherungen, Schulpsychologen, Volkshochschulen, Kliniken, freiberuflich tätige Trainer usw.) in ganz unterschiedlicher Weise aufbereitet und vermittelt werden. Das Angebot reicht von der einmaligen Informationsveranstaltung, Entspannungskursen, längerfristig konzipierten Stressbewältigungsseminaren über betriebsinterne Fortbildungen, Supervision und Coaching bis hin zur Psychotherapie im engeren Sinne. Auch im Internet wird inzwischen ein Selbsthilfeprogramm zur Burnout-Prophylaxe angeboten.

Obgleich lediglich die Psychotherapie eine Veränderung persönlichkeitsnaher Anteile anstrebt (z. B. Perfektionismus als Eigenschaft), ganz ohne Veränderungen in diesem Sinne werden auch Informationsveranstaltungen kaum dauerhaften Einfluss auf das praktizierte Verhalten haben. Wer durch ein ausgeprägtes Harmoniebedürfnis, verbunden mit der Einstellung, es am Arbeitsplatz allen recht machen zu wollen, gekennzeichnet ist, der kann zwar formal selbstsicheres Verhalten lernen, wird sich aber schwer tun, es auch tatsächlich zu praktizieren, um sich abzugrenzen.

Obgleich die genannten Ansätze sich bezüglich des Settings, der Methodik und ihrem Selbstverständnis nach voneinander unterscheiden (Supervision ist keine Therapie, Coaching kein Stressbewältigungstraining), sind die Grenzen inhaltlich gesehen fließend. Gleichgültig, ob ein Entspannungsverfahren durch die Anleitung eines Coach, des Hausarztes oder im Rahmen eines VHS-Kurses erlernt wird, die Wirkung (wenn sie denn eintritt) ist stets die gleiche! Die Unterschiede zwischen den Angeboten sind eher darin zu sehen, durch wen sie finanziert werden und wie gut es ihnen gelingt, die Teilnehmer für die zu vermittelnden (und oft mühseligen) Einstellungs- und Verhaltensänderungen zu motivieren. Kurz gesagt: Egal, wer, wie und wo, effektive Stressbewältigung zur Vorbeugung von Burnout muss, um Wirksamkeit entfalten zu können, in ausreichender Intensität und Dosierung angeboten und vor allem auch aufgenommen werden!

Wenn es für Prophylaxe zu spät ist:
Die Behandlung von Burnout durch Psychotherapie

Im Gegensatz zu den bisher beschriebenen Strategien richtet sich Psychotherapie, zumindest im akademisch-professionellen Verständnis, dezidiert an Menschen mit krankheitswertigen psychischen Problemen. Was Burnout anbelangt, bringt uns das in das bereits mehrfach erwähnte Dilemma (s. S. 156 ff.).

Die mit Burnout verbundenen Beschwerden können ein Ausmaß bzw. einen Schweregrad erreichen, der die Diagnose einer behandlungsbedürftigen psychischen Störung gemäß der Kriterien des ICD-10 der WHO rechtfertigt. Mit dieser Umetikettierung (aus Burnout wird etwa eine mittelgradige depressive Episode) sind weit reichende Konsequenzen verbunden, auf die wir in Kapitel 7 bereits ausführlich eingegangen sind. Wichtig in diesem Zusammenhang ist der Umstand, dass sich aus der Diagnosestellung u. a. die Indikation zu einer ambulanten und/oder stationären Psychotherapie ableiten lässt, deren Kosten entweder von der Krankenkasse oder dem Rentenversicherungsträger übernommen werden. Derzeit beschränkt sich das auf die Kosten für tiefenpsychologische bzw. psychoanalytische und verhaltenstherapeutische Therapieverfahren. Die Anwendung dieser Verfahren bei psychischen Störungsbildern, die (im oben ausgeführten Sinne) mit Burnout in Zusammenhang stehen, soll im Folgenden ausführlicher dargestellt werden.

Tiefenpsychologische Behandlung von Burnout
Im ursprünglichen, auf Sigmund Freud zurückgehenden Sinne zielt Psychoanalyse, das Grundkonzept aller späteren tiefenpsychologisch ausgerichteten Therapieformen, nicht auf die Behandlung der jeweiligen Symptomatik ab. Vielmehr geht es darum, im Rahmen eines sich zwischen Therapeut und Patient abspielenden Prozesses der Übertragung und Gegenübertragung in der frühen (bzw. früheren) Entwicklung des Patienten abgelaufene defizitäre Entwicklungen aufzulösen, die wiederum die den Symptomen zugrunde liegende Neurose begründen. Wenn es dem Patienten gelingt, diese im Verlauf der Behandlung aufzulösen, verliert sich – hoffentlich – seine davon getragene Symptomatik von alleine. Unter dieser Prämisse lag es nahe, dass eine dezidierte Beschäftigung mit aktuellen arbeitsplatzbezogenen Problemen eines Patienten nicht im Zentrum des therapeutischen Interesses stehen konnte. Ältere tiefenpsychologische Lehrbücher weisen dementsprechend darauf hin, dass ein Patient, der Berichte und Klagen über aktuelle Schwierigkeiten dieser Art in den Vordergrund stellt, damit die eigentliche therapeutische Auseinandersetzung mit den ursächlichen Konstellationen vermeidet. Im Verlauf der zunehmenden Ausdifferenzierung tiefenpsychologischer Ansätze relativierte sich diese dogmatische Position. Aktuelle Ansätze, etwa im Sinne tiefenpsychologischer Fokaltherapien, fokussieren auf die Hintergründe umschriebener Problemkonstellationen, beispielsweise Konflikte mit Autoritätspersonen oder überhöhte Leistungsansprüche, was dann auch unmittelbare Bezüge zur aktuellen Arbeitssituation und zum Burnout-Erleben des Patienten herstellen lässt. Inzwischen gibt es in psychosomatischen Rehabilitationskliniken dezidierte berufsbezogene tiefenpsychologische Gruppentherapieangebote. Im Kontext der Gruppendynamik geht es darum, auch im Berufsalltag der Patienten problematische Muster zu identifizieren, deren Hintergründen nachzuspüren und sie damit schrittweise zu modifizieren. Es ist davon auszugehen, dass Ansätze wie dieser auch positive Effekte auf das Burnout-Erleben haben.[10]

Verhaltenstherapeutische Behandlung von Burnout

Verhaltenstherapeuten gehen davon aus, dass die meisten menschlichen Verhaltensweisen erlernt wurden und Lernen in systematischer, gesetzmäßiger Weise erfolgt. Dies gilt auch für «gestörtes», «problematisches» oder, neutraler formuliert, «dysfunktionales» Verhalten. Als fundamentale Lernparadigmen gelten das klassische (z. B. die Hundeversuche von Pawlow) und das operante (z. B. die Tierexperimente von Skinner) Konditionieren sowie das Modelllernen (beim Erwerb komplexer sozialer Fertigkeiten). Verhaltenstherapie versteht sich im weitesten Sinne als ein Therapieverfahren, das die therapeutische Anwendung der genannten Lerngesetze intendiert. Dabei wird großer Wert auf die empirische Absicherung bzw. wissenschaftliche Überprüfung der für die verschiedenen Krankheitsbilder entwickelten Therapieverfahren gelegt.

Die Verhaltenstherapie beruht auf der Annahme, dass den meisten psychischen Störungen letztlich dysfunktionale Verhaltensmuster zugrunde liegen, die der Betroffene, eventuell begünstigt durch genetische Faktoren, im Laufe seiner Lebensgeschichte erworben hat. Das Problemverhalten kann in seinen kognitiven (Einstellungen, Gedanken usw.), emotionalen, verhaltensbezogenen und körperlichen Komponenten beschrieben werden und bildet den Ausgangspunkt der Therapie. Durch detaillierte Verhaltensanalysen arbeiten Therapeut und Patient gemeinsam die auslösenden und aufrechterhaltenden Bedingungen des Problemverhaltens heraus, um daran anknüpfend möglichst konkrete Therapieziele zu formulieren.

Der weitere Verlauf der Therapie orientiert sich an der Erreichung dieser Ziele; die hierfür notwendigen Interventionen werden in einem integrierten Behandlungsplan zusammengefasst und kommen meist sukzessive zur Anwendung. Große Popularität haben zum Beispiel Interventionen erlangt, die sich unter dem Oberbegriff der Expositionstherapien zusammenfassen lassen und vor allem bei Angst- und Zwangserkrankungen zur Anwendung gelangen. Hierbei setzt sich der Patient dem bisher vermiedenen Stimulus (z. B. Fahrstuhlfahren) so lange aus, bis es durch Gewöhnung (Habituation) an die Situation zu einer Abnahme der Angstreaktion kommt. Ausgehend von der Therapie von Angsterkrankungen in den 1950er Jahren hat sich das Anwendungsspektrum der Verhaltenstherapie inzwischen erweitert, so dass für eine Vielzahl von psychischen Störungen spezifische Therapiemanuale entwickelt und bezüglich ihrer Wirksamkeit empirisch überprüft wurden (u. a. für depressive Erkrankungen, Essstörungen, somatoforme Störungen usw.).[11]

Wie ein verhaltenstherapeutisches Vorgehen angesichts von «Burnout» aussehen kann, lässt sich an exemplarischen Konstellationen aufzeigen.

Was wurde aus Marion A.?

Die in Kapitel 1 vorgestellte Realschullehrerin Marion A. begab sich aufgrund eines Ohrgeräusches (Tinnitus aurium) und einer depressiven Erkrankung in stationäre psychosomatische Behandlung. Beim Lesen des Falles beschleicht einen (wohl zu Recht) das ungute Gefühl, dass hier eine Person krank wurde und leidet, weil sie einem System ausgeliefert ist, in dem es für ihr pädagogisches Engagement keinen Raum gibt, das den damit verbundenen Einsatz nicht genügend würdigt und sie darüber hinaus mit seinen Schwierigkeiten weitgehend alleine lässt. Das Beispiel zeigt, wie systemimmanente, strukturelle Missstände «wegindividualisiert» werden (vgl. hierzu etwa auch Beck, 1986).[12] So gesehen drückt sich in dem Umstand, dass sich Frau A. als ausgebrannt bezeichnet, ein Rest an Selbstbehauptung (und damit auch Selbstachtung) aus, den es therapeutisch zu würdigen gilt, auch wenn ihre Symptomatik die Diagnose einer depressiven Erkrankung rechtfertigt. Auf Systemebene ließen sich Möglichkeiten denken, die dem Ausbrennen von Frau A. entgegengewirkt hätten: etwa die Möglichkeit, sich an eine andere Schule zu bewerben, Supervision, ein Kollegium, das sich als Team und nicht als Konglomerat von «Einzelkämpfern» betrachtet, mehr Unterstützung durch den Schulleiter u. a. m.

Da wir jedoch unseren Patienten nicht als Politiker, sondern als Psychotherapeuten gegenübersitzen, achten wir auf anderes, nämlich darauf, was die jeweils Betroffenen selbst (obgleich meist nicht willentlich und bewusst) dazu beigetragen haben, krank zu werden. Aus der lebensgeschichtlichen Entwicklung heraus wird deutlich, dass Frau A. als Kind das Gefühl hatte, stets brav und angepasst sein zu müssen, um der allein erziehenden Mutter nicht noch mehr Sorgen zu bereiten, und weil sie schnell herausfand, dass sie der Mutter durch ihre guten Leistungen eine Freude machen konnte. Auch litt sie (gelegentlich und wenn, dann leise) unter der Abwesenheit ihres Vaters, und in ihrer späteren Partnerwahl drückt sich wohl auch eine frühe Sehnsucht nach väterlicher Zuwendung aus, welche allerdings dort erneut frustriert wurde. Der halb gewählte, halb erzwungene Verzicht auf eine eigene Familie trug zur Intensivierung der Beziehung zu ihren Schulkindern bei und machte sie zugleich auch abhängig von deren Bewunderung und Dank. Zugleich ist Frau A. eine Perfektionistin: Immer ging sie gut vorbereitet in den Unterricht, setzte stets die besten Materialien und die ausgeklügeltsten Arbeitsblätter ein.

Im Anschluss an die biographische Anamneseerhebung wurde gemeinsam mit der Patientin mit Bezug auf das depressive Syndrom folgende Verhaltensanalyse gemäß dem **SORK**-Schema erarbeitet: Der eigentliche Auslöser (= **S** für Situation) war die Übernahme einer Klasse mit einer Reihe von besonders unmotivierten und dabei respektlosen Schülern. Hierdurch war es Frau A. nicht mehr möglich, ihrer bereits früh in ihrem Leben erworbenen (und hier vereinfacht formulierten) Überlebensregel, «nur wenn ich etwas leiste, bin ich etwas wert», gerecht zu werden, was dazu führte, dass sich bei ihr zunehmend Selbstzweifel und Minderwertigkeitsgefühle einstellten (= **O** für Organismus). Frau A. erlebte diese Verunsicherung als äußerst bedrohlich, schmerzhaft, zugleich wurde sie auch häufig wütend, wobei es ihr schwer fiel, sich diese Wut einzugestehen. Die sich daraufhin einstellende depressive Entwicklung kann als Reaktion (= **R**) aufgefasst werden, deren positive Konsequenzen (= **K**) in ihrer Schutzfunktion zu sehen sind. Durch die Depression wird Frau A. zum einen in eine Art emotionale Anästhesie versetzt, die sie vor den intensiven Gefühlen des Schmerzes, der Enttäuschung und auch der Wut schützt. Zugleich kann sie sich nicht weiter überfordern. Auch erfährt sie zumindest anfangs vermehrte Anteilnahme und Verständnis seitens ihres Umfelds. Von dieser (hier natürlich nur in groben Zügen ausgeführten) Analyse ausgehend, werden mit Frau A. folgende Therapieziele vereinbart: Relativierung der überzogenen und damit destruktiven Leitungsansprüche an sich *und* andere, Wiederaufnahme vernachlässigter Aktivitäten und Hobbys, um der oben als Schieflage bezeichneten Vereinseitigung der Lebensführung zugunsten des beruflichen Engagements entgegenzuwirken, Aufbau neuer und Intensivierung bereits bestehender sozialer Kontakte sowie Förderung körperbezogener Aktivitäten und der Entspannungsfähigkeit. Darüber hinaus ist der Umgang mit Ärger und aggressiven Impulsen ein wichtiges Thema der Therapie, da sich die Patienten solche als bedrohlich und inakzeptabel erlebten Impulse nur selten gestatten. Mit dem teils provokativen, teils trotzig-aggressiven Verhalten ihrer Schüler kam Frau A. kaum zurecht, fühlte sich persönlich angegriffen, abgewertet und in Frage gestellt. Das Therapieziel, Gefühle des Ärgers und der Wut bei sich zuzulassen und sie in adäquater Form auch auszudrücken, kann Frau A. zunächst nur eingeschränkt annehmen. Als Kind hatte sie brav zu sein und Rücksicht zu nehmen – der ohnehin schon überlasteten Mutter nicht noch mehr aufzubürden, war oberstes Gebot.

Bei Frau A. hatten ihre Beschwerden ein Ausmaß angenommen, das eine stationäre Behandlung notwendig machte. Neben der Entlastung von den alltäglichen Pflichten ermöglicht das stationäre Setting eine intensive und an mehreren Ebenen ansetzende Therapie. Neben einer Einzeltherapie nimmt Frau A. an unterschiedlichen, teils störungsspezifischen (z. B. Depressions- und Tinnitusbewältigungstherapie), teils störungsübergreifenden (z. B. Kunst- und Gestaltungstherapie, Bewegungserfahrung) Gruppen teil. Hier erhält sie auch von den anderen Gruppenteilnehmern ein Feed-back darüber, was ihr Verhalten bei ihnen auslöst, und kann vor allem auch damit experimentieren, sich anders als bisher zu verhalten. Im Verlauf der zwischen 4 und 8 Wochen dauernden Behandlung bessert sich das Beschwerdebild, Frau A. fühlt sich wieder belastbarer und stabiler. Im Hinblick auf die genannten Ziele können einige Veränderungen initiiert werden: Frau A. möchte sich auch weiterhin für die Schule engagieren, aber eben nicht mehr so ausschließlich wie bisher. Sie beabsichtigt eine Deputatsreduktion – finanziell kann sie sich das leisten – und sieht dies nicht mehr als Eingeständnis von Versagen.

Frau A. geht bei ihrer Entlassung aus der Klinik davon aus, dass es ihr gelingen wird, das Gelernte in ihrem Alltag auch tatsächlich umzusetzen. Sie ist sich darüber im Klaren, dass es nicht einfach wird und sie ihre Psychotherapie ambulant fortsetzen muss.

Was wurde aus Manfred B.?
Ist Manfred B., der 43-jährige leitende Angestellte, ein typischer Fall von Burnout? Wohl nicht – eher ein untypischer. Auch hier fällt die Ungerechtigkeit auf, deren Opfer Herr B. wurde. Er hat über Jahre hinweg gute Arbeit geleistet und alles für die Firma gegeben: loyal, engagiert, hoch leistungsmotiviert, erfolgreich. Für die Mitpatienten von Herrn B. ist die Sache sofort klar: Herr B. ist ein Mobbing-Opfer. Davon gibt es heute viele, Mobbing sei heute ja sogar zu einem probaten Mittel des Personalmanagements, genauer des Personalabbaus, geworden! Hätte Herr B. vor 20 Jahren das gleiche Schicksal ereilt? Zeigt nicht auch dieses Beispiel, dass sozioökonomische Entwicklungen (z. B. «Benchmarking») zwar die Renditen der Firmen in die Höhe, zugleich jedoch die Mitarbeiter in die Krankheit treiben? Als ein «Ausgebrannter» ist Herr B. das Opfer einer gnadenlosen Leistungsgesellschaft – jemand, der den Leitungsdruck, zumal auf sozial-interaktiver Ebene, dem eine Führungskraft standhalten sollte, nicht zu bewältigen vermochte.

Psychotherapeuten haben die Aufgabe, Patienten darin zu unterstützen, psychische Störungen zu überwinden. Wie bei Frau A. wurde auch bei Herrn B. eine depressive Störung diagnostiziert. Die Anamneseerhebung macht deutlich, dass Herr B. eigentlich schon immer (im weitesten Sinne verstanden) gemobbt wurde. Früher von seiner Familie, weil er irgendwie anders war – weniger bodenständig, weniger handfest, introvertierter und sensibler, neugieriger wohl auch … Aufgrund seiner extrem guten Leistungen wurde er zum schwarzen Schaf der Familie, erfuhr nur selten die Akzeptanz, die er so dringend gebraucht hätte. Bei seinen Brüdern war wohl auch Neid im Spiel. Da er sich im Umgang mit anderen eher etwas schwer tat, konzentrierte sich Herr B. auf die Schule, später dann auf das Studium und schließlich auf seine Arbeit. Der Umgang mit dem Computer, die Entwicklung und Betreuung anspruchsvoller Software lagen ihm. Alles erscheint so übersichtlich, kalkulierbar, vorhersehbar, bisweilen kompliziert, aber doch weniger kompliziert als der Umgang mit anderen Menschen, bei denen man oft nicht so genau weiß, woran man ist. In der Therapeutensprache ausgedrückt, findet sich auch bei Herrn B. das überkompensatorische Leistungsstreben, das weniger aus der Freude am Erfolg als vielmehr aus der Vermeidung von Misserfolg und der Abwehr unerträglicher Minderwertigkeitsgefühle gespeist wird. Und Herr B. hat Erfolg: Leistung wird belohnt, in der Schule und im Beruf. Doch zumindest in seinem Fall frisst der Erfolg seine Kinder! Er richtet sein Leben immer einseitiger auf seinen Beruf hin aus, auch die Familie wird eher als Sand im Getriebe erlebt. Dabei ist Herr B. eher konfliktvermeidend, geht Spannungen aus dem Weg, hält sich zurück, übersieht die drohende Gefahr, bringt weiter Leistung, wo es wichtiger gewesen wäre zu kämpfen – so wie er es schon als Kind getan hat.

Die Kündigung kommt überraschend. Sie trifft Herrn B. tief, wird von ihm als eine Kränkung erlebt, die er aus eigenem Antrieb nicht zu überwinden vermag. Auch hier hilft die Depression, die Intensität unerträglicher Gefühle der Ohnmacht und Wut zu dämpfen.

Das Schicksal von Herrn B. entspricht dem, was seit einigen Jahren in Fachkreisen als eine «posttraumatische Verbitterungsstörung» bezeichnet wird (vgl. Kap. 7). Gemeint sind damit schwere Kränkungserlebnisse, die für den Betroffenen eine traumatische Qualität annehmen, weil sie sein Selbstwertgefühl zutiefst erschüttern und infolgedessen ein Wiedererleben der traumatischen Situation (im Falle von Herrn B. des Kündigungsgesprächs) in Form wiederkehrender Alpträume, szenischen Wiedererinnerns usw. bedingen. Durch die Kränkung ausgelöst, beginnt der Betroffene sich und sein Leben in Frage zu stellen, verliert zunehmend den Sinn und die Orientierung, reagiert zunächst wütend bis aggressiv, um sich dann schließlich immer mehr und vor allem voller Verbitterung zurückzuziehen.

Einiges von dem beschriebenen Störungsbild trifft auf Herrn B. zu. Die Therapie *seines* Burnout-Falls wird sich deshalb an der erlittenen Kränkung und der ausbleibenden Verarbeitung des (traumatisch) Erlebten orientieren. Vor dem Hintergrund einer tragfähigen therapeutischen Beziehung wird Herr B. dazu ermutigt, über das, was ihm widerfahren ist, zu sprechen, wobei er auch behutsam darin unterstützt wird, seine Verbitterung zu reflektieren. Um diese irgendwann einmal auflösen zu können, ist es notwendig, dass er sich nochmals den intensiven Gefühlen der Wut und der Hilflosigkeit stellt und dabei auch deren biographische Bezüge erkennt. In zunehmendem Maße fühlt er nun die Trauer und den Schmerz, der mit der fehlenden bzw. dem Verlust von Anerkennung und Wertschätzung verbunden ist und den er wohl schon in seiner Kindheit erlebt hat. Dadurch ist es ihm möglich, seine Kündigung bzw. deren Auswirkungen besser zu verstehen, ihnen einen Sinn zu geben, was eine Bewältigung des «Kündigungstraumas» vorstellbar erscheinen lässt. Die stationäre Therapie besteht ganz wesentlich im Ausloten der Kränkung, deren lebensgeschichtlichen Vorläufern und Folgen. Dazu führt Herr B. viele Gespräche mit dem Therapeuten. In der Gestaltungstherapie entstehen vielleicht Bilder dazu, in der Gruppentherapie demonstriert eine Familienaufstellung die Außenseiterposition von Herrn B. in seiner Ursprungsfamilie, und im sozialen Kompetenztraining sagt er in Rollenspielen seinem Chef die Meinung. Im Laufe der Therapie wird die kaum verheilte Wunde wieder geöffnet und gesäubert; bis sie geheilt und vernarbt ist, wird aber noch einige Zeit vergehen. Bei seiner Entlassung fühlt sich Herr B. stabiler, weniger verbittert und hat wieder Perspektiven. Für arbeitsfähig hält er sich aber noch lange nicht! Herr B. hat sich vorgenommen, weniger «Leister» und dafür mehr Kämpfer zu werden. Er will sich außerdem in Zukunft selbst weniger ausbeuten und sich auch nicht mehr so ausbeuten lassen. Auch für seine Familie will er sich mehr Zeit nehmen, auch wenn er wieder einmal arbeiten kann. Schließlich hat seine Frau zu ihm gehalten. Auch Hobbys will er mehr pflegen.

Was wurde aus Brigitte C.?

Die 55-jährige Hausfrau und Mutter zweier Töchter steckt in einer Sinn- bzw. Gratifikationskrise. Sie hat alles für ihren Mann und ihre Töchter getan – und irgendwie hat es doch nicht gereicht. Gute Tipps für die Be-

wältigung der «empty nest»-Situation sind schnell parat: sich eine ehrenamtliche Tätigkeit suchen, einen VHS-Kurs besuchen (vielleicht Italie-
nisch lernen) oder vielleicht sogar noch ein Musikinstrument erlernen (es
ist ja nie zu spät)? Bei Gesprächen mit Frau C. kommen dem Therapeuten solche Ideen in den Sinn. Mitpatienten äußern sich in einer Grup-
pensitzung in ähnlicher Richtung, unterbreiten Frau C. noch viel mehr
Vorschläge. Doch auf jeden noch so gut gemeinten Vorschlag reagiert
Frau C. mit einem «Ja, aber ...». Ehrenamtlich war Frau C. schon tätig. Die
VHS hat mangels Geld viele Kurse streichen müssen. Für Musik interessiert sie sich nicht. Überhaupt kennt sie solche Vorschläge zur Genüge:
von ihrem Mann, ihren Töchtern und der Nachbarin! In dem «Ja, aber»
wird Ärger spürbar. Ebenso in dem manchmal vorwurfsvollen Unterton.
Darauf gilt es in der Therapie zu achten. Es geht darum, Frau C. in klei-
nen Schritten mit ihrem Ärger und ihrer Wut in Kontakt zu bringen.
Denn das Spüren oder gar den Ausdruck von Ärger hat Frau C. nicht gelernt. Bei ihren Eltern war es weder nötig noch erwünscht, sich zu ärgern.
Frau C. tat als Kind, was von ihr erwartet wurde, und wurde dafür gelobt.
Später tat sie auch, was von ihr erwartet wurde, doch das Lob dafür wurde immer weniger und blieb schließlich aus. Frau C. ist ein geselliger
Mensch, aber ihrem Mann sind zu viele Kontakte in seiner Freizeit schnell
zu viel. Auch wäre sie gerne mehr verreist, aber da waren die Hypothe-
ken des inzwischen abgezahlten Hauses. Irgendwann im Verlauf der Therapie erzählt sie auch von Joachim, einem Jugendfreund, dem sie später
wieder begegnet ist. Es gab eine Zeit in ihrem Leben, da hat sie auch mit
dem Gedanken gespielt, sich von ihrem Mann zu trennen. Der Abstand
von zu Hause erleichtert es Frau C., sich bewusst zu machen, dass sie auf
mehr verzichtet hat, als ihr gut tat. Manchmal lässt sie das wütend werden. Ein Anfang. Denn erst wenn Frau C. sich wieder «spürt», wird es ihr
möglich sein, Perspektiven für ihr weiteres Leben zu finden, die zu ihr
passen und nicht aufgepfropft sind. Bei der Entlassung hat sich die depressive Symptomatik gebessert. Frau C. hat ihren Therapeuten dadurch
überrascht, dass sie sich neu und vergleichsweise teuer eingekleidet hat,
was sonst gar nicht ihre Art ist.

Was wurde aus Dr. Peter D.?

Ähnlich wie bei Herrn B. ist auch bei Herrn Dr. D., dem 61-jährigen in
eigener Praxis tätigen Allgemeinmediziner, die Kränkung durch den Vorwurf des Abrechnungsbetrugs offensichtlich. Herr Dr. D. hat sich für seinen Beruf aufgeopfert, doch durch die Sparmaßnahmen im Gesund-

heitssystem und, wie sich zeigte, auch durch die immer anspruchsvolleren und sich kritisch gebenden Patienten stimmt die Bilanz für ihn immer weniger. Der berufliche Überdruss begann sich bereits seit einigen Jahren abzuzeichnen, wobei Herr Dr. D. sich dies lange nicht eingestehen wollte. Der Vorwurf des Abrechnungsbetruges brachte das Fass dann endgültig zum Überlaufen. Im Verlauf der Behandlung reflektiert Herr Dr. D. nochmals ausführlich diese Entwicklung, eine Besserung der depressiven Beschwerden stellt sich hingegen nicht ein. Herr Dr. B. hofft, dass seinem Antrag auf Berufsunfähigkeit stattgegeben wird.

Was wurde aus Stefan E.?
Die Therapie von Herrn E., dem 18-jährigen Gymnasiasten, gestaltete sich schwierig. Einerseits verhielt sich Herr E. bedürftig und teilweise anklammernd, andererseits versäumte oder «vergaß» er mehrfach therapeutische Veranstaltungen, erschien verspätet und gab sich öfter unmotiviert und desinteressiert. Anders gesagt, er zeigte ein ähnliches Verhalten wie zu Hause. Es wird zunehmend deutlich, dass Herr E. sich von seinen Eltern zugleich verwöhnt (besonders von seinem Vater) und vernachlässigt fühlt. Hierzu passt auch, dass einerseits gute Leistungen als selbstverständlich vorausgesetzt wurden, die Eltern ihrem Sohn zugleich aber wenig echtes Interesse entgegenbrachten. Wozu sich anstrengen, es interessiert ja sowieso keinen! Im Behandlungsverlauf kristallisiert sich schließlich heraus, dass der Besuch eines Internats langfristig eine geeignete Perspektive zur Überwindung der depressiv getönten Entwicklungskrise darstellen könnte. Die Eltern sind diesem Vorschlag nicht abgeneigt. Mit dieser Perspektive wird Herr E. in gebessertem Zustand entlassen.

Was wurde aus Marianne E.?
Frau E., der 48-jährigen ehemaligen Postbeamtin, tut der stationäre Aufenthalt in der Klinik gut. Die Kontakte zu ihren Mitpatienten erlebt sie als abwechslungsreich und interessant. Sie kann gut zuhören, fühlt sich gebraucht, hilft ihren Mitpatienten, manchmal auch mehr, als ihr selbst gut tut. In den verschiedenen Therapien fühlt sie sich (endlich) wieder einmal gefordert. Neben der unbefriedigenden Arbeitsplatzsituation wird Frau E. bewusst, dass der Umstand, keine Kinder bekommen zu haben, sie mehr belastet, als sie sich bisher eingestanden hat. Bezüglich ihrer beruflichen Perspektiven sieht sie für sich zunächst keinen Ausweg. Soll sie sich vielleicht doch pensionieren lassen? Aber was dann? Während ihres Aufenthaltes lernt sie eine Mitpatientin kennen, die eine Ausbildung zur

Heilpraktikerin macht. Das könnte sich Frau E. auch für sich vorstellen. Ihr Therapeut ermutigt sie, sich schon während ihres Aufenthaltes über entsprechende Ausbildungsgänge zu informieren. Außerdem wird eine berufliche Belastungserprobung in einem Krankenhaus organisiert. Vier Wochen lang arbeitet Frau E. in fast halbschichtigem Umfang in der Pflege mit. Von den Mitarbeitern des Krankenhauses erhält sie durchweg positive Rückmeldungen, was sich positiv auf ihr Selbstwertgefühl auswirkt. Im Verlauf der Behandlung kommt es zu einer deutlichen Besserung der Symptomatik. Bezüglich einer möglichen Pensionierung ist sich Frau E. noch unsicher. Sie beabsichtigt jedoch weiterhin, eine Ausbildung zur Heilpraktikerin aufzunehmen.

Damit möchten wir es an dieser Stelle bewenden lassen. Deutlich dürfte geworden sein, dass es *die* Burnout-Therapie nicht gibt, sondern sich vielmehr hinter jedem Burnout-Fall ein individuelles Schicksal verbirgt, an dem sich das therapeutische Vorgehen auszurichten hat. Allerdings wird es dabei oft um Themen gehen, die bereits im Zusammenhang mit dem Erwerb von Stressbewältigungsfertigkeiten genannt wurden. In der Psychotherapie müssen diese Themen jedoch intensiver bearbeitet werden, und der Aufbau entsprechender Fertigkeiten benötigt mehr Zeit, da auf Seiten des Patienten oft auch größere Widerstände zu überwinden sind.

Zugleich zeigen die Fallbeispiele, dass dem Burnout-Konzept für den Betroffenen eine nicht zu unterschätzende, entlastende Wirkung zukommt. «Nicht ich trage die Schuld daran, dass es mir so schlecht geht, sondern das System (von dem ich ein Teil bin).» Angesichts der Falldarstellung erscheint diese Sichtweise durchaus berechtigt. Für die psychotherapeutische Behandlung birgt das Burnout-Konzept jedoch die Gefahr, Ansatzpunkte für die Therapie zu verschleiern. Denn in der Psychotherapie geht es immer darum, herauszuarbeiten, welche individuelle Problematik das Burnout-Erleben des Betreffenden ausmacht. Davon ausgehend wird ein Erklärungsmodell bzw. eine Verhaltensanalyse erarbeitet, die dann die Ableitung entsprechender Therapieziele ermöglicht. Letztlich kann die Therapie von Burnout nur dann Erfolg haben, wenn es gelingt, das Individuelle zu erfassen und vom Allgemeinen abzuheben.

Burnout und die Grenzen der Psychotherapie

Psychotherapeuten helfen ihren Patienten, sich so umzustrukturieren, dass ein (möglichst) beschwerdefreies Leben mit höherer Lebensqualität möglich wird. Psychotherapie, namentlich die Verhaltenstherapie, aber auch alle anderen anerkannten Therapieverfahren, versteht sich als Wissenschaft, die auf der Basis allgemeiner psychologischer und psychodynamischer Gesetzmäßigkeiten die Behandlung rational plant und professionell durchführt. Der Therapeut agiert zwar mit seiner individuell-einzigartigen Persönlichkeit, hat sich aber, dem üblichen Diktum zufolge, persönlicher Dinge zu enthalten. Dementsprechend entwickelt er die Lösungen der Probleme eines Patienten aus dessen Person heraus. Dem Patienten hinsichtlich übergreifender Fragen wie denen nach Lebenssinn und Lebenswerten definitive Vorschläge zu machen, also gewissermaßen die eigenen diesbezüglichen Ansichten zu vermitteln, liegt aktuellem Verständnis nach jenseits des therapeutischen Ehrenkodex und markiert damit zugleich eine Grenze von Psychotherapie. Psychotherapie setzt außerdem immer an einem, worunter auch immer, psychisch (und nicht selten auch physisch) leidenden Individuum an. Wie inzwischen deutlich wurde, wirft jedoch gerade das Phänomen Burnout die Frage auf, ob denn der Betroffene selbst tatsächlich die richtige Instanz entsprechender Interventionen darstellt. Gewiss würde man auch einem an einer Staublunge erkrankten Bergarbeiter eine ärztliche Behandlung nicht verweigern. Aber würde bzw. hat man es dabei belassen? Zumindest in den westlichen Industrienationen, zumal seit der Gründung und dem zunehmenden Einfluss von Gewerkschaften, wohl kaum. Bevor wir uns der Frage nach organisatorischen Ansätzen der Burnout-Prävention zuwenden, noch ein kurzer Blick auf alternativmedizinische Ansätze der Burnout-Therapie.

Burnout als körperliche Disharmonie:
Perspektiven der traditionellen chinesischen Medizin und Naturheilkunde
Gemäß der vorherrschenden Ansicht, wonach Burnout ein primär psychisch verursachtes Phänomen ist, wurden in diesem Kapitel die entsprechenden Behandlungs- und Präventionsstrategien in den Vordergrund gestellt. Angesichts des Stellenwertes, den alternativmedizinische Ansätze im öffentlichen Bewusstsein haben, liegt darüber hinaus ein Blick auf diese primär somatischen Konzepte und Therapieformen nahe.

Burnout beinhaltet im Erleben vieler Betroffener auch körperliche Symptome. In einem Verständnis, das vom Stressparadigma ausgeht, handelt es sich lediglich um sekundäre Phänomene. Reduzieren sich die psychosozialen Belastungen, dann klingen folgerichtig auch die Stressbegleiterscheinungen ab. Aus der Perspektive medizinischer Weltbilder, die keine der modernen westlichen Medizin vergleichbare Trennung in psychisch und somatisch kennen, stellt sich die gleiche Symptomatik deutlich anders dar. Zwar kennt beispielsweise die traditionelle chinesische Medizin den Begriff «Burnout» nicht; Zustandsbilder dieser Art lassen sich jedoch ohne weiteres mit hier etablierten Vorstellungen in Verbindung bringen. Üblicherweise wird Burnout mit einem Mangel an bzw. einer Störung des Qi gleichgesetzt. Qi wiederum, das zentrale, vitale Paradigma im hochkomplexen Konzept traditioneller chinesischer Medizin, ist mit «Lebensenergie» nur unzureichend umschrieben. Es umfasst gleichermaßen Geist, Denken, Fühlen und Körper, die in Zeit und Raum letztlich alle Manifestationen des Qi sind, unterschieden nur durch Schwingungsfrequenz, Energie bzw. die jeweilige Manifestationsform (auf stofflicher, feinstofflicher oder ätherischer Ebene). Qi ist somit gewissermaßen das vitalisierende Integral aus Ernährung (wobei der Milz eine vermittelnde Rolle zukommt), Atmung (Lunge) und Veranlagung («vorgeburtliches Qi»), für dessen Fluss Leber und schließlich das Herz zuständig sind. Burnout-Syndrome lassen sich nun je nach Ausprägung (und Lehrmeinung) Störungen in einem oder mehreren der hier genannten Funktionskreise zuordnen. So wird beispielsweise Erschöpfung (einhergehend mit Schweregefühl, Verdauungsbeschwerden, Frösteln, Völlegefühl etc.) auf «Milz-Leere und lästige Feuchtigkeit» zurückgeführt, was dann durch eine Reihe spezifischer Akupunkturpunkte therapeutisch beeinflussbar ist; Depressivität wiederum kann auf eine «Verknotung von Herz- und Milz-Qi» zurückgehen. Neben den genannten Akupunkturansätzen werden zur Burnout-Behandlung diverse naturheilkundliche, insbesondere auch diätetische Ansätze vertreten und praktiziert. Da Störungen im Milz-Funktionskreis im Burnout-Kontext als ursächlich-wichtig angesehen werden, wird der weitgehende Verzicht auf Rohkost, «(möglichst) keine Milchprodukte, wenig Zucker, dafür gedünstete, gekochte Gemüse, morgens Hirse- oder Reisbrei/Suppe, wenn möglich warm» (Kauschat, 2003) vorgeschlagen.[13] Die Autoren der diesbezüglichen Publikationen lassen keinen Zweifel aufkommen, dass diese Methoden, zumindest in der von ihnen angewendeten Form, überaus hilfreich und heilend sind, wenngleich Evaluationen nach naturwissenschaftlichen Standards ausstehen. Der Vorteil eines solchen, im umfassenden Sinne «ganzheitlichen», Körper und Geist gleichsetzenden Ansatzes wird mit dem Nachteil der Unspezifität erkauft, was den psychischen und psychosozialen Kontext anbelangt. Letzteres wird zumindest von westlichen Vertretern chinesischer Medizin durchaus eingeräumt. Liegt die Lösung in einer vielfach vorgeschlagenen und in der Kulturgeschichte ja seit Jahrhunderten von beiden Seiten immer wieder aufgegriffenen Integration von fernöstlichen und westlichen Traditionen? So überzeugend dies klingt – wer würde nicht gerne Körper und Seele gleichermaßen zu ihrem Recht kommen lassen wollen? –, so schwierig erweist es sich im Detail. Wenn man mehr will als ein pittoreskes, interkulturelles Nebeneinander, lässt sich – zumindest für Zeitgenossen, die von naturwissenschaftlich analytischem Denken ausgehen – ein Abwägen und Entscheiden zwischen den unterschiedlichen Deutungsmöglichkeiten nicht vermeiden. Wenn ich Burnout durch Ernährung gut behandeln kann, wozu soll ich dann noch meinen Lebensstil ändern? Wenn ich Letzteres dennoch muss, welchen Stellenwert hat dann die Akupunktur überhaupt? Dass alles irgendwie gut ist und zusammenwirkt, ist beruhigend, aber – zumindest intellektuell – nicht unbedingt befriedigend. Und wie soll das Ganze dann praktisch aussehen, versicherungstechnisch usw. Aber vielleicht wäre der Verzicht auf intellektuelle Knoten dieser Art ja grundsätzlich ein guter Einstieg in die Burnout-Behandlung?

Kapitel 12

Burnout: Behandlung und Prävention am Arbeitsplatz

Stressüberlastung, Burnout und psychosomatische Probleme jeglicher Art reduzieren die individuelle Leistungsfähigkeit. Hierunter leidet nicht nur das betroffene Individuum, sondern auch – und nicht zuletzt – dessen Arbeitgeber. Gesundheitliche Beeinträchtigungen im Allgemeinen und Stressfolgen im Besonderen sind teuer. Wie teuer genau, hängt davon ab, wie man es rechnet. Wenn ein «ausgebrannter» Mitarbeiter nur noch 60% (was im Einzelfall allerdings schwer quantifizierbar ist) seiner ursprünglichen Leistung bringt, dann wären die Stressfolgekosten mit 40% des Lohnes zu beziffern. Darüber hinaus entstehen indirekte Kosten durch krankheitsbedingte Fehlzeiten und direkte Kosten, schließlich kostet medizinisch-therapeutische Behandlung auch etwas. Ein Teil der auf diese Weise errechneten Ausfälle wird durch Kollegen oft mehr oder weniger unentgeltlich mitgetragen, was wiederum zu deren Belastung und potentiellen Überlastung beiträgt und damit eine Kettenreaktion von Stressfolgekosten auslösen kann. Wie man auch immer rechnet, auf ganze Länder bezogen und langfristig betrachtet sind die finanziellen Folgen astronomisch. Allein für die Frühpensionierung eines Lehrers (im Durchschnittsalter von 56 Jahren) werden insgesamt mehr als 300 000 Euro veranschlagt.[1] Die jährlichen Kosten der psychosozialen Überlastung arbeitender Menschen in Deutschland insgesamt lassen sich mühelos in den Milliarden-Euro-Bereich hochrechnen. In England alleine sollen jedes Jahr 40 Millionen Arbeitstage durch Stressfolgen verloren gehen.[2]

Die schwindelerregenden Dimensionen, die Stressfolgen auf betrieblicher und volkswirtschaftlicher Ebene erreichen, lassen an der prinzipiellen Sinnhaftigkeit von betrieblicher Gesundheitsförderung keinen Zweifel aufkommen. Stress sollte möglichst dort, wo er entsteht, entschärft werden, um Stressfolgen, soweit möglich, im Vorfeld präventiv zu verhindern! Betriebliche Gesundheitsförderung, deren Grundlagen nicht zuletzt im Arbeitsschutzgesetz geregelt sind, ist somit weder Selbstzweck noch karitative Geste menschenfreundlicher Arbeitgeber. Die verbesserte Gesundheit der Mitarbeiter soll vielmehr direkt und indirekt dem Unternehmen zugute kommen, im Sinne einer «Pflege des Humankapitals». Angesichts der Tragweite gehört Letzteres zu den zentralen Aufgaben jedes verantwortungsbewussten Managements.[3]

So überzeugend – und für die betroffenen Individuen befremdlich – die Idee vom «gepflegten Humankapital» auch klingen mag, spätestens seitdem die wirtschaftliche Situation enger wurde, also seit den 1970er Jahren, steht die Frage im Raum, ob sich betriebliche Gesundheitsfürsorge tatsächlich rechnet. Eindeutige Antworten hierauf gibt es bislang nicht, was für die gesundheitsfördernde Praxis in den Betrieben kaum förderlich ist. Neben der Tatsache, dass nur wenige Betriebe den Aufwand einer methodisch tragfähigen Evaluation gesundheitsfördernder Maßnahmen auf sich genommen haben, sind vor allem die inhaltlichen und methodischen Probleme solcher Projekte erheblich: An welchen Kriterien sollen Erfolg oder Misserfolg gemessen werden? Wie wird gerechnet? Schließlich: Welche Maßnahmen sollen überhaupt evaluiert werden? Über die Kriterien wird später ausführlicher gesprochen. Was die Art der Rechnung anbelangt, soll die Perspektive der Mitarbeiter, der Volkswirtschaft oder des Betriebes maßgeblich sein? Es macht einen erheblichen Unterschied, ob in einem voll ausgelasteten Betrieb eine tragende Säule ausfällt oder in einem nicht ausgelasteten ein Querulant nach sechs Wochen – für den Betrieb kostenlos – Krankengeld beziehen darf. Die jeweiligen Ausgangsbedingungen in den Betrieben sind so verschieden, dass sich Ergebnisse von Projekten nur eingeschränkt generalisieren lassen.

Primäre, sekundäre und tertiäre betriebliche Gesundheitsförderung

Ob es so wahrgenommen wird oder nicht, letztlich hat alles, was in einem Betrieb geschieht, mit Gesundheit zu tun. Die Art und Weise, wie Arbeit verteilt wird, wie Hierarchien formal-strukturell angelegt sind und wie dies im menschlichen Miteinander mit Leben erfüllt wird, hat Implikationen, die von beglückend bis traumatisierend reichen können. Es gab und gibt vieles, was mutmaßlich erhebliche positive Auswirkungen auf die Mitarbeitergesundheit hatte und hat, aber mit ganz anderen Absichten eingeführt wurde. Was den Bereich der psychosozialen Belastungen anbelangt, ist die Einführung der gleitenden Arbeitszeit ein herausragendes Beispiel. Wenn gelegentlich behauptet wird, die Möglichkeit der gleitenden Arbeitszeit sei gegenüber der Mitarbeitergesundheit neutral, dann lässt sich dies unschwer experimentell überprüfen. Man muss sie nur in einem Betrieb wieder abschaffen und die psychosoziale Belastung der

Mitarbeiter vor und nachher vergleichen, angefangen vom Stress, pünktlich durchs Werktor treten zu müssen. Bei der Einführung der gleitenden Arbeitszeit war Gesundheitsförderung nur ein Teilargument; an stressreduzierender Effektivität, zumal in der Breitenwirkung, dürfte sie bis heute alles in den Schatten stellen, was je mit diesem Ziel zum Inhalt von Projekten wurde.[4]

Drei Ansätze betrieblicher Gesundheitsförderung lassen sich unterscheiden. Im Rahmen *primärer Intervention* geht es darum, die organisatorisch-strukturellen Gefahren bzw. Belastungen zu verringern. So lassen sich Unfallrisiken durch bauliche Maßnahmen, etwa die Anbringung von Schutzgittern, reduzieren. Durch Optimierung von Arbeitsabläufen, etwa indem Störeinflüsse verringert, Kommunikationswege erleichtert, Zuständigkeiten geklärt bzw. Hierarchien den Fähigkeiten, Wünschen und Kontrollbedürfnissen der Mitarbeiter angepasst werden, müsste sich Stress reduzieren lassen. *Sekundäre Interventionen* zielen hingegen darauf ab, das Verhalten des Einzelnen zugunsten seiner Gesundheit zu verändern. In diesen Bereich fallen u. a. diverse Programme zur Suchtprävention oder zur gesunden Ernährung, zur Steigerung körperlicher Fitness (unbestritten sinnvoll als Prävention von Herz-Kreislauf-Erkrankungen) und vieles mehr. Im Bereich der Stressprävention reicht das Spektrum von einfachen Entspannungstrainings (s. S. 240 ff.) bis hin zu komplexen Stressmanagementkursen. Während primäre Intervention auf den Betrieb als solchen und sekundäre Intervention auf gefährdete, aber per definitionem (noch) gesunde Mitarbeiter hin ausgerichtet ist, wendet sich *tertiäre Intervention* an bereits erkrankte, z. B. psychosomatisch belastete und rekonvaleszente Personen. Entsprechend beinhaltet *tertiäre Intervention* neben Inhalten der sekundären Prävention zumeist zusätzliche Aspekte, etwa strukturierte Rückkehrgespräche, stufenweise Einarbeitungen und gegebenenfalls auch besondere ärztlich-therapeutische Betreuung.[5]

Die Mehrzahl aller bislang wissenschaftlich evaluierten Interventionen gehört in den Bereich der sekundären Prävention, zielt also auf Verhaltensänderungen bei den Mitarbeitern ab. Aus der Perspektive übergreifender Gerechtigkeit muss dies als per se problematisch und ungerecht erscheinen. Wenn Belastungen aus Strukturen des Unternehmens resultieren und/oder Mitarbeiter in Funktionen arbeiten, die nicht ihren Fähigkeiten und Neigungen entsprechen, dann sollten solche Defizite im Sinne primärer Interventionen ursächlich behoben und nicht durch mehr oder weniger oberflächlich-kittende Verhaltensänderungen der Mitarbeiter kupiert werden.[6]

Was überzeugend klingt, muss noch lange nicht funktionieren

So nahe liegend es ist, belastende Arbeitsbedingungen zu verändern und Mitarbeiter hinsichtlich eines angemessenen Gesundheitsverhaltens zu schulen – funktioniert das überhaupt? Werden Mitarbeiter tatsächlich gesünder, wenn sie Entspannungstechniken erlernen? Und – im Sinne der «Pflege des Humankapitals» – lohnt es sich?

Tragfähige Antworten auf diese Fragen setzen – wie dargelegt – klare Kriterien voraus. Im Rahmen des aktuellen Trends zum «Total Quality Management» sind Evaluationen allgegenwärtig. Kaum eine Fortbildung findet statt, deren Teilnehmer nicht anschließend mit Fragebogen traktiert werden, etwa: «Das Anti-Stress-Programm habe ich als hilfreich erlebt» (Antworten auf einer Skala zwischen 1 = «voll und ganz» bis 5 = «überhaupt nicht»). Der erfreuliche Nebeneffekt dieser Art von Evaluation ist, dass die meisten Maßnahmen, zumal wenn sie für die Teilnehmer eher angenehm und wenig fordernd waren, in aller Regel positiv beurteilt werden. Dass Entspannung gut tut, leuchtet zweifellos jedem ein. Und nicht zuletzt gehen auch die Sympathiequotienten für den Kursleiter in die Bewertungen ein. Über eine tatsächliche Wirksamkeit der Programme sagen diese Evaluationen hingegen nichts aus, zumal in den Sternen steht, ob die Teilnehmer die erlernten Verfahren im realen Arbeitsleben überhaupt anwenden.

Sinnvoller ist es, die Teilnehmer vor und nach dem Projekt – also im Verlauf – nach ihrer Befindlichkeit zu fragen. Wenn Stressreduktion das Ziel der Maßnahme war, dann müsste sich dies in den erhobenen Daten abzeichnen. Aber war es wirklich der Kurs oder doch eher das Rahmenprogramm, in dessen Verlauf eine Annäherung ehemals zerstrittener Kollegen zum Anti-Stress-Effekt führte? Um den Effekt einer Intervention zuschreiben zu können, ist eine Kontrollgruppe unverzichtbar, also parallel erfasste Personen, die den Teilnehmern in möglichst allen relevanten Aspekten vergleichbar sind, nur eben an der speziellen Intervention nicht teilnahmen. Wenn sich dann zwischen diesen beiden Gruppen Unterschiede finden, dann kann man sich als Initiator des Projekts zunächst einmal mit gutem methodischen Gewissen auf die Schultern klopfen.[7] Offenbar funktioniert die Sache, aber wie lange?

Die Wahrscheinlichkeit, dass die Teilnehmer während der Durchführung eines Programms intensiv daran denken, beispielsweise die hohen Ansprüche an sich selbst im Zaum zu halten, ist hoch. Welche Konsequenzen ziehen sie daraus? Ohne Nachbefragungen, beispielsweise ein

Jahr nach der initialen Phase des Programms, wird man es nie erfahren. Und wenn schließlich ein Wirksamkeitsnachweis erbracht ist, so sagt dies immer noch wenig über die praktische Relevanz und die ökonomische Sinnhaftigkeit des Projekts aus. Subjektive Zufriedenheit mit einem Programm, das praktizierte Verhalten (tatsächlich durchgeführte Entspannungsübungen, Stressmanagement etc.), individuelle Symptombelastung (Schlafstörungen, Burnout …) und krankheitsbedingte Fehltage korrelieren nur bedingt miteinander, und all dies eben auch nicht automatisch mit der Arbeitsleistung. Letztere zu messen mag im produzierenden Bereich einfach sein. Im Bereich der Verwaltung und des Managements, wo sich die Effektivität sicher nicht am leeren Schreibtisch festmachen lässt, setzt dies einiges an Logistik voraus. Aktuell wird beispielsweise an höchst subtilen Methoden gefeilt, um die Arbeit von Lehrern objektiv zu dokumentieren. Unterrichtsstunden werden komplett auf Video aufgenommen und die Zahl und Qualität der einzelnen Aktionen von neutralen Beurteilern eingeschätzt.[8]

Leicht messbar und als Ausdruck von Arbeitsmotivation viel diskutiert sind Arbeitsunfähigkeitstage. Die Annahme, je gesünder, desto weniger krank, klingt plausibel, aber nachgewiesenermaßen falsch. Aktuell, in unserer in hohem Maße von der Angst vor Arbeitsplatzverlust determinierten Situation, sind die Fehlzeiten so niedrig wie nie zuvor (s. S. 211 f.). Kaum einer wird behaupten, dass dies an der aktuell überragend guten Gesundheit der Mitarbeiter liegt. Im Rahmen von Untersuchungen bleibt also nichts anderes übrig, als vorab zu definieren, woran man den Erfolg messen will. Dabei bietet es sich an, auf verschiedenen Ebenen liegende Aspekte zu erfassen, subjektive Arbeitszufriedenheit, Fehlzeiten, Fluktuationsraten, medizinische und psychologische Befunde. Über Details und die abschließende Wertung ließe sich ad ultimo diskutieren.[9]

Ohne Motivation keine Veränderung

Ein nicht zu vernachlässigendes Problem aller Projekte im Bereich Gesundheitsmanagement liegt in der Frage, welche Mitarbeiter überhaupt daran teilnehmen. Meistens wird mit Freiwilligen gearbeitet, also interessierten, gesundheitlichen Fragen gegenüber aufgeschlossenen und deshalb mutmaßlich eher gesunden Personen. Ebendiese haben möglicherweise Informationen über gesunde Ernährung oder Kurse zur Erhöhung der Selbstsicherheit weniger nötig als andere, die nicht motiviert sind, weil sie das Problem gar nicht erkennen oder sich nicht trauen. Die Ergebnisse der durchgeführten Studien bilden somit oftmals nicht die Gesamtheit aller Mitarbeiter ab. Möglicherweise blieben gerade diejenigen außen vor, die ein entsprechendes Angebot am allernötigsten gehabt hätten.[10]

Vom Kindergarten an versuchen gut gemeinte Gesundheitsförderungsprogramme aus uns bessere, zumindest gesündere Menschen zu machen. Putzen Sie sich regelmäßig die Zähne, rauchen und trinken Sie nicht, leben Sie gesund, reduzieren Sie Ihren Stress ... Aus der Motivationspsychologie ist hinlänglich bekannt, dass entsprechende Programme, zumal wenn sie sich ungezielt an die Gesamtheit aller potentiellen Adressaten richten, meist recht nutz- und wirkungslos sind. Profitieren tun in erster Linie nur solche Teilnehmer, die das jeweils zu lösende Problem bereits vorher erkannt und selbst über mögliche Konsequenzen nachgedacht haben.

Stufen der Verhaltensänderung / Veränderungsmotivation nach Prochaska & DiClemente[11]

1. Absichtslosigkeit	Person zeigt keine Absicht, das problematische Verhalten zu verändern (Repression, Reaktanz, Rationalisierung, Resignation)
2. Absichtsbildung	Person ist sich der gesundheitsschädigenden Auswirkungen ihres Verhaltens bewusst, steht einer Verhaltensänderung aber ambivalent gegenüber
3. Vorbereitung	Person fasst den Entschluss zur Verhaltensänderung und unternimmt erste vorbereitende Schritte
4. Handlung	Person zeigt das Zielverhalten seit weniger als sechs Monaten
5. Aufrechterhaltung	Person hält das veränderte Verhalten seit mehr als sechs Monaten aufrecht

Modernere Programme versuchen dies durch Integration von Bausteinen zu berücksichtigen, die gezielt dem Motivationsaufbau dienen sollen, was jedoch einen persönlichen Bewusstwerdungs- und Klärungsprozess nicht ersetzen, sondern bestenfalls fördern kann. Idealerweise sollte den Teilnehmern vorab einiges klar sein, insbesondere auch: Welche Vorteile habe ich, wenn ich trotz anfänglicher Schwierigkeiten regelmäßig Entspannungsübungen einbaue, in Konflikten deeskalierend vorgehe, morgens zehn Minuten früher losfahre, um stressfrei am Arbeitsplatz anzukommen etc. Sein Verhalten zu verändern, auch wenn es als noch so sinnvoll erachtet wird, ist in jedem Fall mit erheblichen Anstrengungen verbunden. Wer diese Hürden mangels zu geringer Attraktivität der antizipierten Ziele nicht auf sich nimmt, dem helfen auch wohlfeile Absichtserklärungen nicht, und der Frust ist vorprogrammiert.

Gesundheitsförderung im betrieblichen Kontext

Aus Sicht der Unternehmen ist neben der Kosten-Nutzen-Frage die zeitliche Dimension entscheidend. Wenn ein Arbeitnehmer dank einer Maßnahme erst nach 20 statt nach 10 Jahren engagierter Arbeit stressbedingt ausfällt, wäre das ein durchschlagender Erfolg – allerdings nur für öffentliche und andere Arbeitgeber, die in entsprechenden Dimensionen rechnen. Angesichts des in Unternehmen der freien Wirtschaft allgegenwärtigen Zwangs, so schnell wie möglich und spätestens in der nächsten offiziellen Jahresbilanz Erfolge vorweisen zu müssen, schon um Aktionäre nicht zu enttäuschen, würden hier ausschließlich die Kosten solcher Projekte ins Gewicht fallen. Was würde es Ihnen als Manager nutzen, wenn Ihre Nach-Nachfolger von Ihren Projekten profitieren, Sie aber zwischenzeitlich mangels entsprechender Zahlen Ihren Posten räumen müssen? Die Rechnung ist einfach: Je kurzfristiger ein Unternehmen disponiert und je kurzatmiger die Zeittaktung im Management wird, desto weniger rechnen sich langfristig angelegte Präventionsprogramme. Wenn das Geld schon in «Psycho-Aspekte» investiert wird, dann wohl am besten für Verfahren zur zielgenauen Personalauswahl, die Reibungsverluste im Vorfeld minimieren helfen. Wenn diese Basis stimmt, dann lässt sich Motivationsförderung und vieles mehr durch stringente Gehaltszumessung und Gratifikationen erreichen.[12]

Initiativen von Seiten der Firmen zur Förderung der Gesundheit ihrer Mitarbeiter können und sollen vielfach über ihre tatsächlichen bzw. erhofften direkten Effekte hinaus noch andere positive Wirkungen haben, etwa im Sinne einer günstigen, mitarbeiterfreundlichen Außendarstellung. Mitunter unterstützen auch Krankenkassen solche Projekte, nicht zuletzt in der Hoffnung auf Mitgliederwerbung. Je mehr Außendarstellungsbedürfnisse dieser Art im Vordergrund stehen, desto konsequenter werden solche Programme auf alles verzichten, was die Teilnehmer verwirren oder gar brüskieren könnte. Burnout-Prävention in Form von Entspannungsübungen, Tai-Chi, Nordic Walking etc. dürfte diesbezüglich ein sicherer Weg sein, Inhalte, die beispielsweise auf kritische Reflexion eigener Ansprüche abzielen, sind dagegen zu vermeiden. Wundern Sie sich nicht, wenn Sie gelegentlich an einem Gesundheitsförderungsprogramm teilnehmen dürfen, in dem die Event-Qualität eine zentrale Rolle zu spielen scheint. Auch noch so seriöse, gut ausgebildete Leiter können auf kundenfreundliches Ambiente nicht verzichten. Genießen Sie es nach Kräften, Ihr Arbeitgeber zahlt meist gut dafür ... Ein weiteres Problem von Stresspräventionsprogrammen, sobald diese über Entspannungstrainings hinausgehen, liegt darin, dass sie zwangsläufig auch Botschaften transportieren, die nicht immer – zumal mit kurzfristigen – Unternehmenszielen in Einklang zu bringen sind. Eine klare, souveräne Abgrenzung gegenüber unangemessenen Forderungen des Vorgesetzten oder Psychohygiene durch Delegation und tatsächlich als Freizeit genutzte Freiräume wären ganz im Sinne individueller Stressprävention. Würden Sie als Arbeitgeber in wirtschaftlich schwierigen, vom ständigen Konkurrenzdruck beherrschten Zeiten, angesichts unklarer Fusionierungsperspektiven und einer latent bedrohten Firmenidentität solche Programme finanzieren?

Neben Arbeitsschutz und Unfallverhütung am Arbeitsplatz zielen betriebliche «health promotion»-Programme darauf ab, die Gesundheit der Mitarbeiter durch eine Verringerung von gesundheitsschädlichem Risikoverhalten (Rauchen, Alkoholkonsum, Bewegungsmangel, Fehlernährung etc.) bzw. durch erhöhte körperliche Fitness und regelmäßige Vorsorge (z. B. hinsichtlich des Blutdruckes) zu fördern. Dezidiertes Ziel ist es, die berufliche Leistungsfähigkeit sicherzustellen sowie nach Möglichkeit Krankheitstage und die Inanspruchnahme medizinischer Leistungen zu reduzieren. Neuere Programme beinhalten Bausteine zur Stressprävention. Zudem sind die inhaltlichen Grenzen zwischen allgemeiner und psychosozialer Gesundheitsförderung fließend; eine Verbesserung der körperlichen Fitness, etwa durch regelmäßiges Laufen, kann nachweislich Depressivität reduzieren.[13]

Grundsätzlich sollten Programme zur Förderung der Mitarbeitergesundheit von einer differenzierten Problemidentifikation im jeweiligen Betrieb ausgehen. Die zur Umsetzung anstehenden Lösungsmaßnahmen sind dann am erfolgversprechendsten, wenn sie das Ergebnis einer Diskussion möglichst aller Beteiligten sind. In deutschen Betrieben wurde und wird dieser Ansatz gelegentlich in Form innerbetrieblicher *Gesundheitszirkel* institutionalisiert. Es werden Arbeitskreise ins Leben gerufen, in denen Mitarbeiter im intensiven Austausch Problembereiche identifizieren, Änderungsvorschläge ausarbeiten und in Absprache mit der Unternehmensleitung umsetzen sollen. Gesundheitszirkel zielen damit in erster Linie auf primär-präventive Verbesserungen ungünstiger betrieblicher Rahmenbedingungen ab.[14] Die faktischen Ergebnisse der eng auf den jeweiligen Betrieb zugeschnittenen Gesundheitszirkel sind oft schwer zu beurteilen. Systematische wissenschaftliche Untersuchungen hierzu stehen aus.

Die Ergebnisevaluation ist bei Projekten, die von oben her installiert werden, einfacher, etwa bei dem breit angelegten, Fitness, Ernährung, Gewichtskontrolle, Raucherentwöhnung, Suchtprävention, Blutdruckkontrollen und u. a. auch Stressprävention beinhaltenden «Life-for-Life»-Programm von «Johnson und Johnson». Mehr als 25 000 Beschäftigte an 43 Orten Amerikas nahmen daran teil. Bei den Teilnehmern wurde zunächst deren Gesundheitsprofil erhoben und, nach Einschwörung auf die Unternehmensphilosophie, zur Grundlage diverser Angebote gemacht. Gleichzeitig bemühte sich das Management, eine gesundheitsfördernde Arbeitsatmosphäre zu schaffen. Nach 12 und 24 Monaten wurde eine ‹gesundheitliche› Überlegenheit der Teilnehmer relativ zu einer Kontrollgruppe festgestellt, deren Daten in anderen Betrieben erhoben wurden.[15]

Inhalte, Zielsetzungen, die Zusammensetzung der Teilnehmer und deren Zahl (100 bis > 40 000 Personen) sowie die wissenschaftliche Qualität der vorliegenden Evaluationen von allgemeinen betrieblichen Gesundheitsförderprogrammen sind höchst heterogen.[16] In einigen Projekten bestand die Intervention ausschließlich im Verschicken von Gesundheitsbroschüren und/oder Informationsangeboten anderer Art; in anderen wurden zusätzlich Trainingseinheiten angeboten (meist Fitnesstraining), in einigen davon wiederum wurden parallel dazu organisatorische Verbesserungen der Arbeitssituation angestrebt. In einem kleinen Teil der Projekte wurden solche Angebote noch mit Einzelberatung kombiniert. Einige richteten sich an bereits pensionierte, die Mehrzahl an noch in den Betrieben tätige Mitarbeiter. Angesichts dieser Streuung ist es ebenso erfreulich wie erstaunlich, dass die Ergebnisse insgesamt – allerdings ohne statistische Aufbereitung – als vielversprechend gewertet wurden. Längerfristig (zumindest 3 bis 6 Monate) laufende Programme und solche, die mehrdimensional angelegt waren, also über die Informationsvermittlung hinaus die Teilnehmer zum Üben und in Schwung brachten, schnitten – auch im Sinne des Kosten-Nutzen-Verhältnisses – günstiger ab als kurze und eindimensionale Initiativen. Inwieweit diese Allgemeinprogramme auch Stresserleben und die psychische und psychosomatische Befindlichkeit der Teilnehmer günstig beeinflussen konnten und welcher Teil des Programms nun tatsächlich welchen Effekt hatte, bleibt hingegen offen.

Bescheidenes Projektziel: innerbetriebliche Stressreduktion

Dezidiert auf Stressprävention am Arbeitsplatz hin angelegte, methodisch aussagekräftige Studien sind bis dato selten.[17] Die meisten Untersuchungen dieser Art – insgesamt deutlich weniger als hundert – fokussieren im Sinne sekundärer Interventionen auf eine Erhöhung der Stressbewältigungskompetenz der Mitarbeiter. Evaluationen von strukturellen oder organisatorischen Maßnahmen mit dem Ziel einer (primären) Stressreduktion sind hingegen bislang fast so rar wie die blaue Mauritius.

Fasst man die Ergebnisse dieser Studien systematisch zusammen, dann zeigen Programme, die auf Verhaltensänderung – unter Verwendung verhaltenstherapeutischer Strategien (s. S. 237 ff.) – abzielen und durch Entspannungsverfahren ergänzt werden, mittlere und dabei, soweit dies überhaupt erfasst wurde, zumeist eher kurzfristige Effekte (im Bereich von 3 Monaten!). Effekt wurde hier im Sinne einer Verbesserung der psychosomatischen Befindlichkeit, des Selbstwertgefühls und eines reduzierten Stresserlebens am Arbeitsplatz definiert. Hinsichtlich der Frage, welche Arbeitnehmer von Maßnahmen dieser Art am besten profitieren, ist das Ergebnis eindeutig: Je mehr Kontrollmöglichkeiten die Betreffenden hinsichtlich ihrer beruflichen Abläufe haben, desto mehr positiver Spielraum ergibt sich offenbar auch für die Anwendung von stressreduzierenden Strategien.[18]

Die Ergebnisse von Programmen, die ausschließlich auf Entspannungstechniken setzten, waren zwar gerade noch positiv, relativ zu den komplexeren Programmen jedoch deutlich bescheidener.

Entgegen den teils hoch gesteckten Erwartungen fielen die Ergebnisse der wenigen auf eine Veränderung der Arbeitssituation abzielenden primären Interventionen auffallend heterogen, teils widersprüchlich und zusammengenommen deprimierend aus. Ein Wirksamkeitsnachweis konnte nicht erbracht werden. Bei neun Studien dieser Art[19] erhöhten vier die Arbeitszufriedenheit, vier hatten keinen Einfluss auf die psychosomatische Gesundheit, in zweien stiegen die Krankheitsraten an, und in einem Projekt musste sogar ein deutlicher Anstieg der Stressbelastung konstatiert werden. Der die politische Diskussion bestimmende Standpunkt, wonach eine Verbesserung belastender Verhältnisse besser sei als der Versuch, Menschen zu befähigen, besser mit ungünstigen Verhältnissen umzugehen, lässt sich – zumindest mit diesen Daten – nicht stützen. Im Gegenteil.

Mehr Stress trotz stressreduzierter Arbeitsbedingungen?

Es lohnt sich, den Gründen und Implikationen dieser wenig stimulierenden Resultate nachzugehen. Beginnen wir mit dem desillusionierend schlechten Abschneiden der primären Interventionen, was wörtlich genommen nichts anderes als den Abschied von der Illusion einer Verbesserung der Arbeitswelt durch strukturelle Reformen bedeuten würde. Konkret wurde in den meisten Untersuchungen vorausgesetzt, dass eine Vergrößerung von Gestaltungs- und Entfaltungsspielräumen und eine Erhöhung individueller Kontrollmöglichkeiten über die Arbeitsabläufe die Arbeitszufriedenheit deutlich erhöhen und negatives Stresserleben reduzieren kann. Praktisch ging diese Rechnung meistens nicht auf. Warum? Vergleichsweise leicht wäre es, die Gründe in methodischen Fehlern zu suchen. So wurden in diesen Untersuchungen oft nur verhältnismäßig unspezifische Parameter erhoben, etwa Fehl- und Krankheitszeiten, welche Stressentlastung auf individueller Ebene bestenfalls indirekt spiegeln, und auch die Länge des Erfassungszeitraumes dürfte nicht ausreichend sein. Ähnliche Fehler ließen sich jedoch mehr oder weniger auch bei Studien zur sekundären Prävention finden. Inhaltliche Erklärungen sind näher liegend und zudem auf entwaffnende Weise plausibel. Den Kollegen fiel es offenbar schwer, ungünstige, aber gewohnte Abläufe aufzugeben. Menschen sind nun einmal Gewohnheitstiere, grundsätzlich bedeutet jede Veränderung zunächst einmal Stress! In den meisten Projekten wurden die Mitarbeiter mit neu geschaffenen Verhältnissen konfrontiert und damit dann zumeist alleine gelassen. Ein einziges Projekt, das ihnen auch inhaltliche Unterstützung gab, schnitt folgerichtig am besten ab.

Unsere veränderungsreiche Zeit hat den unendlich flexiblen, somit praktisch «gewohnheitslosen» Menschen, der stets unvoreingenommen sowie kreativ und konstruktiv auf Neuerungen, Fragmentierungen, Rück- und Aufstufungen reagiert, zum Idealtypus erhoben.[20] Dass dieser Typus, so praktisch er in der aktuellen Situation auch wäre, aus psychologischen Gründen und vor dem Hintergrund der in den vergangenen Jahrzehnten üblichen Sozialisation weitgehend virtuell bleiben muss, eignet sich kaum für programmatische, zukunftsorientierte Reden. Die Ethik des Erfolgs, wonach jeder nur seine individuellen Fähigkeiten wettbewerbsgerecht aufbereiten muss, um zwangsläufig irgendwo Erfolg, Selbstbestätigung und Erfüllung zu finden (wie es etwa Hans-Olaf Henkel verspricht), klingt diesbezüglich griffiger und positiver. Während auf der einen Seite grenzenlose Flexibilität gepriesen wird, sind die Sensibilitäten vieler Zeitgenossen gegenüber Veränderungen, zumal solchen, die für sie unkalkulierbar und potentiell bedrohlich sind, gestiegen. Psychologisch gesehen war und ist nichts anderes zu erwarten. Die Einrichtung selbstorganisierender Arbeitsgruppen, gedacht als Schritt zur Förderung der individuellen Autonomie, kann vor diesem Hintergrund durchaus tiefe Verunsicherung hervorrufen.

Eine – aus Expertensicht – Verbesserung formaler Strukturen bedeutet noch keineswegs, dass sich die involvierten Personen und damit auch die informellen Strukturen gleichsinnig bewegen. Arbeitsrealität besteht eben nicht nur aus formalen Zuständigkeiten, Verantwortlichkeiten und in Flowcharts festgeschriebenen Ablaufschemata. Für das Wohl und Wehe der Belegschaft sind, zumindest bei grundsätzlich vergleichbaren Ausgangsverhältnissen, weniger die formalen Strukturen als die Personen maßgeblich, welche diese real ausfüllen, sowie das sich aus diesen Personen konstituierende informelle System. Bei identischen (hessischen) Schulgesetzen und auch nach Abgleich möglicher äußerer Einflussfaktoren gibt es Schulen, in denen die allermeisten Lehrer vorzeitig aus gesundheitlichen Gründen den Dienst quittieren, und solche, an denen dies nur ausnahmsweise passiert.[21] Konkret leidet man weniger unter einem beispielsweise hierarchisch-unflexiblen System, sondern unter einem unnahbaren, cholerischen Vorgesetzten. Wenn sich Kollegen einig sind, dann sind unklar definierte Zuständigkeitsbereiche ein kleineres Problem, als es sich akribisch auf ihre festgeschriebenen Aufgaben zurückziehende Egoisten wären. Mögen die entsprechenden Logarithmen theoretisch noch so gut begründet sein – sie erlauben dennoch keine sichere Vorhersage, ob die Vergrößerung oder Verkleinerung von Arbeitsgruppen, komplexere oder weniger komplexe Aufgaben, klare hierarchische oder egalitäre Strukturen, Frontalunterricht oder Gruppenarbeiten etc. für die Betreffenden im Ergebnis nun ent- oder belastender sein werden.

Im Jahr 2004 zumindest sahen Betriebsräte in einer Optimierung des Führungsverhaltens von Vorgesetzten zu 49% den größten Handlungsbedarf, gefolgt von einer Kommunikationsverbesserung zwischen Belegschaft, Arbeitgebern und Betriebsrat (30,8%), gesunder, ergonomischer Arbeitsplatzgestaltung (26,3%) und Umgestaltung von Arbeitsorganisation und Abläufen (20,2%).[22] In den Betrieben sehnt man sich offenbar weniger nach idealen Strukturen als nach besseren Menschen, nach Vorgesetzten und Kollegen, die welche Struktur auch immer menschlich annehmbar und sicher machen. Inhaltliche und personelle Aspekte sind kaum zu trennen, ein formal entthronter Vorgesetzter ändert dadurch nicht unbedingt seinen cholerischen Charakter. Primär präventive Maßnahmen lassen sich gut planen, etwa wenn es um eine Reduktion des Lärmpegels in Werkhallen oder eine Flexibilisierung der Bandlaufgeschwindigkeit geht, also um klar messbare und definierbare Probleme. Gegenüber dem Anliegen jedoch, durch organisatorische Maßnahmen interaktionelle Stressbelastung zu reduzieren, wird primäre Prävention zur hochindividuellen, damit auch hochkomplexen und konzeptuell kaum auflösbaren Frage. Schulungen leitender Mitarbeiter in angemessenem «Führungsverhalten» sind wichtig, bezogen auf das Thema Stressreduktion jedoch zwangsläufig ambivalent. Leitungskräfte mit den entspanntesten und zufriedensten Mitarbeitern gelten nicht unbedingt als Idealbilder ihrer Zunft. Burnout-Prophylaxe kann auch deshalb nicht erstes Unternehmensziel sein.

Die skizzierten Ergebnisse der wenigen primär präventiven, innerbetrieblichen Anti-Stress-Projekte spiegeln somit die Tragik, aber auch das Potential entsprechender Ansätze. Sie lassen darüber hinaus die Dynamik erahnen, die die aktuellen Entwicklungen auf dem Arbeitsmarkt, ein Stressexperiment nahezu globalen Ausmaßes, für davon direkt oder indirekt Betroffene bedeuten.

Optimierungspotential von Stressbewältigungsangeboten

Auch die Gründe für das mittelprächtige Abschneiden innerbetrieblicher Schulungen zur sekundären Stressprophylaxe sind vielschichtig. Meist wurden die Schulungen in relativ kurzer Zeit, in wenigen Tagen oder Wochen, durchgezogen. Entsprechend befristet fielen die Effekte aus. Offenbar sind längerfristige Programme nötig, um stabile stressreduzierende Verhaltensänderungen zu bewirken. Umgekehrt gilt: Je punktueller eine Maßnahme ausfällt (etwa die heute so beliebten «Gesundheitstage»), desto ineffektiver ist sie. Ausnahmen mögen diese Regel bestätigen, viele dürfte es aber nicht geben. Bei alledem bleibt die betriebswirtschaftliche Kernfrage offen, inwieweit sich Maßnahmen dieser Art rechnen.

Im Vergleich zu Programmen, in denen es beispielsweise um Unfallprävention und Schutzmaßnahmen gegen drohende Berufskrankheiten (Gehörschutz tragen etc.) geht, haben Maßnahmen, welche die Grenzen individueller Belastbarkeit – im Sinne von Stress und Burnout – berühren, eine andere, verfänglichere Qualität. Mehr als die Hälfte aller Patienten einer psychosomatischen Klinik möchten nicht, dass ihre Kollegen erfahren, wo sie gewesen sind. Von den eigenen Problemen am Arbeitsplatz soll insbesondere ebendort möglichst niemand etwas wissen. Bereits im Kontext der individuellen Stressbehandlungs- und -präventionsstrategien (s. S. 237 ff.) wurde deutlich, dass jede Beschäftigung mit diesem Thema auf persönlicher Ebene einen endgültigen Abschied von einem naiven Selbstbild der Unverwundbarkeit (von unbegrenzt belastbaren Männern und grenzenlos aufopferungsbereiten Frauen) voraussetzt. Diesen Abschied für sich selbst vorzunehmen, ist mutig; ihn offen und konstruktiv (also nicht erst als Erklärung vor einem mit Burnout begründeten vorzeitigen Ausscheiden) im Kreis von Kollegen zu vertreten, verdient darüber hinaus Respekt als eine Leistung, die von großer persönlicher Souveränität zeugt![23]

Angesichts jedes Projekts, gerade auch solcher mit positivem Ergebnis, stellt sich die Frage, inwieweit es auf andere Verhältnisse übertragbar ist. Diesbezüglich darf der bereits heute schon historische Charakter der meisten der hier referierten Studien nicht übersehen werden. Viele wurden in den achtziger und 1990er Jahren durchgeführt, in einer Zeit, als Mitarbeiter die Sicherheit ihres Arbeitsplatzes üblicherweise nicht als akut bedroht erlebten. Heute, in einer auch diesbezüglich anderen, zunehmend und unübersehbar von Leistungsdruck, Erfolgszwang und reduzierten Sicherungssystemen bestimmten Konstellation, wird Offenheit im Sinne von: man fürchte, unter den gegebenen Bedingungen in absehbarer Zeit auszubrennen, zunehmend schwierig, kommt es doch einer persönlichen Kapitulationserklärung gleich. Auch wenn verständnisvolle Vorgesetzte auf Selbstoffenbarungen dieser Art noch so entgegenkommend reagieren, wenn es später um Personalreduktion gehen sollte, hätte der Betreffende trotz möglicher Sympathiepunkte seine Ausgangssituation mutmaßlich nicht verbessert. «Meinem Chef kann ich alles sagen, ich vertraue ihm, aber in der jetzigen Situation ist unübersehbar, welche Konsequenzen das für mich haben kann ... und sei es, dass ich irgendwann später eine Anstellung anderswo suche und der dortige Chef ein Freund vom jetzigen ist», so ein nach einer Bankenfusion derzeit auf mittlerer Führungsebene tätiger 42-jähriger Bankkaufmann (Diagnose: Panikstörung). Aber auch in Sozialberufen, etwa bei verbeamteten Lehrern, wo es nicht um existenzielle Bedrohungen dieser Art geht, herrschen vielfach Konstellationen, in denen individuelles Stresserleben kollektiven Normen entsprechend kein Thema sein darf: «Bei meinem Schulleiter steht – natürlich imaginär – ein Schild über der Tür: Ein guter Lehrer hat keine

Probleme» (38-jährige Lehrerin, unter der Diagnose einer Depression in stationärer Behandlung).

Da eine sensible Wahrnehmung der eigenen Belastungsgrenzen, diesbezüglicher Leidensdruck und Veränderungsbereitschaft Voraussetzungen dafür sind, die Inhalte von Stressbewältigungsprogrammen nicht nur als «interessant» zu apostrophieren, sondern auch für sich als handlungsrelevant zu akzeptieren, ergibt sich für betriebliche Angebote in diesem Bereich ein komplexes Dilemma. Aus psychologischer Perspektive kann erwartet werden, dass jede latente bis aktuelle Bedrohung des Arbeitsplatzes, über einen damit zwangsläufig einhergehenden internen Konkurrenzdruck, die Reflexions- und vor allem Redebereitschaft über das eigene Stresserleben nachhaltig verringert. Hier mit rückhaltloser Offenheit der Teilnehmer zu rechnen, wäre schlicht naiv. Andererseits sind ein Klima gegenseitigen Vertrauens und eine weitgehende Enttabuisierung der Stress- und Burnout-Thematik im betrieblichen Kontext als Grundlage erfolgreicher betrieblicher Anti-Stress-Initiativen unabdingbar. Dass Verschiebungen des Betriebsklimas potentiell negative Auswirkungen auf die Bereitschaft haben, die Grenzen eigener Leistungsfähigkeit offen zu kommunizieren, liegt nahe. Angesichts dessen ist es rührend, wenn Programme zum Thema einleitend darlegen, dass der selbstbewusste, ideale Mitarbeiter selbstverständlich auch über seine Belastungsgrenzen sprechen können muss. Papier ist geduldig. Konkret: Würden bzw. könnten Sie vor Ihren Kollegen offen Ihre Belastungsgrenzen thematisieren und auf eine gemeinsame konstruktive Lösung hoffen? Wenn ja, herzlichen Glückwunsch!

Politische Dimensionen

Dass der Themenbereich Stress, psychosomatische Belastungen und Burnout hochgradig relevant ist, wird nicht zuletzt auch im Programm «Initiative für eine neue Qualität der Arbeit» (INQA) des Bundesministeriums für Arbeit sowie des aktuellen Programms «Innovative Arbeitsgestaltung – Zukunft der Arbeit» des BMBF konstatiert.[24] In zahlreichen in diesem Kontext geförderten Projekten geht es um Stressreduktion, wiederum zumeist im Sinne des oben dargelegten sekundär präventiven Ansatzes. Demgegenüber sind, zumindest aus Sicht vieler Mitarbeiter, Mitarbeitervertreter und auch Personen auf Führungsebene die Zeiten, in denen sich Betriebe mit Nachdruck und Geld dem Thema Mitarbeitergesundheit widmen konnten, vorbei. Programmatisch mag der Stellenwert der Mitarbeitergesundheit steigen; realiter werden andere Prioritäten gesetzt. Aus Sicht von Betriebsräten (s. o.) sind in zwei Dritteln der Fälle andere betriebliche Erfordernisse wichtiger als eine angemessene Umsetzung der bestehenden Gesundheitsschutzvorgaben. In 63,4% würden Kostenargumente von Arbeitgeberseite die Umsetzung verhindern, in 38,3% sei auch das Interesse der Mitarbeiter gering. Gesundheit, zumal auf psychosomatischem Gebiet, scheinen sich derzeit weder Arbeitgeber noch Arbeitnehmer wirklich leisten zu können.

All dies ist nicht als Vorwurf an «das Management» gemeint. Die Problematik betrifft Menschen bis in höchste Vorstandsetagen hinein und auch solche, die heute noch felsenfest davon überzeugt sind, alle Fäden fest in der Hand zu haben.[25] Dass in Führungsetagen Gehälter und damit auch Abfindungen exponentiell höher ausfallen, schließt Traumatisierungen nicht aus. «Ich hätte nie gedacht, dass es mich treffen könnte. Bis zum letzten Tag dachte ich, mir könnte nichts passieren, ein geachtetes Vorstandsmitglied ... am nächsten Tag teilte man mir mit, dass eine weitere Zusammenarbeit aus firmenpolitischen Gründen leider nicht möglich sei. Ich dachte zunächst, es sei ein Scherz ... Seitdem habe ich zahlreiche Bewerbungen geschrieben, überqualifiziert hieß es, aber wer stellt schon ein aus dubiösen Gründen aus dem System gefallenes ehemaliges Vorstandsmitglied ein», so ein 48-jähriger, geschiedener Manager, ehemals im Vorstand eines internationalen Versicherungsunternehmens tätig (Diagnose: Depression, Benzodiazepin-Missbrauch). Andere prominente Fälle hatten offenbar bessere, tragfähigere Kontakte, die einen schnellen Einstieg woanders ermöglichten.

Wir ziehen alle am gleichen Strang ...

Stressprävention im betrieblichen Kontext besitzt zwangsläufig einen ambivalenten Charakter, der von latenten – gewissermaßen natürlichen – Interessenkonflikten durchzogen wird. Wo ist Abgrenzung gegenüber überzogenen Forderungen eines Vorgesetzten angesagt, wo totale Einsatzbereitschaft angemessen? Gleichzeitig die Gesundheit der Mitarbeiter und deren Produktivität steigern zu wollen, setzt ungetrübtes Einvernehmen, angstfreie und sich weitgehend vorbehaltlos mit ihrem Unternehmen identifizierende Mitarbeiter voraus. Davon dürfte es derzeit bestenfalls noch Restbestände geben.

Eine traditionelle Grundannahme (oder eher ein romantisches Ideal?) in diesem Kontext lautet, dass das Unternehmen und die darin tätigen Individuen die gleichen Ziele haben. Der Erfolg der Firma ist der Erfolg ihrer Mitarbeiter! Letzterer kann sich dank seiner engagierten Arbeit eines auch in Krisenzeiten sicheren Arbeitsplatzes erfreuen. Wie viele Arbeitnehmer, wie viele Manager würden diese Aussage heute noch ruhigen Gewissens unterschreiben? Glaubensbekenntnisse wirtschaftlich fetter Jahre wurden zwischenzeitlich derart nachhaltig erschüttert, dass selbst in Unternehmen, in denen sie noch gelten könnten, der Glaube daran im Schwinden begriffen ist. Aktuell berichtet ein Drittel aller Deutschen in anonymen Umfragen über Zukunftsängste. Bei Personen, die formaljuristisch tatsächlich abgesichert sind, etwa im Beamtenbereich, liegen die Verunsicherungen auf anderen Gebieten. Pensionen werden gekürzt, Versorgungsabschläge erhöht, Dienstverpflichtungen heraufgesetzt, Arbeitsbedingungen verschlechtert bzw. Verschlechterungen nicht abgewehrt – genügend Gründe, um sich als Individuum ausgenutzt und im Stich gelassen zu fühlen, selbst wenn es für die genannten Maßnahmen handfeste haushaltspolitische Gründe gibt.[26] Vor diesem Hintergrund ist Vertrauensverlust vorprogrammiert und allgegenwärtig.

Ob das in vielen Firmen zunehmend ausgebaute und differenzierte System von Gratifikationen, wonach Mitarbeiter durch entsprechende Zahlungen am Erfolg der Firma beteiligt und individuelle Leistungen honoriert werden, tatsächlich in gewünschter Weise Motivation und gesunden Ehrgeiz erhöht, ist eine eigene Frage. Inwieweit ist persönlicher Einsatz für seine Aufgabe und damit seine Firma, ein gesundes gegenseitiges Verhältnis vorausgesetzt, nicht selbstverständlich? Wenn voller Einsatz durch Prämien erkauft werden muss, dann spricht dies Bände über das Verhältnis zwischen Betrieb und Mitarbeiter. Rhetorisch lässt sich die Sache natürlich höchst ansprechend formulieren, Gewinnanreiz als motivationaler Faktor zur Optimierung des persönlichen Leistungspotentials. Hier findet leider mitunter mehr Dialektik als Kommunikation statt. Die Abwägung von Leistungserbringung und Leistungsgrenzen sei ein zentraler Aspekt des in der Verantwortung jedes Mitarbeiters liegenden Selbstmanagements? Dito. Wenn die Rechnung nicht mehr aufgeht, wird schließlich Burnout zum vergleichsweise wohlfeilen, ebenfalls dialektischen Offenbarungseid.

Angst um den Arbeitsplatz reduziert heute Krankheitsfehlzeiten effektiver, als es Fitness- und Anti-Stress-Programme jemals könnten. Auch hinsichtlich der Motivation, Flexibilität zu zeigen, Überstunden und Mehrarbeit zu tragen, ist Angst – aus elementaren psychologischen Gründen – als Stimulans nicht zu überbieten. So gesehen sind Arbeitnehmer heute gesünder, also sie es je – in den letzten Jahrzehnten – gewesen sind. Sarkasmus beiseite: Die Notwendigkeit betrieblicher Anti-Stress-Prävention ist heute größer denn je. Die tatsächlichen Möglichkeiten, dieses im real existierenden System zu erreichen, hängen mit der individuellen Sicherheit und dem gegenseitigen Vertrauen, also derzeit bedrohten Phänomenen, zusammen. Es geht eben nicht darum, Mitarbeiter ein paar Stunden Entspannungsübungen machen zu lassen, Hinweise zur Optimierung von Zeitmanagement zu geben oder geschmacksneutrale Anti-Burnout-Kurse zu absolvieren. Wie gesagt – ob es als solches wahrgenommen wird oder nicht, letztlich hat alles, was in einem Betrieb passiert, mit Gesundheit zu tun.

Kapitel 13

Zusammenfassung und Ausblick

I. Definitionsfragen

Burnout-Definitionen gibt es in Hülle und Fülle, plausibel sind sie alle. Bereits 1982 zählte Perlman[1] 48 Definitionen. Gut 20 Jahre später liegt die Zahl längst im dreistelligen Bereich; die bekanntesten Definitionen kreisen unbeirrt um die im Maslach-Burnout-Inventar zugrunde gelegten Aspekte: emotionale Erschöpfung, reduzierte Leistungsfähigkeit und Depersonalisation bzw. Dehumanisierung als Folge längerfristiger (beruflicher) Überforderung insbesondere in Tätigkeiten mit hohen sozial-interaktiven Anteilen. Die Zahl inoffiziell-persönlicher Definitionen bzw. Varianten schließlich dürfte annähernd der Gesamtzahl Betroffener entsprechen. Die im ersten Kapitel vorgestellten Patienten lassen die Breite und Tiefe dieses nuancenreichen Spektrums erahnen. Die puristische Suche nach der einen und wahren Burnout-Definition bleibt angesichts dessen vermutlich aussichtslos. Ein heroischer, wissenschaftlicher Kampf gegen die Windmühlen einer Gesellschaft aus individuellen Schicksalen und persönlichen Betroffenheiten? Erst wenn man diese Ebene hinter sich lässt und damit die Hoffnung aufgibt, die Wahrheit über Burnout in einer Gleichung kondensieren zu können, wird die besondere Qualität des Phänomens offenkundig. Gerade weil sich Burnout als wissenschaftlicher Begriff nicht konkret erfassen lässt, kann jeder frei über ihn verfügen. In diesem Punkt hat Burnout durchaus etwas mit der «Liebe» gemeinsam. Auch diese schönste aller menschlichen Tugenden (oder Krankheiten?) lässt sich wortreich umschreiben, aber wissenschaftlich nicht umfassend definieren. Verliebte und Nichtverliebte hält dies nun keineswegs davon ab, von und über die Liebe zu reden. Über was würde man lieber sprechen, schreiben, dichten oder singen – über klar definierte Phänomene, den stressbedingten Anstieg des Adrenalinspiegels, die Major Depression nach ICD-10, oder über so schillernde Begriffe wie Glaube, Liebe, Hoffnung … und Burnout?

Der Soziologe Niklas Luhmann[2] hat sich dieses Phänomens auf abstrahierender, sachlicher Ebene angenommen. Für ihn ist Liebe ein «generalisiertes Kommunikationsmedium». Generalisierte Kommunikationsmedien wiederum definiert er als «semantische Einrichtungen, die es ermöglichen, an sich unwahrscheinlicher Kommunikation trotzdem Erfolg zu verschaffen» (ebd., S. 21). Unwahrscheinlich ist Kommunikation, Niklas Luhmann zufolge, immer dann, wenn eine Person Individuelles, Einzigartiges mitteilen will und damit notgedrungen den geteilten sozialen Konsens verlässt. «Je individueller, idiosynkratischer, absonderlicher der eigene Standpunkt und die eigene Weltsicht, desto unwahrscheinlicher wird der Konsens und das Interesse bei anderen.» (Ebd., S. 24) Auf die Liebe bezogen legt Luhmann dar, dass Individuelles überhaupt erst in Rückgriff auf bzw. unter Verwendung von generalisierten Kommunikationsmedien mitteilbar wird. Als Begriffe müssen sie dazu prägnant und attraktiv, gleichzeitig aber inhaltlich offen und unscharf sein. Nur dann kann sie der Einzelne ja in *seinem* Sinn verwenden. In hochindividualisierten Gesellschaften kommt solchen «semantischen Einrichtungen», die das eigentlich Unmögliche, die individuelle Mitteilung, möglich machen, hohe, Individuum und Gesellschaft zum Ausgleich bringende Funktion zu. Generalisierte Kommunikationsmedien, eben Begriffe wie Liebe und Burnout, werden per se von (fast) jedem intuitiv verstanden und sind zugleich eine Hülle, die der Einzelne mit individuellem Erleben füllen kann.

Generalisierte Kommunikationsmedien werden nicht erfunden, sie entwickeln sich, um dann entdeckt zu werden. Zeitgleich publizierten Herbert Freudenberger und Sigmund G. Ginsburg den Begriff Burnout. Sie lebten in der gleichen Stadt und wussten nichts voneinander. Was sie verband, war ein Begriff, das unscharfe Integral einer Gefühlsqualität und eines inhaltlichen Konstrukts, dem sie jeweils ihre individuelle Prägung mit auf den Weg gaben. Wissenschaft, die sich um Objektivität bemüht, ist auf Begriffe angewiesen, die möglichst intersubjektiv übereinstimmend verwendet werden. Individuelle Abweichungen würden hier als «Verunreinigungen» erscheinen und müssten tunlichst ausgemerzt werden. Als wissenschaftliches Konzept war Burnout deshalb von Anfang an zum Scheitern verurteilt. Psychologisch gesehen ist Burnout kaum mehr als eine bloße Gemengelage aus Emotionalität (bzw. Neurotizismus), Depression, Ängstlichkeit, Stress und Arbeitsunzufriedenheit. Dass seit 1972 dennoch unzählige Male versucht wurde, Burnout zum Diagnosebegriff und zur wissenschaftlichen Kategorie zu erheben, spricht Bände über die ungeheure Attraktivität des Begriffs und des damit intuitiv verbundenen Bildes.

Burnout wurde von Individuen für Individuen entdeckt. Der Wert des

Begriffs liegt in seiner *Funktion* (als generalisiertes Kommunikationsmedium) und nicht in seinem definitorischen Gehalt. Burnout war und ist somit nicht mehr, aber auch nicht weniger als ein höchst erfolgreiches, weil vielseitig einsetzbares und dem Erleben und Kommunikationsbedürfnis vieler Menschen in hohem Maße entgegenkommendes sprachliches Vehikel, das geeignet ist, persönliche Leiden des Individuums, vornehmlich in und an der Arbeitswelt, zum Ausdruck zu bringen.

Wenn es jemals gelingen sollte, Burnout an eine Definition zu binden, welche wissenschaftliche Kriterien erfüllt, dann wäre es als generalisiertes Kommunikationsmedium verloren. Dass die Menschheit jemals auf einen Begriff, der ein vitales Kommunikationsbedürfnis in hohem Maße befriedigt, freiwillig verzichten könnte, ist glücklicherweise mehr als unwahrscheinlich. Welcher Burnout-Betroffene würde sich besser fühlen, wenn er erfährt, dass er nach aktueller wissenschaftlicher Definition gar nicht unter Burnout leidet?

Das Paradoxon des ausgebrannten und dadurch erlösten Individuums

Generalisierte Kommunikationsmedien spiegeln in hohem Maße die Bedürfnisse der diese Begriffe verwendenden Menschen und damit die jeweilige historische und gesellschaftliche Situation wider. Diese Begriffe werden durch ihre Nutzer immer wieder neu erfunden und mit Inhalt und Emotionen aufgeladen. Ganz besonders gilt dies für die Liebe – denn wer würde schon gerne aus zweiter Hand, mit abgestandenen Gefühlen lieben und geliebt werden? Was dies für Burnout und seine inhaltliche und historische Standortbestimmung bedeutet, lässt sich verbal nur annäherungsweise darlegen. Der inhaltliche Kontext von Burnout, das Spektrum zwischen Neurose und Depression, war unlängst Gegenstand von Alain Ehrenbergs vieldiskutierter Abhandlung *Das erschöpfte Selbst* (2004).[3] Zunächst interpretiert hier einer der führenden französischen Soziologen das Neurosen-Konzept als Kind eines durch strenge gesellschaftliche Normen geprägten 19. Jahrhunderts, also einer Gesellschaft, in der Regelverstöße praktisch unmöglich bzw. mit dem Verbleib im sozialen Kontext unvereinbar waren. Die Diagnose einer Neurose bedeutete für den Betroffenen die Exkulpierung von Schuld und eröffnete im System ansonsten nicht vorgesehene gesellschaftliche Freiräume. Gesellschaftliche Werte und daraus resultierende Zielvorgaben haben sich seit dem 19. Jahrhundert bis heute fundamental verändert. Derzeit ist (fast) alles erlaubt. Gleichzeitig ist das Massenindividuum zur Selbstverwirklichung und zum Erfolg verpflichtet. Dieser Pflicht können viele realiter nicht entsprechen. Angesichts des drohenden oder bereits eingetretenen Scheiterns bedeutet die Diagnose einer Depression das, was ehemals die Neurose im 19. Jahrhundert bedeutete. Um den Preis einer seelischen Erkrankung hat sich der Konflikt des überlasteten Individuums auf sozialverträgliche Weise gelöst (Sigmund Freud hätte dies einen primären Krankheitsgewinn genannt).

«Die Depression zeigt uns die aktuelle Erfahrung der Person, denn sie ist die Krankheit einer Gesellschaft, deren Verhaltensnormen nicht mehr auf Schuld und Disziplin gründen, sondern auf Verantwortung und Initiative … Die Depression ist eher eine Krankheit der Unzulänglichkeit als ein schuldhaftes Fehlverhalten, sie gehört mehr ins Reich der Dysfunktion als in das des Gesetzes: Der Depressive ist ein Mensch mit einem Defekt.» (Ebd., S. 9)

Dieses von Ehrenberg differenziert gezeichnete Bild führt erheblich über den ärztlich-therapeutischen Bedeutungskontext psychiatrischer Fachbegriffe hinaus. In seinem Buch geht es gleichermaßen um Diagnosen und um die damit bezeichneten Erschöpfungszustände. Erstaunlicherweise wird Burnout dabei nicht erwähnt. Das ist schade, denn dieser Begriff und die mit ihm verknüpften Implikationen erweitern das von Ehrenberg entworfene Panorama um eine wichtige Dimension, um die des individuellen Krankheitsmodells der Betroffenen. Neurosen wie Depressionen (etwa nach ICD-10, s. S. 161 f.) waren und sind per se Expertenkonzepte. Natürlich kann man diese Begriffe auch – mehr oder weniger – auf sich beziehen, wobei es in aller Regel aber nicht zu einer Identifikation kommt. «Ich habe einen Ödipuskomplex» oder «ich habe eine Major Depression» (im Sinne von: «Ich habe Grippe, ich habe einen Beinbruch» etc.) bezeichnet einen Aspekt, aber nicht die Person als solche. In der Formulierung «Ich bin depressiv» wird die Aussage zum individuellen Bekenntnis, wobei aber im üblichen Sprachgebrauch nicht davon ausgegangen werden kann, dass das jeweilige Subjekt sich an ICD-10-Kriterien orientiert. In einer solchen, auf die eigene Person bezogenen Verwendung werden viele Psychodiagnosen unmittelbar wieder zu dem, was sie ehemals gewesen sind: generalisierte Kommunikationsmedien.

Ungeachtet dessen kostet ein solches Selbstbekenntnis, in dem psychiatrische und diagnostische Begrifflichkeiten anklingen, erhebliche Überwindung. Psychiatrische Diagnosen waren und sind Größen am Rande der von der Normalität durchwirkten Welt und damit gleichbedeutend mit einer Bedrohung der sozialen wie persönlichen Identität. Aufklärungsinitiativen nach dem Motto «Psychisch Kranke sind Menschen wie du und ich» sind bereits im Kern vom unauflöslichen Dilemma ihres Anliegens geprägt. Auch wenn die Bevölkerung erleichtert zur Kenntnis nimmt, dass seelische Erkrankungen so etwas Ähnliches wie körperliche Erkrankungen sind und dass psychisch Kranke nicht gefährlicher sind als gesunde Zeitgenossen, bleibt verrückt eben buchstäblich verrückt. Die gesellschaftliche Konnotation der Neurose im ehemaligen und der Depression im modernen medizinischen Sprachgebrauch beinhaltet Aspekte der Stigmatisierung, egal, wie aufgeklärt die Gesellschaft auch immer sein mag. Genau diesen Gründen, der weitgehend unbelasteten sozialen Kommunizierbarkeit und der (Nicht-)Stigmatisierung, verdankten im 19. Jahrhundert die Neurasthenie und im ausgehenden 20. und frühen 21. Jahrhundert eben Burnout ihre Verbreitung.

Im Sinne von Freudenbergers Autonomie-Postulat (s. S. 48 ff.) ist Burnout eben keine Erkrankung! Die Konsequenzen dieses argumentativen Befreiungsschlags sind gewaltig. Das Individuum erhält durch Burnout so etwas wie eine Krankenrolle, verbunden mit der Legitimation, weniger bis gar nichts mehr leisten zu müssen, ohne aber als (seelisch) krank zu gelten. Doch damit nicht genug: Mit der – wissenschaftlich leider unhaltbaren – Prämisse, dass nur ausbrennen könne, wer ehemals entflammt war, exkulpiert Burnout Betroffene nicht nur. Burnout wird geradezu zur Auszeichnung gegenüber Nichtausgebrannten. Letztere waren offenbar nicht engagiert und/oder viel egoistischer auf ihr eigenes Wohlbefinden bedacht.

Burnout ist so gesehen die – bislang – höchste Stufe, die Begriffe im Kontext psychischer und psychosomatischer Störungen erklommen haben. Als weitgehend gelungene Quadratur des Kreises wird psychische und psychosomatische Einschränkung gleichsam als Normalzustand gesellschaftsfähig gemacht. Das Individuum der modernen Leistungsgesellschaft hat entweder Erfolg, oder es hat versagt. «Patentrezepte» für den sicheren Erfolg gibt es viele, die wenigsten davon mit Erfolgsgarantie. Gegen den erbärmlichen Zustand schuldhaften Versagens jedoch gibt es nur eine ultimative Lösung, noch dazu eine derzeit relativ sichere: Burnout. Wer ausgebrannt ist, kann sich entschuldigt zurückziehen, ohne sich als neurotisch, durch Entwicklungsdefizite belastet oder als depressiv, also als psychisch krank, sehen zu müssen oder so von seinen Mitmenschen gesehen zu werden. Sich in einem größeren Kreis mit den Worten «In meinem Beruf als XXX bin ich ausgebrannt» vorzustellen, garantiert Anteilnahme und mitfühlendes Nicken. Depression ist ein in vielen Hinsichten problematischer Stempel geblieben. Burnout hingegen wuchs zur intelligenten, das System entwaffnenden Antwort des bedrohten Individuums gegenüber den Anforderungen der Gesellschaft heran. Der Glaube daran, dass Menschen durch Liebe, Glaube, Hoffnung und ihre Nächsten aus den Verstrickungen und Verfehlungen ihrer Existenz gerettet werden, ist im Schwinden begriffen. Zunehmend mehr Menschen werden durch Burnout vom unendlichen Druck der Selbstverwirklichung und des Erfolges erlöst. So arm ist eine überreiche Gesellschaft geworden!

Das Ende von Burnout: Science- and Social-Fiction

Brennt die Gesellschaft aus? Die Liebe ist unendlich, Burnout mutmaßlich nicht. Derzeit ist der Begriff – aus den oben dargelegten Gründen – bezeichnend und unverzichtbar. Was danach kommt und ob es tatsächlich glücklichere Zeiten sein werden, bleibt abzuwarten.

Aller Voraussicht nach werden Burnout und die ausbrennende Gesellschaft in fernerer Zukunft ein Schicksal nehmen, wie es zuvor der Neurasthenie zugestoßen ist. Ein ehemals ubiquitär verwendeter Terminus kam in den Turbulenzen einer Umbruchzeit aus der Mode, um später – zumindest in den westlichen Industrienationen – wie ein abgelegtes, abgetragenes und antiquiertes Kleid in das Museum psychiatrischer Diagnosen überführt zu werden. Dieser Hoffnungsschimmer bliebe auch für Burnout.

Im Fall der Neurasthenie markierten das Ende zunächst die Wirren und die gesellschaftlichen Verschiebungen des Ersten Weltkriegs. Das – retrospektiv betrachtet – groteske Ideal eines zu Stärke und Männlichkeit erziehenden Kriegs läutete das Ende einer durch Neurasthenie verweichlichten Epoche ein. Später ließen dynamische gesellschaftliche Umbrüche – einschließlich des Verschwindens eines Belohnungssystems, das vom längeren Urlaub bis zu luxuriösen Sanatorien reichte – Neurasthenie nicht mehr aufkommen. Ist ein ähnliches Szenario für Burnout vorstellbar? Hoffentlich nicht. Aber wie auch immer Burnout seine Bedeutung verlieren wird – dass es eine für die Menschheit glückliche Entwicklung sein wird, ist leider eher unwahrscheinlich. Burnout war, ist und bleibt – zumal in seiner selbstreflektierten Qualität – ein Phänomen, das an zumindest relative Absicherung und Wohlstand gebunden ist (s. S. 177 ff.). Wenn Ausgebranntsein nicht mehr mit einer wohlwollenden und anerkennenden Resonanz rechnen kann, es dafür in Ermangelung von Ressourcen und/oder gesellschaftlichen Bewertungen keine Gratifikation mehr geben wird, dann sind die Tage von Burnout gezählt. Die kontinuierliche Verringerung der Krankheitstage in den vergangenen Jahren – trotz zunehmender Arbeitsbelastung und ansteigenden psychosomatischen Beschwerden – deutet an, in welche Richtung die Reise gehen könnte. Es wird keine Traumreise. Die Welt am Ende dieses Abschnitts kann nur eine andere, mit heutigen Begriffen unbeschreibbare sein. Im Verlauf der Entwicklung werden sich die Perspektiven ändern und neue Begriffe konstituieren, so viel ist sicher. Und Burnout wird schließlich einen Beigeschmack erhalten, wie ihn heute Lebkuchen und Eichendorffgedichte vermitteln, Erinnerungen an eine gute, geradezu romantische, leider längst vergangene Zeit.

II. Burnout-Definitionsbausteine

Burnout ist nicht auf den Punkt zu bringen, zumindest auf keinen, der dem vieldimensionalen Phänomen gerecht würde. Zwar gibt es im einschlägigen Buchhandel zahlreiche konsumentenfreundliche Aufbereitungen des Themas, die eine Punktlandung und anschließende Lösungen versprechen. Dabei wird Burnout jedoch unzulässigerweise auf ein Abziehbild seiner selbst reduziert und die gesellschaftliche Durchschlagskraft des Phänomens verniedlicht. Um dies zu vermeiden, wird hier eine Zusammenfassung in Kontrapunkten versucht.

Was ist Burnout?

Burnout ist in der Fachsprache wie in der Umgangssprache gleichermaßen geläufig, weshalb sich Definitionen erübrigen. Die ersten Publikationen, in denen Burnout auf berufliche (und sonstige) Überlastung zurückgeführte Zustände des Unwohlseins bezeichnet, erschienen 1974, nachdem der Begriff schon über Jahre in verschiedenen Gruppen in der skizzierten Bedeutung verwendet wurde. Seit 1974 ist die Zahl wissenschaftlicher und vor allem populärwissenschaftlicher Beiträge zum Thema exponentiell angestiegen. Burnout etablierte sich – international – als Teil der Umgangssprachen. Entsprechend ist Burnout – weder als Begriff noch als Phänomen – eine Eintagsfliege. Darüber hinaus ist Burnout leider kein schnelllebiges Modewort, sondern ist dabei bzw. hat sich bereits als epochales Paradigma entpuppt. Die Aussichten, dass Burnout jemals Unwort des Jahres wird, sind gering. Burnout-Probleme sind eben keine Peanuts.

*Burnout ist weder ein Krankheitsbild noch klar definiert
(und auch nicht definierbar)*
Entsprechend vage stellt sich Burnout im sozialen Kontext, im Auftreten der Betroffenen und auf Abbildungen dar. Entgegen der oft implizit vorausgesetzten Annahme, Burnout sei ein spezifisches und klar definiertes Krankheits- oder Störungsbild, ist – ausgehend von psychologischen und psychiatrischen Kriterien, insbesondere auch dem Klassifikationssystem psychischer Störungen der Weltgesundheitsorganisation – das Gegenteil der Fall. Burnout erweist sich bei psychologischer und methodischer Betrachtung als ein hochgradig schwammiges Konstrukt, das weitgehend durch tradierte Aspekte wie Neurotizismus, Depressivität und Ängstlichkeit aufgeklärt werden kann. Aus Expertenperspektive könnte auf das Burnout-Konstrukt verzichtet werden, wenn es denn im sozialen Kontext, in dem auch Experten leben, überleben müssen und gut leben wollen, verzichtbar wäre.

Burnout: ein anachronistischer, deshalb zukunftsweisender Ansatz
Im Verhältnis zu aktuellen Standards der Diagnostik psychischer und psychosomatischer Störungen, die zur Wahrung hinreichender diagnostischer Sicherheit primär auf der jeweiligen, deskriptiv erfassten Symptomatik basieren, ist Burnout ein anachronistisches Phänomen. Eine hypothetische Ätiologie, Dauerstress durch (berufliche) Überforderung, und eine vage, phänomenologisch nicht von Depressivität trennbare Symptomatik werden miteinander verbunden. Gerade deshalb ist Burnout jedoch ein zukunftsweisender Ansatz, der im Gegensatz zur Erklärungsabstinenz moderner Diagnosesysteme betroffenen Individuen eine Standortbestimmung und ein Verständnis ihrer Situation und Symptomatik ermöglicht. Gleichzeitig resultiert aus der Integration von Symptomatik und Erklärung zwangsläufig ein Konzept, welches bereits vom Ansatz her Trennschärfe ausschließt. Methodisch ist dieses Dilemma unlösbar. Das macht Burnout zu einer allseits offenen Projektions- und Kommunikationsbasis für Betroffene. Niklas Luhmann nannte so etwas ein generalisiertes Kommunikationsmedium.

Burnout – ein Phänomen, dass man sich leisten können muss
Burnout vergleichbare Phänomene sind seit der Antike bekannt und nahmen im 19. Jahrhundert unter der Bezeichnung «Neurasthenie» erstmals epidemiologische Ausmaße an. Betroffen waren stets Angehörige gesellschaftlicher Schichten, die deutlich oberhalb des faktischen Existenzmi-

nimums lebten und sich die Freiheit nehmen konnten, sich vergleichsweise sensibel und reflexiv mit sich selbst zu beschäftigen.

Wozu brauchen wir Burnout?

*Nebenwirkung einer Entwicklung, die menschliche Leistungsgrenzen
überfordert*

Die Geschichte des Burnout-Begriffs läuft parallel zu einer Entwicklung,
die von Globalisierung, Informationstechnologie, einem deutlichen, nach
oben offenen Anstieg psychomentaler (bei deutlicher Reduktion körperlicher) Belastungen, zunehmender Arbeitslosigkeit, sozialer Entsicherung
und Entwurzelung geprägt ist. Der Einzelne erlebt die Arbeitswelt zunehmend (wieder) als inhuman. Individuelle Sicherheit wird mehr und
mehr zur Illusion. Ständige Erneuerung und Flexibilität sind zur erklärten Voraussetzung für erfolgreiches Überleben geworden.

Burnout – Rettung des Individuums in der neo-inhumanen Arbeitswelt

Neurosen wurden als Folge repressiver gesellschaftlicher Normen interpretiert, als Formen der Abwehr von Schuld; Depressionen hingegen als
Reaktion des Individuums angesichts der potentiell unendlichen, letztlich
nicht zu bewältigenden Freiheit kapitalistischer Gegenwart. Burnout verbindet beides, es entschuldet das gesellschaftlichem Leistungsdruck un-
terworfene, potentiell (fast) immer versagende Individuum nicht nur, es
erhöht seinen Wert. Gerade weil es ausgebrannt ist, ist das Individuum gerechtfertigt: Es hatte schon zu viel gegeben. In Burnout verschmelzen die
Vorteile des primären und sekundären (Fürsorge, auch materieller Art)
Krankheitsgewinns – ohne dass man krank zu sein hat.

Burnout: Selbstheroisierung der Erschöpfung

Der Erfolg des Burnout-Begriffs resultiert nicht alleine aus dem damit
verbundenen Deutungsangebot. Entscheidend ist die Attraktivität für Betroffene: Im Vergleich mit psychiatrischen Diagnosen, etwa «Depression,
mittelgradig», wird Burnout als nicht stigmatisierend erlebt, im Gegenteil.

Grundlagen und Grenzen der Burnout-Behandlung

*Burnout-Prophylaxe und -Behandlung: mehr, aber nicht weniger
als Stressbewältigung*
Als Zustand des Individuums verstanden, läuft Burnout-Prophylaxe auf
ein höchstpersönliches Energiesparprogramm hinaus. Von außen kommende Belastungen sollen auf angemessenem Abstand gehalten, von innen kommende, Stress steigernde Ansprüche work-life-balance-gerecht
relativiert werden. Man lebt nicht, um zu arbeiten (oder umgekehrt),
sondern ist sein eigenes Werkzeug, welches man professionell und reflektiert, mit Blick auf längerfristige Leistungsfähigkeit einerseits und auf Erfolg hin andererseits einsetzen muss. Die Liste der hierzu verwendbaren
Einzelstrategien ist lang. Die Schwierigkeit liegt in der richtigen Auswahl
effektiver, mit den eigenen Gewohnheiten und Ansprüchen vereinbarer
und damit potentiell auch umsetzbarer Methoden: Entspannungstechniken, soziale Kompetenz, Zeitmanagement, Konfliktmanagement etc.
Oder trägt nicht vielmehr die aktuelle Situation auf dem Arbeitmarkt
und in der Gesellschaft Schuld an der Misere?

Lösungen der Problematik auf verschiedenen Ebenen
Angesichts der komplexen Verflechtungen liegt es nahe, eine Lösung der
Burnout-Problematik in einer Integration der verschiedenen Ebenen zu
suchen. Auf individueller Ebene geht es um ein besseres Haushalten mit
den eigenen Ressourcen, auf der Ebene der Arbeit um eine Belastungs-
bzw. Stressreduktion durch geeignete Umstrukturierungsmaßnahmen,
auf gesellschaftlicher Ebene um ein kollektives Umdenken, ein Ab-
schiednehmen von der Illusion unendlichen Wachstums und stetiger Gewinnmaximierung bei gleichzeitig günstigerem Einkauf. Die Verknüp-
fung dieser Aspekte erschwert die individuelle wie die kollektive Lösung
nachhaltig. Allen Ebenen ist gemeinsam, dass es letztlich um die Akzeptanz eigener Grenzen statt um Schuldzuweisungen geht. Bittere, Narzis-
mus-kränkende Pillen zu schlucken ist fatalerweise ein Programm, das die
Evolution nicht vorgesehen hat.

Burnout: Opfer und Täter
Auch wenn das betroffene Individuum sich selbst in der Opferrolle erlebt, geht es nicht um Opfer und Täter, sondern um eine Tragödie klassischen Ausmaßes. Durch Ansprüche zum einen an sich selbst, zum

anderen an andere sind Betroffene stets auch Zahnräder in dem die Burn-out-Epidemie vorantreibenden Motor. Das Spektrum reicht von Managern, die schon Hunderte ihrer Kollegen erfolgreich wegrationalisiert haben und damit noch lange nicht vor ähnlichen Kränkungen und Burnout gefeit sind, bis zu unserem selbstverständlichen Recht darauf, dass jeder Erbringer einer Leistung uns möglichst stets das Beste möglichst billig zu geben hat.

Ausgebrannt ist ausgebrannt

Burnout-Betroffene wissen, woran sie sind. Schon dadurch wird die individuelle Situation spürbar entschärft. Komplexe biopsychosoziale Modelle seelischer Störungen und Belastungskonstellationen bleiben im Verhältnis zu der klaren Vorstellung, dass man ausgebrannt ist, akademisch-abgehoben und ungenießbar. Ebendieses Wissen um den «ausgebrannten» Zustand limitiert jedoch die Möglichkeiten erheblich, aus eigener Initiative an ihm etwas zu verbessern. Wer sich noch selbst helfen kann, ist nicht wirklich ausgebrannt!? Ein trefflicher Begriff wird unversehens zur Falle, wobei diese Falle vielfach das kleinere Übel zu sein scheint. Ausgebrannt ist eben doch nicht ausgebrannt.

Die Karriere von Burnout ist keineswegs zu Ende!

Der Erfolg von Burnout beruht nicht auf irgendeinem wissenschaftlichen Konzept, das sich als gut oder schlecht, als wahr oder falsch erweisen kann. Vielmehr bietet sich der Begriff als attraktive Projektionsfläche für ideologische und gesellschaftliche Defizite an. Aktuell spricht vieles dafür, dass sich Burnout auf gesellschaftlicher Ebene erst dadurch erübrigen wird, wenn Betroffene es sich nicht mehr leisten können auszubrennen.

PS. Aus allen hier genannten Gründen ist Burnout ein überaus spannendes wissenschaftliches, sozialmedizinisches und sozialgeschichtliches Thema. Die Autoren hoffen, hiervon einen Eindruck vermittelt zu haben.

III. Nachlese: Zutaten für ultimative Anti-Burnout-Rezepte

So leicht lassen Sie uns dann doch nicht davonkommen? Wer sich viele Seiten lang über Burnout auslässt, der ist es der Sache und vor allem den Lesern schuldig, hilfreiche Strategien zu empfehlen, mit denen sich die individuelle Belastung und damit Burnout effektiv und langfristig minimieren lassen! Also gut, Sie haben es so gewollt. Für eventuelle Folgen bei unsachgemäßer Anwendung wird jede Haftung ausgeschlossen.

Grundsatzentscheidung: Alternative Wege aus dem Burnout

Wenn es denn einen Konsens hinsichtlich dessen, was Burnout sein könnte, gibt, dann liegt er auf der Ebene von Burnout = psychosomatische Begleiterscheinungen von langfristigem (Di-)Stress. Insofern lässt sich alles, was langfristig hilft, Stress zu minimieren, welcher als aversiv und belastend erlebt wird, unter der Überschrift Burnout-Prophylaxe subsumieren – mit anderen Worten alles das, was zur individuellen Sicherheit, zum positiven Selbstwerterleben, zur Reduktion von dysfunktionalem Leistungsdruck, mithin zu so etwas wie «Flow»-Gefühlen und – noch allgemeiner – zum Wohlbefinden beiträgt.

Dies ist prinzipiell auf zwei Wegen erreichbar. Zum einen kann man Belastungen als Herausforderungen annehmen, um diese aktiv zu bewältigen. Zum anderen lassen sich Belastungen dadurch reduzieren, dass man ihnen so weit wie möglich aus dem Wege geht bzw. möglichst passiv bleibt. Natürlich beinhaltet jede Vermeidung auch eine aktive Komponente, aber es dürfte klar geworden sein, was gemeint ist. Der dritte, mitunter schwerste Weg liegt zwischen diesen beiden Möglichkeiten. Abhängig von der jeweiligen Situation wählt der souveräne Mensch jeweils die ihm gemäße Variante, zeigt Einsatz da, wo es aussichtsreich ist, und hält Abstand, wo es ihm und/oder anderen eher schaden würde. Letzteres erfolgt offen, erklärtermaßen und unter Akzeptanz aller für ihn daraus erwachsenden Folgen. Soweit Sie vornehmlich diesen dritten Weg beschreiten und Ihre Work-Life-Balance im Griff haben, freuen wir uns, Sie etwas verspätet als Zaungast in diesem Buch begrüßen zu dürfen. Was auch immer Sie bis zur Nachlese in diesem Buch gefesselt haben sollte, Ihr Thema ist Burnout sicher nicht. Für unser Thema relevant sind die beiden außen liegenden Wege. Wenn im Folgenden ein wenig die Vorteile des einen und anderen herausgearbeitet werden, dann mit dem Idealziel, dass dies dazu beiträgt, Sie und uns letztlich auf dem Mittelweg wiederzufinden.

Jeder der beiden idealtypischen Wege, der aktive wie der passive, haben Vor- und Nachteile, die ihrerseits von den jeweiligen individuellen und situativen Gegebenheiten abhängen. Ob man sich nun für den einen oder anderen entscheiden soll, läuft normalerweise auf eine individuelle und situative Abwägung heraus. Generelle Urteile darüber, ob nun passiven oder aktiven Wegen der Vorzug zu geben sei, sind nur durch ideologisch vorgefärbte Brillen möglich. Dass in unserer aktivistischen Zeit aktive Bewältigungsformen bevorzugt werden, ist offenkundig. Engagement, Entscheidungsfreudigkeit, Durchhaltevermögen, Offenheit, Furchtlosigkeit, Ehrgeiz, Flexibilität – alle Tugenden unserer Leistungswelt finden sich in diesem Bereich wieder. Und nicht zuletzt läuft auch all das, was Sie im Kapitel «Burnout wird behandelt» gelesen haben, auf Aktivität hinaus. Vom Erlernen von Entspannungstechniken bis zum Abbau perfektionistischer Selbstansprüche ist das Individuum gehalten, sich aktiv und eigenverantwortlich mit den Belastungen seiner Umwelt auseinander zu setzen. Dass diese Strategien per se sinnvoll sind und durchaus zielführend sein können, ist unbestreitbar. Aber beweist es umgekehrt, dass die Meidung von Belastungen, und sei es auf dem verschlungenen Schleichweg des «Ich-kann-leider-nicht», ineffektiv sein muss?

Lob der Faulheit?

Das Aktivismusideal ist derzeit so dominierend, dass alles Gegenläufige fast nur im Bereich von Störung und Erkrankung sozialverträglich unterzubringen ist. Wellness und diverse Formen des Müßiggangs sind positive Aspekte, solange sie als aktive, zielführende Schritte zur Regeneration, zur längerfristigen Leistungssteigerung und – wenn man so will – zur Burnout-Prävention dienen. Vertreter des Schontypus[4] – Menschen, die sich in der Arbeit vornehm zurückhalten, um dann erholt in den Feierabend zu starten – sind hingegen im Rahmen einer bekennenden Leistungsgesellschaft keine Sympathieträger. Privatiers, zumal wenn sie auf Kosten allgemeiner Kassen leben, können sich (als Kategorie) niedriger sozialer Sympathiewerte sicher sein. Das Problem (unverschuldeter) Arbeitslosigkeit resultiert neben finanziellen Engpässen (spätestens seit Hartz IV) und Unsicherheiten hinsichtlich der weiteren Perspektiven insbesondere auch daraus, dass mit diesem Status – vorsichtig ausgedrückt – kein positiv besetztes gesellschaftliches Rollenbild verbunden ist.

Trotz dieser klaren gesellschaftlichen Präferenzen gibt es – bekanntermaßen – die andere, passive Seite, angefangen von Menschen, die sich schonen (und andere die Arbeit machen lassen), bis hin zu solchen, die die versorgungsrechtlichen Möglichkeiten bis zur Neige ausschöpfen, um sich auf diese Weise erfolgreich Belastungen zu entziehen. Dahinter verbirgt sich ein Problem- und Tabuthema von hoher sozialer Sprengkraft. Affären und Sexskandale berühmter Polit-Protagonisten gehören in den Bereich gepflegter Unterhaltung. *BILD*-Schlagzeilen wie: «Hier sonnt sich Deutschlands faulster Lehrer», wobei es um einen krankgeschriebenen

Kollegen ging, dessen Erholungsbedürfnis in keinem Verhältnis zur erbrachten Leistung oder irgendeiner Krankheit zu stehen schien, gehen hingegen tatsächlich uns alle an. Schließlich leben die Betreffenden offenbar gut von unseren Steuergeldern, ohne den Pflichten zur aktiven Problemlösung nachzukommen. Wenn nicht gerade Schlagzeilen wie diese unsere Aufmerksamkeit auf wunde Punkte – die Spitzen eines Eisbergs oder nur Ausnahmen, die die Regel bestätigen? – lenken, dann wiegt sich unser Gerechtigkeitsgefühl in der Gewissheit, dass alle frühpensionierten und und frühberenteten Mitmenschen tatsächlich aus schwerwiegenden Gesundheitsgründen arbeits- und/oder berufsunfähig sind. Schließlich liegen Gutachten von hoch qualifizierten Ärzten vor. Die gesamtgesellschaftliche Gerechtigkeit muss gewährleistet sein, ansonsten droht eine Anarchie der Werte.

Wer nicht arbeitet – bzw. sich nicht aktiv, nach besten Kräften bemüht, Leistung zu erbringen –, kann nur krank sein! Die emotionale Aufladung dieser Ideologie, die gewissermaßen zum Glaubensbekenntnis unseres Sozialstaates wurde, ist hoch. Ihr unbestreitbarer Vorteil liegt darin, dass sie divergierende Interessen von Individuum und Gesellschaft zum harmonischen Ausgleich bringt, allerdings auf relativ kostenintensivem Niveau. Wie groß die zugunsten des sozialen Friedens und der Gerechtigkeitsillusion jahrzehntelang ignorierte Labilität dieses Konstrukts tatsächlich ist, wird deutlich, wenn man versucht, ein Stück weit hinter die Fassaden zu sehen. Inwieweit verschiedene medizinische Experten angesichts eines Falls zu übereinstimmenden Ergebnissen kommen würden, also die Reliabilität von Urteilen mit schicksalhafter individueller und milliardenschwerer gesellschaftlicher Tragweite, wurde nie systematisch untersucht. In ähnlichen Konstellationen, bei der (unstrukturierten) Erstellung psychiatrischer Diagnosen, kamen gestandene Kollegen zu recht divergierenden Einschätzungen angesichts ein und desselben Patienten. Warum sollte das bezüglich der Frage von Arbeitsfähigkeits- und Rentenbegutachtungen anders sein? Und inwieweit es z. B. aus psychosomatischen Gründen frühberenteten Menschen tatsächlich langfristig besser geht, ist weitgehend unerforscht.

Vertiefende Diskussionen solcher und anderer Fragen zur passiven Seite der Burnout-Bewältigung enden schnell auf Nebenstraßen. Die Betreffenden haben ihren Rückzug ja nicht freiwillig angetreten. Sie wurden von Krankheit und Schicksal dazu genötigt. Sie haben schon lange genug gearbeitet, und auf dem Arbeitsmarkt hätten sie sowieso keine Chancen mehr.[5] Ein Ratgeber, wie man zum Schontypus wird und die

Hürden einer vorzeitigen Berentung nimmt, wäre angesichts dessen abgrundtief subversiv. Ob, wem und wie vielen Menschen damit im Sinne einer Burnout-Reduktion nachhaltig geholfen werden könnte, ist eine unzulässige Frage. Selbst für den, der die Antwort darauf nicht sehen oder hören will, ist es leider unvermeidlich, ihr im erweiterten Bekanntenkreis zu begegnen, nicht immer macht sie einen unglücklichen oder leidenden Eindruck.

Ein Leben wie im Urwald: Nur auf Selbsthilfe ist Verlass!
Wie dargelegt gibt es eine Reihe guter Argumente, wonach Burnout in seiner aktuellen Form in hohem Maße Folge der veränderten Verhältnisse in der Arbeitswelt ist: Intensivierung und zunehmende Komplexität der Arbeit vor dem Hintergrund von Globalisierung, Entindividualisierung und Werteverfall – dies alles wird hier als bekannt vorausgesetzt (s. S. 202 ff.). Im Sinne des Verursacherprinzips müssten Unternehmen somit von Rechts wegen zu Anti-Burnout-Maßnahmen verpflichtet werden. Nur, wer oder was könnte es durchsetzen? Zudem bestehen Unternehmen aus Menschen und arbeiten für Kunden, also für uns. Und wir stellen die Anforderungen, die die Hersteller an uns als Ausführende weitergeben. Dabei sind in diesem System fast alle gleichermaßen eher Opfer als Täter. Konsequenterweise erwartet derzeit niemand ernsthaft durchgreifende Lösungen. Auch die Kalkulation, wonach die Wirtschaft letztlich aus guten wirtschaftlichen Gründen zu humanistischen Werten (z. B. Gewährleistung individueller Sicherheit, Anerkennung persönlicher Leistungen) zurückfinden wird, ist mutmaßlich dazu verdammt, eine romantische Fantasie zu bleiben.

Im globalisierten Kontext und einem sich weiter erhöhenden Zeittakt zählt eben nicht eventuelle langfristige Rentabilität, sondern kurzfristig sicherer Cashflow. Fazit: Im Urwald und damit auch am Arbeitsplatz ist jeder für sein Überleben selbst verantwortlich. Innere Distanz kann zwischenzeitlich Erleichterung verschaffen. Als Anti-Burnout-Beitrag zur Überlebenssicherung oder gar als Erfolgsfaktor ist sie grundlegend wichtig. Als nicht hinreichend entschärfter Einzelfaktor wird daraus jedoch ein nicht unerhebliches soziales Überlebensrisiko. Die Sensibilität gegenüber ideologisch abweichenden Einstellungen ist dort, wo es um Aufstieg, Erfolge und Sicherheit geht, besonders hoch.

Programmatisch-aktive Anti-Burnout-Strategien

Aktiv ist gut, aber reicht das? Ein Arbeitnehmer hat sich über Jahre vorbehaltlos mit seinem Unternehmen identifiziert, sich engagiert und ist dafür mehr als einmal über seine Leistungsgrenzen gegangen. Aufgrund von Produktionsverlagerungen in ein Billiglohnland wird er gekündigt. Nur so könnten langfristig Arbeitsplätze gesichert werden, heißt es. Eben weil der Betroffene im Sinne der oben skizzierten Grundwerte loyal war, muss ihn diese Situation umso nachhaltiger verunsichern und traumatisieren. Arbeitslos geworden, hat er Zeit, darüber nachzudenken, was er denn hätte anders machen können. War seine Firma wirklich die erste, die auf die geniale Idee der Produktionsverlagerungen gekommen ist? War es nicht sträflich naiv, sich derart rückhaltlos engagiert zu haben? Andererseits, sich nicht im Unternehmen zu engagieren, hätte ihm seinerzeit auch nicht geholfen, schon weil dann die Wahrscheinlichkeit, aus anderen Gründen aus dem System zu fallen, gestiegen wäre.

Glücklicherweise hat unser Arbeitnehmer ein Jahr später dann doch wieder einen Arbeitsplatz gefunden. Hier legt er sich noch nachhaltiger ins Zeug, schließlich will er die neue Stelle auf keinen Fall verlieren. Er ist motiviert, leistungsstark und bald heillos überlastet, mit allen burnouttypischen Symptomen. Mit Hilfe eines Therapeuten bemüht er sich daraufhin, seinen Zustand zu verbessern, betreibt Stressbewältigung, reduziert seinen Perfektionismus und baut seine soziale Kompetenz aus. Ein Happyend ist ihm nun sicher? Offensichtlich ist dies eine rhetorische Frage. Selbst wenn unserem Kollegen absolut alles gelingt, er wieder voll fit, entspannt und in der Kommunikation mit seinen Vorgesetzten souverän und gewinnend ist, bleibt doch die grundsätzliche Problematik ungelöst. Einem Gefühl, das seinem ehemaligen naiven Zustand vergleichbar wäre, nämlich das der Sicherheit und der Kontrolle über die eigene Situation, läuft er nun wie ein Hamster im Rad hinterher. Ein Ende der Fahnenstange ist nicht vorgesehen, Leistungssteigerung ist programmatisch gesehen unendlich möglich. Nichts ist so gut, als dass es nicht besser gemacht werden könnte. Die üblichen Anti-Burnout-Strategien helfen sicher, aber nur für absehbare Zeit. Im Rahmen der auf dem Arbeitsmarkt allgegenwärtigen Dynamik forcieren sie, wenn es dumm läuft, längerfristig das Tempo und damit den Wettbewerb. Und so wälzt unser Arbeitnehmer, nun dank besserer Stress- und Burnout-Bewältigungsfähigkeiten, den Stein des Sisyphos umso eifriger vor sich her. Wenn er die Paradoxie nicht frühzeitig bemerkt und sich auf den mittleren Weg besinnt, wird er eines schönen Tages Burnout auf höchstem Niveau erreichen.

Was schlagen wir unserem Arbeitnehmer angesichts dieses Dilemmas vor? Zum einen könnte er lernen, in der Gewissheit zu leben, dass Sicherheit, Kontrolle und Gerechtigkeit letztlich Illusionen sind. Freue dich an dem, was du im Moment hast, sorge dich nicht um die Zukunft; wenn es schlimm kommt, dann wird dich der Sozialstaat vor dem Allerschlimmsten bewahren. Zum anderen gewönne er möglicherweise doch ein Stück weit seine Steuerungsfähigkeit zurück, wenn er nur strategischer denken und handeln könnte, potentiell auch mal unter Verzehr eines verbotenen Apfels.

«Selbstmanagement» wird als der Weg der Zukunft gepriesen. Das Individuum muss sich professionalisieren und zur leistungsstarken «Ich-AG» umwandeln! Gesunde Unternehmen haben sich längst von ihren Mitarbeitern emanzipiert. Entsprechend läge es nahe, dass sich auch die Mitarbeiter von den Unternehmen emanzipieren, und zwar nicht erst nach betriebsbedingter Freisetzung. Es geht um den schweren Abschied vom romantischen Ideal, wonach eine Arbeitsbeziehung eine eheähnliche Veranstaltung ist, ein Identität, Sinn und Sicherheit vermittelnder Halt. Diesen hat, im besten Sinne von Selbstmanagement, jeder zukünftig in sich selbst zu finden. Der Umgang wird distanzierter; die Beziehung kann gerade dadurch an Qualitäten gewinnen, welche derzeit noch schwer vorstellbar sind. Man spielt gewissermaßen weiter Ehe, ist von ausgesuchter gegenseitiger Höflichkeit, demonstriert hochgradiges Bemühen um das gegenseitige Wohl – und schaut sich nebenbei nach attraktiveren Alternativen um.

Intuitiv gehörte so etwas schon immer zum evolutionären Überlebensprogramm, hier geht es jedoch um die vorsätzliche Variante. Klingt gut, aber wie lernt man ein solches Doppelspiel von Identifikation und Distanz, das für unseren traditionell sozialisierten, liebenswerten Arbeitnehmer mehr als grenzwertig ist? Durch Nachahmung oder im vertrauten Vieraugengespräch mit väterlichen Freunden? Ein professioneller Therapeut oder Coach, der solche Perspektiven offensiv angehen würde, würde auch heute noch, nach dem jahrzehntelang fundamental-existentialistische Standpunkte dieser Art diskutiert wurden,[6] als unseriös gelten und stünde außerhalb der in unserem Fach geltenden Regeln. So zögert unser Arbeitnehmer an dieser Stelle derweil noch vor dem nächsten Schritt, der unausweichlich ein Quantensprung würde.

Grundlagen einer wettbewerbsorientierten Ich-AG

Unser Arbeitnehmer hat zwischenzeitlich gelernt, dass er seine Zukunft weniger durch Leistungs- als durch Wettbewerbsorientierung sichern kann. Sein Wahlspruch, wonach ein guter Mensch schon seinen Weg gehen wird (weil dieser ihm in seinem dunklen Drange stets bewusst sei), wurde rationalisiert: Gerade bei einem rechten Menschen läuft ohne Selbstmanagement nichts. Dies geht über einen Abgleich von persönlichen Zielen («Was will ich?») und Ressourcen («Was kann ich?» oder besser: «Was meinen andere, dass ich kann?») weit hinaus. Zieldefinition wird für den Arbeitnehmer zum grundlegenden Pflichtprogramm: «Was ist aus überlebenstechnischen Gründen unabdingbar?» und: «Was strebe ich darüber (weit) hinaus an Erfolgen an?» Wettbewerbsvorteile im Verhältnis zu den Mitbewerbern lassen sich – bei gleichen Leistungsvoraussetzungen – auf zwei Wegen erzielen:

Zum einen durch einen möglichst hohen Arbeitseinsatz. Dies bezieht sich sowohl auf die Arbeitszeit (einhergehend mit weitgehendem Verzicht auf Privat- und Familienleben, Hobbys etc.), aber auch auf Lernbereitschaft und Flexibilität (d. h. Verzichts- bzw. Trennungsbereitschaft ohne Bestandssicherungsgarantie) in allen relevanten Punkten (vom Orts- bis zum Meinungswechsel). Eine – zumindest in der Zeit der beruflichen Konsolidierung – möglichst allumfassende Hingabe an den Beruf («total dedication») ist in der Leistungsgesellschaft als Erfolgsprogramm zumeist ohne Alternative. Bestünde aber die einzige Tugend unseres Arbeitnehmers in seinem Arbeitseinsatz, dann wären seine Chancen groß, als Workaholic irgendwann auf halber Strecke liegen zu bleiben.

Zum anderen ist mehr als ein guter Freund das Beste, was es gibt auf der Welt, und zudem kein Zufall. Je komplexer das System, desto wichtiger ist es, nicht als Einzelkämpfer anzutreten, sondern über ein tragfähiges Netz von Kontakten zu relevanten, potentiell hilfreichen Personen zu verfügen. Uncoole Kinder haben es bereits im Kindergarten schwer. *Professionelles Networking* hat nichts mit Schleimerei zu tun, sondern mit handfesten, belastbaren Beziehungen, aus denen möglicherweise beide, in jedem Fall aber die Ich-AG Vorteile zieht: bessere und schnellere Information, Mentoring, Promotion, Protektion. Dem einen wurden ein interaktives Naturell und Sympathieträgerschaft in die Wiege gelegt. Andere müssen sich diesbezügliche Fähigkeiten durch systematischen Aufbau sozialer Kompetenz hart erarbeiten.

Das Idealziel einer Ich-AG ist es, auf beiden Ebenen herausragend zu sein («complete competition»). Gutes *soziales Networking* ist notwendig, um ein durch vollen Einsatz erarbeitetes Potential bis zur Neige ausschöpfen zu können. *Networking* oder *Dedication* alleine sind nicht unbedingt schlecht. Jedes für sich genommen stößt aber zwangsläufig an vorhersehbare Grenzen. Purer Arbeitssucht droht von innen her Selbstzersetzung und von außen her Ausnutzung durch strategisch geschicktere Zeitgenossen. Und bei zu reinen Networkern könnte vielleicht doch einmal einer merken, dass hinter der optimalen Fassade wenig Potential steckt. Aus Grundkonstellationen dieser Art lassen sich, unter Berücksichtigung der eigenen Möglichkeiten und Absichten, optimale persönliche Varianten konzipieren.

Unter Einbeziehung des persönlichen Wettbewerbspotentials ergibt sich eine strategische Gesamtplanung, die zwischen den Zielen auf der einen und Grenzen (u. a. Burnout) auf der anderen Seite auf Kurs gebracht werden muss. Bei zu ehrgeizigen Zielen sind, um ein Scheitern zu vermeiden, Abstriche, Verzicht oder Entsagung unabdingbar. Die letztgenannten Tugenden sind jedoch derzeit denkbar unpopulär. Höchste Ansprüche sind selbstverständlich! Aber vielleicht lässt sich der harte Brocken ja leichter schlucken unter der Devise: *Simplify your life?*

Selbstmanagement, Anti-Burnout und neue Persönlichkeiten

Selbstmanagement ist ein vorwiegend rationales und strategisches Geschäft und daher mitunter gewöhnungsbedürftig. Über einzelne Selbstmanagement-Strategien wurden und werden zahlreiche Bücher geschrieben. Viele von diesen behandeln jeweils einen der vielen «absolut sicheren» Wege zum Erfolg.[7] Im vorhergehenden Abschnitt wurde deutlich, dass konsequentes Selbstmanagement weit über einen Kochkurs mit einfachen Rezepten und Erfolgsgarantie hinausgeht. Mit dem traditionellen, schillernden und komplexen Menschenbild kann die Ich-AG, die diesen Namen verdient, nur bedingt Ähnlichkeiten haben. Erhebliche Komplexitätsreduktion ist unabdingbar, um zu kalkulierbaren Modellen zu kommen. Moden und Medien sind diesbezüglich erfolgreich tätig. Auch der Abschied von der Selbstverliebtheit in individuelle lieb gewonnene kleine Schwächen ist unvermeidlich. Werte fokussieren zunehmend auf den Faktor Kapital, ehemals systemtragende Visionen (Religion, Fortpflanzung, Gemeinschaft, Kultur) schrumpfen auf den Status von Accessoires zurück, ein wellnessorientierter Geniestreich des postmodernen Realismus. Spätestens hier wird deutlich, dass auch Ich-AGs längerfristig bestenfalls Überlebensmittel sein können. Antworten auf weitergehende

Sinnfragen geben sie nicht. Aber zumindest kann man sich mit mehr Kapital immer mehr Accessoires leisten?

Der Ich-AG geht es um Ich-Professionalisierung unter Berücksichtigung persönlicher Stärken und Schwächen. Ziel ist erklärtermaßen ein erfolgsorientierter, strategischer Umgang mit allen sicherheits- und lebensrelevanten Aspekten in einer dynamisch sich wandelnden Umwelt. Um bei der dafür unabdingbaren potenzierten Flexibilität nicht gänzlich in seiner Biographie und seiner Persönlichkeit fragmentiert zu werden, bleibt dem Individuum letztlich nur, diese Fragmentierung als unvermeidlich zu antizipieren. Voraussetzung dafür ist ein Selbstbild, das den Gegebenheiten der Fragmentierung vorab Rechnung trägt. Um einen Identitätskern herum, der zunehmend individueller, unkommunizierbarer und einsamer, damit aber auch sicherer wird, konstelliert sich ein fundamental nichtnaives Individuum, das um die Anforderungen der aktuellen Arbeitswelt weiß und kontinuierlich die Umsetzung von *total dedication* und *social networking* im Rahmen der individuellen und situativen Möglichkeiten optimiert.[8] Wie das Ergebnis, der leistungsoptimierte und burnout-freie Ich-AG-Mensch aus heutiger Perspektive tatsächlich aussehen würde, ob man mit ihm ausgehen und ihn sympathisch finden würde, ist eine müßige Frage. Seine Zeitgenossen werden ihn zweifellos als «normal» erleben. Trost oder Wermutstropfen – bislang hat der Mensch, nicht als Individuum, aber als Spezies, noch jeden Ideologiewechsel überlebt und neue Paradigmen auf eine lebbare Realität heruntergeregelt. Dass dieses letztlich auch für Burnout bzw. die Burnout-Epidemie gelten wird, ist sicher.

Anmerkungen

Kapitel 1

1 Die Erhebung erfolgte im Rahmen des «Priener Lehrerprojektes», s. hierzu: Hillert, A., Maasche, B., Kretschmer, A., Ehrig, C., Schmitz, E.; Fichter, M. (1999): Psychosomatische Erkrankungen bei LehrerInnen: sozialer Kontext, Inhalte und Perspektiven stationärer Behandlungen im Hinblick auf die Wiederherstellung der Arbeitsfähigkeit. In: Psychotherapie, Psychosomatik, Medizinische Psychologie, 1999, 49, S. 375–380; Lehr, D. (2001): Arbeitsbezogene Verhaltens- und Erlebensmuster bei Lehrerinnen und Lehrern. Dipl.-Arbeit Marburg; Hillert, A., Schmitz, E. (Hrsg.) (2004): Psychosomatische Erkrankungen bei Lehrerinnen und Lehrern. Ursachen, Konzepte, Prävention, therapeutische Ansätze. Stuttgart: Schattauer; Hillert, A., Sosnowsky, N., Lehr, D. (2005): Idealisten kommen in den Himmel, Realisten bleiben AGIL! Risikofaktoren, Behandlung und Prävention von psychosomatischen Erkrankungen im Lehrerberuf. Lehren und Lernen 31, S. 17–27.

Kapitel 2

1 Paine (1982); zu weiteren Aspekten s. Schaufeli, Enzmann (1998), S. 2; vgl. Walker, G. A. (1986): Burnout: from metaphor to ideology. Canadian Journal of Sociology 11, S. 35–55; Starrin, B., Larsson, G., Styrborn, S. (1990): A review and critique of psychological approaches to the burn-out phenomenon. Journal Caring Sciences 4, S. 83–91.
2 Golembiewski, R. T. (1982): Organizational development interventions: Changing interactions, structures, and policies. In: Paine, W. S. (Hrsg.): Job Stress and Burnout. Beverly Hills: Sage, S. 229 ff.
3 Burisch (1994), S. 6.
4 Zusammenfassend: Braus, D. F. (2004): EinBlick ins Gehirn. Stuttgart: Thieme, S. 49 ff.
5 Durch Gabe von radioaktiv markierten Substanzen, die sich z. B. in aktiven und damit gut durchbluteten Hirnarealen vermehrt anreichern, lassen sich Funktionsbilder des Gehirns erstellen. Dies wäre problemlos auch bei Menschen, die hohe Punktwerte auf Burnout-Fragebogen erreichen, möglich. Ausgehend von den vorliegenden Untersuchungen ist jedoch kaum zu erwarten, dass diese burnout-spezifisch ausfallen würden, s. o. Anm. 4.

6 Greene, G. (1960): A Burnout-Case. London: William Heinemann Ltd.; deutsch: Ein ausgebrannter Fall. dtv München 1997, Übersetzung von Dietlinde Kaiser. Motto: *Io non mori', non rimasi vivo* (Ich starb nicht, doch vom Leben blieb mir nichts), Dante.

7 Inhaltlich hätten sich daraus Parallelen zu den der Logotherapie von Viktor E. Frankl zugrunde liegenden Konzepten ergeben, vgl. Frankl, V. E. (1975): Theorie und Therapie der Neurosen. Einführung in Logotherapie und Existenzanalyse. München/Basel: Ernst Reinhardt; ders. (1998): Sinn als anthropologische Kategorie. Heidelberg: C. Winter, Heidelberg; ders. und Lapide, P. (2005): Gottsuche und Sinnfrage. Gütersloh: Gütersloher Verlagshaus.

8 Paine (1982), S. 9–10.

Kapitel 3

1 Vgl. u. a. J. Crocker, S. T. Fiske, S. E. Taylor, Schematic base of belief change. In: J. R. Eiser (Hrsg.), Attitudinal judgement (1984), S. 197–226: «A schema is an abstract or generic knowledge structure stored in memory that specifies the defining features and relevant attributes of some stimulus domain and the interrelations among those attributes.» (S. 197); E.-W. Deneke, Psychische Struktur und Gehirn. Die Gestaltung subjektiver Wirklichkeit (1999), S. 95 ff.; R. J. Davidson, D. C. Jackson, N. H. Kalin, Emotion, plasticity, context, and regulation: Perspectives from affective neurosciences. Psychological Bulletin 126, 2000, S. 890–909.

2 Zur Geschichte von Psychiatrie und der Psychotherapie s. u. a. Hoff, P. (2000): Geschichte der Psychiatrie. In: Möller H.-J., Laux, G., Kapfhammer, H.-P. (Hrsg.): Psychiatrie und Psychotherapie. Berlin/Heidelberg: Springer; S. 5–25; Bräutigam, W. (2001): Theorien und Praxis der psychosomatischen Medizin in 100 Jahren ihrer Geschichte. In: Deter, H.-C. (Hrsg.): Psychosomatik am Beginn des 21. Jahrhunderts. Chancen einer biopsychosozialen Medizin. Bern: Hans Huber; zur Psychopharmakologie: Laux, G. (^{7}2002). Psychopharmaka. München: Urban & Fischer; Benkert, O., Hippius, H. (^{5}2004). Kompendium der psychiatrischen Pharmakotherapie. Berlin: Springer.

3 Freudenberger (1974), S. 161; vgl. ders. (1975): The staff burn-out syndrome in alternative institutions. Psychotherapy: Theory, Research and Practice 12, S. 73–82; ders. (1977): Burn-Out: Occupational hazard of the child care worker. Child Care Quarterly 6, S. 90–99; ders. (1977): Burn-out: The organizational menace. Training and Development Journal 31, S. 26–27; ders. (1982): Counseling and dynamics: Treating the end-stage person. In: Jones, J. W. (Hrsg.): The Burnout Syndrome. London: House Press; ders. (1983): Burnout: Contemporary issues, trends, and concerns. In: Farber, B. A. (Hrsg.): Stress and Burnout in the human service professions. New York: Pergamon, S. 23–28 u. a.

4 Freudenberger und Richelson (1983), S. 13 ff.

5 H. J. Freudenberger & G. Richelson (1980): Burn-Out. The High Cost of High Achievement. Garden City, N. Y.: Anchor Press; auf Deutsch (1980): «Ausge-

brannt. Die Krise der Erfolgreichen – Gefahren erkennen und vermeiden», München: Kindler, und erneut, nun unter dem irreführenden Titel «Mit dem Erfolg leben», München 1983: Heyne, erschienen.

6   Vgl. Rösing (2003), S. 50 ff.

7   Freudenberger & Richelson (1983), S. 13 ff.

8   Nicht zuletzt der Umstand, dass sich zu Burnout disponierte Personen aus unbewussten ‹Gründen› in berufliche Konstellationen insbesondere mit sozialer Konnotation begeben, die zu ihrer erheblichen Überlastung führen, ließe sich als Sublimierung oder Reaktionsbildung interpretieren. Im Kontext mit Freudenbergers Selbstanalyse fällt auf, dass er seine Überlastung mit seinem zusätzlichen, freiwilligen sozialen Engagement am ‹Feierabend› begründet. Die ‹normale› therapeutische Tätigkeit zwischen 8 bis 18 Uhr erlebte er demgegenüber offenbar nicht als besonders anstrengend. Die dem zugrunde liegende, mutmaßlich recht subjektive Wahrnehmung wird ihrerseits biographische Gründe haben.

9   Freudenberger und Richelson (1983), S. 33.

10 Freudenberger, H., North, G. (1994) (10. Auflage 2003): Burn-out bei Frauen. Frankfurt: Fischer, S. 21 ff., Originalausgabe «Women's Burn-Out» (1985): New York: Doubleday.

11 Die Stigmatisierung psychischer Erkrankungen respektive psychisch Kranker durch die Öffentlichkeit ist, seit der bahnbrechenden Studie von Cumming, E., und Cumming, J. (1957): Closed ranks: an experiment in mental health. Cambridge: Harvard University Press, ein Leitmotiv sozialpsychiatrischen Forschens. Auch zu Zeiten der ersten Arbeiten zu Burnout wurde diese Thematik intensiv diskutiert, etwa: Crocetti, G. M., Spiro, H. R., Siassi, I. (1974): Contemporary attitudes toward mental illness. Pittsburgh: University Press; Kirk, S. (1974): The impact of labelling on rejection of the mentally ill. An experimental study. J Health Soc Behav 15, S. 108–117; auch aktuell laufen Projekte, diesen für psychisch Kranke belastenden Umstand zu verbessern, wobei alte Argumente und Strategien immer wieder neu aufgelegt werden. Mit Informationen und wohlgemeinten Imagekampagnen ist dieses Phänomen, in dem sich Urängste bedrohter Individualität, Steuerungsfähigkeit und damit sozialer Rollenerfüllung spiegeln, jedenfalls nicht lösbar, vgl. z. B. Hillert, A., Sandmann, J., Ehmig, S. C., Weisbecker, H., Kepplinger, H. M., Benkert, O. (1999): The general public's cognitive and emotional perception of mental illnesses: an alternative to attitude research. In: Guimón, J., Fischer, W., Sartorius, N. (Hrsg.): The image of madness. Basel: Kager, S. 56–71.

12 S. Herbert Freudenberger Lifetime Achievement Award (1999), http://www.division42.org/MembersArea/Ipfiles/IPFall99/NewsandNites/Freudenberger; sowie: Tributes to Herbert Freudenberger, Ph. D., http://www.division42.org/PublicArea/Ipfiles/IPSpg00/Freudenberger/Cummings.html, mit Beiträgen von Cummings, N. A.: He gave much of himself; Graham, S. R.: This was a man – a very extraordinary one; Entin, A. D.: He graced our lives with his indomitable spirit.

Kapitel 4

1 Freudenberger und Richelson (1983) – Freudenberger, H., Richelson, G. (1980): Burn-Out. The High Cost of High Achievement. Garden City, New York: Anchor Press, S. 34.

2 Vgl. Ginsburg, S. G. (1996): Managing with Passion: Making the Most of Your Job and Your Life. New York/Chichester: John Wilex & Sons.

3 Selbstbiographische Ausführungen von C. Maslach u. a. in: Maslach, C. (1976): Burned-out. Human Behavior 5, S. 16–22; dieselbe (1982): Understanding burnout: Definitional issues in analyzing a complex phenomenon. In: Paine, W. S. (Hrsg.): Job Stress and Burnout. Beverly Hills: Sage, S. 29–40.

4 Lief, H. I., Fox, R. C. (1963): Training for «detached concern» in medical students. In: Lief, H., Lief, V. F., Lief, N. R. (Hrsg.): The psychological basis of medical practice. New York: Harper & Row, S. 12–35.

5 Zimbardo, P. (1970): The human choice: Individuation, reason, and order versus deindividuation, impulse, and chaos. In: Arnold, W. J., Levine, D. (Hrsg.): Nebraska Symposium on Motivation. Lincoln: University of Nebrasca Press, S. 237–307.

6 Längerfristige Folgen, etwa die Ausbildung einer «posttraumatischen Belastungsstörung», bei der das Grauen wie in einem inneren Film festgehalten wird, stehen auf einem anderen Blatt, vgl. Ehlers, A. (1999): Posttraumatische Belastungsstörung. Göttingen/Bern: Hogrefe.

7 Zu Zimbardos Gefängnis-Experiment von 1971, in dessen Verlauf Studenten innerhalb von fünf Tagen «steadily increased their coercive aggression tactics, humiliation and dehumanization of the prisoners»: O'Toole, K. (1997): The Stanford prison experiment: still powerfull after all these years. Stanford University Newas Service, January 8; Bilder dazu: www.prisonexp.org; vgl. Wright, R. (2004): The psychology of prisoner abuse. Richardson, Texas: Probe Ministries (http://www.probe.org/docs/prisonerabuse.html).

8 Maslach, C., Schaufeli, W. B. (1999): Historical and conceptual development of Burnout. In: Schaufeli, W., Maslach, C., Marek, T. (Hrsg.): Professional burnout: recent developments in theory and research. New York: Taylor Francis, S. 1–17.

9 Kieschke, U. (2003): Arbeit, Persönlichkeit und Gesundheit. Beiträge zu einer differentiellen Psychologie beruflichen Belastungserlebens. Berlin: Logos, S. 97.

10 Maslach, C., Pines, A. (1977): The burn-out syndrome in the day care setting. Child Care Quarterly 6, S. 100–103.

11 Etwa: Bortz, J., Döring, N. (^{2}1995): Forschungsmethoden und Evaluation. Berlin/Heidelberg: Springer, S. 271 ff.

12 Maslach, C., Jackson S. E. (1984): Burnout in organizational settings. In: Oskamp, S. (Hrsg.): Applied Social Psychology Annual 5. Beverly Hills: Sage, S. 133–154, insb. S. 139.

13 Der Klassiker: Golemann, D. (1995): Emotional Intelligence. New York: Bantam Books. In deutscher Übersetzung bei dtv erschienen; vgl. Schuler, H. (2002): Emotionale Intelligenz – ein irreführender und unnötiger Begriff. Zeitschrift für

Personalpsychologie 1, S. 138–140; Wottawa, H. (2003): Die Aufregung um den Erfolg der «Emotionalen Intelligenz» – ein weiteres Beispiel der Transferprobleme unserer akademischen Psychologie? Zeitschrift für Personalpsychologie 2, S. 22–28 – eine ähnliche Diskussion ließe sich über den Burnout-Begriff führen.

14 Cherniss, C. (1980): Professional Burnout in Human Service Organisations. New York: Praeger, S. 21.

15 Cherniss (1999).

16 Cherniss, C., Krantz, D. L. (1983): The ideological community as an antidote to burnout in the human services. In: Fabert, B. A. (Hrsg.): Stress and Burnout in the Human Service Professions. New York: Pergamon Press, S. 198–212.

17 Rösing (2003), 52 ff.; vgl. Cordes, C. L., Vaugherty, T. W., Blum, M. (1997): Patterns of Burnout among managers and professionals. Journal of organizational behaviour 18, S. 685–701.

18 Fischer, H. J. (1983): A psychoanalytical view of burnout. In: Farber, B. A. (Hrsg.): Stress and Burnout in the Human Service Professions. New York: Pergamon.

19 Burisch (1994), S. 18 ff.

20 Schaufeli und Enzmann (1998), S. 21–24.

21 Burisch (1994), S. 77.

22 Rook (1998), S. 109–110.

23 Rösing (2003), S. 50 ff.

24 Golembiewsky, R. T., Boss, W. (1992): Phases of burnout in diagnosis and intervention. Research in Organisational Change and Development 6, S. 115–152; Burisch (1994), S. 16 ff.

25 Lauderdale, M. (1982): Burnout. Austin, Texas: Learning Concepts.

26 Edelwich, J., Brodsky, A. (1980): Burn-Out. Stages of Disillusionment in the Helping Professions. New York: Human Science Press.

27 Fengler, J. (⁴1996): Helfen macht müde. Zur Analyse und Bewältigung von Burnout und beruflicher Deformation. München: Pfeiffer; vgl. Bakker, A. B., Schaufeli, W. B., Sixma, H. J., Bosveld, W., Van Dierendonck, F. (2000): Patient demands, lack of reciprocity, and burnout: A five-year longitudinal study among general practitioners. J Organiz Behav 21, S. 425–441; Maslach, C., Schaufeli, W. B., Leiter, M. P. (2001): Job Burnout. Annual Review Psychology 52, S. 397–422, insb. S. 404 f.

28 Zusammenfassend Schmitz, E. (2004): Burnout: Befunde, Modelle und Grenzen eines Populären Konzeptes. In: Hillert, A., Schmitz, E. (Hrsg.): Psychosomatische Erkrankungen bei Lehrerinnen und Lehrern. Stuttgart: Schattauer, S. 51–68.

29 Seligmann, M. E. P. (²1999). Erlernte Hilflosigkeit. Wien: Urban & Schwarzenberg; hierzu und zur positiven Psychologie s. http://www.psych.upenn.edu/seligman/.

30 Golembiewski, R. T., Munzenrider, R., Carter, D. (1983): Phases of progressive burnout and their work side covariants: Critical issues in OD research and praxis. Journal of Applied Behavioral Science 19, S. 461–481; Golembiewski, R. T., Munzenrider, R., Stevenson, J. G. (1986): Stress in Organizations. Toward a Phase Model of Burnout. New York: Praeger.

31 Burisch, M. (2002): A longitudinal study of burnout: the relative importance of dispositions and experience. Work & Stress 16, S. 1–17; Schaufeli, W., Salanova, M., Gonzalez-Roma, V., Bakker, A. (2002): The measurement of engagement and burnout: A two sample confirmatory factor analytic approach. Journal of Happiness Studies, 3, S. 71–92.

32 Maslach, C. (1993): Burnout: A multidimensional perspective. In: Schaufeli, W. B., Maslach, C., Marek, T. (Hrsg.): Professional burnout, Washington: Taylor & Francis, S. 19–32.

33 Garman, A. N., Corrigan, P. W., Morris, S. (2002): Staff burnout and patient satisfaction: Evidence of relationship at the care unit level. Journal of Occupational Health Psychology 7/3, S. 235–241.

34 Rösing (2003), S. 96 ff.

35 Kilpatrick, A. O. (1986): Burnout correlates and validity of research design in a large panel of studies. Journal of Health and Human Resources 12, S. 24–45.

36 Kleiber, D., Enzmann, D. (1990): Burnout. Eine internationale Bibliographie. Göttingen: Verlag für Psychologie/Hogrefe; Schaufeli, W., Enzmann, D. (1998): The burnout companion to study and practice. A critical analysis. London: Taylor & Francis.

37 Rösing (2003), S. 45 ff.

38 Jackson, S. E., Schwab, R. L., Schuler, R. S. (1986): Toward an understanding of the burnout phenomenon. Journal of Applied Psychology 71, S. 630–640.

39 Zur «filigranen» respektive nach Rösing (2003) «ausgebrannten» Phase der Burnoutforschung, vgl. Burisch, M. (³2005): Das Burnout-Syndrom. Berlin/Heidelberg: Springer. Aktuell plant Matthias Burisch, Fachbereich Psychologie, Universität Hamburg, ein Projekt, in dem Experten anhand von Fallberichten Abgrenzungen von Burnout und Nicht-Burnout-Konstellationen explizieren sollen (Abgrenzung des Burnout-Syndroms: ABUSY).

40 Kieschke (2003), S. 211 ff.

41 Krumpholz-Reichel, A. (2002): Die große Müdigkeit. *Psychologie Heute* 29/10 (Titelheft: «Müde, lustlos, ausgebrannt. Wie Sie der Erschöpfung entkommen»), S. 20–25.

42 Eine auch nur annähernd repräsentative Darstellung der in populären Medien verbreiteten Beiträge zum Thema sprengt die Möglichkeiten dieses Buches; eine hohe Redundanz der Beiträge und eine weitgehend fehlende Trennung der Begriffe (Stress, Erschöpfung, Burnout, Depression) ist hier zu erwarten, etwa: «Wann ist es Ihnen zum ersten Mal aufgefallen, dass Sie ein Burnout-Syndrom hatten, so eine richtige Depression?» Beckmann im Interview mit dem Skispringer Sven Hannawald am 23.5.2005.
Eine Problematisierung des Begriffes ist auch in seriösen Beiträgen, etwa: http:// www.br-online.de/umwelt-gesundheit/thema/burnout/index., einer Sendereihe des Bayerischen Rundfunks (Burnout: Dialog zwischen Schul- und Naturmedizin), unbekannt, der Fokus liegt auf der Frage: «Wie Sie aus dem Burnout-Zustand wieder herauskommen». Die Zahl populärer Anti-Burnout-Informations- und Ratgeberschriften ist unüberschaubar groß, exemplarisch: DAG-Bundesvorstand

(Hrsg.) (2000): Abgehetzt und ausgebrannt? Psychische Gefährdungen erfassen und vermeiden. Hamburg.

Kapitel 5

1 Zum Konzept und zur Konzeptentwicklung von Burnout (s. auch Kapitel 3) Burisch, M. (^{2}1994). Farber, B. A. (ed.) (1983). Stress and Burnout in the Human Service Professions. New York: Pergamon. Perlman, B., Hartman, E. A. (1982). Burnout: Summary and future research. Human Relations 33, S. 283–305. Maslach und Schaufeli (1993), S. 1–18. Shirom, A. (2002), S. 245–264. Maslach, C., Schaufeli, W. B., Leiter, M. P. (2001). Job Burnout. Annual. Review of Psychology 52, S. 397–422. Starrin, B., Larsson, G., Styrborn, S. (1990). A review and critique of psychological approaches to the burn-out phenomenon. Scandinavian Journal of Caring Sciences 4, S. 83–91.

2 Das *Tedium-Measure*, später von den Autoren in *Burnout-Measure* umbenannt: Pines et al. (1983).

3 Das Maslach-Burnout-Inventar in seiner 1. Version: Maslach und Jackson (1981 a). Maslach und Jackson (1981 b).

4 Das MBI im Psychologischen Wörterbuch: Dorsch, F. (1994) (Hrsg.). Psychologisches Wörterbuch. Bern: Hans Huber.

5 Ein Auswahlfragebogen zur Messung von Burnout: Freudenberger und Richelson (1980). Jones, J. W. (1980). Preliminary manual: The Staff Burnout Scale for health professionals. Park Ridge, IL: London House Press. Emener, W. G., Luck, R. S., Gohs, F. X. (1982). A theoretical investigation of the construct burnout. Journal of Rehabilitation Administration 6, S. 188–196. Fimian, M. J. (1984). Organizational variables related to stress and burnout in community based programs. Education & Training of the Mentally Retarded 19, S. 201–209. Meier, S. T. (1984). The construct validity of burnout. Journal of Occupational Psychology 57, S. 211–219. Ackerley, G. D., Burnell, J., Holder, D. C., Kurdek, L. A. (1988). Burnout among licensed psychologists. Professional Psychology: Research and Practice 19, S. 624–631.
Schaarschmidt U., Fischer A. W. (1996). AVEM Arbeitsbezogenes Erlebens- und Verhaltensmuster – Manual. Frankfurt, Swets Test Services. Schaarschmidt und Fischer (2001), s. zudem Kapitel 7, Anm. 11.

6 Zur Konstruktion psychologischer Tests: Amelang, M., Zielinski, W. (1997). Psychologische Diagnostik und Intervention. Berlin: Springer-Verlag. Lienert, G. A. (^{4}1989). Testaufbau und Testanalyse. München: Psychologie Verlags Union.

7 In der Literatur werden noch immer beide Begriffe (Tedium- und Burnout-Measure) verwendet. Z. B. Arthur, N. M. (1990). The assessment of burnout: A review of three inventories useful for research and counseling. Journal of Counseling and Development 69, S. 186–189. Pines, A., Aronson, E. (1988). Career Burnout. New York: Free Press.

8 Die Reliabilität des TM: Bei der Bestimmung der Re-Test-Reliabilität ergaben sich für Messintervalle von einem bis zu vier Monaten Werte zwischen 0,89 und

0,66 (Pines et al., 1981). Diese Ergebnisse konnten auch in neueren Untersuchungen bestätigt werden. Vergleiche hierzu die Studien zur Reliabilität des TM: Corcoran, K. J. (1986). Measuring burnout: A reliability and convergent validity study. Journal of Social Behavior and Personality 1, S. 107–112. McCranie, E. W., Brandsma, J. M. (1988). Personality antecedents of burnout among middle-aged physicians. Behavioral Medicine 14, S. 30–36. Schaufeli, W. B., Janczur, B. (1994). Burnout among nurses: A Polish-Dutch comparison. Journal of Cross Cultural Psychology 25, S. 95–113. Westman, M., Etzion, D. (2002). The impact of short overseas business trips on job stress and burnout. Applied Psychology: An International Review 51, S. 582–592.

9 Zur kritischen Diskussion der Validität des TM: Schaufeli et al. (1993) S. 199–216.

10 In einigen Studien wurden die beiden Konkurrenzprodukte, das TM und das MBI, in einen korrelativen Zusammenhang gebracht (Corcoran, 1983; Enzmann, Schaufeli & Girault, 1995; Stout & Williams, 1983). In den drei Studien wurden zusammen N = 1409 Personen einbezogen. Die höchsten Korrelationen ergaben sich für das TM und die Skala Emotionale Erschöpfung des MBI. Sie lagen zwischen 0,54 bis 0,75. Die Korrelationen zwischen dem TM und der Skala Depersonalisierung lagen zwischen 0,23 bis 0,52, die zwischen dem TM und der Skala «Reduzierte Leistungsfähigkeit» zwischen –0,30 bis –0,41. In einer Arbeit wurde der Summenwert des MBI mit dem TM korreliert. Es ergab sich eine Korrelation von 0,75! Diese Ergebnisse lassen sich als ein Beleg für die konvergente Validität des TM interpretieren. Hierbei scheint die Überschneidung des TM mit der MBI-Skala Emotionale Erschöpfung am meisten ausgeprägt zu sein. Studien hierzu: Corcoran (1986). Enzmann, D., Schaufeli, W., Girault, N. (1995). The validity of the Maslach Burnout Inventory in the three national samples. In: Bennett, L.: Health Workers and AIDS: Research, Intervention and current issues in burnout and response, S. 131–150. Stout, J. K., Williams, J. M. (1983). Comparison of the two measures of burnout. Psychological Reports, 53, S. 283–289.

11 Das Neurotizismus-Konzept: Amelang, M., Bartussek, D. ([4]1997). Differentielle Psychologie und Persönlichkeitsforschung. Stuttgart: Kohlhammer. Eysenck, H.-J., Eysenck, M. (1985). Personality and Individual Differences. New York: Plenmun Press.

12 Studien bezüglich des Zusammenhangs zwischen der Eigenschaft «Emotionalität» (synonym Neurotizismus) und dem TM: Enzmann, D., Schaufeli, W., Girault, N. (1995). The validity of the Maslach Burnout Inventory in the three national samples. In: Bennett, L.: Health Workers and AIDS: Research, Intervention and current issues in burnout and response, S. 131–150. Marwitz, T. (2004). Eine Studie zur Überprüfung und Verbesserung der diskriminanten Validität des Burnout-Measures (BM). Unveröff. Diplomarbeit. Paris/Lodron-Universität, Salzburg. Amstutz, M. C., Neuenschwander, M., Modestin, J. (2001). Burnout bei psychiatrisch tätigen Ärztinnen und Ärzten. Resultate einer empirischen Untersuchung. Psychiatrische Praxis 28, S. 163–167.

13 Studien bezüglich der Messung von Depression und des Zusammenhangs zwi-

schen Depression und dem TM: Beck, A. T. (1978). Beck-Depressions-Inventar. Bern: Hans Huber. Enzmann et al. (1995), S. 131–150. Marwitz, T. [2004). Shirom, A. & Ezrachi, Y. (2003).On the discriminant validity of burnout, depression and anxiety: A re-examination of the burnout measure. Anxiety, Stress and Coping, 2003 16, S. 83–97.

14 Zur Entwicklung und zum theoretischen Hintergrund des MBI vgl. auch Kapitel 4, S. 62 ff.

15 Eine häufig zitierte deutsche Übersetzung des MBI: Enzmann, D., Kleiber, D. (1989). Helfer-Leiden: Stress und Burnout in psychosozialen Berufen. Heidelberg: Asanger.

16 Zur Kritik hinsichtlich der unreflektierten Anwendung des MBI für unterschiedliche Berufsgruppen: Diese fragwürdige Praxis blieb nicht unkritisiert (z. B. Leiter und Schaufeli, 1996; Rook, 1998). Vor diesem Hintergrund wurde in den 1990er Jahren eine allgemeinere Version des MBI entwickelt: der Maslach Burnout Inventory-General Survey (MBI-GS; Maslach et al. 1996). Dafür wurden die meisten Items des MBI modifiziert, mit dem Ziel, die drei Basisdimensionen des MBI zu erhalten, die Items jedoch so umzuformulieren, dass sie auch sinnvoll von Personen beantwortet werden können, die nicht in Helfer- oder Sozialberufen beschäftigt sind. In Anlehnung an das MBI wurden die drei Skalen als «Exhaustion», «Cynism» und «Professional Efficacy» benannt. Ein Item der Skala «Cynism» lautet beispielsweise: «Meiner Arbeit gegenüber bin ich gleichgültig.» Die Konstruktion des MBI-GS zeigt, wie weit sich Maslachs Auffassung von Burnout von ihrer ursprünglichen Konzeption entfernt hat. Inwieweit es sinnvoll ist, ein Konstrukt, das die gescheiterte Bewältigung von (salopp ausgedrückt) «Empathiestress» erfassen soll, auf (fast) jede Art von Arbeit zu übertragen, sei dahingestellt. Da außerdem in den meisten empirischen Burnout-Studien das MBI in seiner ersten (1981) oder zweiten Version (1986) verwendet wurde, soll auf den MBI-GS hier nicht weiter eingegangen werden. International hat der MBI-GS bisher nur wenig Verbreitung gefunden. Leiter, M. P., Schaufeli, W. P. (1996). Consistency of the burnout construct across occupations. Anxiety, Stress and Coping: An International Journal 9, S. 229–243. Maslach et al. (1996). Rook (1998).

17 Verschiedene Versionen des MBI: Maslach und Jackson (1981a). Maslach und Jackson (1986). Maslach et al. (1996).

18 Zum Problem der Item-Formulierung beim MBI: Barnett, R. C., Brennan, R. T., Gareis, K. C. (1999). A closer look at the measurement of burnout. Journal of Applied Biobehavioral Research 4, S. 65–78. Rösing (2003), S. 69 f. Rook (1998).

19 Die Normierung des MBI: Maslach und Jackson (1986). Schaufeli, W. B., Van Dierendonck, D. (1995). A cautionary note about the cross-national and clinical validity of cut-off points for the Maslach Burnout Inventory. Psychological Reports 76, S. 1083–1090.

20 Burnout und Burnout-Häufigkeit bei Lehrerinnen und Lehrern: Barth, A. R. (1992). Burnout bei Lehrern. Göttingen: Hogrefe. Gamsjäger, E., Sauer, J. (1996). Burnout bei Lehrern: Eine empirische Untersuchung bei Hauptschul-

lehrern in Österreich. Psychologie in Erziehung und Unterricht 43, S. 40–56. Körner, S. (2003). Das Phänomen Burnout am Arbeitsplatz Schule. Berlin: Logos Verlag. Schmitz, E., Leidl, J. (1998). Brennt wirklich aus, wer entflammt war? Eine LISREL-Analyse zum Burnout-Prozess bei Sozialberufen. Psychologie in Erziehung und Unterricht 45, S. 129–142. Schmitz, E., Leidl, J. (1999). Brennt wirklich aus, wer entflammt war? Studie 2: Eine LISREL-Analyse zum Burnout-Prozess bei Lehrpersonen. Psychologie in Erziehung und Unterricht 46, S. 302–310. Stöckli, G. (1999). Nicht erschöpft und dennoch ausgebrannt? Pädagogisches Ausbrennen im Lehrberuf. Psychologie in Erziehung und Unterricht 46, S. 293–301.

21 Die Reliabilität und Stabilität des MBI: Büssing, A., Perrar, K. M. (1992). Die Messung von Burnout. Untersuchung einer deutschen Fassung des Maslach Burnout Inventory (MBI-D). Diagnostica 38, S. 328–353. Burke, R. J., Greenglass, E. R. (1995). A longitudinal examination of the Cherniss model of psychological burnout. Social science & medicine 40, S. 1357–1363. Capel, S. A. (1991). A longitudinal study of burnout teachers. British Journal of Educational Psychology 61, S. 36–45. Lee, R. T., Ashforth, B. E. (1993). A longitudinal study of burnout among supervisors and managers: Comparisons between Leiter and Maslach (1988) and Golembiewski et al. (1986) models. Organizational Behavior and Human Decision Processes 54, S. 369–398. Maslach und Jackson (1981a). Maslach und Jackson (1986). McManus, I. C., Winder, B. C., Gordon, D. (2002). The causal links between stress and burnout in a longitudinal study of UK doctors. Lancet 359, S. 2089–2090. Piedmont, R. L. (1993). A longitudinal analysis of burnout in the health care setting: the role of personal dispositions. Journal of personality assessment 61, S. 457–473. Rook, M. (1998). Schaufeli et al. (1993), S. 199–216. Schwarzer, R., Schmitz, G. S. (1999). Kollektive Selbstwirksamkeitserwartung von Lehrern: Eine Längsschnittstudie in zehn Bundesländern. Zeitschrift für Sozialpsychologie 30, S. 262–274. Toppinen-Tanner, S., Kalimo, R., Mutanen, P. (2002). The process of burnout in white-collar and blue-collar jobs: eight-year prospective study of exhaustion. Journal of Organizational Behavior 23, S. 555–570. Wade, D. C., Cooley, E., Savicki, V. (1986). A longitudinal study of burnout. Children & Youth Services Review 8, S. 161–173.

22 Das State-Trait-Angst-Inventar (STAI): Spielberger, C. D., Gorsuch, R. L., Lushene, R. E.(1970). Manual for the State-Trait-Anxiety-Inventory. Palo Alto, CA: Consulting Psychologists Press. In deutscher Übersetzung: Laux, L., Glanzmann, P., Schaffner, P., Spielberger, C. D. (1981). State-Trait-Angst-Inventar STAI. Weinheim: Beltz.

23 Burnout als «chronische Befindlichkeitsbeeinträchtigung»: Enzmann, D. (1996). Gestresst, erschöpft oder ausgebrannt? Einflüsse von Arbeitssituation, Empathie und Coping auf den Burnoutprozess. Reihe: Prävention und psychosoziale Gesundheitsforschung, Forschungsberichte Bd. 3. München, Wien: Profil.

24 Die Augenschein- und Inhaltsvalidität des MBI: Garden, A. M. (1987). Depersonalization: a valid dimension of burnout? Human Relations 40, S. 545–560. Maslach, C. (1993), S. 19–32. Rook, M. (1998).

25 Depersonalisierung: Burisch, M. (1995). Burnout-Anzeichen, Verlauf, Auslöser. In: Missel, W. (Hrsg.). Burnout in der Suchttherapie. Vom hilflosen Helfer zum engagierten Opfer. Göttingen: Verlag für Angewandte Psychologie, S. 25–58.

26 Die Kriteriumsvalidität des MBI: Baba, V. V., Jamal, M., Tourigny, L. (1998). Work and mental health: A decade in Canadian research. Canadian Psychology 39, S. 94–107. Duquette, A., Kérouac, S., Sandhu, B. K., Beaudet, L. (1994). Factors related to nursing burnout: a review of empirical knowledge. Issues in mental health nursing 15 (4), S. 337–358. Guglielmi, R. S., Tatrow, K. (1998). Occupational stress, burnout, and health in teachers: A methodological and theoretical analysis. Review of Educational Research 68: S. 61–99. Humphris, G. (1998). A review of burnout in dentists. Dental update 25, S. 392–396. Jenkins, H., Allen, C. (1998). The relationship between staff burnout, distress and interactions with residents in two residential homes for older people. International Journal of Geriatric Psychiatry 13, S. 466–472. Kahill, S. (1988). Symptoms of professional burnout: A review of the empirical evidence. Canadian Psychology 29, S. 284–297. Lee und Ashford (1996). Lloyd, C., King, R., Chenoweth, L. (2002). Social work, stress and burnout: A review. Journal of Mental Health UK 11, S. 255–266. Maslach und Jackson (1981b). Maslach und Jackson (1986). Maslach et al. (2001). Schaufeli, W. B., Peeters, M. C. W. (2000). Job stress and burnout among correctional officers: A literature review. International Journal of Stress Management 7, S. 19–48. Shirom (2002). S. 245–264.

27 Ein gutes Beispiel für diese Problematik stellt die Untersuchung von Rafferty et al. (1986) dar. In ihr wurde das MBI 67 Ärzten zur Bearbeitung vorgelegt. Zusätzlich wurden sie nach ihrer Arbeitszufriedenheit gefragt und sollten außerdem anhand einer kurzen allgemeinen Burnout-Beschreibung einschätzen, als wie ausgebrannt sie sich erleben. Diese Einschätzung wurde außerdem durch ihren Vorgesetzten und einen Psychologen (fremd-)eingeschätzt. Es ergab sich eine statistisch signifikante Korrelation zwischen der MBI-Skala «Emotionale Erschöpfung» und Arbeitszufriedenheit (0,40) sowie dem (selbst-)eingeschätzten Burnout (0,48). Hingegen korrelierte die MBI-Skala «Emotionale Erschöpfung» nur zu 0,17 und 0,24 mit der Burnout-Fremdeinschätzung durch den Vorgesetzten und den Psychologen. Diese Korrelationen waren zwar signifikant, fielen numerisch jedoch gering aus.

In einer neueren deutschen Studie (vgl. Körner, 2003) wurde eine umfangreiche Fragebogenbatterie N = 975 Gymnasiallehrern postalisch zur Bearbeitung zugesandt. Hierbei ergab sich u. a. eine hochsignifikante Korrelation zwischen der selbst eingeschätzten Berufszufriedenheit und den MBI-Skalen (0,52 bis 0,69). Hingegen ergab sich nur eine geringe Korrelation zwischen der MBI-Skala «Reduzierte Leistungsfähigkeit» und krankheitsbedingten Fehltagen (−0,10).

Rafferty, J. P., Lemkau. J. P., Purdy, R. R., Rudinsill, J. R. (1986). Validity of the Maslach Burnout Inventory for family practice physicians. Journal of Clinical Psychology 42, S. 488–492.

28 Studien zur Vorhersagevalidität des MBI: Burisch, M. (2002). A longitudinal study of burnout: the relative importance of dispositions and experience.

Work & Stress, 16, S. 1–17. Burke, R. J., Greenglass, E. R. (1991). A longitudinal study of progressive phases of psychological burnout. Journal of Health and Human Resources Administration, 13, S. 390–408. Burke und Greenglass (1995). Capel (1991). Lee und Ashforth (1993). McManus et al. (2002). Nagy, S., Nagy, M. C. (1992). Longitudinal examination of teachers' burnout in a school district. Psychological reports 71, S. 523–531. Prosser, D., Johnson, S., Kuipers, E., Dunn, G., Szmukler, G., Reid, Y., Bebbington, P., Ross, M. W., Greenfield, S. A., Bennett, L. (1999). Predictors of dropout and burnout in AIDS volunteers: a longitudinal study. AIDS care 11, S. 723–731. Schwarzer und Schmitz, G. S. (1999). Thornicroft, G. (1999). Mental health, «burnout» and job satisfaction in a longitudinal study of mental health staff. Social psychiatry and psychiatric epidemiology 34, S. 295–300.Wade et al. (1986).

29 Mögliche Phasenmodelle und deren empirische Überprüfung durch das MBI: Burke und Greenglass, E. R. (1991). Golembiewski, R. T. (1999). Next stage of burnout research and applications. Psychological reports 84, S. 443–446. Golembiewski, R. T., Munzenrider, R. F., Stevenson, J. G. (1986). Stress in organizations: Toward a phase model of burnout: New York: Praeger. Golembiewski, R. T., Bourdreau, G. T., Munzenrider, R. F., Lou, H. (1996). Global burnout: A worldwide panepidemic by the phase model. Greenwich, CT: JAI Press. Greenglass, E. R., Burke, R. J. (1990). Burnout over time. Journal of Health and Human Resources Administration 13, S. 192–204. Lee und Ashforth (1993). Leiter, M. P. (1993). Burnout as a development process: consideration of models. In Schaufeli, W. B., Maslach, C., Marek, T. (eds). Professional burnout: Recent developments in theory and research. New York: Series in applied psychology, S. 237–251. Leiter, M. P., Maslach, C. (1988). The impact of interpersonal environment on burnout and organizational commitment. Journal of Organizational Behavior 9, S. 297–308. Turnipseed, D. L. (2000). Phase analysis of burnout and other psychological phenomena. Psychological reports 87, S. 341–345.

30 Zur Konstruktvalidität des MBI: Büssing und Perrar (1992). Demerouti, E., Nachreiner, F. (1996). Reliabilität und Validität des Maslach Burnout Inventory (MBI): eine kritische Betrachtung. Zeitschrift für Arbeitswissenschaft 50, S. 32–38. Dion, G., Tessier, R. (1994). Validation de la traduction de l'Inventaire d'epuisement professionnel de Maslach et Jackson. Validation of a French translation of the Maslach Burnout Inventory (MBI). Canadian Journal of Behavioural Science 26, S. 210–227. Enzmann et al. (1995). Firth, H., McIntee, J., McKeown, Britton, P. (1986). Burnout and professional depression: related concepts. Journal of Advanced Nursing 11, S. 633–641. Glass, D. C., McKnight, J. D., Valdimarsdottir, H. (1993). Depression, burnout and perceptions of control in hospital nurses. Journal of Consulting and Clinical Psychology 61, S. 147–155. Glass, D. C., McKnight, J. D. (1996). Perceived control, depressive symptomatology, and professional burnout: A review of the evidence. Psychology and Health 11, S. 23–48. Iacovides, A., Fountoulakis, K. V., Moysidou,C., Ierodiakonou, E. (1999). Burnout in nursing staff: is there a relationship between depression and burnout? International Journal of Psychiatry in medicine 29, S. 421–433. Koeske,

G. F., Kirk, S. A., Koeske R. D., Rauktis, M. B. (1994). Measuring the Monday blues: Validation of a job satisfaction scale for the human services. Social Work Research 18, S. 27–35. Leiter, M. P., Durum, J. (1994). The dicriminant validity of burnout and depression: A confirmatory factor analytic study. Anxiety, Stress, and Coping 7, S. 357–373. McKnight, J. D., Glass, D. C. (1995). Perception of control, burnout, and depressive symptomatology: a replication and extension. Journal of Consulting and Clinical Psychology 63, S. 490–494. Meier [1984]. Neubach, B., Schmidt, K.-H. (2000). Gütekriterien einer deutschen Fassung des Maslach Burnout Inventory (MBI-D) – Eine Replikationsstudie bei Altenpflegekräften. Zeitschrift für Arbeits- und Organisationspsychologie 44, S. 140–144. Schaufeli et al. (1993). Tselebis, A., Moulou, A., Ilias, I. B. (2001). Burnout versus depression and sense of coherence: a study of Greek nursing staff. Nursing and health sciences 3, S. 69–71. Turnipseed, D. L. (1998). Anxiety and burnout in the health care work environment. Psychological Reports 82, S. 627–642.

31 Piedmont (1993).

32 Lee und Ashforth (1993).

33 Zur Einschätzung der Qualität des MBI: Schaufeli et al. (1993), S. 199–216.

34 Das burnout-gefährdete Individuum: Maslach, C. (1982). Burnout – The cost of caring. Englewood Cliffs, N. J.: Prentice-Hall.

35 Wissenschaftstheorie: Breuer, F. (⁴1989). Wissenschaftstheorie für Psychologen. Eine Einführung. Münster: Aschendorff. Gadenne, V. (1984). Theorie und Erfahrung in der psychologischen Forschung. Tübingen: Mohr. Groeben, N., Westmeyer, H. (²1981). Kriterien psychologischer Forschung. München: Juventa. Herrmann, T., Tack, W. H. (Hrsg.) (1994). Methodologische Grundlagen der Psychologie. Göttingen: Hogrefe. Popper, K. R. (1994). Logik der Forschung. Tübingen: Mohr. Stegmüller, W. (²1983). Erklärung – Begründung – Kausalität. Berlin: Springer.

36 Die a-theoretische Verwendung des MBI: Burisch, M. (1993). In search of theory: Some ruminations on the nature and etiology of burnout. In: Schaufeli, W. B., Maslach, C., Marek, T. (eds). Professional burnout: Recent developments in theory and research. New York: Series in applied psychology, S. 75–93. Hallsten (1993), S. 199–216.

37 In ihrer Dissertation gelangt Rook (1998) hinsichtlich des MBI zu einer ähnlichen Einschätzung. «Diese sich seit Anfang der achtziger Jahre herausgebildete Dominanz eines Messverfahrens innerhalb eines so komplexen Forschungsfeldes ist m. E. eines der größten Entwicklungshindernisse in der Burnoutforschung.» (Rook, 1998, S. 87).

38 Zur Einschätzung des MBI und der Burnout-Forschung durch C. Maslach: Maslach (1993), S. 19–32.

Kapitel 6

1 Zur Geschichte des Stressbegriffs: Schönpflug, W. (1987). Beanspruchung und Belastung bei der Arbeit – Konzepte und Theorien. In: Kleinbeck, U., Rutenfranz, J. (Hrsg.). Enzyklopädie der Psychologie, Themenbereich D, Serie 3. Göttingen: Hogrefe, S. 130–184.

2 Repräsentativerhebung zur Validierung eines Persönlichkeitsfragebogens: Fahrenberg, J., Hampel, R., Selg, H. (1984). Das Freiburger Persönlichkeitsinventar FPI. Revidierte Form FPI-R und teilweise geänderte Fassung FPI-A1. Göttingen: Hogrefe.

3 Studien zur erlebten Stressbelastung und deren Folgen für die Arbeitstätigkeiten: Cox, T., Griffiths, A. J., Rial-Gonzalez, E. (2000). Research on work related stress (Forschung über arbeitsbedingten Stress). Bericht für die Europäische Agentur für Sicherheit und Gesundheitsschutz am Arbeitsplatz. Luxemburg: Amt für amtliche Veröffentlichung der Europäischen Gemeinschaften. – Europäische Stiftung zur Verbesserung der Lebens- und Arbeitsbedingungen (2001). Dritte europäische Umfrage über Arbeitsbedingungen. Dublin: Europäische Stiftung.

4 Die verschiedenen Stresskonzepte im Überblick: Greif, S. (1991). Stress in der Arbeit – Einführung und Grundbegriffe. In: Greif, S., Bamberg, E., Semmer, N. (Hrsg.). Psychischer Stress am Arbeitsplatz. Göttingen: Hogrefe, S. 1–28. Lyon, B. L. (2000). Stress, coping, and health: a conceptual overview. In: Rice, V. H. (ed.): Handbook of stress, coping, and health: Implications for nursing research, theory, and practice. Thousand Oaks: Sage Publications, S. 3–26. – Rice, V. H. (2000). Theories of stress and relationship to health. In: Rice, V. H. (ed.): Handbook of stress, coping, and health: Implications for nursing research, theory, and practice. Thousand Oaks: Sage Publications, S. 27–46. – Selye, H. (1973). The evolution of the stress concept. American Scientist 61, S. 692–699.

5 Die biologische Funktionalität von Stress: Eiff, A. W. von (Hrsg.) (1980). Stress. Stuttgart: Thieme.

6 Das Stresskonzept von Hans Selye: Selye, H. (1993). History of the stress concept. In Goldberg, L., Breznitz, S. (eds., 2. ed.): Handbook of stress: theoretical and clinical aspects. New York: Free press, S. 7–17. – Selye, H. (1952). The story of the adaptation syndrome. Montreal: Acta. – Selye, H. (1956). The stress of life. New York: McGraw Hill. – Selye, H. (1976). Stress in health and disease. London: Butterworths.
Selye, H. (1977). Stress. Reinbek: Rowohlt. – Selye, H. (1984). Stress, mein Leben, Erinnerungen eines Forschers. Frankfurt a. M.: Fischer.

7 Die physiologischen Mechanismen der Stressreaktion: Birbaumer, N., Schmidt, R. F. (2005, 6. Aufl.). Biologische Psychologie. Berlin: Springer. – Katkin, E. S., Dermit, S., Wine, S. K. F. (1993). Psychophysiological assessment of stress. In: Goldberg, L., Breznitz, S. (eds., 2. ed.): Handbook of stress: theoretical and clinical aspects. New York: The Free press, S. 142–157. – Schmidt R. F., Lang F., Thews, G. (2004). Physiologie des Menschen mit Pathophysiologie. 29. Aufl. Berlin, Heidelberg: Springer.

8 Das Konzept und die Erfassung von «kritischen Lebensereignissen»: Holmes,
   T. H., Rahe, R. H. (1967). The social readjustment rating scale. Journal of Psy-
   chosomatic Research 11, S. 213–218. – Goldberg, E. L., Comstock, G. W. (1976).
   Life events and subsequent illness. American Journal of Epidemiology 104,
   S. 146–158. – Johnson, J. H., Sarason, I. G. (1979). Moderator variables in life
   stress research. In: Sarason, I. G., Spielberger, C. D. (eds.): Stress and anxiety
   (Vol. 6). Washington, DC: Hemisphere. – Miller (1993), S. 161–173. – Rabkin,
   J. G., Struening, E. L. (1976). Life events, stress, and illness. Science 194,
   S. 1013–1020.

9 Die langfristige Wirkung alltäglicher Stressoren auf den Blutdruck: Kunin, C. M.,
   McCormback, R. C. (1968). An epidemiologic study of bacteriurea and blood
   pressure among nuns and working women. New England Journal of Medicine
   278, S. 635–642.

10 Die Messung von alltäglichen Belastungen: Kanner, A. D., Coyne, J. C., Schaever,
   C., Lazarus, R. S. (1981). Comparison of two modes of stress measurement:
   Daily hassles and uplifts versus major life events. Journal of Behavioral Medicine
   4, S. 1–39.
   Miller (1993), S. 161–173. – Monroe, S. M. (1983). Major and minor life events
   as predictors of psychological distress: Further issues and findings. Journal of Behavioral Medicine 6, S. 189–205. – Zarski, J. J. (1984). Hassles and health: A replication. Health Psychology 3, S. 243–251.

11 Arbeitsbezogene Stressoren: Holt, R. R. (1993). Occupational Stress. In: Goldberg, L., Breznitz, S. (eds., 2. ed.): Handbook of stress: theoretical and clinical aspects. New York: The Free press, S. 342–367. – Poppelreuter, S., Mierke, K.
   (²2005). Psychische Belastungen am Arbeitsplatz. Ursachen – Auswirkungen –
   Handlungsmöglichkeiten. Berlin: Erich Schmidt Verlag.

12 Mobbing: Zuschlag, B. (³2001); s. zudem Kapitel 7, Anm. 16.

13 Mobbing-Report: Meschkutat, B., Stackelbeck, M., Langenhoff, G. (2002). Der
   Mobbing-Report – Eine Repräsentativstudie für die Bundesrepublik Deutschland. (Schriftenreihe der Bundesanstalt für Arbeitsschutz und Arbeitsmedizin,
   Forschung, Fb 951). Dortmund: Bundesanstalt für Arbeitsschutz und Arbeitsmedizin.

14 Der Zusammenhang zwischen arbeitsbezogenen Stressoren und Burnout: Hallsten (1993), S. 199–216. – Lee und Ashford (1996).

15 Die Unterscheidung von Belastung und Beanspruchung: Bamberg, E. (1999).
   Psychische Belastungen am Arbeitsplatz: Begriffe und Konzepte. In: Badura, B.,
   Litsch, M., Vetter, C. (Hrsg.): Fehlzeiten-Report 1999. Psychische Belastungen
   am Arbeitsplatz. Zahlen, Daten, Fakten aus allen Branchen der Wirtschaft. Berlin: Springer, S. 45–57.

16 Die transaktionale Stresstheorie von Richard S. Lazarus: Lazarus, R. S. (1998).
   Fifty years of the research and theory of R. S. Lazarus: An analysis of historical and
   perennial issues. Mathway, NJ: Lawrence Erlbaum. – Lazarus, R. S. (1999). Stress
   and Emotion: A new Synthesis. Berlin. Springer Verlag. – Lazarus, R. S. (2000).
   Evolution of a model of stress, coping, and discrete emotions. In: Rice, V. H. (ed.):

Handbook of stress, coping, and health: Implications for nursing research, theory, and practice. Thousand Oaks: Sage Publications, S. 195–222. – Lazarus, R. S., Folkmann, S. (1984). Stress, appraisal, and coping. New York: Springer.

17 Die Beziehung zwischen Stress und Burnout: Burisch, M. ([2]1994).

Justice, B., Gold, R. S., Klein, J. P. (1981). Life events and burnout. Journal of Psychology 108, S. 219–226. – Maslach (1993), S. 19–32. – Paine (ed.) (1982). – Pines, A. M. (1993). Burnout. In: Goldberg, L., Breznitz, S. (eds., 2. ed.). Handbook of stress: theoretical and clinical aspects. New York: The Free Press, S. 386–402.

18 Zum Modell der Person-Umwelt-Passung: Caplan, R. D. (1987). Person-environment fit theory and organizations: Commensurate dimensions, time perspectives, and mechanisms. Journal of Vocational Behavior 31, S. 248–267.

Oldham, G. R., Gordon, B. I. (1999). Job complexity and employee substance abuse: The moderating effects of cognitive ability. Journal of Health and Social Behavior 40, S. 290–306. – Spielberger, C. D., Vagg, P. R., Wasala, C. F. (2003). Occupational stress: Job pressures and lack of support. In: Quick, J. C., Tetrick, L. E. (eds.). Handbook of occupational health psychology. Washington, DC: American Psychological Association, S. 185–200.

19 Berufliche Gratifikationskrise: Siegrist (1999), S. 142–152. – Siegrist (1996); s. zudem Kapitel 7, Anm. 14.

20 Burnout und die Messung von Stresshormonen: Arolt, V., Rothermundt, M. (2005). Psychische Erkrankungen und Immunsystem. Psychotherapie, Psychosomatik, Medizinische Psychologie 55, S. 36–48. – Melamed, S., Ugarten, U., Shirom, A., Kahana, L., Lerman, Y., Froom, P. (1999). Chronic burnout, somatic arousal and elevated salivary cortisol levels. Journal of Psychosomatic Research 46, S. 591–598. – Hellhammer J. (1990). Burnout bei Pflegepersonal – eine endokrinologische Untersuchung. Trier: University of Trier. – Patacchioli, F. R., Angelucci, L., Dellerba, G., Monnazzi, P., Leri, O. (2001). Actual stress, psychopathology and salivary cortisol levels in the irritable bowel syndrome (IBS). Journal of Endocrinological Investigation 24, S. 173–177. – Prüssner, J. C., Hellhammer, D. H., Kirschbaum, C., (1999). Burnout, perceived stress, and cortisol responses to awakening. Psychosomatic medicine 61, S. 197–204. – Schulz, P., Kirschbaum, C., Prüssner, J. C., Hellhammer, D. H. (1997). Increased free cortisol secretion after awakening in chronically stressed individuals due to work overload. Stress Medicine 14, S. 91–97. – Prüssner, J. (1998). Freie Cortisolspiegel am Morgen: Untersuchung zu Anstieg, Stabilität, soziodemographischen und psychologischen Variablen. Göttingen: Cuvillier.

Kapitel 7

1 Hinter dieser Aussage tun sich konzeptuelle Abgründe auf, deren nähere Erörterung Bibliotheken füllen würde. Glücklicherweise sind sie für unsere Standortbestimmung nur bedingt relevant (ab wann ist etwa ein erhöhter Cholesterinspiegel eine Krankheit?); vgl. z. B. Lutz, R., Mark, N. (Hrsg.) (1995): Wie gesund sind Kranke? Göttingen: Verlag für Angewandte Psychologie.

2 Etwa: Müri, W. (1953/1971): Melancholie und schwarze Galle. In: Flashar, H. (Hrsg.): Antike Medizin. Darmstadt: Wissenschaftliche Buchgesellschaft, S. 165–191.

3 Z. B. Herzlich und Pierret (1991), S. 188–193.

4 Lanczik, M., Beckmann, H. (1991): Historical aspects of affective disorders. In: Feighner, J. P., Boyer, W. F. (Hrsg.): The diagnosis of depression. Chichester: John Wiley & Sons, S. 1–15.

5 S. S. 133 ff. sowie zusammenfassend z. B. Ströhle, A. (2003): Die Neuroendokrinologie von Stress und die Pathophysiologie und Therapie von Depression und Angst. Der Nervenarzt 74, S. 279–292.

6 Vgl. Huyse, F. J., Lyons, J. S., Stiefel, F., Slaets, J., de Jonge, P., Latour, C. (2001): Operationalizing the Biopsychosocial Model. Psychosomatics 42, S. 5–13 mit reicher Lit.

7 Wittchen, H. U. (1994): Klassifikation. In: Stieglitz, R. D., Baumann, U. (Hrsg.): Psychodiagnostik psychischer Störungen. Stuttgart: Enke, S. 47–63; ICD-10 s. Dilling, H. (Hrsg.) (2005): Internationale Klassifikation psychischer Störungen, ICD-10 Kapitel V (F). Klinisch-diagnostische Leitlinien (5. Aufl.), Bern: Hans Huber; American Psychiatric Association (Hrsg.) (⁴1991): Diagnostic and Statistical Manual of Mental Disorders. Washington, DC: American Psychiatric Association. Zur Neurasthenie in China: Kleinman, A. (2004): Culture and Depression. N Engl J Med 351, S. 951–953.

8 Etwa: Henningsen, P., Rüger, U., Schneider, W. (2001): Die Leitlinie «Ärztliche Begutachtung in der Psychosomatik und Psychotherapeutischen Medizin – Sozialrechtsfragen». Versicherungsmedizin 53, S. 138–141; Hausotter, W. (2002): Begutachtung somatoformer und funktioneller Störungen. München, Jena: Urban & Fischer; Verband deutscher Rentenversicherungsträger (Hrsg.) (⁶2003): Sozialmedizinische Begutachtung für die gesetzliche Rentenversicherung. Berlin/Heidelberg: Springer.

9 Linden, M. (2002): The posttraumatic embitterment disorder. Psychother Psychosom 72, S. 195–202; Schippan, N., Baumann, K., Linden, M. (2004): Weisheitstherapie – kognitive Therapie der posttraumatischen Verbitterungsstörung. Verhaltenstherapie 14, S. 284–293.

10 Wittchen, H.-U., Nelson, C. B., Lachnert, G. (1998): Prevalence of mental disorders and psychological impairments in adolescents and young adults. Psychological Medicine 28, S. 109–126; Jacobi, F., Klose, M., Wittchen H.-U. (2004): Psychische Störungen in der deutschen Allgemeinbevölkerung: Inanspruchnahme von Gesundheitsleistungen und Ausfalltagen. Bundesgesundheitsbl – Gesundheitsforsch – Gesundheitsschutz 8, S. 736–744.

11 Schaarschmidt und Fischer (2001); Schaarschmidt, U. (Hrsg.) (2004). Halbtagsjobber? Psychische Gesundheit im Lehrerberuf – Analyse eines veränderungsbedürftigen Zustandes. Weinheim und Basel: Beltz.

12 Kieschke, U. (2003): Arbeit, Persönlichkeit und Gesundheit. Beiträge zu einer Differentiellen Psychologie beruflichen Belastungsgeschehens. Berlin: Logos.

13 Richter, G. (1999): Innere Kündigung. Modellentwicklung und empirische Be-

funde aus einer Untersuchung im Bereich der öffentlichen Verwaltung. Z Personalforsch 13, S. 113–138; Schmitz, E., Gayler, B., Jehle, P. (2002). Gütekriterien und Strukturanalyse zur inneren Kündigung, Z Personalforsch 16(1), S. 39–61; Schmitz, E., Jehle, P., Gayler, B. (2004): Innere Kündigung im Lehrerberuf. In: Hillert, A., Schmitz, E. (Hrsg.): Psychosomatische Erkrankungen bei Lehrerinnen und Lehrern. Stuttgart: Schattauer, S. 51–68.

14 Siegrist, J. (1996): Soziale Krisen und Gesundheit. Göttingen: Hogrefe; Peter, R. (2002): Berufliche Gratifikationskrisen und Gesundheit. Psychotherapeut 47, S. 386–398; Larisch, M., Joksimovic, L., Knesebeck, O. v. d., Starke, D., Siegerist, J. (2003): Berufliche Gratifikationskrisen und depressive Symptome: Eine Querschnittsstudie bei Erwerbstätigen im mittleren Erwachsenenalter. Psychother Psychosom Med Psychol 53, S. 223–228.

15 McNally, S. T., Newman, S. (1999): Objective and subjective conceptualisations of social support. Journal of Psychosomatic Research 46, S. 309–314; Kretschmer, A. (2004): Soziale Netzwerke von Lehrern: Konzepte, Evaluationsmethoden, Ergebnisse. In: Hillert, A., Schmitz, E. (Hrsg.): Psychosomatische Erkrankungen bei Lehrerinnen und Lehrern. Stuttgart: Schattauer, S. 184–193; s. Kapitel 11, Anm. 8.

16 Zapf, D. (1999): Mobbing in Organisationen – Ein Überblick zum Stand der Forschung. Zeitschrift für Arbeits- und Organisationspsychologie, 43, S. 1–25; Zapf, D., & Gross, C. (2001): Conflict escalation and coping with workplace bullying: A replication and extension. European Journal of Work and Organizational Psychology, 10, S. 497–522; Zapf, D. (2004): Mobbing in Organisationen. Wissenschaftliche und konzeptionelle Grundlagen. In: Schwickerath, J., Carls, W., Zielke, M., Hackhausen, W. (Hrsg.): Mobbing am Arbeitsplatz – Grundlagen, Beratungs- und Behandlungskonzepte. Lengrich: Pabst, S. 11–35; Zapf, D., Groß, C. (³2004): Mobbing. In: E. Gaugler, W.,Oechsler, A.,Weber, W. (Hrsg.), Handwörterbuch des Personalwesens Stuttgart: Schäffer-Poeschel, S. 1263–1270; Zapf, D. (2004): Mobbing. In: Steffgen, G. (Hrsg.): Betriebliche Gesundheitsförderung. Problemzentrierte psychologische Interventionen. Göttingen: Hogrefe; zudem S. 143 f. Anm. 13.

17 Aust, B., Peter, R., Siegerist, J. (1997): Stress management in bus drivers: a pilot study based on the model of effort-reward imbalance. Int J Stress Management 3, S. 297–305.

18 Ob bzw. inwieweit dies richtig oder falsch ist, ist eine Frage des Standpunktes. Was nützt es, die reine Lehre zu vertreten, wenn diese Botschaft nicht ankommt, zumal auch Ärzte und Therapeuten Geld verdienen müssen und von ihren Patienten geliebt werden wollen; auf diesbezügliche Belegstellen – die es reichlich gibt – wurde verzichtet. Auch außerhalb der Burnout-Thematik – bzw. ohne Versuch, inhaltliche Bezüge differenziert zu diskutieren – sind diverse Terminologien verschmelzende, unkritische Ansätze prominent vertreten z. B. Benkert, O. (2005): StressDepression. Die neue Volkskrankheit und was man dagegen tun kann. München: Beck.

19 Weber, A. (1998): Sozialmedizinische Evaluation gesundheitlich bedingter Früh-

pensionierungen von Beamten des Freistaates Bayern. Stuttgart: Gentner; Weber,
A., Weltle, D., Lederer P. (2002): Zur Problematik krankheitsbedingter Frühpen-
sionierungen von Gymnasiallehrkräften. Versicherungsmedizin 54, S. 75–83;
Weber, A., Weltle, D., Lederer, P. (2004). Frühinvalidität im Lehrerberuf: Sozial-
und arbeitsmedizinische Aspekte. Deutsches Ärzteblatt 101, 13, A 850–859.

Kapitel 8

1 Deutsches Institut für Normung (Hrsg.) (2003): Ergonomische Grundlagen bezüglich psychischer Arbeitsbelastung. DIN WN ISO 10075–3, Entwurf 2003,
   Berlin: Beuth; R. Wieland (2003): Verfahren zur Ermittlung psychischer Belastungen nach DIN EN ISO 10075, Teil 3 – eine Betrachtung aus arbeitspsy-
   chologischer Perspektive. Bergische Universität Wuppertal; Normenausschuss
   Ergonomie (FNErg) im DIN Deutsches Institut für Normung e. V. (2003): Ergonomische Grundlagen bezüglich psychischer Arbeitsbelastung. Teil 3: Prinzipien
   und Anforderungen für die Messung und Erfassung psychischer Arbeitsbelastung. Deutsche Fassung ptRN ISO 10075–3:2002.
2 Vgl. Labisch, A. (1992): Homo Hygienicus. Gesundheit und Medizin in der Neuzeit. Frankfurt/New York: Campus; Zitterbarth, W. (1995): Gesundheit als gesellschaftliches Konstrukt. In: R. Lutz, N. Mark (Hrsg.): Wie gesund sind Kranke?
   Göttingen: Verlag für angewandte Psychologie, S. 27–40.
3 Nachdem Burnout unter diesem Namen ein Kind des ausgehenden 20. Jahrhunderts ist, suchen wir nach leicht- bis mittelschwer depressiv gefärbten Zustandsbildern, mit Symptomen wie Erschöpfung, Kraft- und Antriebslosigkeit sowie negativer Einschätzung der eigenen Fähigkeiten und/oder als körperliche
   Beeinträchtigungen erlebte Phänomene ebenfalls leicht bis mittelschweren Ausmaßes. Diese Konstellationen sollten vornehmlich im Kontext von Überlastun-
   gen durch Arbeit und Beruf auftreten. Gab es solche Konstellationen nicht schon
   immer? Es würde uns doch sehr wundern, wenn nicht. So nahe liegend dies auch
   erscheinen mag, so unmöglich lässt es sich im Einzelfall beweisend klären; vgl.
   Shorter (1994), S. 35 ff.
4 Zusammenfassend: Bierwisch, M. (2003): Arbeit in verschiedenen Epochen und
   Kulturen – Einleitende Bemerkungen. In: Bierwisch, M., Die Rolle der Arbeit in
   verschiedenen Epochen und Kulturen. Berlin: Akademie Verlag, S. 7–18.
5 Schneider, H. D. (1977): Shabtis. An Introduction to the History of Ancient
   Egyptian Funerary Statuettes with a Catalogue of the Collection of Shabtis in the
   National Museum of Antiquities at Leiden, Bd. I–III, Leiden; zur Funktion vgl.
   Hornung, E. (1979): Das Totenbuch der Ägypter, Zürich/München, S. 47 f.
6 Vgl. Berg, S., Rolle, R., Seemann, H. (1981): Der Archäologe und der Tod.
   Archäologie und Gerichtsmedizin. München, Luzern: Bucher, S. 57 ff. mit Lit.
7 Vgl. Köllmann, W. (1978): Aus dem Alltag der Unterschichten in der Vor- und
   Frühindustrialisierungsphase. In: Reulecke, J., Weber, W. (Hrsg.): Fabrik, Familie,
   Feierabend. Beiträge zur Sozialgeschichte des Industriezeitalters. Wuppertal:
   Peter Hammer.

8 Zusammenfassend: Meier, Ch. (2003): Griechische Arbeitsauffassungen in ar-
   chaischer und klassischer Zeit. In: Bierwisch, M., Die Rolle der Arbeit in verschiedenen Epochen und Kulturen. Berlin: Akademie Verlag, S. 19–76; zum
   Sport vgl. Decker, W. (1995): Sport in der griechischen Antike. München: Beck;
   Sinn, U. (Hrsg.) (1996): Sport in der Antike. Wettkampf, Spiel und Erziehung im
   Altertum. Würzburg: Ergon; zuletzt: Lockender Lorbeer, Ausstellung Antiken-
   sammlung München 2004.

9 Diokles von Karystos lebte um die Mitte des 4. Jhdt.s v. Chr., Fragmente seiner
   Schrift «Die gesunde Lebensweise» haben sich in einem Sammelwerk des
   Oreibasios, Leibarzt des Kaisers Julianus im 4. Jhdt. n. Chr., erhalten: «Nach dem
   zweiten Frühstück soll man sich, ohne viel Zeit verstreichen zu lassen, an einem
   schattigen oder kühlen, windgeschützten Platz zur Ruhe niederlegen; nach dem
   Erwachen soll man sich etwas um die eigenen geschäftlichen Angelegenheiten
   kümmern und spazieren gehen, nachdem man spazieren gegangen ist und sich
   zuvor ein wenig ausgeruht hat, sich zur Übungsstätte begeben … Zur Hauptmahlzeit muss man mit leerem Magen und ohne unverdaute Rückstände der zuvor genossenen Speisen gehen; dies wird man wohl am besten an der Geruchlo-
   sigkeit und dem Ausbleiben der Rülpser sowie an der Weichheit und dem
   deutlichen Umriss von Ober- und Unterbauch erkennen, außerdem auch daran,
   dass man ein triebhaftes Verlangen nach Essen hat. Es ist zweckmäßig, im Sommer kurz vor Sonnenuntergang Weizenbrot, Gemüse und Gerstenbrot als
   Hauptmahlzeit zu essen. Rohes Gemüse … Es dürfte aber nichts daran hindern,
   auch von den übrigen Speisen diejenigen zu sich zu nehmen, auf die man Appetit hat, sofern sie nicht die Kräfte enthalten, die den vorhergenannten entgegen-
   gesetzt sind.» Übersetzung J. Kollesch, D. Nickel (1981): Antike Heilkunst. Leipzig: Reclam; vgl. Krug, A. (²1993): Heilkunst und Heilkult. Medizin in der Antike.
   München: Beck, S. 49 f.

10 Vgl. Zimmer, G. (1982): Römische Berufsdarstellungen. Archäologische Forschung Bd. 12 (zu den sich offen zu ihrem Beruf und ihrem damit erarbeiteten
   Sozialprestige bekennenden Freigelassenen); Hillert, A. (1990): Antike Ärzte-
   darstellungen. Frankfurt/Bern: Peter Lang, S. 102 ff.

11 Vgl. Kocka, J. (1993): Arbeit als Problem der europäischen Geschichte. In: Bierwisch, M., Die Rolle der Arbeit in verschiedenen Epochen und Kulturen. Berlin:
   Akademie Verlag, S. 77–92.

12 Z. B. Herzlich und Pierret (1991), S. 17 ff.

13 Ackerknecht (1985), S. 28 ff. mit Lit.

14 Th. Sydenham ist heute vor allem durch die nach ihm benannte neurologische
   Erkrankung, Chorea Sydenham, bekannt. Farrau und Cohn (1984), S. 72 («dis-
   turbance of the spirits»); Ackerknecht (1985), S. 29 ff.; vgl. Shorter (1994),
   S. 31 ff.

15 Vgl. Henning, F.-W. (1976): Humanisierung und Technisierung der Arbeitswelt.
   In: Reulecke, J., Weber, W. (Hrsg.): Fabrik Familie Feierabend. Beiträge zur So-
   zialgeschichte des Alltags im Industriezeitalter. Wuppertal: Peter Hammer,
   S. 57–88; Kocha, J. (1990): Arbeitsverhältnisse und Arbeiterexistenzen. Grund-

lagen der Klassenbildung im 19. Jahrhundert. Bonn; vgl. Kittner, M. (2005): Arbeitskampf. Geschichte Recht Gegenwart. München: Beck.

16 Beard, G. M. (1869): Neurasthenia, or Nervous Exhaustion, Boston Medical and Surgical Journal 3, S. 217–220; Beard, G. M. (1881): American Nervousness. Its Causes and Consequences. A Supplement to Nervous Exhaustion (Neurasthenia). New York. Zusammenfassend: Radkau, J. (1998): Das Zeitalter der Nervosität. Deutschland zwischen Bismarck und Hitler. München/Wien; Hofer (2004), S. 45 ff.

17 Hofer (2004), S. 82 ff.; zur Popularität des Konzeptes vgl. Frey, L. (1892): Über die Nervosität unseres Jahrhunderts. Wien; vgl. Eckart, W. U. (1997): «Die wachsende Nervosität unserer Zeit». Medizin und Kultur um 1900 am Beispiel einer Modekrankheit. In: Hübinger, G., vom Bruch, R., Graf, F. W. (Hrsg.): Kultur und Kulturwissenschaften um 1900, Bd. II: Idealismus und Positivismus. Stuttgart, S. 208 ff.; Sigmund Freud plante ein «Neurasthenieprojekt», wobei er hinter dem Phänomen, im Gegensatz zu Beards breitem Ansatz, eine sexuelle Problematik der Betroffenen vermutete, s. hierzu: Schröter, M. (1988): Freud und Fließ im wissenschaftlichen Gespräch. Das Neurasthenie-Projekt von 1893. In: Jahrbuch der Psychoanalyse 22, S. 141–183.

18 Kraepelin, E. ([6]1899): Psychiatrie. Bd. 1, Leipzig: Barth-Verlag, S. 71 f. (Die Ursachen des Irreseins).

19 Löwenfeld, L. ([4]1904): Die moderne Behandlung der Nervenschwäche (Neurasthenie), der Hysterie und verwandter Leiden. Wiesbaden, S. 6.

20 Kraus, F. ([3]1905): Psychoneurosen, zentrale und vasomotorisch-trophische Neurosen. In: Mering, J. v. (Hrsg.): Lehrbuch der Inneren Medizin, Jena: Gustav Fischer, S. 914, zur Neurasthenie ebendort S. 907–916.

21 Hofer (2004), S. 153.

22 Herzlich und Pierret (1991), S. 40 ff.; Häner-Rombach, S. (1998): Von der Aufklärung zur Ausgrenzung. Folgen der bakteriologischen Krankheitserklärung am Beispiel der Tuberkulose. In: Roessiger, S., Merk, H. (Hrsg.): Hauptsache gesund! Gesundheitsaufklärung zwischen Disziplinierung und Emanzipation. Marburg: Jonas, S. 59–76.

23 Anonym ([7]1924): Elektro-Galvanische Heilkunde. Ein Handbuch zur Selbstbehandlung für Kranke und Gesunde. Furtwangen: Wohlmuth-Verlag: «Behandlung: Täglich eine allgemeine Sitzung mit Fußbad. Die Wasserelektrode kommt in das Fußbad, jedoch ohne Strom zu wenden. Daneben gleichzeitig Spezialanwendung. Die Nackenelektrode wird mit der grünen Schnur (Kathode) verbunden und im Nacken angebracht, die Wasserelektrode, verbunden mit der roten Schnur (Anode), kommt in das Handbad. Stellung nur auf N. Stromstärke 1 MA. Sitzungsdauer 10 Min.»

24 Hillert, A., Schmitz, E. (2004): Psychosomatische Erkrankungen bei Lehrerinnen und Lehrern. Stuttgart: Schattauer, S. 4–6 mit Lit.

25 Meyers Konversationslexikon ([4]1890), 12. Band, S. 61 f.

26 Kobler, G. (1903): Die Neurasthenie bei der Landbevölkerung mit besonderer Rücksicht auf die bosnische bäuerliche Bevölkerung. In: WMW 53, Sp. 1237–

1240. Der als Internist und Direktor des Landesspitals in Sarajevo tätige Geza Kobler stellte fest, dass die keineswegs im Brennpunkt des Fortschrittes lebende Landbevölkerung in Bosnien und der Herzegowina unter Symptomkomplexen litt, die praktisch nicht von Neurasthenie unterscheidbar waren. Offenbar konnte auch die triste Existenz in der rückständigen Provinz zur Ermüdung und Erschöpfung von Nerven führen. Beards Konzept wäre damit auf den Kopf gestellt respektive aus den sozialen Angeln gehoben worden.

27 Dilling, Mombour und Schmidt (1991), S. 180.

28 Es ist nicht auszuschließen, dass Menschen, die sich jetzt und heute als «ausgebrannt» erleben und den Satz: «So schlimm waren die Belastungen vorher nie, ich kann einfach nicht mehr» unterschreiben, die historischen Klimmzüge dieses Kapitels weder als tröstend noch anderweitig als hilfreich erleben. Mitunter werden Relativierungen historischer Art als Versuch, individuelle Leiden zu bagatellisieren, empfunden. So ist dieses Kapitel dezidiert nicht gemeint! Mitunter kann ein relativierender Abgleich der eigenen Situation aber durchaus entspannende Qualität haben. «Herr Doktor, am meisten hat mir geholfen …, als ich gesehen habe, dass es anderen auch nicht besser oder sogar schlechter geht.» Dies ist zwar nicht unbedingt Therapie im Sinne etablierter Therapiemethoden, es kann aber helfen, Druck und Stress zu reduzieren. Und seine Situation in einem anderen, weiteren Kontext sehen zu können ist geradezu ein Merkmal einer jüngst propagierten, bereits als Begriff verlockend klingenden «Weisheitstherapie».

Kapitel 9

1 Kuhn (2002), S. 342 ff.; vgl. Kiper, M. (2000): Organisation des betrieblichen Arbeitsschutzes und Arbeitschutzmanagementsysteme. Bremerhaven: Wirtschaftsverlag NW; Rudow (2004), S. 324 ff.

2 Z. B. Kocka, J. (2003): Arbeit als Problem der europäischen Geschichte. In: Bierwisch, M., Die Rolle der Arbeit in verschiedenen Epochen und Kulturen. Berlin: Akademie Verlag, S. 77–92.

3 Bundesministerium für Arbeit, Bundesministerium für Forschung und Technologie (Hrsg.) (1987): Forschung zur Humanisierung des Arbeitslebens, Bonn («erweitertes arbeitsorientiertes Innovationsverständnis»); Fricke, W. (1999): Dreißig Jahre Humanisierung der Arbeit in Deutschland – eine Bilanz. In: Arbeitsstelle des Oswald-von-Nell-Breuning-Hauses (Hrsg.): Hauptsache Gesund! Gesellschaftliche Widersprüche um Arbeit und Gesundheit. Münster/Hamburg: LIT, S. 11–23; Kastner, M., Vogt, J. (Hrsg.) (2001): Strukturwandel in der Arbeitswelt und individuelle Bewältigung. Lengerich: Pabst.

4 Kissler, L. (1994): Partizipation als Ethikproblem. Eine Annäherung auf der Grundlage der Beteiligungspraxis in der deutschen und französischen Automobilindustrie. In: Forum für Philosophie (Hrsg.): Markt und Moral. Bern: Haupt, S. 309–350, insb. S. 314; zur Diskussion um Fragen der Wirtschaftsethik allgemein s. umfassend: Korff, W., Baumgartner, A., Franz, H., et al. (Hrsg.) (1999): Handbuch der Wirtschaftsethik. Gütersloh: Verlagshaus; Maak, Th., Lunau,

Y. (Hrsg.) (1998): Weltwirtschaftsethik. Globalisierung auf dem Prüfstand der Lebensdienlichkeit. St. Galler Beiträge zur Wirtschaftsethik, Bd. 20, Bern/Stuttgart: Haupt; Fischer, P., Hubig, C., Koslowski, P. (Hrsg.) (2003): Wirtschaftsethische Fragen der E-Economy. Heidelberg: Physica.

5 Z. B. Gomez, P., Rüegg-Stürm, J. (1997): Teamfähigkeit aus systemischer Sicht – zur Bedeutung und den organisatorischen Herausforderungen von Teamarbeit. In: Klimecki, R., Remer, A. (Hrsg.): Personal als Strategie. Neuwied: Luchterhand, S. 136–157; Wunder, R. (2000): Führung und Zusammenarbeit. Eine unternehmerische Führungslehre. Neuwied: Luchterhand.

6 Hammer, M., Champy, J. ([4]1994): Business Reengineering. Die Radikalkur für das Unternehmen. Frankfurt/New York Campus.

7 Frey, B. (1997): Markt und Motivation. Wie ökonomische Anreize die (Arbeits-) Moral verdrängen. München: Vahlen; Frey, B., Osterloh, M. (Hrsg.) (2002): Successful Management by Motivation – Balancing Intrinsic and Extrinsic Incentives. Berlin/Heidelberg: Springer, insb. S. 64 ff.; Rosenstiel, L. v. (2003): Motivation managen. Weinheim: Beltz.

8 Vgl. Sennett (1998), S. 159 ff.

9 Bundesministerium für Wirtschaft und Arbeit (Hrsg.): Die wirtschaftliche Lage der Bundesrepublik Deutschland. Monatsberichte unter: www.bmwa.nund.de.

10 Fiedler (1999), S. 1 ff.; Rüegg-Stürm, J. ([7]2000): Controlling für Manager: Grundlagen, Methoden, Anwendungen. Zürich: NZZ.

11 Vgl. Sennett (1998), S. 147 ff.; Jansen, R. (1999): Arbeitsbelastungen und Arbeitsbedingungen. In: Badura, B., Litsch, M., Vetter, C. (Hrsg.): Fehlzeiten-Report 1999. Berlin/Heidelberg: Springer, S. 5–30.

12 Vgl. Reich (1993) S. 189 ff.

13 Fiedler (1998), S. 180.

14 Fiedler (1998), S. 182.

15 Kuhn (2002), S. 348 ff.; Bröder, P. (2002): Flexibilität, Arbeitsbelastung und nachhaltige Arbeitsgestaltung. In: Bröder, P., Knuth, M. (Hrsg.): Nachhaltige Arbeitsgestaltung. Trendreports zur Entwicklung und Nutzung von Humanressourcen. München und Mehring: Hampp, S. 490–541; Garhammer, M. (2004): Auswirkungen neuer Arbeitsformen auf Stress und Lebensqualität. In: Badura, B., Schellschmidt, B., Vetter, C. (Hrsg.): Fehlzeiten-Report 2003. Heidelberg: Springer, S. 45–74;

16 Rösing (2003), S. 52 ff.; vgl. S. 104 ff.

17 Jacobi, F. (2005): Der Zusammenhang von Arbeitsbedingungen und psychischen Störungen aus epidemiologischer Perspektive. In: Bundesanstalt für Arbeitsschutz und Arbeitsmedizin (Hrsg.): Arbeitsbedingte depressive Störungen. Bremerhaven: Wirtschaftsverlag NW, S. 7–16.

18 Redmann, A., Rehbein, I. (2000): Gesundheit am Arbeitsplatz. Eine Analyse von mehr als 100 Mitarbeiterbefragungen des WIdO 1995–1998. Bonn: Wissenschaftliches Institut der AOK. Nebenbefundlich ergab sich, dass (nur?) etwa ein Drittel aller Befragten Interesse an Kursen zum Thema Stressbewältigung haben.

19 www.bkk.de; vgl. Techniker Krankenkasse (Hrsg.): Gesundheitsreport 2003. Ar-

beitsfähigkeiten und Arzneimittelverordnungen. Schwerpunkt: Depressive Erkrankungen. Hamburg (www.tk-online.de), S. 34 ff.

20 www.presse.dal.de.

21 Vgl. Wittchen, H. D., Jacobi, F. (2001): Die Versorgungssituation psychischer Störungen in Deutschland – eine klinisch-epidemiologische Abschätzung anhand des Bundesgesundheitssurveys 1998. Bundesgesundheitsblatt – Bundesgesundheitsforschung – Gesundheitsschutz, 10, S. 993–1000.

22 www.eurofound.de.

23 Akerstedt, T., Knutsson, A., Westerholm, P., Theorell, T., Alfredsson, L., Kecklund, G. (2002): Sleep disturbances, work stress and work hours. A cross-sectional study. Journal of Psychosomatic Research 53, S. 741–748.

24 Wenn etwa Schichtarbeit tatsächlich zu vermehrten psychosomatischen Belastungen führte, dann müssten Personen, die neu mit Schichtarbeit beginnen, kränker und solche, die Schichtarbeit zugunsten üblicher Arbeitszeiten aufgeben, gesünder werden. Ebendies ließ sich im Sinne eines Experiments testen.

25 Arbeitsbelastung wurde dabei meist anhand des Modells von Karasek und Theorell abgebildet. Danach bedeutet die Kombination von hohem Arbeits- bzw. Leistungsdruck und gleichzeitig niedrigen Kontrollmöglichkeiten höhere Stressbelastung als andere Konstellationen (hohe Belastung – hohe Kontrolle, niedrige Belastung – hohe Kontrolle, niedrige Belastung – niedrige Kontrolle): Karasek, R. A. (1979): Job demands, job decision latitude and mental strain: implications for job redesign. Adm Q Sci 24, S. 285–306; Karasek, R. A., Theorell, T. (1990): Healthy work. New York: Wiley; Theorell, T., Karasek R. A. (1996): Current issues relating to psychosocial job strain and cardiovascular disease research. Journal of Occupational and Health Psychology 1, S. 9–26.

26 Tennant (2001), S. 697–704.

27 Linton, S. J. (2004): Does work stress predict insomnia? A prospective study. Br J Health Psychol 9, S. 127–136; Wang, J. (2005): Work stress as a risk factor for major depressive episode(s). Psychological Medicine 25, S. 865–871; Siegrist, J., Rödel, A. (2005): Chronischer Distress im Erwerbsleben und depressive Störungen: epidemiologische und psychobiologische Erkenntnisse und ihre Bedeutung für die Prävention. In: Bundesanstalt für Arbeitsschutz und Arbeitsmedizin (Hrsg.): Arbeitsbedingtheit depressiver Störungen. Wirtschaftsverlag NW, S. 27–37.

28 Stansfeld, S. A., Fuhrer, R., Head, J., Ferrie, J., Shipley, M. (1997): Work and psychiatric disorder in the Whitehall II study. Journal of Psychosomatic Research 43, S. 73–81.

29 Z. B. Vahtera, J., Kivimäki, M., Uutela, A., Pentti, J. (2000): Hostility and ill health: role of psychosocial resources in two contexts of working life. Journal of Psychosomatic Research 48, S. 89–98.

30 Vgl. Vincent, N. K., Walker, J. R. (2000): Perfectionism and chronic insomnia. Journal of Psychosomatic Research 49, S. 349–354.

31 Burke, R. J. (2000): Workaholism in organizations: psychological and physical well-being consequences. Stress Med 16, S. 11–16.

32 Siehe Kapitel 7, Anm. 16.

33 Neben der inhaltlichen Parallelität in den Befragungen rechtfertigen zahlreiche Untersuchungen zu Rückenschmerzen, diese in weiten Bereichen als Äquivalente von Stress und seelischen Belastungen zu interpretieren. So korrelieren nicht orthopädische Befunde, einschließlich der Röntgenbilder, mit der Prognose von Rückenschmerzen, sondern Art und Ausmaß von Depressivität und psychischer Belastung. Vgl. de Gucht, V., Fischler, B. (2002): Somatization: A critical review of conceptual and methodological issues. Psychosomatics 43, S. 1–9.

34 Kieselbach, T. (1999): Psychosoziale Folgen der Arbeitslosigkeit: Perspektiven eines zukünftigen Umgangs mit beruflichen Transitionen. In: Badura, B., Litsch, M., Vetter, C. (Hrsg.): Fehlzeiten-Report 1999. Berlin/Heidelberg: Springer, S. 107–127. Roy-Byrne, P. P., Russo, J., Cowley, D. S., Katon, W. J. (2003): Unemployment and emergency room visits predict poor treatment outcome in primary care panic disorder. J Clinical Psychiatry 64, 383–389; zuletzt: Hollederer, A., Brand, H. (Hrsg.) (2006): Macht Arbeitslosigkeit krank – oder Krankheit arbeitslos? Bern: Hans Huber; zur Perspektive der Betroffenen vgl. Langmaack, B. (1997): Ungeplanter Ruhestand. Zum konstruktiven Umgang mit dem frühzeitigen Ausscheiden aus dem Erwerbsleben. Stuttgart: Klett-Cotta.

35 Henkel, O. (2002): Die Ethik des Erfolgs. Spielregeln für die globalisierte Gesellschaft. München: Econ, S. 235 ff.; vgl. z. B. Beutel, M., Kayser, E., Kehde, S., Dommer, T., Bleichner, F., Schlüter, K., Baumann, J. (2000): Berufliche Belastungen, psychosomatische Beschwerden und Lebenszufriedenheit in der zweiten Hälfte des Berufslebens. Psychotherapeut 45, S. 72–81.

Kapitel 10

1 Brownell, K. D., Fairburn, Ch. G. (Hrsg.) (1995): Eating Disorders and Obesity. Guilford Press: New York, London; Cuntz, U., Hillert, A. (^{3}2003) Essstörungen. Ursachen, Symptome, Therapie. Beck: München; Fichter, M. M., Schweiger, U., Krieg, C., Pirke, K.-M., Ploog, D., Remschmidt, H. (2000). Behandlungsleitlinie Essstörungen. Darmstadt: Steinkopf.

2 Zum Schleudertrauma zusammenfassend: Malleson, A. (2004): Whiplash and other usefull illnesses. Montreal: McGill-Queen's University Press; zur Gutachtenfrage s. Hausotter, W. (2002): Begutachtung somatoformer und funktioneller Störungen. München/Jena: Urban & Fischer; Verband Deutscher Rentenversicherungsträger (Hrsg.) (^{6}2003): Sozialmedizinische Begutachtung für die gesetzliche Rentenversicherung. Berlin/Heidelberg: Springer; vgl. Hillert, A., Schmitz, E. (2004): Psychosomatische Erkrankungen bei Lehrerinnen und Lehrern. Stuttgart: Schattauer, S. 276–278.

3 Zur Neuroplastizität u. a. Braun, K., Bogerts, B. (2001): Erfahrungsgesteuerte neuronale Plastizität. Bedeutung für Pathogenese und Therapie psychischer Erkrankungen. Nervenarzt 72, S. 3–10.

4 Vgl. Ring, J., Gabriel, G., Vieluf, D. (1991): «Klinisches Ökologie-Syndrom» («Öko-Syndrom»); polysomatische Beschwerden bei subjektiver Allergie gegen Umweltschadstoffe. MMW 133, S. 50–55; Neuhann, H. F., Hodapp, V., Rein-

schmidt, U. (1996): Umweltbesorgnis bei Klienten einer Umweltmedizinischen Beratungsstelle. Gesundheitswesen 58, S. 477–481; Lepp, U., Birke, R., Schlaak, M. (1997): Selbstdiagnose «Nahrungsmittelallergie»: Grund zu differenzierter Diagnostik. Allergo Journal, 6, S. 412–416; Wassermann, O. (1998): Zur Frage der toxikologischen Äquivalente der MCS. Zeitung für Umweltmedizin 6, S. 16–19; Nasterlack, M. (1998): MCS, CFS, FMS, SBS und andere «moderne» Erkrankungen. Versicherungsmedizin 50, S. 99–103; Hillert, A., Hoegl, L., Marwitz, M., Grässler, T., Fichter, M. M., Ring, J. (2000): Nahrungsmittelallergien: Allergologische und verhaltenstherapeutische Konzepte – konzeptuelle Bruchstellen und Perspektiven anhand einer exemplarischen Kasuistik. Allergo-Journal 9, S. 280–287; Bornschein, S., Hausteiner, C., Zilker, Th., Bickel, H., Förstl, H. (2000): Psychiatrische und somatische Morbidität bei Patienten mit vermuteter Multiple Chemical Sensitivity (MCS). Nervenarzt 71, S. 737–744 – hier erfüllten u. a. 53 % der Patienten die Diagnosekriterien einer somatoformen Störung; zuletzt Brand, S., Heller, P., Huss, A. et al. (2005): Seelische Belastung bei Menschen mit umweltbezogenen Störungen. Nervenarzt 76, S. 36–42.
Eine weitere, häufig als Ursache komplexer Symptomkonstellationen vermutete Ursache sind Pilzinfektionen, etwa: Guzek, G., Lange, E. ([20]1997): Pilze im Körper. Krank ohne Grund? München: Südwest Verlag, S. 13. «Bei vielfältigen ‹Wehwelchen› ohne erkennbare Ursache ist schnell die Diagnose ‹psychosomatische Beschwerden› gestellt. Das schließt eine Pilzinfektion aber keineswegs aus. Stress und Kummer schwächen die Abwehr und machen es Pilzen leicht, sich einzunisten.» Das Buch verspricht dementsprechend:
– Abgeschlagenheit, Übergewicht, Depressionen, Verdauungsstörungen und Hautprobleme wirksam zu behandeln
– Die wichtigsten Nahrungsmittel und Getränke sowie schmackhafte Rezepte für die Heildiät gegen Pilze.
5 Jason, L. A., Fenell, P. A., Taylor, R. R. (Hrsg.) (2003): Handbook of Chronic Fatigue Syndrome. Chichester: John Wiley & Sons; Akerstedt, T., Knutson, A., Weterholm, P., Theorell, T., Alfredsson, L., Kecklund, G. (2004): Mental fatigue, work and sleep. Journal of Psychosomatic Research 57, S. 427–433; Shapiro, C. M. (2004): Chronic fatigue – chronically confusing but growing information. Journal of Psychosomatic Research 56, S. 153–155 (Themenheft!); Gaab, J., Ehlert, U. (2005): Chronische Erschöpfung und Chronisches Erschöpfungssyndrom. Göttingen / Bern: Hogrefe.
Hinsichtlich des – trotz extensiver Bemühungen – fehlenden Nachweises körperlicher Ursachen und hochgradiger Beeinträchtigung der Betroffenen bestehen Parallelen zur «Fibromyalgie»: Zurowski, M., Shapiro, C. (2004): Stress, fibromyalgia, and sleep. Journal of Psychosomatic Research 57, S. 415–416; Cleare, A. J. (2004): Stress and fibromyalgia – what is the link? Journal of Psychosomatic Research 57, S. 423–426.
6 Fukuda, K., Straus, S. E., Hickie, I., Sharpe, M. C., Dobbins, J. G., Komaroff, A. (1994): The chronic fatigue syndrome: a comprehensive approach to its definition and study. International chronic fatigue syndrome study group. Annals of In-

ternal Medicine, 121, S. 953–959; vgl. Kisely S., Goldberg, D., Simon, G. [1997]: A comparison between somatic symptoms with and without clear organic cause: results of an international study. Psychological Medicine 27, S. 1011–1019.

7   Shepherd, C. (2004): Myalgische Enzephalopathie (ME), Chronisches Erschöpfungssyndrom (CFS). Ein Leitfaden zur Forschung, Diagnose und Behandlung. Schriftenreihe des Fatigatio e. V., Bundesverband Chronisches Erschöpfungssyndrom Nr. 12, Berlin.

8   Westman, M. (2001): Stress and strain crossover. Human Relations 54, S. 717–752.

9   Wir wollen durchaus niemanden unnötig verunsichern. Aber nur so wird spürbar, in welch hohem Maße Krankheitsmodelle von den im jeweiligen gesellschaftlichen Kontext vertretenen Grundannahmen abhängig sind. Naturwissenschaftlich gesehen, ist die Infektions- und die Umweltgifthypothese von Burnout unhaltbar und unsinnig. Allerdings bleibt auch der Nachweis, dass diese Faktoren im Einzelfall sicher keine Bedeutung haben, unmöglich.

10 So hindert z. B. die Annahme eines durch eine körperliche Ursache bedingten Fatigue-Syndroms Betroffene daran, die therapeutischen Möglichkeiten auszuschöpfen, vgl. Huibers, M. J. H., Bleijenberg, G., van Amelsvoort, L., Beurdsken, A., van Schayck, C., Bazelmanns, E., Knottnerus, J. A. (2004): Predictor of outcome in fatigue employees on sick leave. Results from a randomised trial. Journal of Psychosomatic Research 57, S. 443–449 – «Recovery from fatigue caseness was predicted by stronger psychosocial attributions.»

Kapitel 11

1   Die Behandlung von Burnout: Datene, U., Datene, G. (1997). Burnout als Chance. Meistern Sie Ihre berufliche Krise. Niedernh: Falken-Verlag. – Karsten, L. (2005). Burnout besiegen. Freiburg: Herder. – Koch, E. (2004). Ausgebrannt. Mein Burnout und der lange Weg zurück. Marsberg: ASUG Verlag. – Kolitzus, H. (2003). Das Anti-Burnout-Erfolgsprogramm. München: dtv. – Persson, K. H. (2002). Am Ende der Kraft beginnt ein neuer Weg. Haan: Brockhaus. – Maslach und Leiter (2001). Selby, J. (2004). Arbeiten ohne auszubrennen. München: dtv.

2   Eine kontrollierte Studie zur Behandlung von Burnout: Lange, A., van de Ven, J.-P., Schrieken, B., Smit, M. (2004): «Interapy» Burn-out: Prävention und Behandlung von Burn-out über das Internet. Verhaltenstherapie 14, S. 190–199.

3   Die Wirksamkeit von Psychotherapie: Grawe, K. (2004). Neuropsychotherapie. Göttingen: Hogrefe. – Grawe, K., Donati, R., Bernauer, F. ([3]1994). Psychotherapie im Wandel – Von der Konfession zur Profession. Göttingen: Hogrefe. Kazdin, A. E. ([4]1994). Methodology, Design, and evaluation in psychotherapy research. In: Bergin, A. E., Garfield, S. L. (eds.). Handbook of Psychotherapy and Behavior Change. New York: Wiley, S. 19–71. – Lambert, M. J. (ed.) ([5]2004). Bergin and Garfield's Handbook of Psychotherapy and Behavior change. New York: Wiley.

4   Stressbewältigung: Kaluza, G. (2004): Stressbewältigung. Trainingsmanual zur

psychologischen Gesundheitsförderung. Springer Verlag, Berlin – Meichenbaum, D. (^{2}2003): Intervention bei Stress. Anwendung und Wirkung des Stressimpfungstrainings. Bern: Hans Huber. – Wagner-Link, A. (1999). Der Stress. Broschüre der TKK 1999. – Wagner-Link, A. (2001). Verhaltenstraining zur Stressbewältigung. Stuttgart: Klett-Cotta.

5 Entspannungsverfahren: Hillert (2004), S. 207–211. – Jacobson, E. (1938). Progressive relaxation. Chicago: University Press. – Vaitl, D. (1993). Psychophysiologie der Entspannung. In: Vaitl, D. (Hrsg.). Handbuch der Entspannungsverfahren: Grundlagen und Methoden. Bd 1. Weinheim: Beltz-Psychologie Verlags-Union, S. 25–63. Vaitl, D. (2004). Psychophysiologie der Entspannungsverfahren. In: Vaitl, D., Petermann, F. (Hrsg.) (1997). Entspannungsverfahren. Das Praxisbuch. 3. Aufl. Weinheim: Beltz-Psychologie Verlags Union, S. 21–33.

6 Zufriedenheitserlebnisse und Genuss: Hautzinger, M., Stark, W., Treiber, R. (1998). Kognitive Verhaltenstherapie bei Depression. München: Psychologie Verlags Union. – Lutz, R. (Hrsg.) (1983). Genuss und Genießen. Zur Psychologie des genussvollen Erlebens und Handelns. Weinheim: Beltz.

7 Einstellungsänderung durch Psychotherapie: Ellis, A. (1997). Grundlagen und Methoden der Rational-Emotiven Verhaltenstherapie. München: Pfeiffer. – Schwartz, D. (1997[6./7]). Gefühle erkennen und positiv beeinflussen. Landsberg: mvg.
Wilken, B. (1998). Methoden der kognitiven Umstrukturierung. Stuttgart: Kohlhammer.

8 Soziale Kompetenz und soziales Netzwerk: Pfingsten, U., Hinsch, R. (Hrsg.) (1991). Gruppentraining sozialer Kompetenzen (GSK). Weinheim: Psychologie Verlags Union. – Röhrle, B. (1994). Soziales Netzwerk und soziale Unterstützung. Weinheim: Beltz-Psychologie-Verlags-Union; s. zudem Kapitel 7, Anm. 15.

9 Zeitmanagement: Küstenmacher, W., Leiwert, L. J., Küstenmacher, T. (2005). Simplify your life. Campus Verlag. – Seiwert, L. J. (2003). Das neue 1x1 des Zeitmanagements. München: Gräfe und Unzer.

10 Tiefenpsychologie: Fischer, H. J. (1983). A psychoanalytic view of burnout. In Farber, B. A. (Ed.). Stress and Burnout in the Human Service Professions. New York: Pergamon. – Leichsring, F. (Hrsg.) (2003). Psychoanalytische und tiefenpsychologische Therapie. München: CIP-Medien. Beutel, M.E., Gerhard, C., Kayser, E., Gutson, D., Weiss, B., Bleichner, F. (2002): Berufsbezogene Therapiegruppen für ältere Arbeitnehmer im Rahmen der tiefenpsychologisch orientierten psychosomatischen Rehabilitation. Gruppenpsychother Gr, 38(4), S. 313–334.

11 Verhaltenstherapie: Leibing, E., Hiller, W., Sulz, S. K. D. (Hrsg.) (2003). Verhaltenstherapie. München: CIP-Medien. – Reinecker, H. (^{2}1994). Grundlagen der Verhaltenstherapie. Weinheim: Psychologie Verlags Union.

12 Beck, U. (1986). Risikogesellschaft. Auf dem Weg in eine andere Moderne. Frankfurt am Main: Suhrkamp.

13 Die Behandlung von Burnout durch chinesische Medizin: Hammes, M. G. (2003): Das Burnout-Syndrom aus Sicht der traditionellen Chinesischen Medizin. Deutsche Zeitschrift für Akupunktur, Supplement 1, S. 125–128. – Kauschat,

I. (2003): Die unterschiedlichen Gesichter des Burnout-Syndroms – Phytothera-
peutische und diätetische Behandlung. Deutsche Zeitschrift für Akupunktur,
Supplement 1, S. 140–142. – Plantsch, K. D. (2003): TCM und Psychosomatik
des allergischen Asthmas. Deutsche Zeitschrift für Akupunktur, Supplement 1,
S. 40–47. Rosted, P. (2003): Acupuncture and Burnout Syndrome. Deutsche
Zeitschrift für Akupunktur, Supplement 1, S. 132–133. – Schmitz, S., Berr,
E. (2003): Das Burnout-Syndrom bezogen auf die Funktionskreise der Akupunktur – Vermeidungsstrategien. Deutsche Zeitschrift für Akupunktur, Supple-
ment 1, S. 134–146.

Kapitel 12

1 Bayerischer Lehrer- und Lehrerinnenverband (BLLV): Zwangspensionierungen
verursachen Kosten in Millionenhöhe. Pressemitteilung Nr. 20, München,
14.5.2003.
2 W. Bödecker, H. Friedel, C. Rötter, A. Schröer (2002): Kosten arbeitsbedingter
Erkrankungen. Bremerhaven: NM-Verlag; C. Vetter, I. Küsgens, S. Dold (2004):
Krankheitsbedingte Fehlzeiten in der deutschen Wirtschaft im Jahre 2003. In:
B. Badura, H. Schellschmidt, C. Vetter (Hrsg.): Fehlzeiten-Report 2003. Heidelberg: Springer, S. 263–473.
3 Vgl. Cooper, C. L., Cartwright, S. (1997): An intervention strategy for workplace
stress. Journal of Psychosomatic Research 43, 1997, S. 7–16; B. Badura, T. Hehl-
mann (2003): Betriebliche Gesundheitspolitik. Berlin: Springer; N. Lotzmann
(2004): Gesundheitsmanagement und Maßnahmen zur Förderung der «Work-
Life-Balance» bei der SAP AG. In: B. Badura, H. Schellschmidt, C. Vetter (Hrsg.):
Fehlzeiten-Report 2003. Heidelberg: Springer, S. 171–186; Rudow (2004), 11 ff.,
318 ff.; zuletzt: Badura, B. (2005): Strategie- und Konzeptionswechsel in der betrieblichen Gesundheitspolitik. In: Kirch, W., Badura, B. (Hrsg.): Prävention. Ausgewählte Beiträge des Nationalen Präventionskongresses. Heidelberg: Springer,
S. 23–40. Im Gegensatz zu den sich aus psychotherapeutischer Perspektive aufdrängenden und dieses Kapitel durchziehenden Schwierigkeiten betrieblicher
Gesundheitsförderung, zumal was den Bereich psychosomatischer Aspekte
anbelangt, herrscht in der zitierten deutschsprachigen Literatur ein erstaunlich
zupackend-positiver Duktus. Wenn der Konzeptwechsel von der Patho- zur
Salutogenese von den Arbeitgebern nur nachdrücklich vorangetrieben würde, sei
«eine nachhaltig positive Entwicklung von Wirtschaft und Gesellschaft» gewissermaßen zwangsläufig. Die Realitäten in der Arbeitswelt z. B. in England («In
the current climate of short-termism, companies have limited incentives to become involved in evaluation of interventions. We can only hope for change» (Ho-
torf, M., Wessely, S. (1997): Stress in the workplace: unfinished business. Journal
of Psychosomatic Research 43, S. 1–6)) scheinen ganz anders zu sein, respektive
ist die jeweilige Darstellung von anderen Verbindlichkeiten geprägt (s. unten
Anm. 9). Zur Wirtschaftsethik s. Kapitel 9, Anm. 4.
4 Hillert, Alfred (1971): Gleitende Arbeitszeit – ein Weg mit Zukunft. Erfahrun-

gen mit dem Ottobrunner Modell. Bad Wörishofen: Hans Holzmann; zusammenfassend: Kutscher, J. (1966): Flexible Arbeitszeitsysteme: Praxishandbuch zur Einführung innovativer Arbeitszeitmodelle. Wiesbaden: Gabler; Klein-Schneider, H. (2000): Flexible Arbeitszeit. Düsseldorf: Hans Böckler Stiftung; Rudow (2004), S. 292 ff.

5 Begriffsdefinition u. a. Rudow (2004), S. 18 ff.; vgl. Sonntag, K. (2002): Personalentwicklung und Training. Stand der psychologischen Forschung und Gestaltung. Zeitschrift für Personalpsychologie 2, S. 59–79; Rosenbrock, R. (2005): Erfolgskriterien und Typen moderner Primärprävention. In: Kirch, W., Badura, B. (Hrsg.): Prävention. Ausgewählte Beiträge des Nationalen Präventionskongresses. Heidelberg: Springer, S. 3–22; im Trend liegende Beispiele bei: A. Büssing (2004): Telearbeit – Chancen zur Balance zwischen Arbeit, Familie und Freizeit? In: B. Badura, H. Schellschmidt, C. Vetter (Hrsg.): Fehlzeiten-Report 2003. Heidelberg: Springer, S. 107–120, und ebendort: G. Bäcker (2004): «Diversity» als Motor für flankierende personalpolitische Maßnahmen zur Verbesserung der Vereinbarkeit von Familie und Beruf, S. 147–160; zudem: Wagner-Link, A. (1999): Betriebliches Stressmanagementtraining. In: Badura, B., Litsch, M., Vetter, C. (Hrsg.): Fehlzeiten-Report 1999. Berlin/Heidelberg: Springer, S. 236–253; Sonntag, K. (2002): Personalentwicklung und Training. Stand der psychologischen Forschung und Gestaltung. Zeitschrift für Personalpsychologie 2, S. 59–79.

6 Reynolds, S. (1997): Psychological well-being at work: Is prevention better than cure? Journal of Psychosomatic Research 43, S. 92–102; Schager, T., Udris, I. (1998): Verhaltens- versus verhältnisorientierte Maßnahmen in der betrieblichen Gesundheitsförderung. Eine Recherche in Schweizer Betrieben. In: Amann, G., Wipplinger, E. (Hrsg.): Gesundheitsförderung. Tübingen: DGVT, S. 367–388; hinsichtlich Burnout vertreten exemplarisch Maslach und Leiter (2001), u. a. 109 ff., das Primat systemischer Ansätze; Semmer, N. K. (2002): Job Stress Interventions and Organization of Work. In: Quick, J. C., Tetrick, L. E. (Hrsg.): Handbook of Occupational Health Psychology. Washington: American Psychological Association, S. 325–354; vgl. Bertelsmann Stiftung, Hans-Böckler-Stiftung (Hrsg.) (2004): Zukunftsfähige betriebliche Gesundheitspolitik. Vorschläge der Expertenkommission. Verlag Bertelsmann Stiftung, Gütersloh.

7 Zur Evaluation s. Briner, R. B. (1997): Improving stress assessment: toward an evidence-based approach to organizational stress interventions. Journal of Psychosomatic Research 43, S. 61–71; Adkins, J. A., Weiss, H. M. (2002): Program evaluation: the bottom line in organizational health. In: Quick, J. C., Tetrick, L. E. (Hrsg.): Handbook of Occupational Health Psychology. Washington: American Psychological Association, S. 399–416.

8 Vgl. Krause, A. (2003): Lehrerbelastungsforschung – Erweiterung durch ein handlungspsychologisches Belastungskonzept. Zeitschrift für Pädagogik 49, S. 254–273.

9 Vgl. Eberle, G. (2005): Erfolgsfaktor Betriebliches Gesundheitsmanagement – betriebswirtschaftlicher Nutzen aus Unternehmersicht. In: Kirch, W., Badura, B. (Hrsg.): Prävention. Ausgewählte Beiträge des Nationalen Präventionskongresses. Heidelberg: Springer, S. 325–338: «Die befragten – 131 – Unternehmen be-

stätigen dabei eindrucksvoll die wissenschaftlich längst bekannten Erfolgsfaktoren, u. a. die Partizipation der Mitarbeiter», dabei wurde Stress/Stressmanagement von 40% und körperliche Belastungen von knapp 90% der Firmen als Schwerpunktthema genannt. Die Gesundheitsprogramme haben demnach hohe Einsparungen, einen Rückgang des Krankenstandes (angeblich um 3 bis 5%), Produktivitätssteigerung etc. zur Folge. Leider bleibt völlig offen, wodurch diese durch Mitarbeiter der jeweiligen Unternehmen angegebenen Zahlen belegt und z. B. gegen die üblichen Entwicklungen auf dem Arbeitsmarkt (mehr Druck, weniger Fehlzeiten etc.) abgrenzbar sein sollen. Zu den diesbezüglichen erheblichen methodischen Problemen s.: DeRago, K., Franzini, L. (2002): Economic Evaluations of Workplace Health Interventions: Theory and Literature Review. In: Quick, J. C., Tetrick, L. E. (Hrsg.): Handbook of Occupational Health Psychology. Washington: American Psychological Association, S. 417–430; zur Entwicklung der sozialen Rahmenbedingungen vgl. Hillert, A., Koch, S., Staedtke, D. & Cuntz, U. (2005). Wie eng ist der Arbeitsmarkt für psychosomatische Patienten? Ein Zeitreihenvergleich parallelisierter Kontrollgruppen von zwei kontrollierten Längsschnittstudien 1999–2003. In: VDR (Hrsg.). Rehabilitationsforschung in Deutschland – Stand und Perspektiven. Tagungsband des 14. Rehabilitations-wissenschaftlichen Kolloquiums in Hannover. Frankfurt: DRV-Schriften, Bd. 59, S. 451–453.

10 Vgl. Hillert, A., Sosnowsky, N., Lehr, D., Bauer, J. (2005): Gesundheitstage: wirksame Maßnahmen zur Prävention psychosomatischer Erkrankungen im Lehrerberuf? Journal of Public Health 13, Suppl. 1, S. 62 f.

11 Prochaska, J. O., DiClemente, C. C. (1984): The transtheoretical approach: Crossing the traditional boundaries of therapy. Homewood. IL: Dow Jones/ Irwin; Keller, S. (Hrsg.) (1999): Motivation zur Verhaltensänderung. Das Transtheoretische Modell in Forschung und Praxis. Freiburg: Lambertus.

12 Rudow (2004), S. 391 ff.; zur persönlichen Perspektive Sennet (1998), S 99 ff.

13 Zu breit angelegten betrieblichen Gesundheitsprogrammen s. D. Ahrens, Th. Schott (2003): Arbeitsbedingte Erkrankungen und betriebliches Gesundheitsmanagement – eine betriebswirtschaftliche und gesundheitsökonomische Betrachtung. Expertise für die Expertenkommission «Betriebliche Gesundheitspolitik» der Bertelsmann-Stiftung und der Hans-Böckler-Stiftung; Rudow (2004), S. 333 ff. («Wir brauchen ansteckende Gesundheit»), etwa zum «Wellbeing»-Projekt von Nokia, S. 379 ff., mit einer Vielzahl von Indikatoren und Maßnahmen, von Weiterbildungsprogrammen über firmeneigene Fitnessräume bis zu gemeinsamen Theaterbesuchen, wobei es Wohlbefindenspunkte zu sammeln gilt, die zur Teilnahme an einer Lotterie berechtigen. «Das Wohlbefindens-Projekt gehört als bleibender und wichtiger Bestandteil zur Nokia-Unternehmensphilosophie und -kultur».

14 Zu Gesundheitszirkeln z. B. Rudow (2004), 99 ff.

15 U. a. Stansfeld et al. (1997), s. Kapitel 9, Anm. 28, S. 72–80.

16 Aldana, S. (2001): Financial impact of health promotion programs: a comprehensive review of the literature. American Journal of Health Promotion 15,

S. 296–320; Pelletier K. (2001): A review and analysis of the clinical and cost-effectiveness studies of comprehensive health promotion and disease management programs at the worksite: 1998–2000 Update. American Journal of Health Promotion 16, S. 107–116; Ahrens, D., Schott, Th. (2003): Arbeitsbedingte Erkrankungen und berufliches Gesundheitsmanagement – eine betriebswirtschaftliche und gesundheitsökonomische Betrachtung. Expertise für die Expertenkommission «Betriebliche Gesundheitspolitik» der Bertelsmann-Stiftung und der Hans-Böckler-Stiftung, Verlag der Bertelsmann-Stiftung, Gütersloh.

17 Zusammenfassung: Tennant (2001), S. 697–704; Murphy, L. R. (1996): Stress management in work settings: a critical review of the health effects. American Journal of Health Promotion, 11, S. 112–135; Cooper, C. L., Cartwright, S. (1997): An intervention strategy for workplace stress. Journal of Psychosomatic Research 43, S. 7–16; van der Klink, J. J. L., Blonk, R. W. B., Schene, A. H., van Dijk, F. J. H. (2001): The Benefits of Intervention for Work-Related Stress. American Journal of Public Health 91, S. 270–276.

18 Siehe Kapitel 9, Anm. 25.

19 Tennant (2001); S. 697 ff.

20 Frieling, E., Kauffeld, S., Grote, S., Bernhard, H. (Hrsg.) (2000): Flexibilität und Kompetenz: schaffen flexible Unternehmen kompetente und flexible Mitarbeiter? Münster: Waxmann – mit erfrischend-kritischen Beiträgen zur vielfach auf Schlagwortebene abgehandelten Thematik; Bröder, P. (2002): Flexibilität, Arbeitsbelastung und nachhaltige Arbeitsgestaltung. In: Bröder, P., Knuth, M. (Hrsg.): Nachhaltige Arbeitsgestaltung. Trendreports zur Entwicklung und Nutzung von Humanressourcen. München und Mehring: Hampp, S. 490–541.

21 Van Dick, R., Wagner, U., Christ, O. (2004): Belastung und Gesundheit im Lehrerberuf: Betrachtungsweisen und Forschungsergebnisse. In: Hillert, A., Schmitz, E. (Hrsg.): Psychosomatische Erkrankungen bei Lehrerinnen und Lehrern. Stuttgart: Schattauer, S. 39–50.

22 Ahlers, E., Brussig, M. (2004): Gesundheitsbelastungen und Prävention am Arbeitsplatz – WSI-Betriebsrätebefragung 2004. WSI Mitteilungen, 11, S. 617–624.

23 Hillert (2004), S. 228–245.

24 Zur INQA s. www.inqa.de, «Im Rahmen der Initiative soll Arbeit gesundheitsförderlich, menschengerecht und wirtschaftlich zugleich gestaltet werden», z. B. INQA (Hrsg.) (2004): Demographischer Wandel und Beschäftigung. Plädoyer für neue Unternehmensstrategien; insbesondere werden didaktisch gut aufbereitete Broschüren für Arbeitnehmer wie Arbeitgeber (bzw. Vorgesetzte) herausgeben (z. B. Heeg, F. J., Beinhold, F., Bubel, S. ([3]2004): Lustvoll arbeiten; oder Stadler, P., Spieß, E. ([3]2005): Mitarbeiterorientiertes Führungsverhalten und soziale Unterstützung am Arbeitsplatz), die einen Beitrag zur Verbesserung des Dialoges in der Arbeitswelt leisten sollen.

25 Vgl. Kentner, M., Cire, L., Scholl, J. (1999): Psychosoziale und klinische Risikofaktorprofile bei Managern. In: Badura, B., Litsch, M., Vetter, C. (Hrsg.): Fehlzeiten-Report 1999. Berlin/Heidelberg: Springer, S. 58–71; Brandenburg, U., Marschall, B. (1999): «Gesundheitscoaching» für Führungskräfte. In: Badura, B.,

Litsch, M., Vetter, C. (Hrsg.): Fehlzeiten-Report 1999. Berlin/Heidelberg: Springer, S. 254–267 («Gesundheitscoaching dient sowohl der einzelnen Führungskraft (Wohlbefinden Lebensqualität) als auch dem Unternehmen (Produktivität, Wirtschaftlichkeit)»; A. Hunzinger, M. Kesting (2004): «Work-Life-Balance» von Führungskräften – Ergebnisse einer internationalen Befragung von Top-Managern 2002/03. In: B. Badura, H. Schellschmidt, C. Vetter (Hrsg.): Fehlzeiten- Report 2003. Heidelberg: Springer, S. 75–87.

26 Vgl. Fellmann, J., Leppers, M. (Hrsg.) (2001): Veränderte Arbeitswelt – eine Herausforderung für das Beratungskonzept Supervision. Münster: Votum.

Kapitel 13

1 Perlman, B., Hartman, E. A. (1982): Burnout: Summary and future research. Human Relations 35, S. 283–305; zu Burnout-Definitionen u. a. Rösing (2003), S. 57 ff. Versuche, die vorliegenden Burnout-Definitionen inhaltlich z. B. drei Gruppen zuzuordnen (z. B. Bauer, J., Häfner, S., Kächele, H. et al. (2003): Burnout und Wiedergewinnung seelischer Gesundheit am Arbeitsplatz. Psychother Psych Med, 53, S. 213–222, in Individuumszentrierte, auf Arbeitsbedingungen und auf soziologische Aspekte fokussierende Ansätze), bleiben unbefriedigend, bestenfalls werden damit Akzente in einem Kontinuum beschrieben; zudem wechselten zentrale Autoren im Laufe ihrer Karrieren die Standpunkte, etwa C. Maslach, die ihre Akzente von der individuellen weit auf die soziologische Seite verschob, s. Maslach und Leiter (2001).

2 Luhmann, N. (1982): Liebe als Passion. Zur Codierung von Intimität. Frankfurt a. M.: Suhrkamp.

3 Ehrenberg, A. (2004): Das erschöpfte Selbst. Depression und Gesellschaft der Gegenwart. Frankfurt/New York: Campus (= La Fatigue d'etre soi. Editions Odile Jacob (1998), Übersetzung: Lenzen, M., Klaus, M.).

4 Schaarschmidt und Fischer (2001), S. 53 ff.

5 Pardon, unversehens sind wir auf konspirativer Ebene angelangt. Vorsichtshalber beenden wir diese subversiven Andeutungen umgehend, nehmen alles zurück und dementieren. Wer krank ist, ist krank, wirklich?; vgl. Bernardy, K., Sandweg, R. (2003): Frühberentung: Bedingung und Folgen. Nervenarzt 74, S. 406–412 – «Bei den Frührentnern mit Rentenwunsch fanden sich im Verlauf der Leitsymptome und der psychischen Befindlichkeit keine signifikanten Veränderungen, die erwerbstätigen Patienten mit initialem Rentenwunsch hingegen verbesserten sich langfristig signifikant in beiden Variablen.»

6 «No man has any obligation to anybody but to himself», zitiert in Farau und Cohn (1984), S. 36; vgl. Schmuck, P. (2000): Werte in der Psychologie und Psychotherapie. Verhaltenstherapie und Verhaltensmedizin 21, S. 279–295.

7 «Revolutionieren Sie Ihr Berufs- und Privatleben! Wie, das zeigt Ihnen dieser unverzichtbare Ratgeber …» Entsprechend angepriesene Bücher (und auch Kurse) gibt es in unüberschaubarer Zahl, Qualität, Seriosität und Ausrichtung. Erfolg lässt sich demnach ziemlich sicher durch (mehr oder weniger) leicht erlern- bzw.

praktizierbare Strategien erreichen: positives Denken, soziale Kompetenz, Selbstmarketing, Selbstmanagement, geschicktes Selbstmarketing, selbstsicheres Auftreten, das Erkennen eigener Qualitäten, Stärken zeigen, Networking, gute Kontakte, durch professionelles Delegieren, Partnerschaft, gefördertes Selbstmanagement, Kooperation, bessere Kontakte, kreative Problemlösungen, die Stimme, Optimismus und Motivation, Effizienz, positives Denken, Fitness, mentale Fitness, Persönlichkeit, gesunde Ernährung, Entschlackung, Ausgleich ihres Mineralienhaushaltes und sogar – unter anderem – durch Dienen. Und wem das alles nicht liegt: Auch diverse Erfolgsbücher für Faule sind auf dem Markt! Unter den Stichworten: Erfolg/Ratgeber waren bei Google am 5.12.2005 zumindest 1 870 000 Meldungen abrufbar.

8 Swildens, H. (2005): Selbstpathologie der Postmoderne. Psychotherapeut 50, S. 115–121 – vom klientenzentrierten Psychotherapeuten werden eine zunehmende «narzisstische Abwehr» und «Identitätsverlust» als Leitmotiv der aktuellen Entwicklung identifiziert. Wenn ebendiese Entwicklung als notwendiger Anpassungsprozess des Individuums verstanden wird, dann ist der die Überschrift dominierende Begriff Pathologie falsch. Er spricht jedoch Bände über die traditionell-spätbürgerlich geprägten Grundwerte des Autors. Letzteres ist keineswegs als Kritik gemeint! Unsere Darlegungen, zumal der Seiten 293 ff., sind unübersehbar von ähnlichen Tendenzen durchzogen. Was uns und vielen Zeitgenossen offenkundig (noch) kaum möglich ist, ist ein die dialektische (und auf Kontrolle hin angelegte) Qualität unseres Erlebens reflektierendes Selbstverständnis. Aus einer solchen distanzierten Perspektive heraus dürfte sich Burnout, zumindest in der Mehrzahl der Fälle, als eine Folge von Nicht-Akzeptanz lebensimmanenter Belastungen darstellen (vgl. etwa: Hayes, S. C., Strosahl, K. D., Wilson, K. G. (2004): Akzeptanz und Commitment Therapie. Ein erlebnisorientierter Ansatz zur Verhaltensänderung. München: CIP-Medien). Hier, angesichts der Heillosigkeit des Beharrens auf dem Anspruch einer Beseitigung aversiver wie epochaler Aspekte, loslassen zu können, wäre eine Fähigkeit, die anstelle einer die Verhältnisse verbissen ertragenden Haltung, durchaus frischen Wind in Grundfragen unserer Existenz bringen könnte.

Literatur

Ackerknecht, E. H. (^{3}1985): Kurze Geschichte der Psychiatrie. Stuttgart: Enke.

Burisch, M. (^{2}1994): Das Burnout-Syndrom. Theorie der inneren Erschöpfung. Berlin/Heidelberg: Springer.

Cherniss, C. (1999): Jenseits von Burnout und Praxisschock. Weinheim: Beltz.

Cordes, C., Dougherty, T. (1993): A review and an integration of research on job burnout. Academy of Management Review, 1, S. 621–656.

Dilling, H., Mombour, W., Schmidt, M. H. (Hrsg.) (1991): Internationale Klassifikation psychischer Störungen. ICD-10 Kapitel V (F). Klinisch-diagnostische Leitlinien. Bern/Göttingen: Hans Huber.

Farau, A., Cohn, R. V. (1984): Gelebte Geschichte der Psychotherapie. Zwei Perspektiven. Stuttgart: Klett-Cotta.

Freudenberger, H. J., Richelson, G. (1983): Mit dem Erfolg leben. München: Heyne (= Burn-Out. The High Cost of High Achievement. New York: Anchor Press).

Hallsten, L. (1993): Burning out: a framework. In: Schaufeli, W. B., Maslach, C., Marek, T. (eds). Professional burnout: Recent developments in theory and research. New York: Series in applied psychology, S. 199–216.

Herzlich, C., Pierret, J. (1991): Kranke gestern. Kranke heute. Die Gesellschaft und das Leiden. München: Beck.

Hillert, A. (2004): Das Anti-Burnoutbuch für Lehrer. München: Kösel.

Hofer, H.-G. (2004): Nervenschwäche und Krieg. Modernitätskritik und Krisenbewältigung in der österreichischen Psychiatrie (1880–1920). Wien: Bohlau.

Kuhn, T. (2002): Humanisierung der Arbeit: Ein Projekt vor dem erfolgreichen Abschluss oder vor neuartigen Herausforderungen? Zeitschrift für Personalforschung 16, S. 342–358.

Lee, R. T., Ashford, B. E. (1996): A meta-analytic examination of the correlates of the three dimensions of job burnout. Journal of Applied Psychology 81, S. 123–133.

Maslach, C. (1993). Burnout: A multidimesional perspective. In: Schaufeli, W. B., Maslach, C., Marek, T. (eds). Professional burnout: Recent developments in theory and research. New York: Series in applied psychology, S. 19–32.

Maslach, C., Jackson, S. E. (1981a): Maslach Burnout Inventory («Human Services Survey») Palo Alto, CA: Consulting Psychologists Press.

Maslach, C., Jackson, S. E. (1981 b): The measurement of experienced burnout. Journal of Occupational Behaviour 2, S. 99–113.

Maslach, C., Jackson, S. E. (1986): Maslach Burnout Inventory. 2. ed. Palo Alto, CA: Consulting Psychologists Press.

Maslach, C., Jackson, S. E., Leiter, M. P. (1996): Maslach Burnout Inventory. 3. ed. Palo Alto, CA: Consulting Psychologists Press.

Maslach, C., Leiter M. P. (2001): Die Wahrheit über Burnout. Stress am Arbeitsplatz und was Sie dagegen tun können. Wien/New York: Springer (= «1997, The Truth about Burnout», San Fracisco: Jossey-Bass Inc.).

Maslach, C., Schaufeli, W. B. (1993): Historical and conceptual Development of burnout. In: Schaufeli, W. B., Maslach, C., Marek, T. (eds). Professional burnout: Recent developments in theory and research. New York: Series in applied psychology, S. 1–18.

Miller, T. W. (1993): The assessment of stressfull life events. In: Goldberg, L., Breznitz, S. (eds., 2. ed.): Handbook of stress: theoretical and clinical aspects. New York: The Free press, S. 161–173.

Paine, W. S. (Hrsg.) (1982): Job stress and burnout. Research, Theory, and Intervention Perspectives. Beverly Hills: Saga.

Pines, A. M., Aronson, E. & Kafry, D. (1981): Burnout: From tedium to personal growth. New York: Free Press. Deutsche Übersetzung: Pines, A. M., Aronson, E. & Kafry, D. (1983). Ausgebrannt. Vom Überdruss zur Selbstentfaltung. Stuttgart: Klett-Cotta.

Rook, M. (1998): Theorie und Empirie in der Burnout-Forschung: Eine wissenschaftstheoretische und inhaltliche Standortbestimmung. Hamburg: Dr. Kovac.

Reich, R. B. (1993): Die Neue Weltwirtschaft. Das Ende der nationalen Ökonomie. Frankfurt/Berlin: Ullstein.

Rösing, I. (2003): Ist die Burnout-Forschung ausgebrannt? Analyse und Kritik der internationalen Burnout-Forschung. Heidelberg: Asanger.

Rudow, B. (2004): Das gesunde Unternehmen. Gesundheitsmanagement, Arbeitsschutz, Personalpflege. München: Oldenbourg.

Schaarschmidt, U., Fischer, A. W. (2001): Bewältigungsmuster im Beruf. Persönlichkeitsunterschiede in der Auseinandersetzung mit der Arbeitsbelastung. Göttingen: Vandenhoeck & Ruprecht.

Schaufeli, W. B., Enzmann, D. (1998): The Burnout Companion to Study and Practice. A Critical Analysis. London: Taylor & Francis.

Schaufeli, W. B., Enzmann, D. Girault, N. (1993): Measurement of burnout: a review. In: Schaufeli, W. B., Maslach, C., Marek, T. (eds). Professional burnout: Recent developments in theory and research. New York: Series in applied psychology, S. 199–216.

Schmitz, E. (2004): Burnout: Befunde, Modelle und Grenzen eines populären Konzeptes. In: Hillert, A., Schmitz, E. (Hrsg.): Psychosomatische Erkrankungen bei Lehrerinnen und Lehrern. Stuttgart: Schattauer, S. 51–68.

Selye, H. (1984): Stress, mein Leben. Erinnerungen eines Forschers. Frankfurt a. M.: Fischer.

Sennett, R. (1998): Der flexible Mensch. Die Kultur des neuen Kapitalismus. Berlin: Berlin-Verlag.

Shirom, A. (2002): Job related burnout: a review. In: Quick, J. C., Tetrick, L. E. (eds.): Handbook of occupational health psychology. Washington, DC: American Psychological Association, S. 245–264.

Shorter, E. (1994): Moderne Leiden. Zur Geschichte der psychosomatischen Krankheiten. Reinbek bei Hamburg: Rowohlt.

Siegrist, J. (1999): Psychosoziale Arbeitsbelastungen und Herz-Kreislauf-Risiken: internationale Erkenntnisse zu neuen Stressmodellen. In: Badura, B, Litsch, M., Vetter, C. (Hrsg.): Fehlzeiten-Report 1999. Psychische Belastungen am Arbeitsplatz. Zahlen, Daten, Fakten aus allen Branchen der Wirtschaft. Berlin: Springer, S. 142–152.

Siegrist, J. (1996): Soziale Krisen und Gesundheit. Reihe Gesundheitspsychologie, Bd. 5. Göttingen: Hogrefe.

Wissenschaftliche Arbeitsstelle des Oswald-von-Nell-Breuning-Hauses (Hrsg.) (2003): Hauptsache gesund! Gesellschaftliche Widersprüche um Arbeit und Gesundheit. Jahrbuch für Arbeit und Menschenwürde, Bd. 4. Münster u. a.: Lit Verlag.

Zuschlag, B. (³2001). Mobbing – Schikane am Arbeitsplatz. Göttingen: Hogrefe.